中国航空运输协会民航专业系列培训教材

民航国际货运销售实务

（第二版）

陈彦华　主编

中国民航出版社有限公司

图书在版编目（CIP）数据

民航国际货运销售实务/陈彦华主编．—2版．—北京：中国民航出版社有限公司，2021.8
中国航空运输协会民航专业系列培训教材
ISBN 978-7-5128-0980-2

Ⅰ．①民…　Ⅱ．①陈…　Ⅲ．①民用航空-货物运输-销售管理-技术培训-教材　Ⅳ．①F560.84

中国版本图书馆CIP数据核字（2021）第151107号

民航国际货运销售实务（第二版）
陈彦华　主编

责任编辑	邢璐
出　　版	中国民航出版社有限公司（010）64279457
地　　址	北京市朝阳区光熙门北里甲31号楼（100028）
排　　版	中国民航出版社有限公司录排室
印　　刷	北京富泰印刷有限责任公司
发　　行	中国民航出版社有限公司（010）64297307　64290477
开　　本	787×1092　1/16
印　　张	24.5
字　　数	581千字
版　　次	2010年1月第1版　2021年9月第2版
印　　次	2021年9月第1次印刷　累计第14次印刷
书　　号	ISBN 978-7-5128-0980-2
定　　价	68.00元

官方微博　http://weibo.com/phcaac
淘宝网店　https://shop142257812.taobao.com
电子邮箱　phcaac@sina.com

CATA

序

Foreword

中国民航的高质量发展和建设民航强国对行业人才提出了更高的标准。为贯彻落实国家大力推进职业教育改革与发展的部署和民航局加强相关专业人才的岗位培训和继续教育的要求，根据提升民航从业人员素质和专业岗位技能的需要，中国航空运输协会对第一版9本系列培训教材进行了修订，同时编写了新教材。

中国航协要求修订和新编的民航专业系列培训教材具有实用性、权威性，能够满足行业发展的切实需要。这次出版的系列培训教材涵盖了民航客运、货运、空中服务、地面服务和航空运输销售代理业务的基本内容，具有如下特点：

（一）容量丰富、内容更新。即在原有教材的基础上汲取精华、去旧添新，根据相关专业的工作特点，以国际间通行的业务准则为基本依据，增加了实践中普遍运用的新规定、新技术和新方法，在“质”与“量”上都有突破。

（二）操作性强、实用性高。本教材突出从业人员应知应掌握的内容，并增加案例分析等实用内容，做到理论与实践相结合，规定与应用相接轨。

（三）教学结合，良性互动。该教材作为中国航空运输协会授权培训与考核的指定教材，教员可以以此为依据，编写讲义，并作为考核评定标准；学员可将其作为学习用书，又可作为业务查阅手册；教材在民航院校相关专业教学中，还可以作为辅助、参考用书。

本系列培训教材是中国航空运输协会组织中国民航大学、中国民航管理干部学院、中国民航飞行学院、上海民航职业技术学院、广州民航职业技术学院、中国国际航空股份有限公司、中国东方航空股份有限公司、中国南方航空股份有限公司、海南航空股份有限公司、中国国际货运航空有限公司等单位具有较高理论素养和丰富实践经验的教授、专家精心编写而成。

本系列教材在编写过程中参考了 IATA 的国际通用标准和各大航空公司及院校的现有教材，编写完成后经过民航业内专家顾问的审阅和评定；在出版过程中得到了民航有关方面的支持和帮助，在此表示诚挚感谢。

由于民航发展迅猛，知识更新加快，本系列教材在日后的教学使用中仍然要不断修改完善，衷心希望读者不吝赐教，以便改进提高。

中国航空运输协会

2021 年 3 月 28 日

前言

Preface

航空货运是国家重要的战略性资源，具有承运货物附加值高、快捷高效等特点，在应急处突、抢险救灾、军事保障等方面具有重要作用。由于其运输速度快、空间跨度大、运输安全准确、不受地面限制等特点，航空货运是国际贸易中贵重物品、鲜活易腐货物、冷链货物和精密仪器等运输所不可缺的方式。

为发挥航空货运销售代理人组织协调、中间人、顾问等作用，提高专业化服务和竞争力，2009 年中国航空运输协会组织编写了第一版《民航国际货运销售实务》培训教材。

随着我国经济由高速增长阶段转向高质量发展阶段，电子商务和快递物流业持续快速增长，航空快件比例上升，企业经营模式由货物运输为主向全产业链延伸，传统航空货运企业逐步向提供全流程服务的航空物流企业转变，新兴的航空物流企业不断涌现，迅速成长。航空货运的专业化、物流化发展趋势，对航空货运销售代理人提出了更高要求。

根据国际航协最新航空货运相关资料，参考国内航空公司货运标准，在第一版教材的基础上，汲取精华、去旧添新。

本教材涵盖国际货物运输全流程相关知识和技能，操作性强、实用性高，除适用于国际销售代理人员培训外，还可用于国内各航空公司、机场货运等员工培训和作为各大民航院校或民航服务专业学生培训或参考资料。

尽管编者秉承严谨规范的态度，但是由于航空运输业的快速发展，特别是航空货物运输知识具有更新快、变动快等特点，加之编写时间仓促，工作量大，涉及的专业知识和操作技能较多，编写工作难免有一定的局限性，如有不足之处，敬请指正。

编 者

2021 年 7 月

目录

Contents

第一章　货运业务资料介绍

在航空货物运输中，会遇到许多业务手册、资料，本章重点介绍两种最常用的手册：《航空货运指南》和《航空货物运价手册》。

第一节　《航空货运指南》

Official Airline Guide（缩写 OAG）分为两种，一种是《航空货运指南》（OAG Cargo Guide），另一种是《航空客运指南》（OAG Flight Guide），均为月刊，是公布全球航班时刻信息的技术资料。2020 年 11 月《航空货运指南》封面如图 1.1 所示。

《航空货运指南》中公布的航班信息不仅包括全货机和卡车航班，也包括能载运集装货物的客机航班的信息，例如，741、742、747、74C、74D、74E、74L、74R、762、763、764、767、772、773、777、D10、D11、D1C、M11、L10、L11、L15、AB3、AB4、AB6、310、312、313、330、332、333、340、342、343、345、346、380、ILW 和 IL9 机型。对于中转货物来说，它自身无法办妥中转等各种手续，需要靠货运人员来完成，中转时间较长。在《航空货运指南》中公布的中转航班是专门为货物运输设计好的，所以，运输货物可以直接使用这些航班信息。

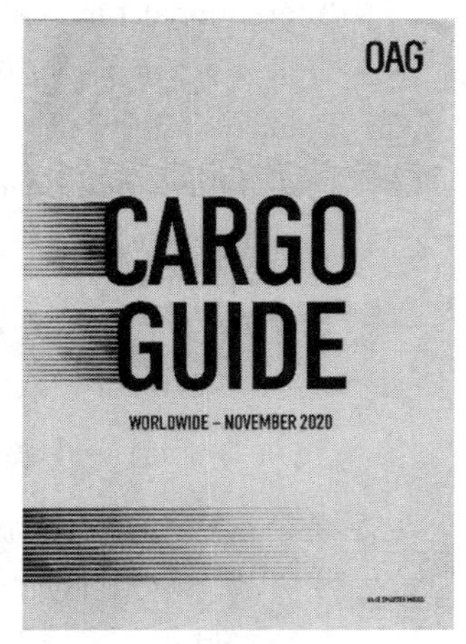

图 1.1　OAG Cargo Guide 封面

对于《航空客运指南》来说，公布的航班信息，不仅包括宽体客机信息，也包括窄体客机信息，但不包括全货机信息。它所公布的中转航班信息是为旅客设计的，旅客可以自行办妥中转等手续，衔接时间较短。

也就是说，在货物运输中，可以直接使用《航空货运指南》衔接好的航班，不能使用《航空客运指南》中衔接好的航班，但可以使用中转航班其中的一段。

除此之外，对于在窄体客机上载运货物的舱位信息可以与有关承运人进行联系。

本教材依据为 2020 年 11 月刊《航空货运指南》，2020 年 11 月 1 日至 12 月 31 日直达航班和中转航班是有效的。《航空客运指南》在本书中不再介绍。

一、《航空货运指南》的内容

《航空货运指南》共分为三部分，即：
第一部分，Worldwide schedules　全球班期时刻表
（1）How to use worldwide city to city schedules　如何使用全球城市间的班期时刻表
（2）Calendar　日历
（3）Disclaimer　免责声明
（4）Worldwide city to city schedules　全球城市间班期时刻表
第二部分，Worldwide schedules codes and details　全球班期时刻的代码和详细信息
（1）Airline codes and code share　承运人代码和代码共享
（2）Airline code number　承运人数字代码
（3）Aircraft codes　机型代码
（4）City/Airport codes　城市/机场代码
（5）Flight routing　航程
第三部分，General reference　一般参考资料
（1）NA Air cargo toll free numbers　北美航空货运免费服务电话
（2）Airlines of the world　全球承运人
（3）International time calculator　国际时间计算
（4）Time zone map　时区图
（5）Bank closures and public holidays　银行工作时间和公共假期
（6）OAG offices and general sales agents　OAG 办公和销售总代理
（7）Customer services / How to advertise　客户服务或如何刊登广告

二、如何使用《航空货运指南》中的班期时刻表

1. 查找班期时刻的步骤

在查找起飞城市到到达城市班期时刻时的步骤如下：
首先按照英文字母排列顺序找到起飞城市，起飞城市前面有“From”字样；
然后在起飞城市下方，同样按照英文字母排列顺序找到到达城市。

2. 班期时刻的编排说明

班期时刻的编排说明如图 1.2 所示。

在班期时刻中，首先排列的是直达航班，然后是中转航班。中转航班又分为中转一次、二次等。不管是直达航班还是中转航班，都是按照飞机起飞的先后顺序排列的。

直达航班是指该航班从起飞城市不间断地直飞抵达城市。直达航班中途可能没有经停站，也可能在一个或几个城市停留，但航班号没有变更。不管有无经停，直达航班在班期时刻表中，列出的信息均为一行，始发和到达时间为粗体字，且航班号没有改变。

中转航班是指途中在中转机场由一架飞机换乘另一架飞机，在班期时刻表中，列出的

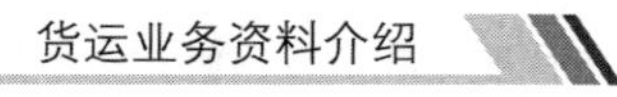

是两行或两行以上信息，始发和到达时间不都是粗体字，且航班号发生了改变。

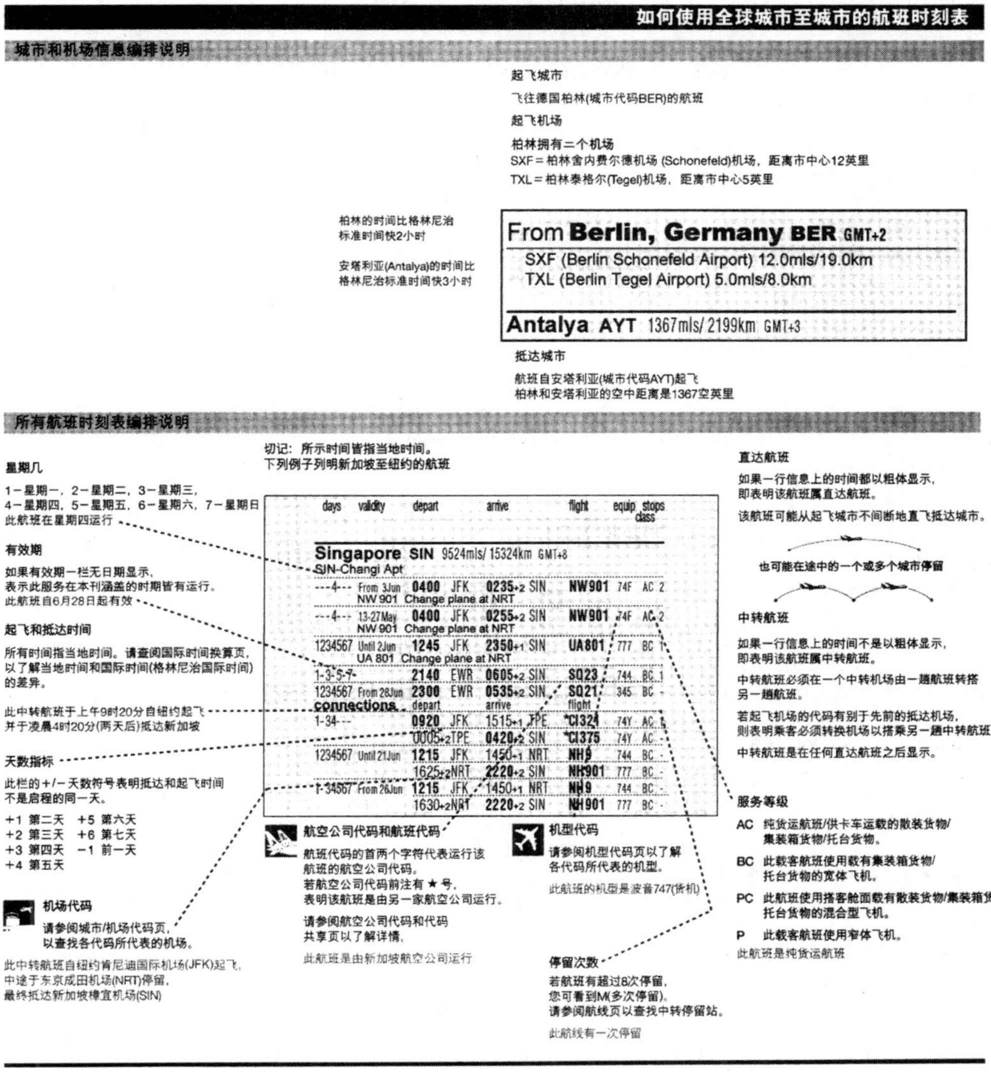

如何使用全球城市至城市的航班时刻表

城市和机场信息编排说明

起飞城市

飞往德国柏林(城市代码BER)的航班

起飞机场

柏林拥有二个机场
SXF＝柏林舍内费尔德机场 (Schonefeld)机场，距离市中心12英里
TXL＝柏林泰格尔(Tegel)机场，距离市中心5英里

柏林的时间比格林尼治标准时间快2小时

安塔利亚(Antalya)的时间比格林尼治标准时间快3小时

From **Berlin, Germany BER** GMT+2
SXF (Berlin Schonefeld Airport) 12.0mls/19.0km
TXL (Berlin Tegel Airport) 5.0mls/8.0km

Antalya AYT 1367mls/ 2199km GMT+3

抵达城市

航班自安塔利亚(城市代码AYT)起飞
柏林和安塔利亚的空中距离是1367空英里

所有航班时刻表编排说明

切记：所示时间皆指当地时间。
下列例子列明新加坡至纽约的航班

星期几

1－星期一，2－星期二，3－星期三，
4－星期四，5－星期五，6－星期六，7－星期日
此航班在星期四运行

有效期

如果有效期一栏无日期显示，
表示此服务在本刊涵盖的时期皆有运行。
此航班自6月28日起有效

起飞和抵达时间

所有时间指当地时间。请查阅国际时间换算页，以了解当地时间和国际时间(格林尼治国际时间)的差异。

此中转航班于上午9时20分自纽约起飞
并于凌晨4时20分(两天后)抵达新加坡

天数指标

此栏的＋/－天数符号表明抵达和起飞时间
不是启程的同一天。

+1 第二天　+5 第六天
+2 第三天　+6 第七天
+3 第四天　−1 前一天
+4 第五天

机场代码

请参阅城市/机场代码页，
以查找各代码所代表的机场。

此中转航班自纽约肯尼迪国际机场(JFK)起飞，
中途于东京成田机场(NRT)停留，
最终抵达新加坡樟宜机场(SIN)

Singapore SIN 9524mls/ 15324km GMT+8
SIN-Changi Apt

days	validity	depart		arrive		flight	equip	class	stops
---4---	From 3Jun	**0400**	JFK	**0235**+2	SIN	**NW901**	74F	AC	2
	NW 901 Change plane at NRT								
---4---	13-27May	**0400**	JFK	**0255**+2	SIN	**NW901**	74F	AC	2
	NW 901 Change plane at NRT								
1234567	Until 2Jun	**1245**	JFK	**2350**+1	SIN	**UA801**	777	BC	1
	UA 801 Change plane at NRT								
1-3-5-7-		**2140**	EWR	**0605**+2	SIN	**SQ23**	744	BC	1
1234567	From 28Jun	**2300**	EWR	**0535**+2	SIN	**SQ21**	345	BC	-
connections		depart		arrive		flight			
1-34---		**0920**	JFK	1515+1	TPE	*CI324	74Y	AC	1
		0005+2	TPE	**0420**+2	SIN	*CI375	74Y	AC	-
1234567	Until 21Jun	**1215**	JFK	1450+1	NRT	**NH9**	744	BC	-
		1625+2	NRT	**2220**+2	SIN	**NH901**	777	BC	-
1-34567	From 26Jun	**1215**	JFK	1450+1	NRT	**NH9**	744	BC	-
		1630+2	NRT	**2220**+2	SIN	**NH901**	777	BC	-

航空公司代码和航班代码

航班代码的首两个字符代表运行该航班的航空公司代码。
若航空公司代码前注有★号，
表明该航班是由另一家航空公司运行。

请参阅航空公司代码和代码共享页以了解详情。

此航班是由新加坡航空公司运行

机型代码

请参阅机型代码页以了解各代码所代表的机型。

此航班的机型是波音747(货机)

停留次数

若航班有超过8次停留，
您可看到M(多次停留)。
请参阅航线页以查找中转停留站。

此航线有一次停留

直达航班

如果一行信息上的时间都以粗体显示，
即表明该航班属直达航班。

该航班可能从起飞城市不间断地直飞抵达城市。

也可能在途中的一个或多个城市停留

中转航班

如果一行信息上的时间不是以粗体显示，
即表明该航班属中转航班。

中转航班必须在一个中转机场由一趟航班转搭另一趟航班。

若起飞机场的代码有别于先前的抵达机场，
则表明乘客必须转换机场以搭乘另一趟中转航班。

中转航班是在任何直达航班之后显示。

服务等级

AC　纯货运航班/供卡车运载的散装货物/集装箱货物/托台货物。

BC　此载客航班使用载有集装箱货物/托台货物的宽体飞机。

PC　此航班使用搭客舱面载有散装货物/集装箱货物/托台货物的混合型飞机。

P　此载客航班使用窄体飞机。

此航班是纯货运航班

航班路线注释

航线下方偶尔会有注释。以下详细说明所有注释：

Board point restriction	此注释后的说明适用于起飞机场
connex/stpvr traffic only	此航程部分只限中转和过境航班
connex traffic only	此航程部分只限中转航班
Intl connex/stpvr traffic	此航程部分只限国际性中转/过境航班
Intl connex traffic only	此航程部分只限国际性中转航班
Intl online connex/stpvr traffic	此航程只限作为国际性中转和过境航线的一部分
Intl online connex traffic only	此航程只限作为国际性转机航线的一部分
Local and online connex traffic only	此航程只限作为直达航班和转机航线的一部分
Local traffic only	此航程不可作为任何转机航线的一部分
Off point restriction	此注释后的说明适用于抵达机场
Online connex/stpvr traffic only	此航程只限作为中转和过境航线的一部分
Ops if sufficent demand	此航班只在乘客量足够的情况下方有运行
Strictly local sale only	此航班只限持有本营运航空公司机票的乘客
Subject to approval	此航班的运行须经批准，请预先向航空公司确认
Subject to confirmation	此航班的运行须经确认，请预先向航空公司确认

图 1.2　班期时刻编排说明

3. 班期时刻表的使用

下面以上海到法兰克福为例介绍班期时刻表的使用。

表 1-1　班期时刻表中上海—法兰克福的航线信息

A	B	C	D	E	F	G	H
Days	validity	depart	arrive	flight	equip	class	stops
FROM **Shanghai, China**　**SHA**　GMT+8							
SHA（Hongqiao Intl）7 mls/12 km PVG（Pudong Intl）19 mls/30 km							
Frankfurt FRA　5488 mls/8830 km　GMT+1 FRA-Frankfurt Int							
1234567		**0010** PVG	0540 FRA	**MU219**	773	BC	—
-2-----		**0410** PVG	**0905** FRA	**CA1047**	77F	AC	—
1-3----	Until 16Nov	**0425** PVG	**1210** FRA	**LH8407**	77X	AC	1
1------	23Nov-14Dec	**0425** PVG	**1210** FRA	**LH8407**	77X	AC	1
-2-4---	Until 24Dec	**0435** PVG	**1220** FRA	**LH8445**	77X	AC	1
---4---	From 31Dec	**0435** PVG	**1220** FRA	**LH8445**	77X	AC	1
----5-7	Until 20Dec	**0530** PVG	**1315** FRA	**LH8443**	77X	AC	1
----5-7	From 27Dec	**0530** PVG	**1315** FRA	**LH8443**	77X	AC	1
1--4-5-		**0650** PVG	**1220** FRA	**CZ461**	77F	AC	—
-2--5-7		**0650** PVG	**1220** FRA	**CZ463**	77F	AC	—
1------		**0725** PVG	**1220** FRA	**CA1021**	77F	AC	—
--3-5--		**0810** PVG	**1305** FRA	**CA1041**	77F	AC	-
---4---	Until 10Dec	**0835** PVG	**1620** FRA	**LH8407**	77X	AC	1
-----6-		**0900** PVG	**1355** FRA	**CA1041**	77F	AC	—
--3-5-7		**0929** PVG	**1340** FRA	**CK211**	77F	AC	-
123-56-	Until 26Dec	**0935** PVG	**1720** FRA	**LH8441**	77X	AC	1
123-56-	From 29Dec	**0935** PVG	**1720** FRA	**LH8441**	77X	AC	1
------7	Until 13Dec	**1040** PVG	**1825** FRA	**LH8409**	77X	AC	1
1234567		**1135** PVG	**1700** FRA	**CA935**	359	P	—
------7		**1310** PVG	**1805** FRA	**CA1041**	77F	AC	—

续表

1234567	Until 24Dec	**1350** PVG	**1835** FRA	**LH729**	74H	P	-
1-3--6-	From 26Dec	**1350** PVG	**1835** FRA	**LH729**	74H	P	-
1-3----		**2340** PVG	**0910** $_{+1}$ FRA	**CA1031**	77F	AC	1
Connections		depart	arrive	flight			
1234567	From 2Nov	**0145** PVG	0525 HND	**NH968**	788	BC	—
		1120HND	**1540** FRA	**NH223**	77W	BC	—
1234567	From 2Nov	**0820** PVG	1205 HND	**NH972**	788	BC	—
		0050$_{+1}$HND	**0520** $_{+1}$ FRA	**NH203**	789	BC	—

1）起飞城市信息

起飞城市部分包括起飞城市的全称“Shanghai”、所属国“China”、城市三字代码“SHA”和时区“GMT+8”。“+”号表示比格林尼治时间快，“-”表示比格林尼治时间慢，例如上海比格林尼治时间快 8 个小时。

在始发站城市下方紧接着列出此城市的机场信息。

例如在上海列出两个机场信息：

第一个机场：机场三字代码“SHA”（上海虹桥国际机场全称——Shanghai Hongqiao International Airport），机场到市中心的距离——虹桥机场到市中心的距离为 7 英里（mls）/12 公里（km）。

第二个机场：上海浦东国际机场三字代码“PVG”（上海浦东国际机场全称——Shanghai Pudong International Airport），浦东机场到市中心的距离为 19 英里（m/s）/30 公里（km）。

2）目的站城市信息

首先列出起飞城市到到达城市的空中距离。例如上海到法兰克福的空中距离为 5488 英里（mls）/8830 公里（km）。

然后给出了到达城市所在时区和到达城市的机场信息。例如法兰克福，GMT+1 表示比格林尼治时间快 1 个小时；法兰克福机场信息，其三字代码和全称分别为 FRA Frankfurt International Airport。

如果在始发城市或到达城市格林尼治时间后有括号，括号内表示夏令时开始日期。

3）直达航班

A 栏：Days，代表周几有航班。1234567 分别代表周一、二、三、四、五、六、日。

B 栏：validity，有效期。“From 31Dec”代表从 12 月 31 日起该航班开始运营，“Until 26Dec”代表此航班到 12 月 26 日结束。如没有日期显示，则代表在本刊涵盖的时期都有效。

C 栏：depart，起飞时间和机场。0010 PVG，表示 00:10 从浦东机场起飞。

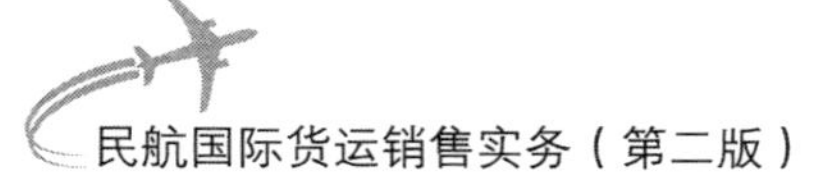

D 栏：arrive，到达时间和机场。0545 FRA，表示起飞当天 5:45 到达法兰克福机场。

到达时间后的“+/-”，表示到达日期与起飞日期不是同一天。“-1”表示到达日期为起飞日期的前一天；“+1”表示到达日期为起飞日期的第二天；“+2”表示到达日期为起飞日期的第三天；“+3”表示到达日期为起飞日期的第四天；“+4”表示到达日期为起飞日期的第五天；“+5”表示到达日期为起飞日期的第六天，“+6”表示到达日期为起飞日期的第七天。

例如最后一行，承运人 NH 到达法兰克福机场的时间为 0520_{+1} FRA，如果此航班周四从上海始发，周五 5:20 到达法兰克福机场。

不管起飞时间还是到达时间都是当地时间，以 24 小时制 4 位数字表示。最初的始发时间和最后的到达时间在班期时刻表中均为黑体字。

在班期时刻表中起飞机场、到达机场都是以三字代码来表示的，可以在 OAG 中“City/airport codes”——城市/机场三字代码部分查阅到其全称。

例如，PVG 全称为 Shanghai Pudong International Apt，China。

SHA 全称为 Shanghai Hongqiao International Apt，China。

PEK 全称为 Beijing Capital Apt，China。

PKX Beijing Daxing Intl.，China。

OAG 与 TACT RULES 三字代码不同之处在于，OAG 只能由班期时刻表中查到的机场或城市三字代码查阅其全称，而 TACT RULES 可以由三字代码查全称，也可以由全称查三字代码。

如果起飞机场和所在城市为同一名称和三字代码，那么，起飞时间后不再有机场三字代码。同样，到达机场和到达城市为同一名称和三字代码，那么在到达时间后，也没有列出机场三字代码。

E 栏：flight，航班号。航班号的前两个英文字母，表示执行该航班的运营人，后面的 3 个或 4 个阿拉伯数字表示具体航班编号。例如 CA1031，表示执行此航班的运营人为“CA”，具体航班号为 1031。“CA”的全称可以在 OAG 承运人代码与代码共享（Airline codes and code share）部分查到其全称，即 Air Cina。

如果在承运人的两字代码前有“*”，表示该航班由另外一家承运人运营，实际运营人可以在“承运人代码及代码共享”部分查阅。例如上海—大阪，*NH976，表示此航班运营人不是 NH（ALL Nippon Airways），而是 NQ（Air Japan）。

承运人代码和代码共享信息见附录 A-01。

F 栏：equip，机型。此栏列出的是机型代码，如果想知道具体机型，可以查阅机型代码部分（Aircraft codes），

机型代码及全称见附录 A-02。

例如：359——Airbus A350-900

773——Boeing 777-300 Passenger

77F——Boeing 777 Freighter

77X——Boeing 777-200F Freighter

74H——Boeing 747-8 Passenger

G 栏：class，服务等级。

AC，纯货运航班/供卡车运输的散装货物/集装箱货物/集装板货物。

BC，宽体客机，可以装载集装箱和集装板货物。

PC，客货混载型飞机，也就是我们常说的 combi。主货舱和客舱在同一层舱，主货舱和下货舱可装集装货物。

P，窄体客机。

H 栏：stops，经停次数。“-”表示没有经停站，“1”表示经停一站，依次类推。如果超过 8 次经停，此栏显示为“M”表示多次停留。具体经停站的名称可以通过查阅航线部分（Flight routings）查找中转的经停站。

例如 CA1031 航班，航程为 PVG—CKG—FRA，经停站为 CKG，全称为 Chongqing，China。

LH8441 航班，航程为 PVG—ICN—FRA，经停站为 ICN，全称为 Seoul Inchen Intl. Airport，the Republic of Korea。

注意，在航线部分只列出有经停站的航线。

4）中转航班

中转航班列在直达航班的下面，以 Connections（衔接）隔开，所以也叫衔接航班。例如，承运人 NH 从上海运输货物到达法兰克福需要在 ICN（Seoul Incheon Intl Airport，the Republic of Korea）中转。

中转一次的，在班期时刻表中的信息为两行。每栏的内容同直达航班，不同之处是中转站列在第一段的到达站位置和第二段的起飞站位置，且时间均为浅体字。也就是说，只有最初的起飞时间和最后的到达时间才为黑体字。

那么，中转两次的，一定在班期时刻表中的信息为三行，原理同上。

一般中转一次较多，两次以上的很少。

特别注意的是，不管是起飞时间、到达时间还是中转时间均为当地时间。

5）航线注释

航线下方偶尔会有一些注释，以下列出部分说明。

Board point restriction	此注释后的说明适用于起飞机场
Connex /stpvr traffic only	此航程部分只限中转和过境航班
Connex traffic only	此航程部分只限中转航班
Intl connex /stpvr traffic	此航程只限国际中转/过境航班
Intl connex traffic only	此航程只限国际中转航班
Intl online connex /stpvr traffic	此航程只限作为国际中转和过境航线的一部分
Intl online connex traffic only	此航程只限作为国际中转航线的一部分
Local and online connex traffic only	只限作为直达航班和中转航线的一部分
Local traffic only	此航程不可作为任何中转航线的一部分
Off point restriction	此注释后的说明适用于抵达机场
Online connex /stpvr traffic only	此航程只限作为中转和过境航线的一部分

Ops if sufficient demand	此航班只在旅客量足够的情况下方有运行
Strictly local sale only	此航班只限持有本营运承运人机票的旅客
Subject to approval	此航班的运行须经批准，请预先向承运人确认
Subject to confirmation	此航班的运行须经确认，请预先向承运人确认

三、运输时间的计算

前面我们也介绍过，班期时刻表中的时间均为当地时间，那么，从飞机起飞后，多长时间才能到达目的地呢？如果是中转航班，中转时间为多少？这关系到一些有运输时限的特种货物是否接收的问题，所以我们有必要了解飞行时间的计算方法。

在计算飞行时间前，我们先了解一下时区和时差的相关知识。

1. 时区和时差的产生

宇宙中的一切天体都在运动，地球也在运动。这种运动是有规律的，并且对自然环境和人类活动产生重大的影响。由于地球的运动产生了昼夜更替、地方时的差异、四季变化和昼夜长短等现象和问题。它们与航空运输的活动是紧密相关的。

地球一刻不停地由西向东旋转，自转一周的时间为 24 小时。地球自转主要造成了昼夜的更替、地方时差、地转偏向等重要现象。

地球自转产生的一个重要的现象是时差问题。自转造成了经度不同的地区时刻不同。当飞机跨越经度时，就产生了时刻的不统一。目前，世界主要航线的分布多呈东西向，沿这些航线飞行时，必然跨越经度，因此，必须进行时差的换算。这个问题对航班的安排，制定飞行计划和提高服务质量具有实际的意义。

2. 几个主要概念

1）地方时

地方时，就是指当地时间。自古以来，人们就习惯于把天亮作为白天的开始，天黑作为白天的结束，而把太阳在正顶的时刻作为正午 12 时。

由于地球不停地由西向东旋转，使得东面总比西面先见到太阳，也就是东面亮得早，所以正午时刻也来得早，这就造成了经度不同的地区时刻不同。当东经 90°处正午 12 点时，0°经线处刚刚天亮，而 180°经线处则已夕阳西下了。

2）理论区时

通常把全球按经度划分为 24 个时区，各个时区都以本区内的中央经线的地方时作为全区共同使用的时刻，而且每 15 个经度划一个时区，地球转过 15 个经度恰好用一个小时的时间，具体划分如下：

以 0°经线为中央经线，从西经 7.5°到东经 7.5°为中时区（零时区），依次向东和向西，每 15°一个时区，分别为东一区、东二区……东十二区，西一区、西二区……西十二区。东十二区和西十二区各跨越经度 7.5°，合为一个时区。各个时区都以本区中央经线的地方时，作为全区共同使用的时刻，称为理论区时，也叫标准时。国际时区图如图 1.3 所示。

World time zone map

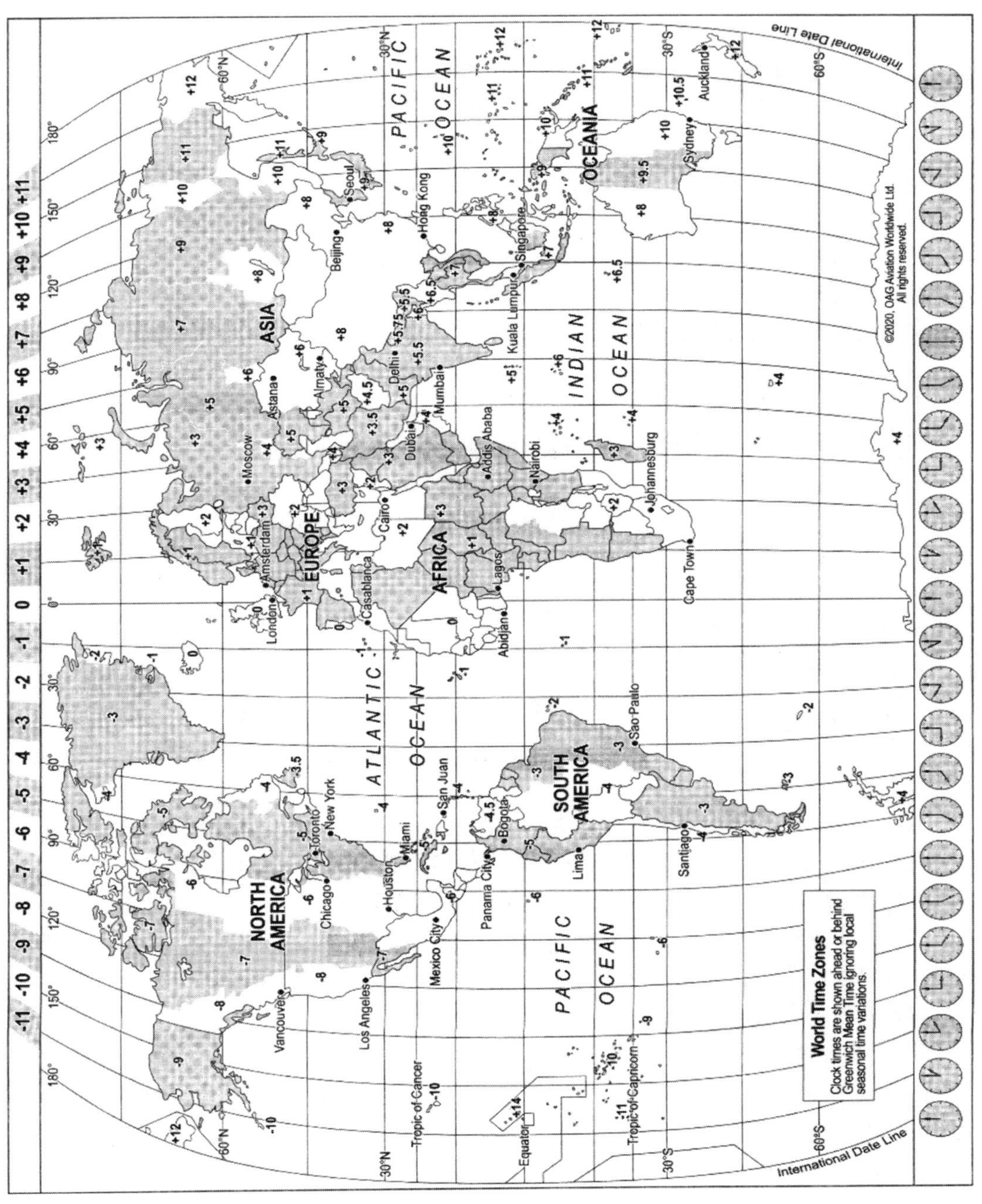

图 1.3 国际时区图

3）日界线

采用区时解决了钟点不统一的问题，但是仍存在日期不统一的问题，即哪儿最先进入新的一天。为了解决此问题，引入了日界线（国际日期变更线），人为地划定一条经线，把它作为最早进入新的一天的界线。

日界线放在什么地方合适呢？如放在0°经线上最理想，它有利于世界各地日期的换算，但是0°经线穿过许多欧洲国家，把它作为日界线，这些国家会出现同时两个日期的现象，这无论对工作还是生活都很不方便。为了避免这一现象，日界线划在太平洋上，并且有几个弯折。由北极沿东经180度经线，折向白令海峡，绕过阿留申群岛西边，经萨摩亚、斐济、汤加等群岛之间，由新西兰东边再沿180度经线直到南极。

日界线确定后，由于地球由西向东自转，因此日界线西侧的地方总是最先进入新的一天，而日界线东侧的地方要等地球转了快一周之后，才开始新的一天。根据时区的划分，日界线以西为东十二区，以东为西十二区，因此从西向东越过日界线，日期要减一天，而从东向西越过日界线，日期要加一天。因此，东、西十二区虽在一个时区内，它们时间相同，但是日期差一天。

下面把有关日界线的问题小结如下：

向东越过日界线，日期减一天；向西越过日界线，日期加一天。

东、西十二区时间相同；东十二区比西十二区要早一天。

日界线西侧的东十二区，成了全球最东的时区，它的时刻最早；日界线东侧的西十二区，则成了全球最西的时区，它的时刻最迟。

4）各国实际采用的区时

区时是为了计时方便，经国际协商而确定的一种计时手段。但是一些国家的时区并不是按照理论上的24小时时区来划分的，而是参照本国的行政区划分，根据需要确定的，因此与理论时区略有差异。这样划分得到的时刻系统称为各国标准时，它是实际采用的区时。在世界各国实际划分的时区图上，时区之间的界线不是经线，多呈现曲线与折线，主要是考虑行政区划分的统一。

从经度上看，我国由东五区到东九区，跨越5个时区，也就是说最东比最西面早了4个小时。这样使用起来很不方便，因此我国统一采用东八区的区时，即东经120°处的地方时，这样就造成一个问题——各地的天亮天黑与当地的时刻不统一。例如，在春分时节，北京早上6点天就亮了，此时新疆的乌鲁木齐天空还是一片漆黑，所以，新疆的作息时间比北京推迟2个小时，一般北京的职工8点上班，而新疆的职工10点才上班。实际上，新疆采用了东六区的区时。

5）世界标准时

世界标准时，英文GREENWICH MEAN TIME，所写GMT。它是以英国格林尼治0°经线穿过的地区为世界标准时间。

6）国家标准时间

国家标准时间，英文为STANDARD CLOCK TIME，缩写SCT。国家标准时间是指一个国家所处的地理位置时间和格林尼治时间的时间差。例如中国在东八区，表示为+8。

7）夏令时

夏令时，英文 DAYLIGHT SAVING TIME，缩写为 DST。

夏令时比标准时早一个小时。例如，在夏令时的实施期间，标准时间的上午 10 点就成了夏令时的上午 11 点。

夏令时，又称“日光节约时制”或“夏时制”，是一种为节约能源而人为规定地方时间的制度，在这一制度实行期间所采用的统一时间称为“夏令时间”。一般在天亮早的夏季，人为将时间提前一小时，可以使人早起早睡，减少照明量，以充分利用光照资源，从而节约照明用电。各个采纳夏令时的国家具体规定不同。目前全世界有 56 个国家（依据 OAG 公布的信息统计）实行夏令时。多时区的国家会采用不同的夏令时。

8）多时区国家

多时区国家，英文 MULTIAL TIME ZONE COUNTRY。多时区国家是指某些国家由于地域辽阔，跨越的经度超过 15°，这些国家根据实际情况制定当地时间，比如澳大利亚、巴西、加拿大、印度尼西亚、墨西哥、俄罗斯、美国等国家。

3. 时差计算

1）同时差区的时差计算

同时差区是指两地均在东区或西区，如果计算两地的时差，只需将大时区减去小时区即可。如果需要进一步求出某一地的时间，只需将求出的时差根据“东加西减”的原则分别加减即可。

例如，北京在东八区，首尔在东九区。北京和首尔都在东时差区，两地时差为 1 小时。当知道北京时间（13:30）时，加上 1 小时，就可以求出首尔的时间（14:30）。反之，知道首尔的时间（14:30），减去 1，就为北京的时间（13:30）。

2）不同时区的时差计算

不同时区的时差是指两地在不同的时差区，两地的时差应相加。同样按照“东加西减”的原则进行计算。

例如，北京在东八区，纽约在西五区。北京和纽约不在同一时差区，当知道北京时间（13:30）时，减去北京与纽约之和为 13 小时，就可以求出纽约的时间（0:30）。反之，知道纽约的时间（0:30），加上时差 13 小时，就为北京的时间（13:30）。

将时间转化成标准时时，要注意考虑是否在夏令时内。

3）超过 24 小时的计算

当求出的时间超过 24 小时，说明计算的时间对于另一地来说已经超过一天 24 小时的范围，再根据计算的方法推导为前一天或后一天。

在计算运输时间时，各国家所在时区（夏令时）见附录 A-03。

例 1-1　北京到纽约的 CA981 航班，2020 年 11 月 27 日周日，从北京起飞的时间为 1300，到达纽约的时间为 1330，运输时间计算步骤如下：

第一步，在班期时刻表中已给出北京、纽约所在的时区，也可以通过查阅 OAG International time calculator 来确定。

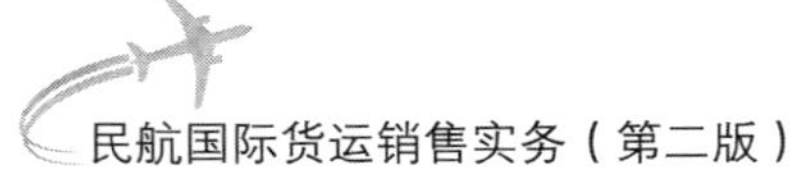

北京在东八区，比格林尼治时间快 8 小时。

纽约在西五区，比格林尼治时间慢 5 小时。

第二步，将起飞和到达时间转换成格林尼治时间。

PEK = GMT+0800 = 1300 SUN

GMT = 1300-0800 = 0500 SUN

JFK = GMT-0500 = 1330 SUN

GMT = 1330+0500 = 1830 SUN

运输时间：1830SUN-0500 SUN = 13 hours 30minutes

例 1-2　上海到法兰克福 12 月 17 日（周 4）运输一票货物，承运人为 NH，到纽约信息如下。请计算上海到法兰克福运输时间和在 HND—Tokyo Intl（Haneda），Japan 的中转时间。

1234567	From 2Nov	**0145** PVG	0525 HND	**NH968**	788	BC	—
		1120HND	**1540** FRA	**NH223**	77W	BC	—

（1）运输时间计算

第一步，在班期时刻表中已给出上海、法兰克福所在的时区。

上海在东八区，比格林尼治时间快 8 小时。

法兰克福在东一区，比格林尼治时间快 1 小时。

第二步，将起飞和到达时间转换成格林尼治时间。

PVG = GMT+0800 = 0145 THU

GMT = 0145-0800 = 1745 WED

FRA = GMT+0100 = 1540 THU

GMT = 1540-0100 = 1440 THU

运输时间：1440THU - 1745 WED = 20 hours 55minutes

（2）中转时间计算

NH968 航班到达 HND 时间为 0525，NH223 航班从 NHD 始发时间为 1120。

那么，中转时间为：1120-0525 = 0555，即 5 小时 55 分。

第二节　《航空货物运价手册》

一、《航空货物运价手册》

我国民航各承运人在处理国际货物运价时，多以该书为依据。《航空货物运价手册》（THE AIR CARGO TARIFF，简称 TACT）每年出版三期，分别于 2 月 1 日、6 月 1 日、10 月 1 日出版发行。为便于有目的地查阅和参考，TACT 又被分为三卷，第一卷 RULES、第二卷 WORLDWIDE RATES 和第三卷 NORTH AMERICAN RATES。如图 1.4 所示。

图 1.4（a）规则，TACT RULES 110th（有效期为 2021 年 2 月 1 日至 2021 年 5 月 31 日）；图 1.4（b）运价，TACT RATES 203th（有效期为 2021 年 2 月 1 日至 2021 年 5 月 31 日）世界范围内公布直达运价和比例运价，不含北美地区；图 1.4（c）北美运价，TACT RATES 203th包括从/到北美地区的公布直达运价和比例运价。

（a）规则

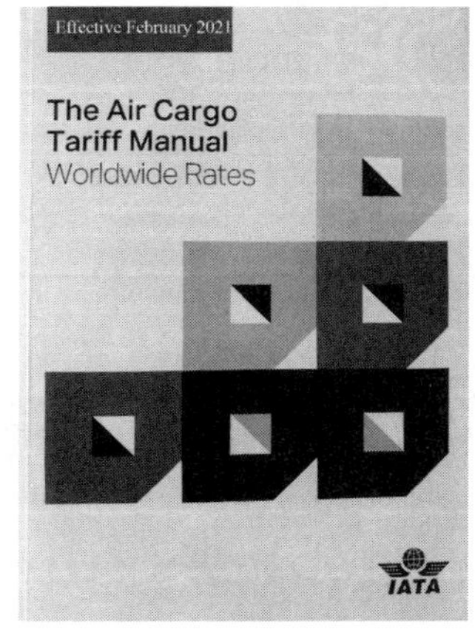

（b）运价（世界范围分册）

（c）运价（北美分册）

图 1.4　IATA TACT RULES AND RATES

二、TACT RULES 的主要内容

TACT RULES 包括了国际航空货物运输一般规定、国家规定和承运人规定三部分内容。

一般规定包括第 1 至第 6 单元，第 7 单元为国家规定，第 8 单元为承运人规定。

这些规则和规定是世界上大多数国家和承运人共同遵守的规章。但是，由于各个国家的政治、经济、文化等差异，一些国家或承运人还有自己的特殊规定。

下面按照 TACT RULES 的编号和顺序分别加以介绍。

第一单元　一般规定

1. 第一单元主要内容

第一单元重点介绍了航空货物运输一般规定，各种代码和缩写等，为便于大家查找，汇总于表 1-2。

表中 1.1 表示第一章第一节，1.2.3 表示第一章第二节第三段，依此类推，后面不再重复。

表 1-2 TACT RULES 第一单元主要内容

节（段）	英文	中文
1.1	APPLICATION OF TARIFF	运价、运费、规则的适用范围
1.2	IATA AREAS AND CITY/AIRPORT CODES	区域、城市、机场代码
1.3	ABBREVIATIONS AND SPECIAL HANDLING CODES	缩写和特殊操作代码
1.4	CODING AND DECODING OF AIRLINS	承运人代码
1.5	TERMS	专业术语
1.6	QUICK RATE CONVERSION TABLE	快速换算表

2. 适用范围

在 TACT RULES AND RATES 公布的运价、运费和规则适用于货物运输的参与承运人。如运价或运费适用于某承运人，则在运价前注明其两字代码。

3. IATA 区域划分，以及城市、机场代码

为便于承运人间的合作和业务联系，国际航协将全球划分为三个业务区。IATA 区域划分及区域图将在运价和运费计算部分介绍。各种代码索引对照表见表 1-3。

表 1-3 各种代码对照表

章节	英文	中文
1.2.3	CODING/DECODING OF CITIES	城市代码
1.2.4	CODING OF AIRPORTS	机场及代码
1.2.5	DECODING OF AIRPORT	机场代码及全称
1.2.6	SECONDARY CITIES	二线城市

4. IATA 区域划分

为了便于承运人间的合作和业务联系，国际航空运输协会将全球划分为三个业务区（IATA AREA），称为“国际航协运输会议区域”（IATA TRAFFIC CONFERENCE AREAS），其下又可进行次一级的分区（SUB AREAS）。IATA 区域图如图 1.5 所示。

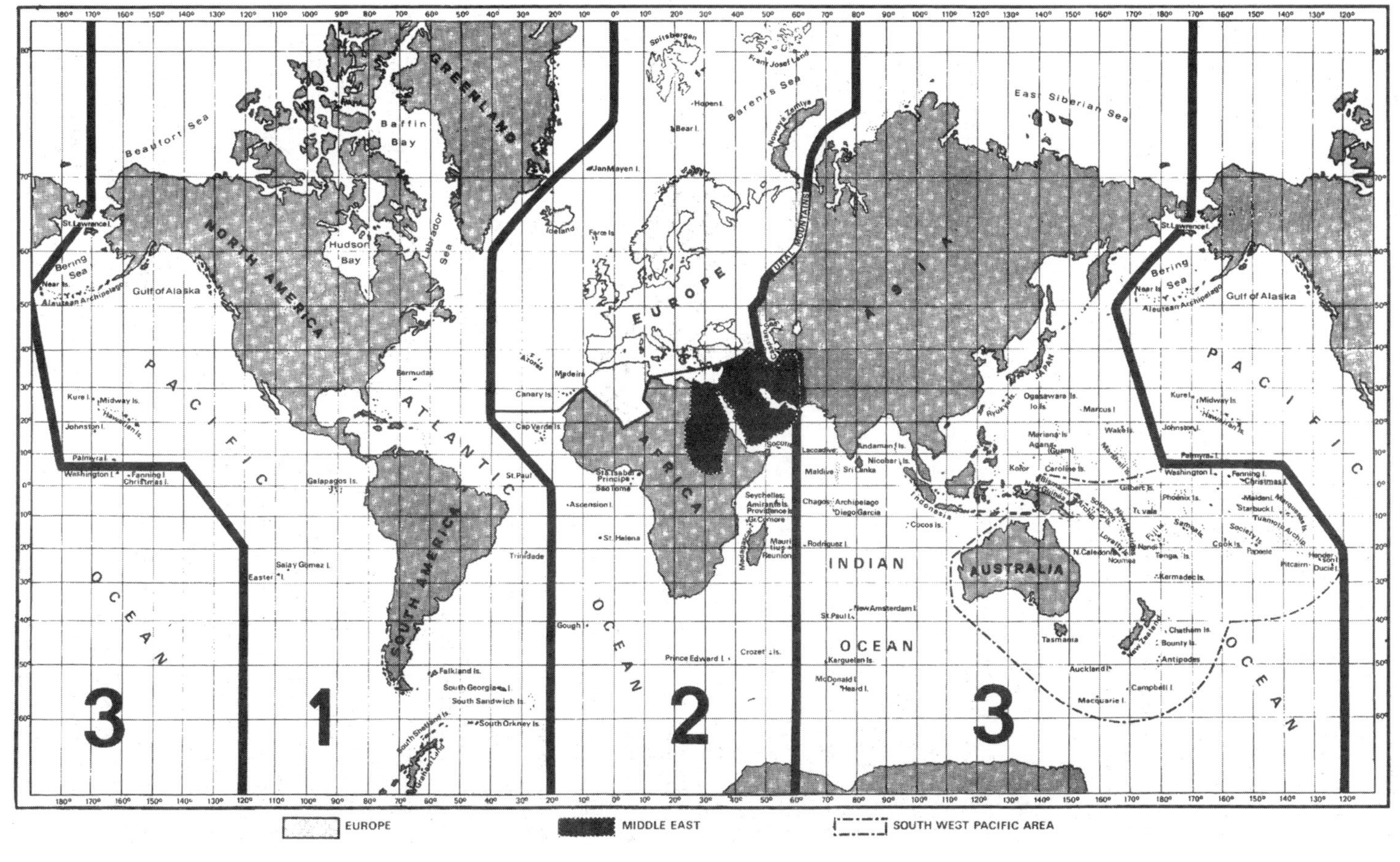

EUROPE
MIDDLE EAST
SOUTH WEST PACIFIC AREA
1
2
3
3
PACIFIC
PACIFIC
OCEAN
OCEAN
ATLANTIC
OCEAN
INDIAN
OCEAN
NORTH AMERICA
SOUTH AMERICA
GREENLAND
EUROPE
AFRICA
AUSTRALIA
URAL MOUNTAINS
Hudson Bay
Baffin Bay
Labrador Sea
Gulf of Alaska
Bering Sea
Beaufort Sea
East Siberian Sea
Barents Sea

图1.5　IATA区域图

1）IATA 1 区

IATA 1 区：包括全部南、北美洲大陆及其相邻岛屿，格陵兰、百慕大、西印度群岛和加勒比海群岛、夏威夷群岛（含中途岛和巴尔米拉环礁）。IATA 1 区分为加勒比海、墨西哥、远程、南美洲 4 个次区。

加勒比海次区（CARIBBEAN SUB-AREA）包括：

（1）美国（除波多黎各和美属维尔京群岛之外）与巴哈马群岛、百慕大、加勒比群岛、圭亚那、苏里南、法属圭亚那之间的地区。

（2）加拿大/墨西哥和巴哈马群岛、百慕大、加勒比群岛（含波多黎各和美属维尔京群岛）、圭亚那、苏里南、法属圭亚那之间的地区。

（3）（ⅰ）由巴哈马群岛、百慕大、加勒比群岛（包括波多黎各和美属维尔京群岛）构成的区域内；

（ⅱ）以上（ⅰ）区域为一端，与圭亚那、苏里南、法属圭亚那为另一端的地区。

墨西哥次区（MEXICO SUB-AREA）包括加拿大/美国（除波多黎各和美属维尔京群岛）与墨西哥之间的地区。

远程次区（LONG HAUL SUB-AREA）包括：

（1）以加拿大、墨西哥、美国为一端，与中、南美洲为另一端的地区。

（2）以巴哈马群岛、百慕大、加勒比群岛、圭亚那、苏里南与法属圭亚那为一端，与中、南美洲为另一端的地区。

（3）中美洲和南美洲之间的地区。

（4）中美洲区域内。

南美洲次区（SOUTH AMERICA SUB-AREA）包括阿根廷、玻利维亚、巴西、智利、哥伦比亚、厄瓜多尔、法属圭亚那、圭亚那、巴拿马、巴拉圭、秘鲁、苏里南、乌拉圭、委内瑞拉。

注：为了使以上范围的定义更明朗，规定如下：

加勒比群岛：包括安圭拉岛、安提瓜和巴布达、阿鲁巴、巴巴多斯、英属维尔京群岛、开曼群岛、古巴、多米尼克、多米尼加、格林纳达、瓜德罗普、海地、牙买加、马提尼克、蒙特塞拉特岛、荷属安的列斯、圣基茨—尼维斯、圣卢西亚、圣文森特和格林纳丁斯群岛、多巴哥和特立尼达、特克斯和凯科斯群岛。

中美洲：包括伯利兹、哥斯达黎加、萨尔瓦多、危地马拉、洪都拉斯、尼加拉瓜。

南美洲：包括阿根廷、玻利维亚、巴西、智利、哥伦比亚、厄瓜多尔、巴拿马、巴拉圭、秘鲁、乌拉圭、委内瑞拉。

2）IATA 2 区

IATA 2 区：包括全部欧洲（包括俄罗斯联邦的欧洲部分）及其近邻岛屿、冰岛、亚速尔群岛、全部非洲及其近邻的岛屿，阿森松岛和包括伊朗在内的亚洲西部地区。IATA 2 区分为欧洲、中东、非洲 3 个次区。

欧洲次区（EUROPE SUB-AREA）包括阿尔巴尼亚、阿尔及利亚、安道尔、亚美尼亚、奥地利、阿塞拜疆、亚速尔群岛、白俄罗斯、比利时、波斯尼亚和黑塞哥维纳、保加利亚、加那利群岛、克罗地亚、塞浦路斯、捷克共和国、丹麦、爱沙尼亚、芬兰、法国、格鲁吉亚、德国、直布罗陀、希腊、匈牙利、冰岛、爱尔兰、意大利、拉脱维亚、列支敦士登、立陶宛、卢森堡、马其顿王国（前南斯拉夫共和国）、马德拉群岛、马耳他、摩尔多瓦、摩纳哥、黑山、摩洛哥、荷兰、挪威、波兰、葡萄牙、罗马尼亚、俄罗斯联邦（欧洲部分）、圣马力诺、塞尔维亚、斯洛伐克共和国、斯洛文尼亚、西班牙、瑞典、瑞士、突尼斯、土耳其（跨欧洲和亚洲）、乌克兰、英国。

中东次区（MIDDLE EAST SUB-AREA）包括巴林、埃及、伊朗（伊斯兰共和国）、伊拉克、以色列、约旦、科威特、黎巴嫩、阿曼、巴勒斯坦被占领土地、卡塔尔、沙特阿拉伯、苏丹、叙利亚、阿拉伯联合酋长国（由阿布扎比、阿治曼、迪拜、富查伊拉、哈伊马角、沙迦、乌姆盖万组成）、也门。

非洲次区（AFRICA SUB-AREA）包括中非、东非、印度洋岛屿、利比亚、南非和西非。

中非：包括马拉维、赞比亚、津巴布韦。

东非：包括布隆迪、吉布提、厄立特里亚、埃塞俄比亚、肯尼亚、卢旺达、索马里、坦桑尼亚和乌干达。

印度洋岛屿：包括科摩罗、马达加斯加、毛里求斯、马约特岛、留尼旺岛和塞舌尔群岛。

南非：包括博茨瓦纳、莱索托、莫桑比克、南非、纳米比亚和斯威士兰。

西非：包括安哥拉、贝宁、布基纳法索、喀麦隆、佛得角群岛、中非共和国、乍得、刚果（布）、刚果（金）、科特迪瓦、赤道几内亚、加蓬、冈比亚、加纳、几内亚、几内亚比绍、利比里亚、马里、毛里塔尼亚、尼日尔、尼日利亚、圣多美和普林西比、塞内加尔、塞拉利昂、多哥。

3）IATA 3 区

IATA 3 区包括除 IATA2 区之外的全部亚洲及相邻岛屿，所有东印度群岛，澳大利亚、新西兰及其邻近的岛屿和除属于 IATA 1 区之外的太平洋岛屿。IATA 3 区分为南亚次大陆、东南亚、西南太平洋、日本/朝鲜半岛 4 个次区。

南亚次大陆次区（SOUTH ASIAN SUBCONTINENT SUB-AREA）包括阿富汗、孟加拉国、不丹、印度（含安达曼群岛）、马尔代夫、尼泊尔、巴基斯坦、斯里兰卡。

东南亚次区（SOUTH EAST ASIA SUB-AREA）包括文莱达鲁萨兰国、柬埔寨、中华人民共和国（不包括香港、澳门特别行政区）、中国台湾地区、关岛、中国香港特别行政区、印度尼西亚、哈萨克斯坦、吉尔吉斯斯坦、老挝、中国澳门特别行政区、马来西亚、马绍尔群岛、密克罗尼西亚（包括除帕劳群岛之外的加罗林群岛）、蒙古、缅甸、北马里亚纳群岛（包括除关岛以外的马里亚纳群岛）、帕劳群岛、菲律宾、俄罗斯联邦（亚洲部分）、新加坡、塔吉克斯坦、泰国、土库曼斯坦、乌兹别克斯坦、越南。

西南太平洋次区（SOUTH WEST PACIFIC SUB-AREA）包括美属萨摩亚、澳大利亚、库克群岛、斐济群岛、法属玻利尼西亚、基里巴斯 、瑙鲁、新喀里多尼亚（含罗亚蒂群岛）、新西兰、纽埃、巴布亚新几内亚、萨摩亚、所罗门群岛、汤加、图瓦卢、瓦努阿图、瓦利斯和富图纳群岛。

日本/朝鲜半岛次区（JAPAN/KOREA SUB-AREA）包括日本、朝鲜和韩国。

注意：在 IATA 所定义的次区，有一些和地理上所定义的内容不同，在本教材中以 IATA 定义为准。

例如，IATA 所定义的欧洲次区不但包括地理位置上的欧洲，还包括一些其他国家、地区和岛屿：3 个北非国家（摩洛哥、阿尔及利亚和突尼斯）、亚洲的土耳其和 3 个岛屿（亚速尔群岛、马德拉岛和加拿利群岛）。

另外，埃及和苏丹虽然属于地理位置上的非洲大陆，但在这里被划分为 IATA 中东次区。

5. 城市、机场代码的使用

1）城市及代码的查找

在图 1.6 中可以查找城市代码或全称。

A. 由城市全称查阅所在州或省的两字代码、国家两字代码和城市三字代码。

此表是按照城市全称英文字母顺序排列的。如图 1.6 所示。

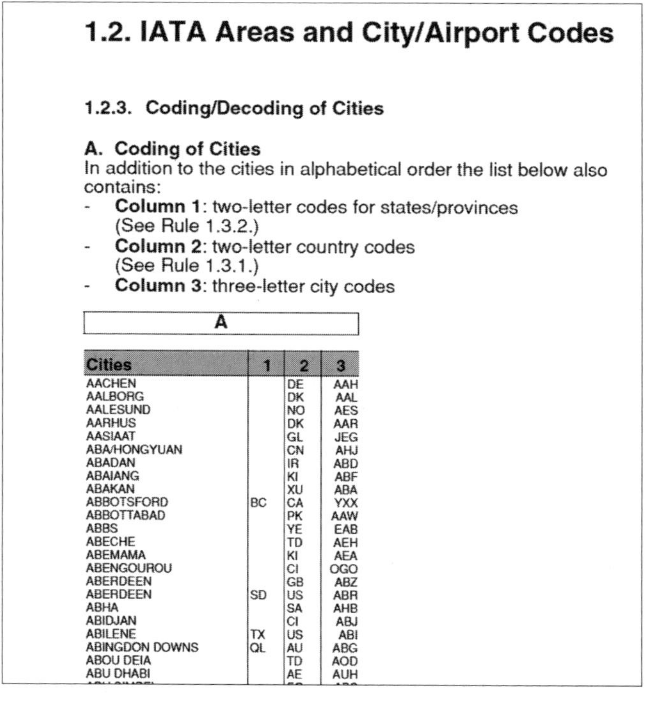

1.2. IATA Areas and City/Airport Codes

1.2.3. Coding/Decoding of Cities

A. Coding of Cities

In addition to the cities in alphabetical order the list below also contains:

- **Column 1**: two-letter codes for states/provinces (See Rule 1.3.2.)
- **Column 2**: two-letter country codes (See Rule 1.3.1.)
- **Column 3**: three-letter city codes

A

Cities	1	2	3
AACHEN		DE	AAH
AALBORG		DK	AAL
AALESUND		NO	AES
AARHUS		DK	AAR
AASIAAT		GL	JEG
ABA/HONGYUAN		CN	AHJ
ABADAN		IR	ABD
ABAIANG		KI	ABF
ABAKAN		XU	ABA
ABBOTSFORD	BC	CA	YXX
ABBOTTABAD		PK	AAW
ABBS		YE	EAB
ABECHE		TD	AEH
ABEMAMA		KI	AEA
ABENGOUROU		CI	OGO
ABERDEEN		GB	ABZ
ABERDEEN	SD	US	ABR
ABHA		SA	AHB
ABIDJAN		CI	ABJ
ABILENE	TX	US	ABI
ABINGDON DOWNS	QL	AU	ABG
ABOU DEIA		TD	AOD
ABU DHABI		AE	AUH

图 1.6　TACT RULES 1.2.3 A 城市代码节选

第 1 栏，代表此城市所在的州或省的两字代码。可以参阅 TACT RULES 1.3.2。

第 2 栏，代表此城市所在的国家两字代码。可以查阅 TACT RULES 1.3.1。

第 3 栏，代表此城市的三字代码。

可以根据城市查阅其全称三字代码、所属省或州两字代码及国家两字代码。

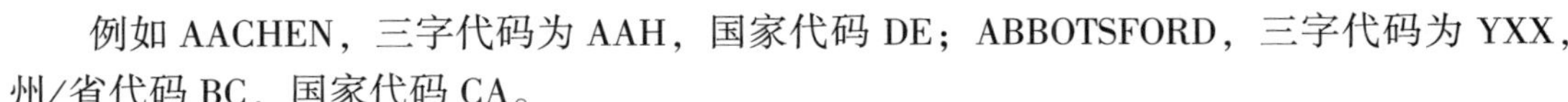

例如 AACHEN，三字代码为 AAH，国家代码 DE；ABBOTSFORD，三字代码为 YXX，州/省代码 BC，国家代码 CA。

B. 由城市三字代码查阅所在城市全称、州或省的两字代码和国家两字代码。

图 1.7 中表格是按照城市三字代码英文字母顺序排列的。

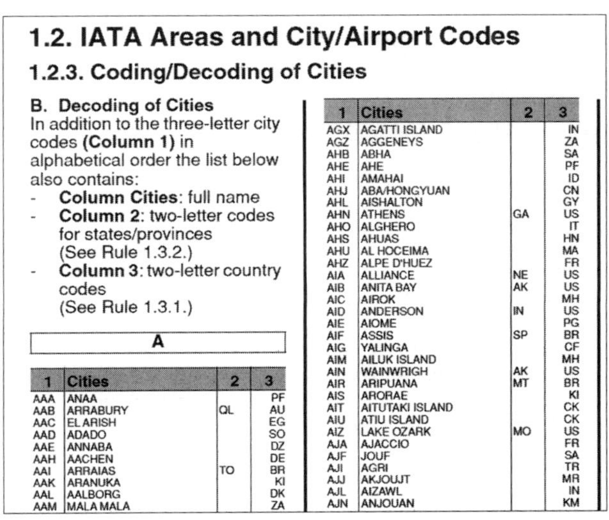

1.2. IATA Areas and City/Airport Codes

1.2.3. Coding/Decoding of Cities

B. Decoding of Cities

In addition to the three-letter city codes **(Column 1)** in alphabetical order the list below also contains:
- **Column Cities**: full name
- **Column 2**: two-letter codes for states/provinces (See Rule 1.3.2.)
- **Column 3**: two-letter country codes (See Rule 1.3.1.)

A

1	Cities	2	3
AAA	ANAA		PF
AAB	ARRABURY	QL	AU
AAC	EL ARISH		EG
AAD	ADADO		SO
AAE	ANNABA		DZ
AAH	AACHEN		DE
AAI	ARRAIAS	TO	BR
AAK	ARANUKA		KI
AAL	AALBORG		DK
AAM	MALA MALA		ZA

1	Cities	2	3
AGX	AGATTI ISLAND		IN
AGZ	AGGENEYS		ZA
AHB	ABHA		SA
AHE	AHE		PF
AHI	AMAHAI		ID
AHJ	ABA/HONGYUAN		CN
AHL	AISHALTON		GY
AHN	ATHENS	GA	US
AHO	ALGHERO		IT
AHS	AHUAS		HN
AHU	AL HOCEIMA		MA
AHZ	ALPE D'HUEZ		FR
AIA	ALLIANCE	NE	US
AIB	ANITA BAY	AK	US
AIC	AIROK		MH
AID	ANDERSON	IN	US
AIE	AIOME		PG
AIF	ASSIS	SP	BR
AIG	YALINGA		CF
AIM	AILUK ISLAND		MH
AIN	WAINWRIGH	AK	US
AIR	ARIPUANA	MT	BR
AIS	ARORAE		KI
AIT	AITUTAKI ISLAND		CK
AIU	ATIU ISLAND		CK
AIZ	LAKE OZARK	MO	US
AJA	AJACCIO		FR
AJF	JOUF		SA
AJI	AGRI		TR
AJJ	AKJOUJT		MR
AJL	AIZAWL		IN
AJN	ANJOUAN		KM

图 1.7　TACT RULES 1.2.3 B 城市代码节选

例如，三字代码 AAA，城市全称 ANAA，国家代码 PF。

三字代码 AHN，全称 ATHENS，州/省代码 GA，国家代码 US。

2）具有两个以上机场的城市及三字代码

图 1.9 中列出了有两个或两个以上机场的主要城市信息，它是按照城市名称的英文字母顺序排列的，城市名称后面紧跟其所属国家的两字代码。

在城市的下面列出所拥有的机场全称和三字代码。机场名称也是按照英文字母顺序排列的。如图 1.8 所示。

1.2. IATA Areas and City/Airport Codes

1.2.4. Coding of Airports

The list below contains a selection of major cities with deviating airport codes.

Anchorage, AK, US	
International	ANC
Merrill Field	MRI
Ankara, TR	
Esenboga	ESB
Etimesgut	ANK
Apia, WS	
Faleolo	APW
Fagali'i	FGI
Edmonton, AB, CA	
International	YEG
Municipal	YXD
Namao Field	YED
Fort Myers, FL, US	
Page Field	FMY
Southwest Florida Regional	RSW
Freetown, SL	
Hastings	HGS
Lungi International	FNA
Shanghai, CN	
Hongqiao	SHA
Pu Dong	PVG
Shetland Islands, GB	
Lerwick/Tingwall	LWK
Scatsta	SCS
Sumburgh	LSI
Singapore, SG	
Changi	SIN
Paya Lebar	QPG
Seletar	XSP

图 1.8　TACT RULES 1.2.4 机场代码节选

Anchorage，AK，US 有两个机场，分别为 International，机场代码为 ANC；Merrill Field 机场代码为 MRI。

中国上海有两个机场：（1）虹桥机场，三字代码为 SHA；（2）浦东机场，三字代码为 PVG。

新加坡有三个机场：（1）樟宜机场，三字代码为 SIN；（2）巴耶利巴机场，三字代码为 QPG；（3）实里达机场，三字代码为 XSP。

3）机场三字代码

图 1.9 中列出的是按照英文字母顺序排列的机场三字代码，可以由机场三字代码查找其机场名称及所在的州/省和国家两字代码。如图 1.9 所示。

PVG	Pu Dong	Shanghai, CN
QPG	Paya Lebar	Singapore, SG
REK	Reykjavik Domestic	Reykjavik, IS
RKE	Roskilde Airport	Copenhagen, DK
ROB	Roberts International	Monrovia, LR
RSW	Southwest Florida Regional	Fort Myers, FL, US
SAC	Executive	Sacramento, CA, US
SAW	Sabiha Gökcen Intl. Airport	Istanbul, TR

图 1.9　TACT RULES 1.2.5 机场代码节选

PVG：浦东机场；城市：上海；国家：中国。

QPG：巴耶利巴机场；城市：新加坡，国家：新加坡。

4）二线城市

当一个机场服务于一个以上的城市时，可以查阅 IATA RULES 1.2.6 表，节选如图 1.10 所示。此表是按照城市三字代码的顺序排列的。大城市为一线城市，小城市为二线城市。与小城市间的运价可以使用与大城市间的运价。

1.2.6. Secondary Cities

Where more than one city is served by the same airport, such cities are cross-referenced as shown in the following list below. For cities served by the same airport, the largest city is designated as the primary city and the smaller city, as secondary city. Industry rates are specified only for primary cities and may be used to establish rates for the secondary cities.

Secondary City				Primary City		
City Code	City Name	State Code	Country Code	City Code	City Name	State Code
ACV	Arcata	CA	US	EKA	Eureka	CA
HTS	Ashland	KY	US	HTS	Huntington	WV
AVX	Avalon Bay	CA	US	AVX	Catalina Island	CA
BLB	Balboa		PA	PTY	Panama City	
DPS	Bali Island		ID	DPS	Denpasar Bali	
MBS	Bay City	MI	US	MBS	Saginaw	MI

图 1.10　TACT RULES 1.2.6 机场代码节选

第一个城市的信息如下：

Arcata 和 Eureka 都属于 US（U.S.A，美国）的 CA（California，加利福尼亚州），假如某城市到 Arcata 之间没有公布直达运价，可以使用到 Eureka 之间的运价。

6. 国家代码、常用缩写及特殊操作代码

1）国家代码

（1）由国家全称查阅国家两字代码和所在 IATA 区域。如图 1.11 所示。

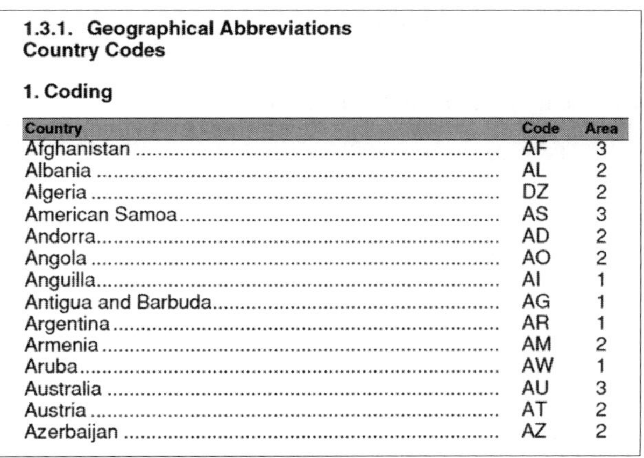

1.3.1. Geographical Abbreviations
Country Codes

1. Coding

Country	Code	Area
Afghanistan	AF	3
Albania	AL	2
Algeria	DZ	2
American Samoa	AS	3
Andorra	AD	2
Angola	AO	2
Anguilla	AI	1
Antigua and Barbuda	AG	1
Argentina	AR	1
Armenia	AM	2
Aruba	AW	1
Australia	AU	3
Austria	AT	2
Azerbaijan	AZ	2

图 1.11　TACT RULES 1.3.1 国家代码节选

Afghanistan（阿富汗），国家两字代码为 AF，属于 IATA 3 区。

Algeria（阿尔及利亚），国家两字代码为 DZ，属于 IATA 2 区。

Argentina（阿根廷），国家两字代码为 AR，属于 IATA 1 区。

（2）由国家两字代码查阅国家全称和所在 IATA 区域。如图 1.12 所示。

Country Codes

2. Decoding

CA	Canada	1
CC	Cocos (Keeling) Islands	3
CD	Congo, Democratic Republic of	2
CF	Central African Republic	2
CG	Congo	2
CH	Switzerland	2
CI	Cote d'Ivoire	2
CK	Cook Islands	3
CL	Chile	1
CM	Cameroon	2
CN	China, People's Republic of	3
CO	Colombia	1
CR	Costa Rica	1

图 1.12　TACT RULES 1.3.1 国家代码节选

CA：加拿大，IATA 1 区；CH：瑞士，IATA 2 区；CN：中国，IATA3 区。

2）州/省的两字代码

1.3.2 中列出了五个国家的州或省的信息，这五个国家按照英文字母顺序分别是 Argentina（阿根廷）、Australia（澳大利亚）、Brazil（巴西）、Canada（加拿大）和 U.S.A（美国）。

国家名称下方按照州或省的两字代码英文顺序排列，随后是其全称。

例如：加拿大列出其 13 个省代码及省全称。AB：亚伯达省；BC：不列颠哥伦比亚省。如图 1.13 所示。

1.3.2. States/Provinces per Country
Two-Letter Codes for States/Provinces

CANADA	
AB	Alberta
BC	British Columbia
MB	Manitoba
NB	New Brunswick
NL	Newfoundland and Labrador
NS	Nova Scotia
NT	Northwest Territories
NU	Nunavut
ON	Ontario
PE	Prince Edward Island
QC	Quebec
SK	Saskatchewan
YT	Yukon Territories

图 1.13　TACT RULES 1.3.2 省/州代码节选

3）特殊操作代号和危险品代码

1.3.3 SPECIAL HANDLING AND DANGEROUS GOODS CODES 中详细列出了特殊操作代号和危险品代码。

（1）特殊操作代码

ACT　Active Temperature Controlled System　自动温控系统

AOG　Aircraft on ground　紧急航材

ATT　Goods Attached to Air Waybill　附在货运单后的货物

AVI　Live animal　活体动物

BIG　Outsized　超大货物

BUP　Bulk Unitization Programme, Shipper/Consignee Handled Unit　托运人/收货人自行处理的集装货物

CAO　Cargo aircraft only　仅限货机

CAT　Cargo Attendant Accompanying Shipment　押运货物

COL　Cool Goods　冷藏货物

COM　Company Mail　公邮货物

DIP　Diplomatic mail　外交信袋

EAT　Foodstuffs　食品

EAP　e-freight Consignment with Accompanying Documents　电子货运货物，随附纸质单证

EAW　e-freight Consignment with No Accompanying Documents　电子货运货物，无随附纸质单证或无随机文件袋

ECC　Consignment established with an electronically concluded cargo contract ECC with

	no accompanying paper Air Waybill　ECC 之间运输的无纸质货运单的货物
ECP	Consignment established with a paper Air Waybill contract being printed under an e-AWB agreement　依据电子货运单合同打印版交运的货物
EMD	Electronic Monitoring Devices on/in Cargo/Container　货物或集装器内的电子追踪装置
ERT	Extended Room Temperature +2℃ to +25℃　扩展室温+2℃ to +25℃
FIL	Undeveloped/Unexposed film　未曝光的胶片
FRI	Frozen goods subject to veterinary/phytosanitary inspections　需要经过动植物检疫的冷冻货物
FRO	Frozen goods　冷冻货物
GOH	Hanging Garments　挂衣箱货物
HEA	Heavy cargo, 150 kg. and over per piece　超重货（单件货物的重量超过 150 千克）
HEG	Hatching eggs　种蛋
HUM	Human remains in coffins　灵柩
LHO	Living human organs/blood　活的人体器官和血液
LIC	License required　需要许可证的货物
MAL	Mail　邮件
MUW	Munitions of war　军需品
NSC	Cargo has not been secured yet for Passenger or All-Cargo Aircraft　没有进行安检的客机或货机均可运输的货物
NWP	Newspapers, magazines　报纸、杂志
OBX	Obnoxious cargo　具有强烈刺激性气味的货物
OHG	Overhang item　探板货物
PEA	Hunting trophies, skin, hide, and all articles made from or containing parts of species listed in the CITES (*Convention on International Trade in Endangered Species*) appendices　在《濒危野生动植物种国际贸易公约》附录中列明的物种的猎物、皮毛、兽皮和由这些物种制成的或包含部分物种的所有物品
PEB	Animal products for non-human consumption　供非人类食用的动物产品
PEF	Flowers　鲜花
PEM	Meat　肉类
PEP	Fruits and Vegetables　水果蔬菜
PER	Perishable cargo　鲜活易腐货物
PES	Fish/Seafood　鱼、水产品
PHY	Goods subject to phytosanitary inspections　须接受植物卫生检验的货物
PIL	Pharmaceuticals　医药品
PIP	Passive Insulated Packaging　被动式隔热包装
QRT	Quick Ramp Transfer　机下直转的货物

RAC　Reserved Air Cargo　订舱货物

SAL　Surface mail　平邮

SCO　Cargo Secure for All-Cargo Aircraft only　仅满足货机安检要求的货物

SHL　Save Human Life　急救物品

SHR　Secure for Passenger, All-Cargo and All-Mail Aircraft in Accordance with High Risk Requirements　依据高风险要求对客机、全货机和邮件的安检

SPF　Laboratory Animals　实验动物

SPX　Cargo Secure for Passenger and All-Cargo Aircraft　满足客机和货机安检要求的货物

SUR　Surface Transportation　地面运输/卡车运输

SWP　Sporting Weapons　运动器材

VAL　Valuable cargo　贵重物品

VOL　Volume　体积

VUN　Vulnerable Cargo　易丢失的货物

WET　Shipments of wet material not packed in watertight containers　未装于防渗漏容器中的湿货

XPS　Priority small package 优先运输的小件货物

（2）危险品代码（货运 IMP 代码）

CAO　Cargo aircraft only　仅限货机

DGD　Shipper's declaration for dangerous goods　托运人危险品申报单

EBI　Lithium Ion Batteries excepted as per section Ⅱ of 965　符合包装说明 965 第二部分的锂离子电池

EBM　Lithium Metal Batteries excepted as per section Ⅱ of PI968　符合包装说明 968 第二部分的锂金属电池

ELI　Lithium Ion Batteries excepted as per section Ⅱ of 966-967　符合包装说明966-967 第二部分的锂离子电池

ELM　Lithium Metal Batteries excepted as per section Ⅱ of PI969-970　符合包装说明 969-970 第二部分的锂金属电池

ICE　Carbon dioxide, solid (Dry ice)　干冰

IMP　Interline Message Procedure　货运电报代码

MAG　Magnetized material　磁性物质

RBI　Full regulated lithium Ion Batteries　(Class 9, UN3480) as per section IA and IB of　965 完全符合包装说明 965 IA 和 IB 的锂离子电池

RBM　Full regulated lithium Metal Batteries　(Class 9, UN3090) as per section IA and IB of　PI968 完全符合包装说明 968 IA 和 IB 的锂金属电池

RCL　Cryogenic liquids　深冷液化气体

RCM　Corrosive　腐蚀性物质

RCX　Explosives 1. 3C　爆炸品 1. 3C

RDS Biological Substance, Category B (UN 3373) B 级生物制品

REQ Excepted Quantities of Dangerous Goods 例外数量危险品

REX To be reserved for normally forbidden explosives-Divisions 1. 1, 1. 2, 1. 3, 1. 4F, 1. 5 and 1. 6 一般情况下禁止运输的爆炸品——1. 1, 1. 2, 1. 3, 1. 4F, 1. 5, 1. 6 项

RFG Flammable gas 易燃气体

RFL Flammable liquid 易燃液体

RFS Flammable solid 易燃固体

RFW Dangerous when wet 遇湿释放易燃气体的物质

RGX Explosives 1. 3G 爆炸品 1. 3G

RIS Infectious substance (UN 2814 or UN 2900) 感染性物质

RLI Fully Regulated Lithium Ion Batteries (Class 9, UN3481) as per Section I of PI 966 - 967, and where applicable lithium ion batteries shipped under an approval in accordance with special provision A88 or A99 完全符合包装说明 966-967 第一部分的锂离子电池（第 9 类，UN3481），和按照特殊规定 A88 或 A99 特殊批准运输的锂离子电池

RLM Fully Regulated Lithium Metal Batteries (Class 9, UN3091) as per Section I of PI 969 - 970, and where applicable lithium metal batteries shipped under an approval in accordance with special provision A88 or A99 完全符合包装说明 968 的 IA 和 IB 部分、包装说明 969-967 第一部分的锂金属电池（第 9 类，UN3091），和按照特殊规定 A88 或 A99 特殊批准运输的锂金属电池

RMD Miscellaneous dangerous goods 杂项危险品

RNG Non-flammable non-toxic gas 非易燃无毒气体

ROP Organic peroxide 有机过氧化物

ROX Oxidizer 氧化性物质

RPB Toxic substance 毒性物质

RPG Toxic gas 毒性气体

RRE Excepted Quantities of Radioactive Material 放射性物品例外包装件

RRW Radioactive material, Category I-white 放射性物品—— I 级白色

RRY Radioactive material, Categories Ⅱ and Ⅲ-Yellow 放射性物品——Ⅱ、Ⅲ级黄色

RSB Polymeric Beads/Plastics Moulding Compound (Packing Instruction 957) 聚苯乙烯颗粒/ 塑料造型化合物（PI957）

RSC Spontaneously combustible 易于自燃的物质

RXB Explosives 1. 4B 爆炸品 1. 4B

RXC Explosives 1. 4C 爆炸品 1. 4C

RXD Explosives 1. 4D 爆炸品 1. 4D

RXE Explosives 1. 4E 爆炸品 1. 4E

RXG Explosives 1. 4G 爆炸品 1. 4G

RXS　Explosives 1.4S　爆炸品 1.4S

（3）其他缩写

常见缩写如下：

AWB　Air Waybill　航空货运单

CASS　Cargo Accounts Settlement System　货物财务结算系统

CC　Charges Collect　运费到付

CCA　Cargo Charges Correction Advice　运费更改通知单

CITES　Convention on International Trade in Endangered Species of Wild Fauna and Flora《濒危野生动植物种国际贸易公约》

C.O.D　Cash on Delivery　货到付款

CRO　Central Reservation Office　舱位控制中心

DGR　Dangerous Goods Regulations　危险品规则

GCR　General Cargo Rate　普通货物运价

GBL　U.S. Government Bill of Lading　美国政府提单

GCR　General Cargo Rate　普通货物运价

HAWB　House Air Waybill　分运单

IATA　International Air Transport Association　国际航空运输协会

ICAO　International Civil Aviation Organization　国际民用航空组织

ISO　International Standard Organisation　国际标准化组织

LAR　Live Animals Regulations　活体动物规则

MAWB　Master Air Waybill　主运单

MCO　Miscellaneous Charges Order　杂费证

NCV　No Commercial Value or No Customs Value　无商业价值（无海关价值）

NVD　No Value Declared　无运输声明价值

PBA　Paid By Agent　代理支付

PP　Charges Prepaid　运费预付

SCR　Specific Commodity Rate　指定商品运价

SLI　Shipper's Letter of Instruction　航空货物托运书

ULD　Unit Load Device　集装器

（4）国际贸易术语解释通则（2010）

适用于任一或多种运输方式的规则：

EXW　Ex-Works　工厂交货

FCA　Free Carrier　货交承运人

CPT　Carriage Paid To　运费付至

CIP　Carriage and Insurance Paid To　运费及保险付至

DAT　Delivered At Terminal　目的地交货

DAP　Delivered At Place　所在地地点

DDP　Delivered Duty Paid　完税后交货

只适用于于海运和内河运输的规则：

FAS　　Free Alongside Ship　船边交货

FOB　　Free On Board　船上交货

CFR　　Cost and Freight　成本加运费

CIF　　Cost, Insurance and Freight　成本、保险费加运费

7. 承运人代码

1.4 列出了承运人三字数字代码（票证代码）、两字代码和三字代码。

1.4.1 是按照承运人名称英文字母顺序排列的，可以由承运人全称查阅其三字数字代码（票证代码）、两字代码和三字代码。如图 1.14 所示。

1.4.1. Coding of Airlines

In addition to the airlines' full names in alphabetical order the list below also contains:

- Column 1: the airlines' **prefix numbers** (Cargo)
- Column 2: the airlines' **2 character designators**
- Column 3: the airlines' **3 letter designators**

Explanation of symbols:

+ IATA Member
(+) IATA Member (Member in limitation)
* Controlled duplication
# Party to the IATA Standard Interline Traffic Agreement (see section 8.1.1.)
© Cargo carrier only
% IATA Clearing House Member
= Non-Scheduled Airline

X

Full name of carrier	1	2	3
Xiamen Airlines + # %	731	MF	CXA
XL Airways France +	473	SE	XLF

Y

Full name of carrier	1	2	3
Yan Air Ltd		YE	
Yangon Airways Limited		YH*	AYG
Yemenia - Yemen Airways #	635	IY	IYE
Yeti Airlines Domestic Pvt. Ltd.		YT	NYT
YTO Cargo Airlines Co. Ltd. ©	860	YG	
Yunnan Hong Tu Airlines Co. Ltd.	389	A6	HTU

Z

Full name of carrier	1	2	3
ZanAir Limited		B4	TAN
Zhejiang Loong Airlines Co., Ltd +	891	GJ	
Zimex Aviation Limited =		XM	IMX

图 1.14　TACT RULES 1.4.1 承运人代码节选

在承运人名称或两字代码后面符号的含义：

+　　国际航协成员

(+)　国际航协准会员（会员限制）

*　　受控重复使用的代码

#　　国际航协标准联运协议的成员

©　　货运承运人

%　　国际航协清算所成员

=　　无定期航线的承运人

例如，国航是 IATA 会员，国际航协标准联运协议的成员，国际航协清算所成员。国货航是一家货运航空，两字代码同国航。

厦门航空是 IATA 会员，国际航协标准联运协议的成员，国际航协清算所成员。

浙江圆通只是 IATA 会员。

在 1.4.2 由承运人三字数字代码（票证代号）查阅其全称及两字代码和三字代码。

在 1.4.2 中将承运人三字数字代码分成十组，分别是 001~100，101~200，…，801~900，901~999。如图 1.15 所示。

781	China Eastern Airlines + # %	MU	CES
782	Linea Aerea de Servicio Ejecutivo	QL	LER
783	Evelop Airlines S.L. +	E9	EVE
784	China Southern Airlines + # %	CZ	CSN
786	Bhutan Airlines d/b/a Tashi Air Pvt Ltd.	B3	BTN
787	Druk Air Corporation Ltd. %	KB	DRK
795	Virgin Australia International Airlines Pty Ltd. + %	VA	VAU
796	Nouvelair Tunesie +	BJ	LBT
797	Smartwings, a.s.	QS	TVS

图 1.15　TACT RULES 1.4.2 承运人票证代码节选

票证代号 781：中国东方承运人，两字代码 MU，三字代码 CES；

票证代号 784：中国南方承运人，两字代码 CZ，三字代码 CSN。

在 1.4.3 由承运人两字代码查找其全称及承运人三字数字代码和三字代码。

按照承运人两字代码，即 0，1，…，9，A，B，…，Z 的顺序进行排序。

如图 1.16 所示。

CA	Air China Ltd. + # %		CCA
CA*	Air China Cargo ©	999	
CB	Trans Caribbean Air Export Import, Inc. %	456	
CC	Air Atlanta Icelandic =	318	ABD
CC*	CM Airlines		OMT
CD	Corendon Dutch Airlines =	503	CND
CE	Chalair Aviation		CLG
CF	China Postal Airlines Ltd. © +	804	CYZ

图 1.16　TACT RULES 1.4.3 承运人代码节选

两字代码 CA：

（1）Air China Cargo（中国国际货运航空有限公司），票证代码 999。

（2）Air China Ltd.（中国国际航空股份公司），三字代码 CCA。

在 1.4.4 由承运人三字代码查找其全称及承运人三字数字代码和两字代码。

按照承运人三字代码英文字母排序，可以查阅其名称及三字数字代码和两字代码。如图 1.17 所示。

CES	China Eastern Airlines + # %	781	MU
CEY	Air Century, S.A.		Y2
CFE	BA Cityflyer Limited		CJ
CFG	Condor Flugdienst GmbH + # %	881	DE
CGA	Congo Airways +	582	8Z
CHH	Hainan Airlines Holding Company Limited + # %	880	HU
CIB	Condor Berlin GmbH		DF
CIK	AB Aviation		Y6

图 1.17　TACT RULES 1.4.4 承运人代码节选

CES：中国东方承运人，票证代号 781，两字代码 MU。

8. 专业术语

在 IATA RULES1.5 中列出专业术语及解释，是按照专业术语的英文字母排列顺序列出的，例如：

Cargo（货物）—（Also known as goods），this means anything carried or to be carried in an aircraft except：

a. mail or other property carried under the terms of an international postal convention.

b. baggage carried under a passenger ticket and baggage check.

Unaccompanied baggage moving under an AWB is cargo.

Air Waybill（AWB）（货运单）—Means the document made out by or on behalf of the shipper which evidences the contract between the shipper and carrier（s）for carriage of goods over routes of the carrier（s）.

9. 重量和尺寸的转换

在 1.6.1 列出了常用度量单位的换算，节选见表 1-4。

表 1-4　常见的度量单位换算

to convert（被换算单位）	into（换算后单位）	muitiply by（乘以）
Centigrade or Celsius	Fahrenheit	9/5ths and add 32 °F
Fahrenheit	Centigrade or Celsius	Subtract 32 ° F and multiply by 5/9ths
centimetres	inches	0. 3937
inches	centimetres	2. 5400
kilograms	pounds	2. 2046
pounds	kilograms	0. 4536

例如：10 inches = 10×2.5400 = 25.400 centimetres

45 kilograms = 45 ×2.2046 = 99.2070 pounds

35℃ = 35×9/5+32 = 95°F

300°F = （300−32） × 5/9 = 148.9 ℃

1.6.2 为快速换算表，可以快速将以按磅公布的运价转换成按千克表示的运价，还可以快速查到磅和千克的换算。如图 1.18 所示。

	X			X			X	
0.4	1	2.2	18.5	41	90.3	35.8	79	174.1
0.9	2	4.4	19.0	42	92.5	36.2	80	176.3
1.3	3	6.6	19.5	43	94.7	36.7	81	178.5
1.8	4	8.8	19.9	44	97.0	37.1	82	180.7
2.2	5	11.0	20.4	45	99.2	37.6	83	182.9
2.7	6	13.2	20.8	46	101.4	38.1	84	185.1
3.1	7	15.4	21.3	47	103.6	38.5	85	187.3
3.6	8	17.6	21.7	48	105.8	39.0	86	189.5
4.0	9	19.8	22.2	49	108.0	39.4	87	191.8
4.5	10	22.0	22.6	50	110.2	39.9	88	194.0
4.9	11	24.2	23.1	51	112.4	40.3	89	196.2
5.4	12	26.4	23.5	52	114.6	40.8	90	198.4
5.8	13	28.6	24.0	53	116.8	41.2	91	200.6
6.3	14	30.8	24.4	54	119.0	41.7	92	202.8
6.8	15	33.0	24.9	55	121.1	42.1	93	205.0
7.2	16	35.2	25.4	56	123.4	42.6	94	207.2
7.7	17	37.4	25.8	57	125.6	43.0	95	209.4
8.1	18	39.6	26.3	58	127.8	43.5	96	211.6
8.6	19	41.8	26.7	59	130.0	43.9	97	213.8
9.0	20	44.0	27.2	60	132.2	44.4	98	216.0
9.5	21	46.2	27.6	61	134.4	44.9	99	218.2
9.9	22	48.5	28.1	62	136.6	45.3	100	220.4
10.4	23	50.7	28.5	63	138.8	56.6	125	275.5
10.8	24	52.9	29.0	64	141.0	68.0	150	330.6
11.3	25	55.1	29.4	65	143.3	79.3	175	385.8
11.7	26	57.3	29.9	66	145.5	90.7	200	440.9
12.2	27	59.5	30.3	67	147.7	102.0	225	496.0
12.7	28	61.7	30.8	68	149.9	113.3	250	551.1
13.1	29	63.9	31.2	69	152.1	124.7	275	606.2
13.6	30	66.1	31.7	70	154.3	136.0	300	661.3
14.0	31	68.3	32.2	71	156.5	147.4	325	716.5
14.5	32	70.5	32.6	72	158.7	158.7	350	771.6
14.9	33	72.7	33.1	73	160.9	170.0	375	826.7
15.4	34	74.9	33.5	74	163.1	181.4	400	881.8
15.8	35	77.1	34.0	75	165.3	192.7	425	936.9
16.3	36	79.3	34.4	76	167.5	204.1	450	992.0
16.9	37	81.5	34.9	77	169.7	215.4	475	1047.1
17.2	38	83.7	35.3	78	171.9	226.7	500	1102.3
17.6	39	85.9						
18.1	40	88.1						

图 1.18　TACT RULES 1.6.2 快速换算表

例如，一票货物运价为每磅 30 分，想知道每千克多少分时，可以在中间一行（有“×”符号）找到 30，右边一行的 66.1 就是以千克表示的运价，进位后为 66 分/千克。

假如一件货物 40 千克，相当于多少磅呢？同样，在中间一行找到 40，右边一行 88.1

表示为磅，进位后为 89 磅；如果货物重量为 40 磅，左边一行为 18. 1 表示为千克，进位后为 18. 5 千克。

注意：千克和磅的进位按照计费重量的进位单位进行进位。

TACT RULES 第 2-8 章在本章中不详细介绍，大家知道每章节包含的内容即可。具体内容会在以后章节中穿插介绍。

第二单元　货物收运

1. 第 2 单元主要内容

主要介绍货物接收的相关规定，见表 1-5。

表 1-5　第二单元货物收运内容对照表

节	段	英文	中文
2. 1		GENERAL	货物收运一般规定
	2. 1. 1	Acceptance of consignments	货物收运
	2. 1. 2	Responsibility of shipper	托运人的责任和义务
	2. 1. 3	Carriers' Liability	承运人的责任和义务
	2. 1. 4	Limitations on claims and actions	索赔和诉讼的限制
	2. 1. 5	Cargo claims	货物索赔
	2. 1. 6	Overriding law	首要法律
	2. 1. 7	Modification and waiver	更改和放弃
	2. 1. 8	Carriers' right of inspection	承运人检查的权利
	2. 1. 9	Cargo charges correction advice (CCA)	运费更改通知单
	2. 1. 10	Notice of non-delivery	无法交付货物通知单
2. 2		SHIPPER'S DOCUMENTATION	托运文件
	2. 2. 1	Instructions for carriage	货物运输说明
	2. 2. 2	Other documents	其他文件
2. 3		ACCEPTANCE OF GOODS	货物收运
	2. 3. 1	General	一般规定
	2. 3. 2	Consignment ready for carriage	待运货物
	2. 3. 3	Restrictions in acceptance	货物收运限制
	2. 3. 4	Labelling and marking	标签和标记
2. 4		ADVANCE ARRANGEMENTS	预先安排
	2. 4. 1	General	一般规定
2. 5		CARGO ATTENDANTS	押运货物
	2. 5. 1	General	一般规定
	2. 5. 2	Fares	费用

续表

节	段	英文	中文
2.6		SHIPPER'S RIGHT OF DISPOSITION	托运人处置权
	2.6.1	General	一般要求
	2.6.2	Transportation charges	运输费用
	2.6.3	Completion of AWB	货运单的填制
2.7		DELIVERY	货物交付
	2.7.1	Notice of arrival	到货通知
	2.7.2	Delivery of shipment	货物交付
	2.7.3	Delivery of ULD as part of shipment	作为货物一部分的集装器的交付
	2.7.4	Place of delivery	交付地点
2.8		UNDELIVERED CONSIGNMENT	无法交付货物
	2.8.1	Failure of consignee to take delivery	收货人无法提取货物
	2.8.2	Disposal of perishable	无法交付的鲜活易腐货物的处理
2.9		PICK-UP AND DELIVERY SERVICES	货物提取和交付服务
	2.9.1	Shipments	货物
	2.9.2	Availability of service	提供服务
	2.9.3	Request for service	服务申请
	2.9.4	Shipments for which service is unavailable	无法提供服务的货物
2.10		SHIPMENTS IN COURSE OF CARRIAGE	运输期间的货物
	2.10.1	Compliance with government requirements	遵守国家要求
	2.10.2	Disbursements and customs formalities	垫付款和海关手续费
	2.10.3	Schedules, routings and cancellations	班期时刻、航线和取消
	2.10.4	Certain rights of carrier over shipment in course of carriage	承运人对于货物运输期间的权利

2. 运输限制

1）货物性质限制

主要介绍特种货物运输一般条件，顺序如下：

①Animals, live　活体动物

②Arms, Ammunition, War material　武器、弹药和军用物资

③Dangerous goods　危险品

④Human remains (cremated, embalmed, or not embalmed)　灵柩、骨灰

⑤Machinery, uncrated　无外包装的机器

⑥Machinery castings or steelwork, uncrated　无外包装的机械铸件或钢铁制品

⑦Perishables　鲜活易腐货物

⑧Personal effects-Unaccompanied baggage　个人物品（无人押运行李）
⑨Strongly smelling goods　具有强烈刺激性气味的货物
⑩Valuable Cargo　贵重物品
⑪Vehicles　车辆
⑫Wet Cargo　湿货

2）重量和尺寸限制

①Introduction　介绍
②Weight　重量
③Dimensions 尺寸
④Acceptability in view of weight and dimensions　实际收运货物时重量和尺寸要求

3）价值限制

①Valuation limit of one consignment　一票货物的价值限制
②Valuation limit for one aircraft　一架飞机货物价值的限制

4）禁运

5）不能接收的货物

3. 标签

（1）识别标签的格式；
（2）特种货物标准标签；
（3）含有危险品包装件的危险性标签。

第三单元　运输费用

第三单元主要内容涉及各种运输费用，名称对照见表 1-6。

表 1-6　第三单元主要内容对照表

节	段	英文	中文
3.1		GENERAL	一般规定
3.2		VALUATION CHARGES	声明价值
3.3		PRECEDENCE OF RATES AND CHARGES	运价和运费使用顺序
3.4		MINIMUM CHARGES	最低运费
	3.4.1	General	一般规定
	3.4.2	Charges per country	从一个国家到 IATA 其他区域（国家）间的最低运费

续表

节	段	英文	中文
3.5		GENERAL CARGO RATES	普通货物运价
	3.5.1	General	一般规定
	3.5.2	Normal general cargo rates	普通货物运价
3.6		SPECIFIC COMMODITY RATES	指定商品运价
	3.6.1	General	一般规定
	3.6.2	Precedencespecific commodity rates	指定商品运价使用顺序
3.7		CLASS RATES	等级运价
	3.7.1	General	一般规定
	3.7.2	Live animals	活体动物运价
	3.7.3	Charges for animal stalls	活体动物畜栏运价
	3.7.4	Animal containers other than stalls	除活体动物畜栏外的动物容器运价
	3.7.5	Intentionally left blank	故意留出的空白页（没有使用）
	3.7.6	Valuable cargo	贵重物品运价
	3.7.7	Newspapers, Magazines, Periodicals, Books, Catalogues, Braille type equipment and Talking books for the blind	书报杂志类运价
	3.7.8	Baggage shipped as cargo	作为货物运输的行李运价
	3.7.9	Human remains	灵柩、骨灰运价
3.8		CONSTRUCTION/COMBINATION OF UNPUBLISHED RATES	非公布直达运价
	3.8.1	Construction of Unpublished Rates and charges	比例运价及运费
	3.8.2	Combination of Unpublished Rates and charges	分段相加运价及运费
	3.8.3	No rate available	无适用运价
3.9		COMPUTATION OF CHARGES	运费的计算
	3.9.1	General	一般规定
	3.9.2	Mixed consignments	混运货物
	3.9.3	Changeable weight	计费重量
	3.9.4	Volume weight	体积重量
	3.9.5	Calculation of weight charges	航空运费的计算
3.10		UNITIZED CONSIGNMENTS	集装货物
3.11		INTERNATIONAL PRIORITY SERVICE	国际优先服务货物运价
3.12		SMALL PACKAGE SERVICE	小件包裹运价

第四单元 服务和相关费用

第四单元主要介绍服务和相关费用，见表 1-7 所示内容对照。

表 1-7 第四单元主要内容对照表

节	段	英文	中文
4.1		General	一般规定
4.2		DISBURSEMENTS AND DISBUSEMENT FEES	代垫款及其手续费
	4.2.1	Disbursements	代垫款
	4.2.2	Disbursement amounts	代垫款额
	4.2.3	Disbursement fees	代垫款手续费
4.3		INSURANCE	保险
4.4		DOCUMENTATION CHARGES	文件费用
4.5		CHARGES FOR SHIPMENTS OF DANGEROUS GOODS	危险品运输费用
4.6		FEE FOR CHARGES COLLECT	运费到付手续费
	4.6.1	General	一般规定
	4.6.2	Charges collect fee	运费到付手续费
4.7		AIRLINE ASSISTANCE AND HANDLING CHARGE	承运人服务和操作费
4.8		UNIT LOAD SEVICES (ULD) CHARGES	集装器费用

第五单元 付款方式和货币的换算

第五单元主要介绍付款方式及货币换算，见表 1-8 所示内容对照。

表 1-8 第五单元主要内容对照表

节	段	英文	中文
5.1		GENERAL	一般规定
5.2		PAYMENT OF CHARGES	付款方式
5.3		PAYMENT OF "CHARGES PREPAID" SHIPMENTS	运费预付货物的付款
	5.3.1	Payment in the country of commencement of transportation	在运输始发国境内的付款
	5.3.2	Payment outside the country of commencement of transportation	在运输始发国境外的付款

续表

节	段	英文	中文
5.4		PAYMENT OF "CHARGES COLLECT" SHIPMENTS	运费到付货物的付款
	5.4.1	Conversion into currency of payment	转换成付款货币
5.5		DEFINITION OF BANKER'S RATE OF EXCHANGE	银行汇率的规定
	5.5.1	Banker's buying or banker's selling rate of exchange	银行买入或卖出价的换算
	5.5.2	Establishment of banker's rate of exchange	银行汇率的规定
5.6		PAYMENT OF BAGGAGE SHIPMENTS BY MEANS OF UATP/MCO/CREDIT CARD	使用UATP/MCO/信用卡支付作为货物运输的行李运费
5.7		ROUNDING OFF REGULATIONS	进位规则
	5.7.1	Currency table	货币表
	5.7.2	Rounding off procedures	进位程序
5.8		CONVERSION	换算
	5.8.1	Conversion of rates	运价换算
	5.8.2	Conversion of U.S. Dollar specified amounts	指定金额的美元的换算

第六单元　航空货运单主要内容

第六单元重点介绍航空货运单一般规定及填制要求。见表1-9。

表1-9　第六单元主要内容对照表

节	段	英文	中文
6.1		GENERAL	一般规定
6.2		COMPLETION OF AIR WAYBILL	货运单的填制
6.3		AIR WAYBILL COMPLETION EXAMPLES	货运单填制样例
6.4		ELECTRONIC AIR WAYBILL (e-AWB)	电子货运单
6.5		IATA E-FREIGHT	电子货运
	6.5.1	General	一般规定
	6.5.2	Table of e-freight capable airports	实施电子货运的机场

第七单元 国家信息主要内容

第7单元主要介绍国家有关规定及要求，包括欧盟和法属货币区的定义、运费到付、各国家相关规定。主要内容见表1-10。

表1-10 第七单元内容对照表

节	段	英文	中文
7.1		GENERAL	一般规定
	7.1.1	Introduction	介绍
	7.1.2	Definitions of EU countries and French monetary area	欧盟成员国及法属货币区的划分
7.2		CHARGES COLLECT	运费到付
	7.2.1	General	一般要求
	7.2.2	Payment facilities, except in ECAA countries and Australia	除ECAA内的国家和澳大利亚外的运费到付
	7.2.3	Payment facilities in ECAA countries and Australia	在ECAA内的国家和澳大利亚的运费到付
7.3		IMPORT/TRANSIT/EXPORT REGULATIONS	进口/中转/出口规则
	7.3.1	Country index	国家索引
	7.3.2	Countries alphabetically listed	按字母顺序排列的国家
	0	General Information	一般信息
	1	Airport Information	机场信息
	2	Import	进口
	3	Transhipment/Transit	中转
	4	Export	出口
7.4		LIST OF CARGO AGENTS	货运代理商

第八单元 承运人特殊规定

第八单元重点介绍了承运人差异。主要内容见表1-11。

表1-11 第八单元主要内容对照表

节	段	英文	中文
8.1		INTERLINE AGREEMENT BETWEEN CARRIERS	双边协议
	8.1.1	General	一般规定
	8.1.2	IATA standard interline traffic agreements IATA	承运人标准联运协议

续表

节	段	英文	中文
	8.1.3	Bilateral interline agreements	双边联运协议
8.2		LOADING CHARTS	装载表
	8.2.1	General	一般规定
	8.2.2	List of loading charts	装载表
	8.2.3	Interchangeability of ULD'S	集装器适配机型
8.3		INFORMATION BY CARRIER	承运人信息

在8.3公布的承运人差异是按照英文字母顺序排列的。

三、TACT RATES 介绍

TACT RATES 分为2册：WORLDWIDE RATES（except North America）世界范围分册（不包括北美地区）和 NORTH AMERICA RATES 北美分册。

1. 世界范围分册（不包括北美地区）

世界范围分册（不包括北美地区）主要内容见表1-12。

表1-12 运价手册主要内容对照表

节	段	英文	中文
1		SPECIAL RATES	特殊运价
	1.1	SPECIAL RATES FROM /TO ITALY	从/到意大利的特殊运价
	1.2	LUFTHANSA CARGO—GERMAN DOMESTIC RATES	汉莎货运国内运价
2		DESCRIPTIONS	品名编号和描述
	2.1	GENERAL INFORMATION	对于机器零件、附件、备件的说明
	2.2	DESCRIPTIONS GUIDELINES	品名描述指南
	2.3	MASTER ITEM NUMBERING AND DESCRIPTION SYSTEM	指定商品品名编号的分组及描述
3		Notes	注释
	3.1	CHARACTER NOTES	字符描述
	3.2	DIGIT NOTES	数字描述
4		RATES	运价表
	4.1	GENERAL	一般规定

续表

节	段	英文	中文
	4.2	MINIMUM CHARGEABLE WEIGHT TABLE (ULD'S) ULD	ULD 最小计费重量表
5		CONSTRUCTIONS RATES	比例运价表
	5.1	GENERAL INFORMATION	一般规定
	5.2	GENERAL LIST OF ADD-ONS	比例运价表
	5.3	ADDITIONAL INFORMATION	附加说明

2. NORTH AMERICA RATES 北美分册

与《世界范围分册》目录基本相同，只是两本分册中特殊运价和运价表内容不同。凡是从或到美国、加拿大、波多黎各、维尔京群岛、圣皮埃尔和密克隆岛的运价公布在《北美分册》，其他运价公布在《世界范围分册》。

习题

1. 请计算下列各题运输时间：

（1）北京到台北，始发时间 9 月 23 日 0835，到达时间 9 月 23 日 1130。

（2）纽约到苏黎世，始发时间 8 月 29 日 1815，到达时间 8 月 30 日 0735。

（3）哈瓦那到墨尔本，始发时间 4 月 1 日 1336，到达时间 4 月 3 日 0850。

（4）火奴鲁鲁到东京，始发时间 5 月 21 日 0935，到达时间 5 月 22 日 1235。

2. 请根据右图所示法兰克福信息，回答下列问题：

（1）法兰克福有几个机场？分别写出机场三字代码。

（2）FRA 机场到法兰克福城市距离是多少？

（3）从法兰克福到阿姆斯特丹有多少家承运人运营？请写出其两字代码。

（4）CX2067 航班实际承运人是哪家公司？

（5）请选择 LH7702 航班，计算从法兰克福到阿姆斯特丹的运输时间。

From Frankfurt, Germany FRA GMT+1

FRA (Intl Airport) 7mls/12km
HHN (Hahn) 75mls/120km

Amsterdam AMS 227mls/365km GMT+1

1234567	0001	FRA	1000+1	RU8054	RFS	AC
-----6-	0010	FRA	0900	LH7718	RFS	AC
-23-5-7	0110	FRA	0900	LH7708	RFS	AC
----5--	0900	FRA	1025	*CX2067	74N	AC
----5--	0900	FRA	1025	CX066	74N	AC
12345--	1000	FRA	1900	NH8285	RFS	AC
------7	1030	FRA	1900	LH7714	RFS	AC
------7	1130	FRA	1930	LH7118	RFS	AC
12345--	1445	FRA	2345	LH7700	RFS	AC
1234567	1800	FRA	0200+1	UA5021	RFS	AC
UA 5021 Local and online connex traffic only						
-----6-	1900	FRA	0300+1	LH7706	RFS	AC
1234567	2000	FRA	0100+1	SQ3816	RFS	AC
1234567	2000	FRA	0100+1	SQ3812	RFS	AC
12345-7	2000	FRA	0500+1	KE4001	RFS	AC
KE 4001 Subject to approval						
1234567	2000	FRA	0600+1	OZ4501	RFS	AC
1234567	2000	FRA	0700+1	EK4319	RFS	AC
1234--7	2000	FRA	0800+2	AA7872	RFS	AC
AA 7872 Local and online connex traffic only						
1234567	2015	FRA	0115+1	SQ3830	RFS	AC
1234567	2030	FRA	0130+1	SQ3832	RFS	AC
-----6-	2030	FRA	0430+1	LH7702	RFS	AC
--3-56-	2100	FRA	0500+1	EK4753	RFS	AC
------7	2105	FRA	0530+1	LH7704	RFS	AC
1234--7	2200	FRA	1300+1	NH8287	RFS	AC
1234--7	2315	FRA	0715+1	LH7716	RFS	AC
--34--7	2335	FRA	0730+1	LH7706	RFS	AC
------7	2340	FRA	0830+1	LH7718	RFS	AC
1234--7	2359	FRA	1200+1	AC6821	RFS	AC
AC 6821 Local and online connex traffic only						

3. 请根据右图所示提供的上海—芝加哥航班时刻表信息，回答下列问题：

（1）有几家承运人在此航线上运营？写出其两字代码。

（2）写出 CA1011 服务等级及经停站三字代码。

（3）CK233 经停站的三字代码。

（4）写出 CZ431 服务等级及机型全称。

（5）12 月 26 日（周六）运输一票货物，选择 MU 航班，请写出到达日期和时间，并计算运输时间。

4. 根据所给出的地图填写城市三字代码。

Chicago CHI 7064mls/11365km GMT-6

ORD-O'Hare Intl

---4---	**0100**	PVG	**0305**+1	ORD	**CZ437**	77F	AC	1
-----6-	**0210**	PVG	**0340**	ORD	**CA1011**	77F	AC	1
------7	**0300**	PVG	**0405**	ORD	**CZ431**	77F	AC	1
1------	**0340**	PVG	**0610**	ORD	**KZ196**	74N	AC	1
KZ 196 Change plane at ANC								
--3----	**0340**	PVG	**0610**	ORD	**KZ196**	74N	AC	1
----5-7	**0415**	PVG	**0545**	ORD	**CA8411**	77F	AC	1
1------	**0420**	PVG	**0545**	ORD	**CK225**	74Y	AC	1
1----6-	**0420**	PVG	**1010**	ORD	**CK233**	74Y	AC	2
----5-7	**0420**	PVG	**1045**	ORD	**CK227**	74Y	AC	1
1234567	**0440**	PVG	**0700**	ORD	**Y87465**	74F	AC	1
12-4--7	**0510**	PVG	**0640**	ORD	**CA1011**	77F	AC	1
---4---	**0510**	PVG	**0640**	ORD	**CA8411**	77F	AC	1
---4---	**0525**	PVG	**0714**	ORD	**CA8417**	77F	AC	1
----5--	**0535**	PVG	**0720**	ORD	**CA1011**	77F	AC	1
-2--5--	**0540**	PVG	**0805**	ORD	**CZ431**	77F	AC	1
------7	**0550**	PVG	**0615**	ORD	**CK225**	74Y	AC	1
1----6-	**0600**	PVG	**0825**	ORD	**CZ437**	77F	AC	1
---4--7	**0600**	PVG	**0825**	ORD	**CZ433**	77F	AC	1
-2-----	**0650**	PVG	**0830**	ORD	**QF7581**	74F	AC	1
--3----	**0705**	PVG	**0830**	ORD	**CK227**	74Y	AC	1
1-3--67	**0705**	PVG	**0835**	ORD	**CA1055**	77F	AC	1
-2-----	**0705**	PVG	**0835**	ORD	**CA1053**	77F	AC	1
---45--	**0705**	PVG	**0835**	ORD	**CA1053**	74Y	AC	1
--3----	**0745**	PVG	**0910**	ORD	**CA1011**	77F	AC	1
1----6-	**0940**	PVG	**1045**	ORD	**CK227**	74Y	AC	1
-2345-7	**0940**	PVG	**1510**	ORD	**CK233**	74Y	AC	2
1------	**1005**	PVG	**1135**	ORD	**CA1053**	77F	AC	1
-----6-	**1050**	PVG	**1230**	ORD	**QF7583**	74F	AC	1
1----6-	**1140**	PVG	**1140**	ORD	**MU717**	773	BC	-
--3-5-7	**1140**	PVG	**1140**	ORD	**MU255**	773	BC	-
1234567 From 2Nov	**1700**	PVG	**1625**	ORD	**UA836**	789	BC	-
-2--5--	**2320**	PVG	**0805**+1	ORD	**CA8443**	77F	AC	2
-2---6-	**2320**	PVG	**0805**+1	ORD	**CA1045**	74Y	AC	2
connections	depart		arrive		flight			
1234567 From 2Nov	**1015**	PVG	1405	NRT	**NH922**	763	BC	-
	1705	NRT	**1350**	ORD	**NH12**	77W	BC	-

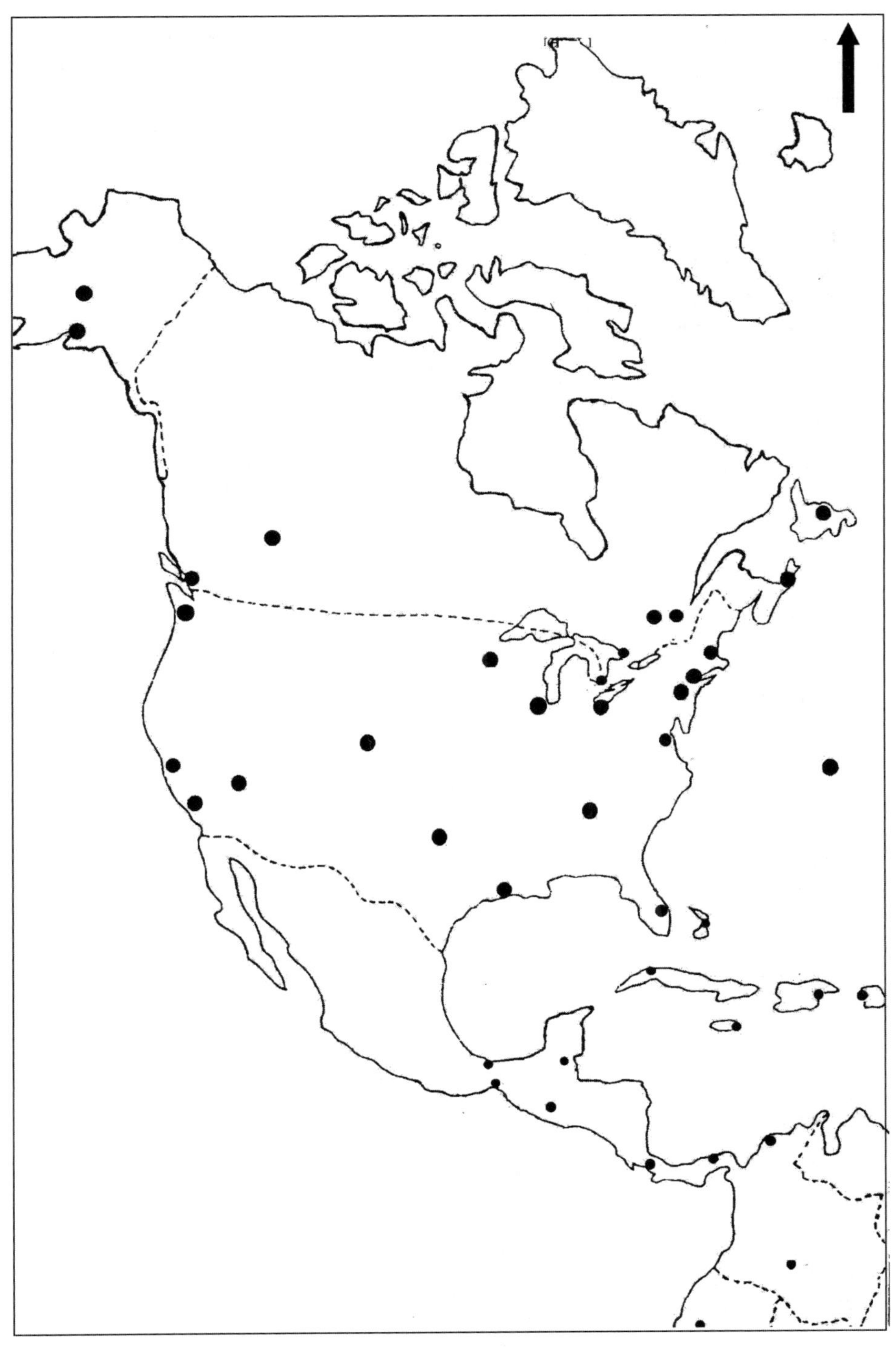

图 1　北美洲

图 2　南美洲

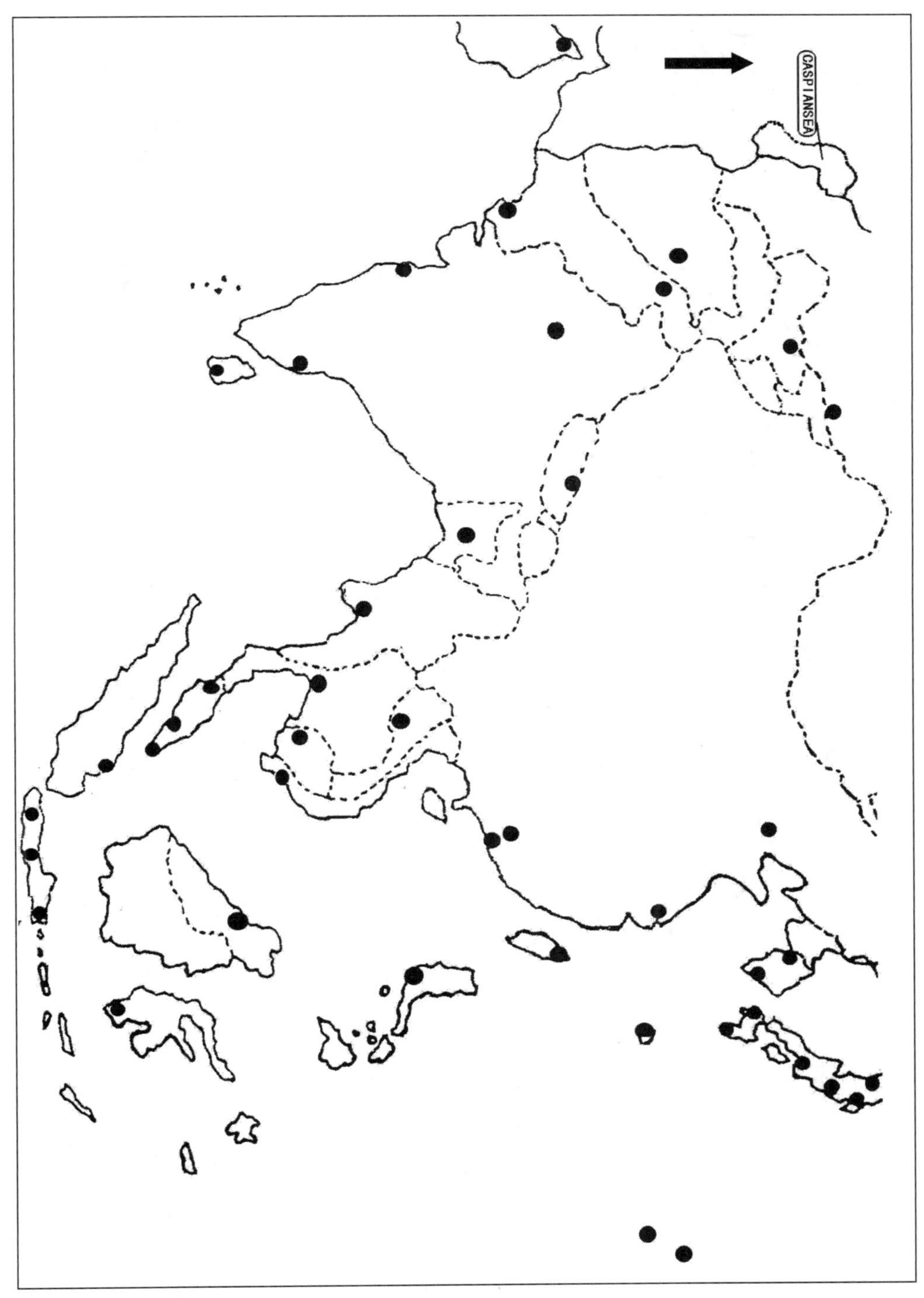

图 3　东南亚

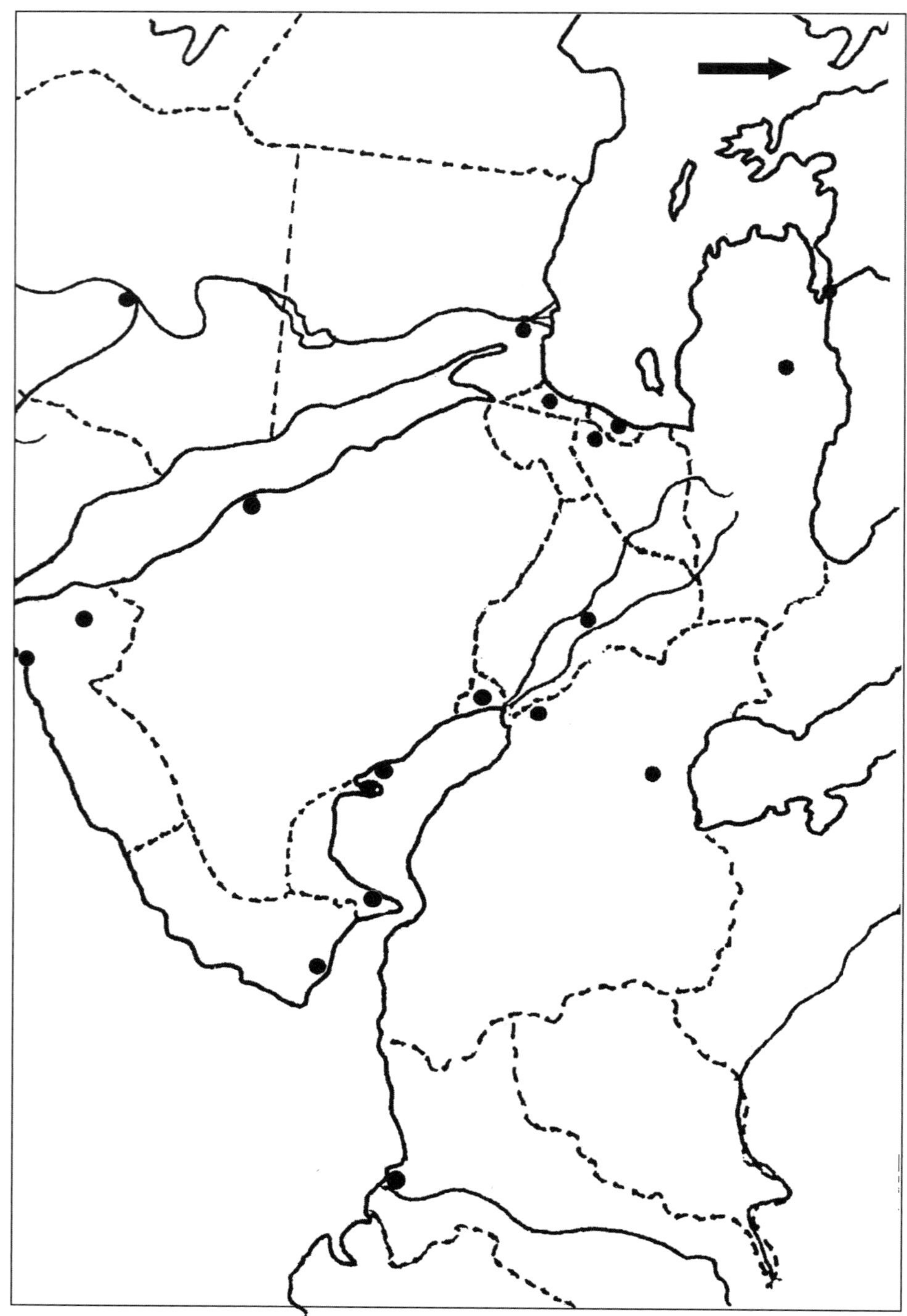

图 4　中东地区

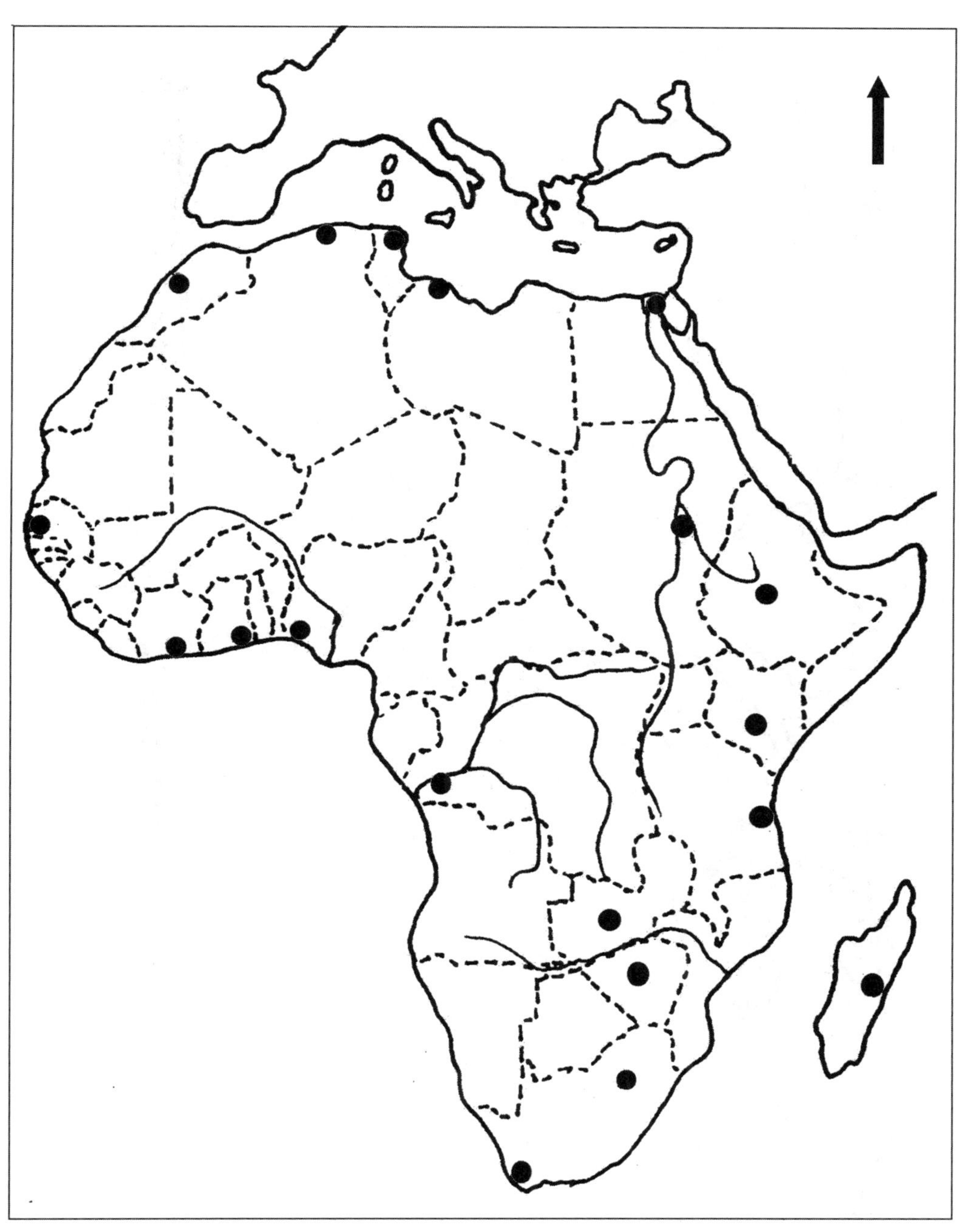

图 5　南部非洲

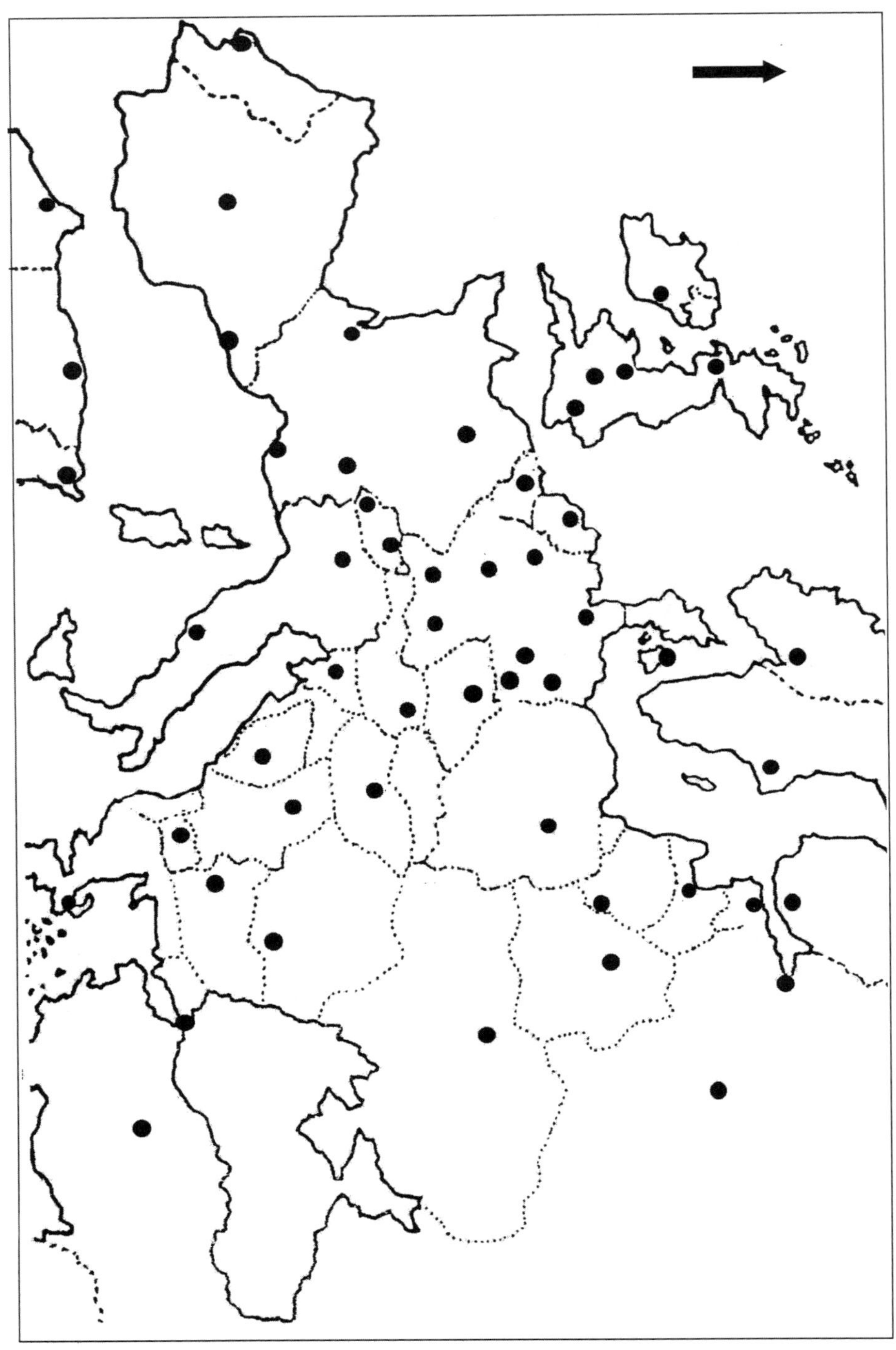

图 6　欧洲

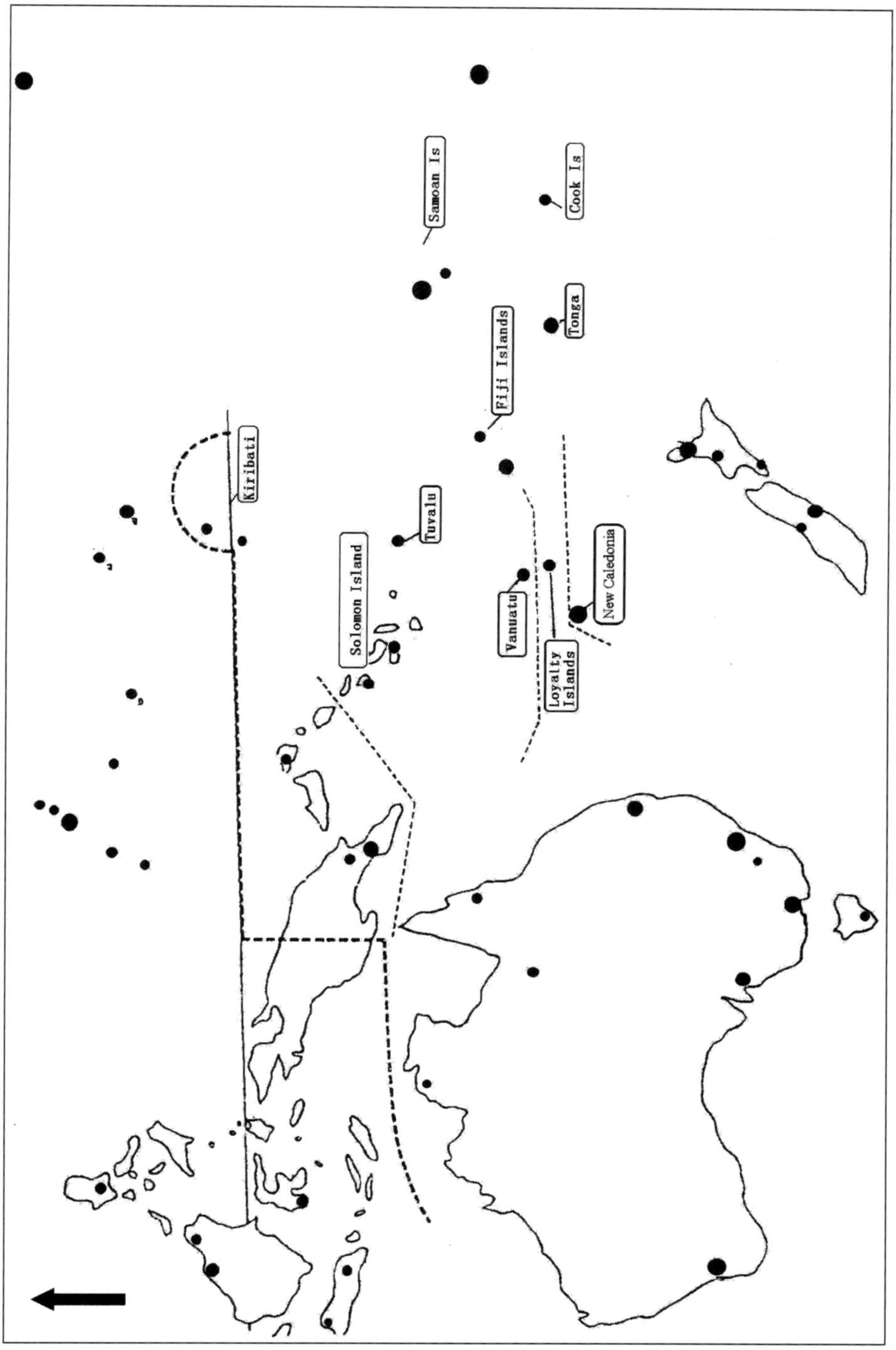

Samoan Is
Cook Is
Tonga
Fiji Islands
Kiribati
Tuvalu
Solomon Island
Vanuatu
New Caledonia
Loyalty Islands

图 7　大洋洲

5. 根据已给出的信息填空。

No.	full name for Cities /Airport	three-letter city codes for Cities /Airports	Two-letter codes for country	full name for Country	IATA Area
1	AMSTERDAM				
2	BANGKOK				
3	COPENHAGEN				
4	DAMASCUS				
5	FUKUOKA				
6	KARACHI				
7	KUALA LUMPUR				
8	LOS ANGEL				
9	MELBOURNE				
10	MOSCOW				
11		NRT			
12		PEK			
13		JFK			
14		KIX			
15		SVO			
16		CDG			
17		GRU			
18		ICN			
19		ARN			
20		IAD			

6. 根据已给出的信息填空。

No.	full name of carrier	The airlines' prefix number	The airlines' 2 character designators	IATA Member	IATA Associate Member	Party to the IATA Standard Interline Traffic Agreement	Cargo carrier only	IATA Clearing House Member
1	THAI AIRWAYS INTERNATIONAL							
2	KLM ROYAL DUTCH AIRLINES							
3	EGYPT AIR							
4	SCANDINAVIAN AIRLINES SYSTEM (SAS)							
5	NORTHWEST AIRLINES, INC.							
6	Great Lakes Aviation Ltd.							
7		297						
8		016						
9		131						
10		020						
11		105						
12		160						
13		043						
14			BA					
15			AC					
16			8Y					
17			KZ					
18			CA					
19			MU					
20			CZ					

7. 根据 TACT RULES 判断下列各题是否正确，并写出依据。

序号	题　目	正确	错误	依据
1	The AWB Fee in China is CNY50.			
2	There is No Dangerous Goods Handling Fee in France.			
3	Air Serbia accepts AVI on CC basis under shipper's guarantee.			
4	Wild horses may be imported through LAX，USA.			
5	A dimension of 340 cm×73 cm×65 cm is loadable into a B737-200 aircraft when tilted.			
6	Lufthansa Cargo provide a C. O. D. service.			
7	CHILE accepts Charges Collect shipments.			
8	Country's Import/Transit/Export regulations is found in TACT Rules Section 7. 3. 2.			
9	FRO is the IMP code for live frogs.			
10	An USD900/kg shipment is a VALUABLE shipment.			
11	SAFE for valuables is available at OSAKA.			
12	Human Ashes should not ship on Charges Collect.			
13	CX provides C. O. D services for shippers.			
14	The minimum charge payable from CHINA to Thailand is CNY420.			
15	Dangerous Goods Handling Fee from Myanmar to United States of America is MMK200.			
16	SK has interline agreement with CA.			
17	9000kg capacity forklift is available in TYO.			
18	The Maximum floor loading intensity of an BA B757 is 723kg/m^2.			
19	AMA container is permitted on a B747F.			
20	An AVE is loadable in an A320.			
21	"German" language is permitted on document to Finland.			
22	The maximum carrier's liability for total loss of cargo is generally SDR22/kg.			
23	CA is an Associate IATA Member.			
24	Room for plants and live animals is not available at Dusseldorf.			
25	The U. S. Customs port code of Honolulu is 3666.			

第二章　机型与集装器

第一节　机型介绍

一、机型分类

民用航空运输飞机的分类方法一般有三种，可以按机身宽度和使用功能（用途）分类，也可以按旅客座位数分类。在航空货物运输中，大多数情况下考虑的是宽体还是窄体飞机，是客机还是全货机。

1. 按机身宽度划分

1）窄体飞机

窄体飞机（又称非宽体飞机），是指机身宽度小于472 cm，客舱内设有单通道通行的客机。

目前国内承运人拥有的主流窄体飞机有波音737系列飞机，机型有波音737-200/-300/-400/-500/-600/-700/-800/-900型飞机。（波音737全系列为波音737-100至波音737-900）；空客A320系列飞机，包括A318、A319、A320、A321等4种型号；麦道系列飞机，有麦道82（MD-82）、麦道90（MD-90）等型客机。为便于操作，缩短装卸作业时间，减轻劳动强度。

窄体飞机的下货舱内一般只能装载散运货物，为便于操作，缩短装卸作业时间，减轻劳动强度，空客A319、A320、A321等机型的下货舱经过改装后可以装载AKH小型集装箱。

不同机型的货舱长度、宽度、货舱门尺寸、舱门数量、货舱横截面尺寸等数据各有差异。

例如：波音737-300型客机（如图2.1所示）。

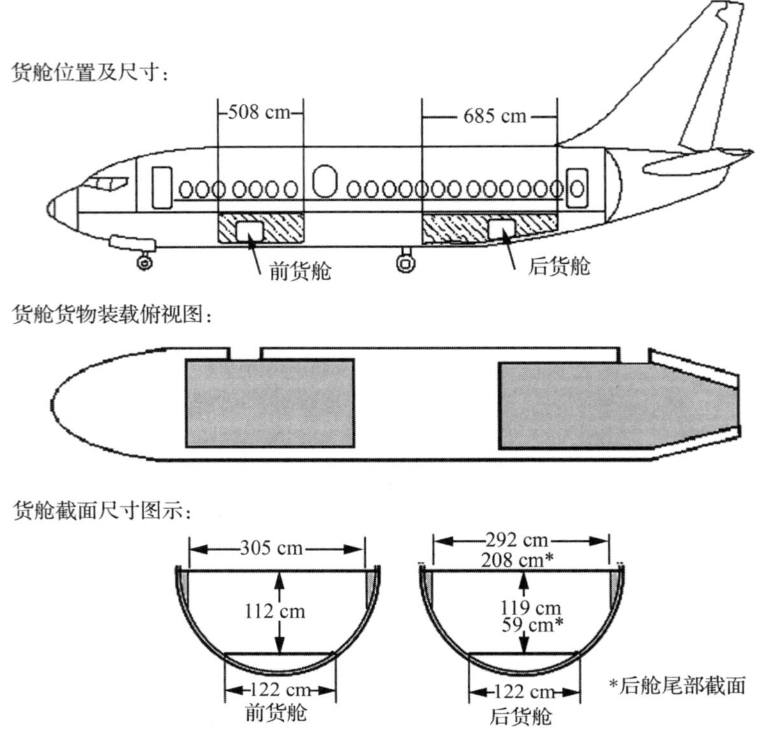

图 2.1　波音 737-300 客机示意图

2）宽体飞机

宽体飞机是指机身宽度不小于 472 cm，客舱内设有两条或两条以上通道通行，下货舱内可装载集装货物和散装货物（散货舱）的飞机。

例如：波音 747 系列飞机（波音 747-100/-200/-300/-400/-8）、波音 777 系列飞机（波音 777-200/-300）、空客 A310 系列飞机、A330 系列飞机、A340 系列飞机等。

宽体飞机货舱位置及分布模式基本一样，前下货舱和后下货舱都用来装载集装器，散货舱只能装载散货。后下货舱与散货舱之间使用货舱隔离网隔开。

不同机型的货舱长度、宽度、货舱门尺寸、货舱横截面尺寸等数据各有差异。

波音 767 系列飞机由于其客舱地板宽度达不到 472 cm，但仍然是双通道客舱布局，旅客座位数超过 200，所以被称作“半宽体飞机”。为了管理和操作方便，该机型仍被归类到宽体飞机行列。

例如：波音 777-200 型飞机（如图 2.2 所示）。

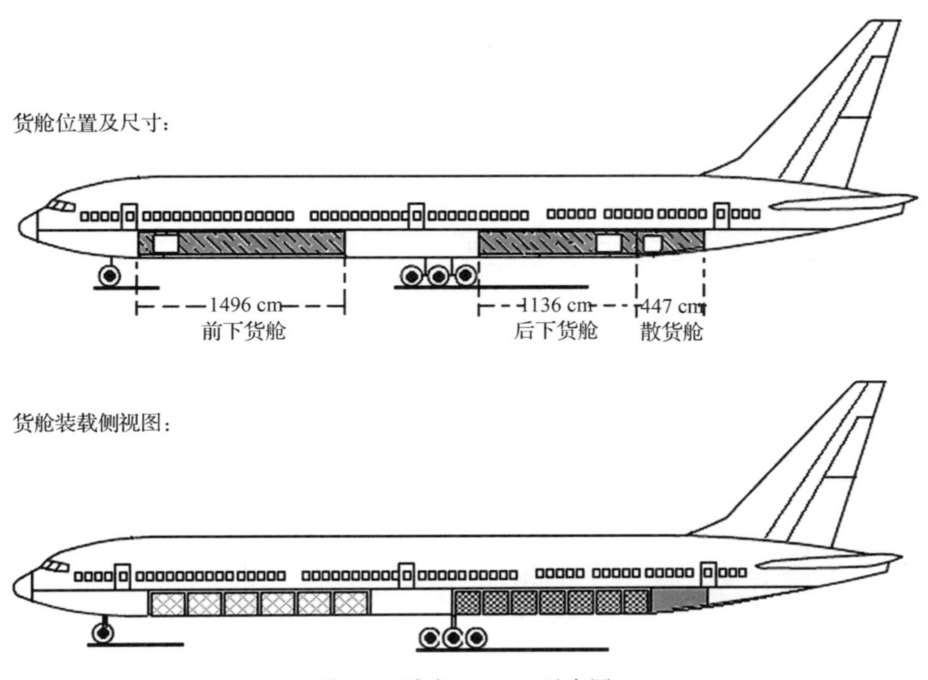

图 2.2 波音 777-200 示意图

2. 按用途划分

1）货机

货运飞机是指飞机的上层舱、下层舱内全部装载货物，不能用来运输旅客的飞机。货运飞机简称为货机或“全货机”，分为宽体飞机货机和窄体飞机货机两种。

宽体飞机货机种类较多，常见的波音系列宽体货机机型有波音 747-200 型、波音 747-400 型、波音 747-8 型、波音 777-200 型、波音 767-300 型和后来归并到波音旗下的 MD-11 型；空中客车系列宽体货机机型有 A300-600 型、A330-200 型等。

国内主要承运人目前拥有的宽体货运飞机有：波音 747-200 型货机、波音 747-400 型货机、波音 777 货机等。

窄体飞机全货机种类繁多，目前国内承运人拥有的窄体飞机货机有波音 737-300F、波音 737-400F、波音 737-700F 和波音 737-800F 等型货机，还有波音 757 改装型货机（波音 757SF）。

在波音 747-200 型和波音 747-400 型货机中，根据机型特征，又被划分为原装型货机和改装型货机。原装型货机是指由飞机制造商直接生产的货运型飞机。其特点是主货舱开有 2 个货舱门：位于机头前面的机头门（鼻门，nose cargo door）和位于机身后部左上方的主货舱侧门（side cargo door）。原装型货机在国际上统一使用大写字母“F”（Freighter）表示，书写时“F”在机型后面。例如波音 747-400F，表示的意思是“波音 747-400 型原装货机”。

例如，波音 747-400 型全货机（波音 747-400F，如图 2.3 所示）。

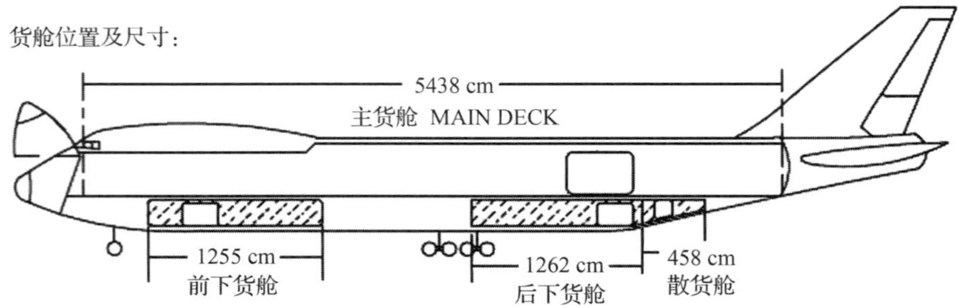

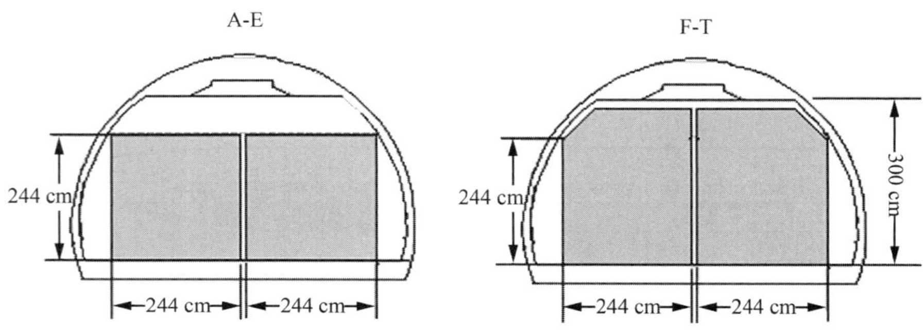

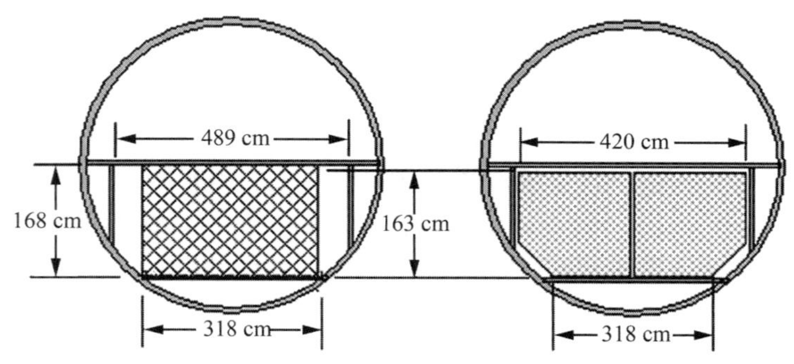

图 2.3　波音 747- 400F（全货机）示意图

改装型货机是指由原来的客运型飞机（多为客货混装型飞机）改装成的货运型飞机，特点是主货舱只有侧门，没有鼻门，业务载重量也比原装型货运飞机小得多。改装型货机在国际上统一使用大写字母“BCF”（Boeing converted Freighter，由波音改装）或“SF”（Special Freighter，由波音指定的其他改装厂家改装）表示。例如，波音 747-400BCF 表示该机型是由波音公司将波音 747-400 型客机或者客货混装型飞机改装成的货机。

目前国内货运承运人使用的机型比较多。宽体货机机型是波音 777 型货机和波音 747-

400 原装型货机。其中，波音 747-400 型原装货机又分为普通原装型货机波音 747-400F 和航线延长型货机波音 747-400ERF 两种。

2）客机

客机是指客运飞机，飞机的上层舱用来载运旅客，下层舱（腹舱）可以载运货物、行李和邮件。一般情况下，我们将全客机称为客机。

例如，波音 747-400 型全客机（如图 2.4 所示）。

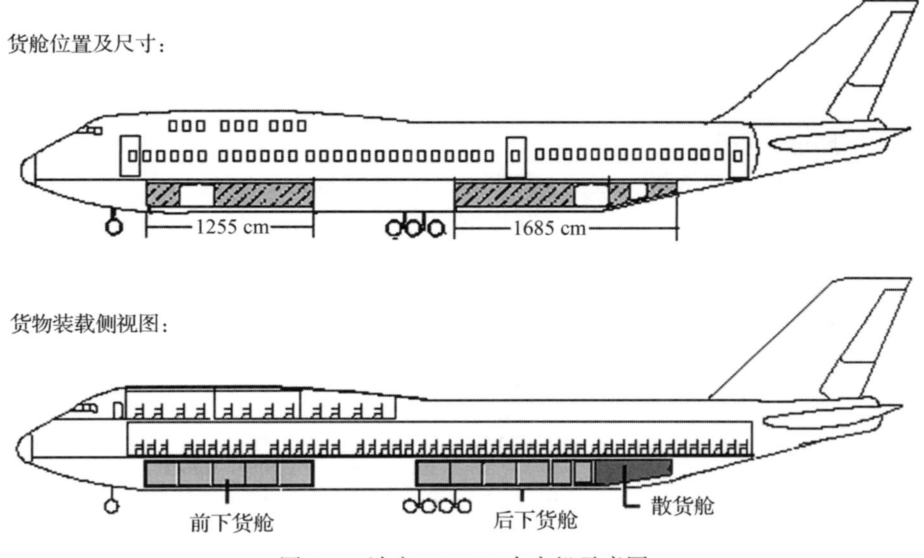

图 2.4　波音 747-400 全客机示意图

3）客货混装型飞机

客货混装型飞机是指飞机上层舱分成两个区域，一个区域用来装运旅客，另一区域用来装运货物。客货混装型飞机一般称为 COMBI（COMBINATION）。客货混装型飞机可以是宽体飞机，也可以是窄体飞机。

例如，波音 747-400 客货混装型（COMBI）飞机（如图 2.5 所示）。

在主舱前部设置旅客座椅，后部可装载货物。下舱内也可装运货物和行李。

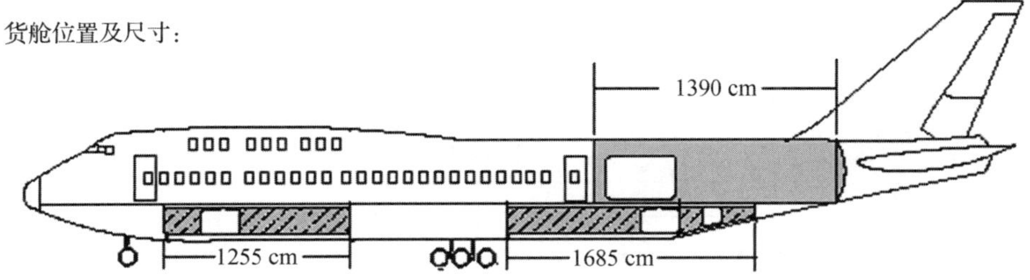

货舱装载侧视图：

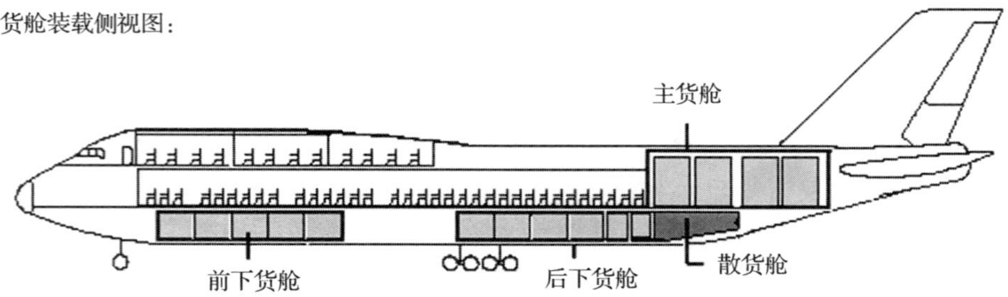

图 2.5　波音 747-400 客货混装型飞机示意图

4）客货机快速互换型飞机

承运人根据运输需要，将一架飞机客舱内的旅客座椅快速拆卸或者快速安装，使之由一架客机快速转换成一架货机，或由一架货机快速转换成一架客机。我们经常在一些机型资料中看到的 QC 指的就是客货机快速互换型飞机，它是 QUICK CHANGE 的缩写。

例如，波音 737-300QC（客货机快速转换型飞机）（如图 2.6 所示）。

货舱位置及尺寸：

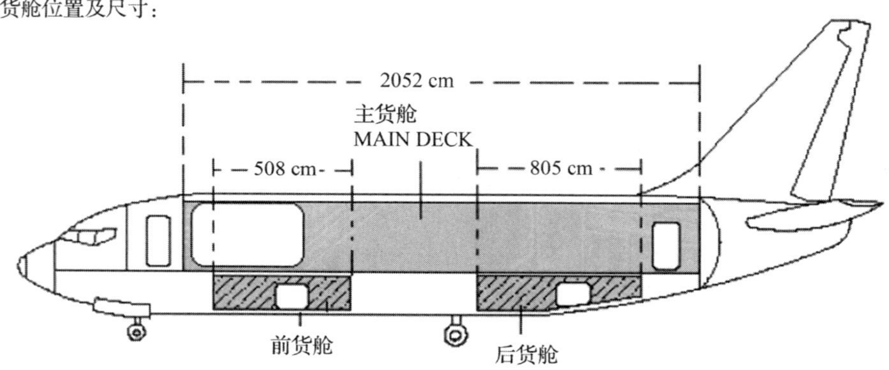

主货舱装载截面图：

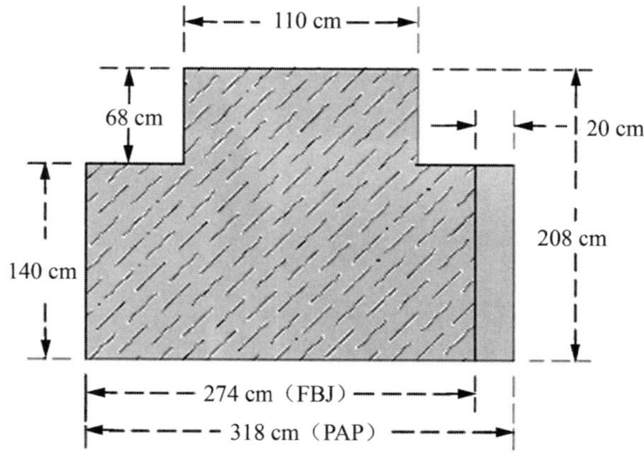

图 2.6　波音 737-300QC 示意图

与图 2.3 相比，主货舱装载截面图左上、右上缺少部分为客舱中的旅客行李舱位置。

3. 按旅客座位数分类

1）大型宽体飞机

大型宽体飞机是指座位数在 200 以上，飞机客舱内设有双通道通行的飞机。

目前常见的大型宽体飞机有：

波音 747 系列飞机，波音 747-100、-200、-300、-400 系列飞机载客数在 350~400 人；

波音 777 系列飞机，波音 777-200、-300 型飞机，载客在 350 人左右；

波音 767 系列飞机，波音 767-200、-300、-400 系列飞机，载客在 280 人左右；

MD-11 飞机，麦道-11 飞机载客 340 人左右；

A380 飞机，载客 550 人左右，紧密布局下可达 800 人；

A330 系列飞机，包括空中客车 A330-200、A330-300 型飞机，标准载客 280~301 人；

A340 系列飞机，包括空中客车 A340-200、A340-300、A340-600 型飞机，标准载客 350~390 人；

A350 系列飞机，包括空中客车 A350-200、A350-300 系列飞机，标准载客 310~370 人；

A300 型飞机，载客 280 人左右；

A310 型飞机，载客 250 人左右；

伊尔（JL）型飞机，伊尔 86 型飞机载客 300 人左右。

2）中型飞机

中型飞机是指旅客座位数在 100 人以上，200 人以下，飞机货舱内设有单通道通行的飞机。目前常见的中型飞机有：

国产 C919 飞机，载客 190 人左右，是我国第一款具有自主知识产权的干线飞机；

MD82/MD90 型飞机，麦道 82、麦道 90 型飞机，载客 150 人左右；

波音 737-100、-200、-300、-400、-500、-600、-700、-800、-900 系列和波音 737MAX 型飞机，波音 737 系列飞机载客在 130~190 不等；

空中客车 A320 系列飞机，含 A318、A319、A320、A321 型飞机，载客 130~180 人不等；

图 154 型飞机，载客 150 人左右；

英国宇航 BAE-146 型飞机，载客 108 人；

雅克 42 型飞机，YK42 型飞机载客 110 人左右。

3）小型飞机

小型飞机是指 100 座以下的飞机，多用于支线飞行。例如：

国产 ARJ 型飞机，含 ARJ-70、-90 等型号，载客 70~90 人不等；

国产新舟系列飞机，含新舟 600、新舟 700，国外名称：MA60、MA70，MA60 设计载客 60 人，MA70 设计载客 70 人；

苏制安-24 型飞机，载客 50 人左右；

萨伯 100 型飞机，SB3 型飞机载客 30 人左右。

二、常见宽体和窄体机型

表 2–1 中的“√”代表此机型属于宽体或窄体飞机。

表 2-1　机型

	机型	宽体飞机	窄体飞机		机型	宽体飞机	窄体飞机
1	P747	√		20	M11	√	
2	B777	√		21	D10	√	
3	B767	√		22	D8S		√
4	B757		√	23	D9S		√
5	B737		√	24	IL86	√	
6	B727		√	25	IL96	√	
7	B717		√	26	L10	√	
8	B707		√	27	74F	√	
9	A300	√		28	73F		√
10	A310	√		29	M1F	√	
11	A318		√	30	L1F	√	
12	A319		√	31	D9F		√
13	A320		√	32	70F		√
14	A321		√	33	D8F		√
15	A330	√		34	SSC		√
16	A340	√		35	TU3		√
17	A380	√		36	TU5		√
18	M80		√	37	T20		√
19	M90		√				

三、飞机结构

一架飞机的载运能力取决于它的结构强度。图 2.7 为飞机机身结构图，图 2.8 为飞机结构图。从图中可以看出，飞机上的客舱地板和货舱地板都是在支撑梁构成的网上镶嵌地板块而形成的。支撑梁网络是由每一根骨架引出的横梁与前后的纵梁交叉在一起组成的。这样，放在地板上的货物的重量就转移到主机身结构上去了，机身结构再把重量转移到机翼上。在地面上，飞机由着陆轮支撑，飞行中由机翼产生的升力支撑；当传送到机翼上的负荷超过它的上升能力时，这架飞机就是超载飞行，可见这种情况是极不安全的。因此，飞机制造者根据飞机不同部位的结构强度，制定了相应的最大允许载重，配载和装机时永远不能超过飞机货舱的最大载重。

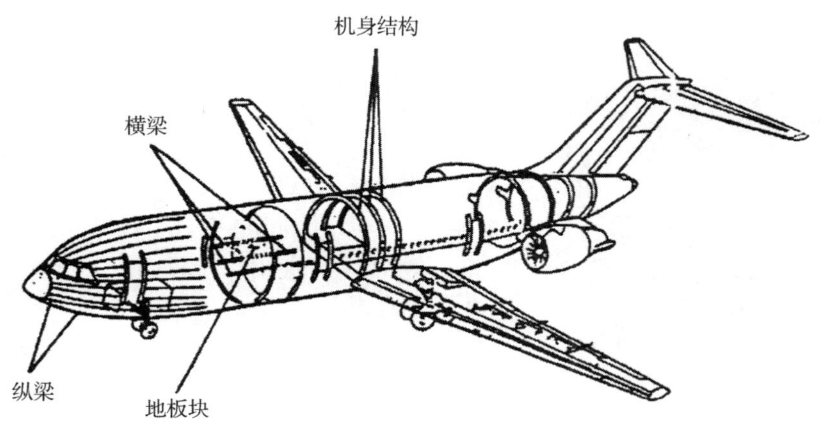

图 2. 7　飞机机身结构

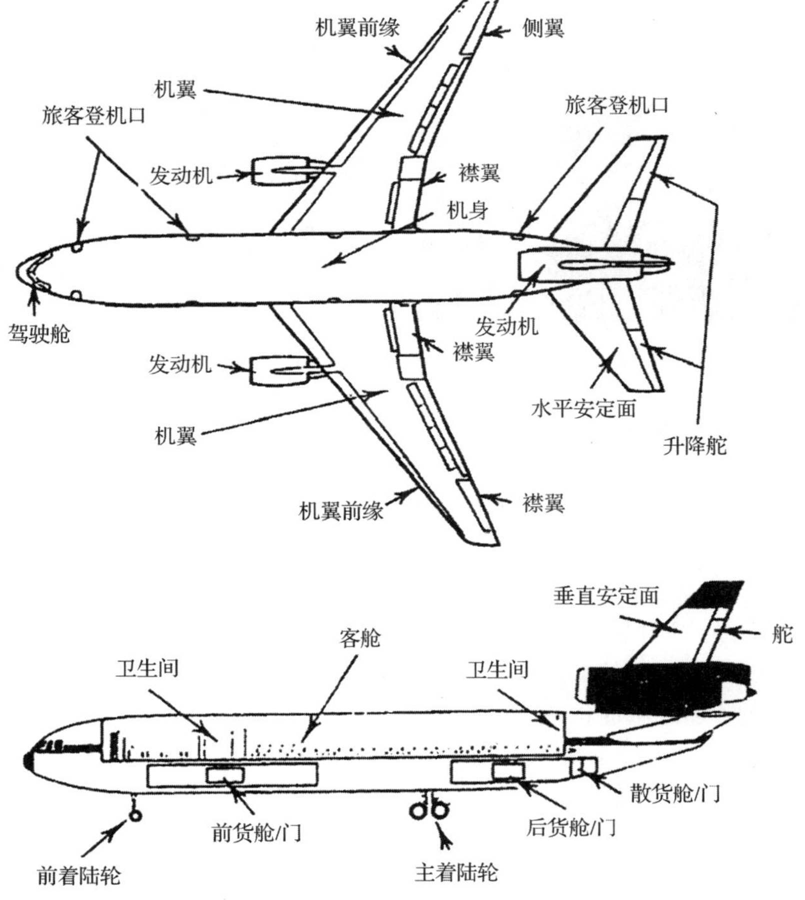

图 2. 8　飞机的结构图（俯视图和侧视图）

图 2.9 为波音全货机主货舱内部实景图。

图 2.9　波音全货机主货舱内部实景图

图 2.10 为波音宽体飞机下货舱内部实景图。

图 2.10　宽体飞机下货舱内部实景图

飞机制造商在设计飞机时，对飞机客、货舱的负载能力都要进行测算。特别是飞机的货舱，由于其承受的货物重量远远大于客舱地板所承受的旅客重量，受飞机货舱地板结构等方面的制约，其负载能力是有限制的。在一架飞机上，对货舱结构载荷的限制大约有九个方面。在这些载荷限制中，货舱地板的面积载荷，即货舱地板面积载荷是比较重要的因素之一。

任何情况下单位面积的飞机货舱地板上所装货物重量不允许超过货舱地板的面积载荷。不同机型、同一机型的不同货舱，其地板的面积载荷也不同。

常见机型的货舱地板面积载荷见表 2-2。

表 2-2 常见机型的货舱地板面积载荷

机型	底板承受力（面积载荷）kg/m²		
	主货舱	前、后下货舱	散货舱
波音 747F	A-S 区 1952 T 区 484	976	732
波音 747BCF	A-B 区 484 C-F 区 976 G-S 区 1952 T 区 484	976	732
波音 777F	1463	976	732
波音 747-8/-400	—	976	732
波音 767-200/-300	—	976	732
波音 777-200/-300	—	976	732
波音 787 系列	—	976	732
波音 757-200	—	732	—
波音 757SF	600	732	—
波音 737 系列客机	—	732	—
波音 737SF	732	732	—
A321/320/319/318	—	732	—
A340 系列	—	672	732
A330 系列	—	672	732
A380	—	659	732
A350	—	672	732

第二节 集装器

飞机装载货物有两种类型，一种为散装货物，一种为集装货物。散装货物是把货物一件一件地装在飞机的货舱内，而集装货物是把货物先装到航空集装器（以下简称集装器）上，然后再装上飞机的货舱内。一般情况下，窄体飞机装的是散装货物，而宽体飞机，除散货舱装散装货物外，装载的都是集装货物。

采用集装货物形式装载的飞机，能够很好地利用货舱内的空间，节省装机时间，这样既提高了工作效率，也保证了货物的安全。

集装器是指在飞机上使用的，用来装载货物、邮件和行李的专用设备，包括各种类型的集装箱、集装板及其附属设施。不同种类的集装器按照 IATA 的标准进行注册。集装器装上飞机后，通过飞机货舱地板上的卡锁装置直接固定在飞机货舱地板上，因此，集装器也被业界称作飞机货舱的可移动部件。

一、集装化运输的优越性

1. 减少装载次数，降低货物破损

货物在始发站仓库直接组装集装货物，减少在出库、装机、卸机或中转过程中的装卸次数，相应也减少了货物的破损率，特别是遇到恶劣天气、野蛮装卸的情况下，集装器还起到了保护货物的作用。

2. 减少体力劳动，节约工作时间

在始发站仓库组装好集装货物后，可以用升降设备直接装机，不需要装卸人员靠人力装机，减少了体力劳动，同时，大大减少装卸机时间。

3. 缩短过站时间，提高飞机利用率

如果过站集装货物，可以将过站时间从散装货物耗用 5~6 小时减小到 1 小时左右，并且，集装货物还适用于机下直转。

4. 合理利用舱位，提高飞机载运率

集装货物的外形与货舱内壁相吻合，可以最大限度地装载货物，提高飞机的载运率。

5. 增加货物运输种类，开拓航空运输市场

对于一些特种货物，如果是采用散装形式的话，可能无法运输，如果有相应的集装器，那么就可以安全运输。例如，马厩、汽车、飞机发动机、有温度要求的鲜活易腐货物等。这样也就增加了货物运输种类，拓宽了航空运输市场。

在全球新冠肺炎期间，对于有温度要求的医药生物制品的运输，温控箱起到了重要作用。

6. 可以在海关监管的情况下，进行门到门的运输

如果海关能够监管销售代理人的仓库，集装货物还可以进行门到门运输，减少了承运人的地面操作中间环节。

二、集装器种类

集装器分为集装箱和集装板。

1. 集装箱

集装箱是直接与飞机的货物处理与限动系统衔接的全封闭航空集装单元。

集装箱的外形尺寸必须与飞机货舱内径尺寸相吻合，并留有一定的安全间隔。根据飞机货舱的装载需求，航空集装箱的样式呈多样化。能够在飞机货舱内占据一个完整装载位置的集装箱，被称为全尺寸集装箱。可以背对背平行装载，两个集装箱占据一个装载位置的，被称为半尺寸集装箱。

航空集装箱由底板、框架、蒙皮、箱顶和箱门组成。

图 2.11 左图 AKE 为半尺寸集装箱，右图 DQF 为全尺寸集装箱。

图 2.11　集装箱外形与飞机货舱的吻合

2. 集装板

集装板是符合标准外形尺寸、由带有系留导轨（卡锁轨）硬质合金边框、板芯、板角及其铆钉组成的平板。图 2.12 左图为 PMC 集装板示意图，右图为集装板实物图。

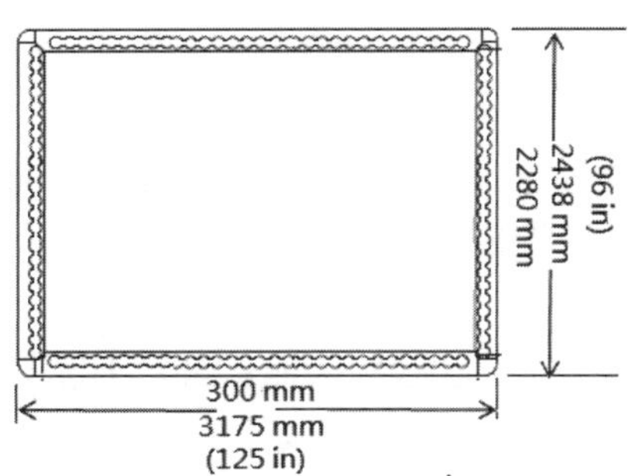

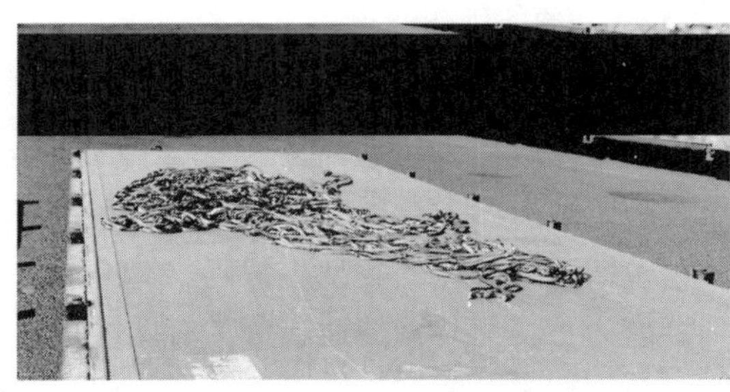

图 2.12　集装板示意图和实物图

3. 集装器系留设备

捆绑货物必须使用符合适航要求的专用设备，包括网套、钢索、系留带（尼龙带）、系留绳（角绳）、紧固器（松紧扣）、锁扣和辅助绳等。系留设备各组件如图 2.13 至图 2.16 所示。

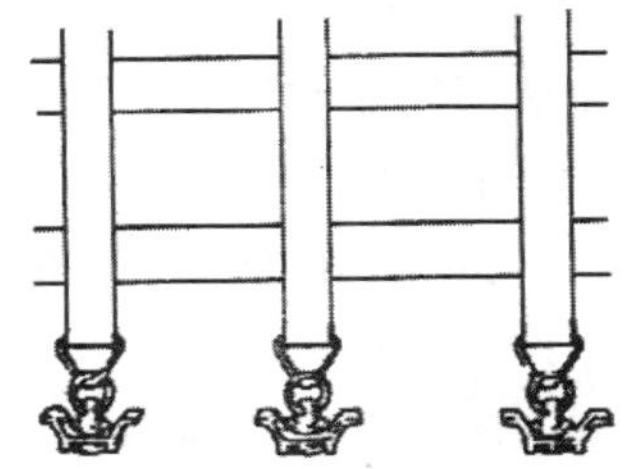

图 2.13　网套（左图为菱形孔网套，右图为方形孔网套）

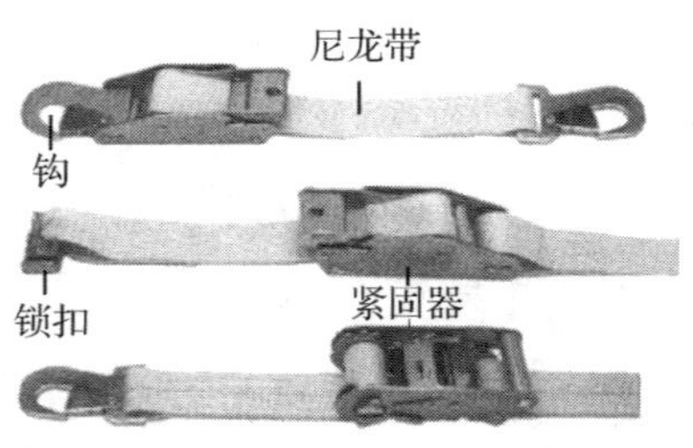

图 2.14 尼龙带

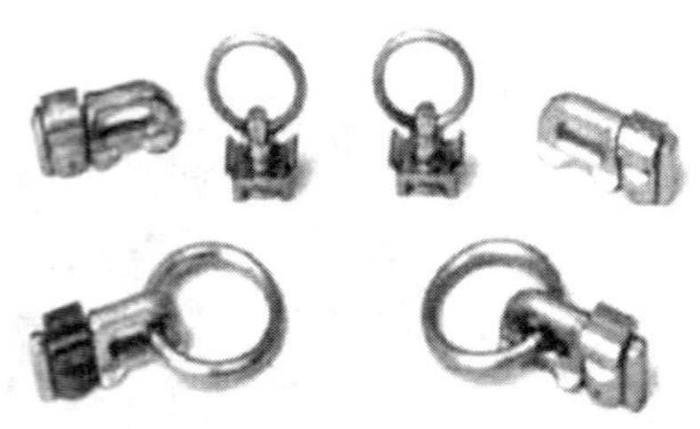

图 2.15 锁扣

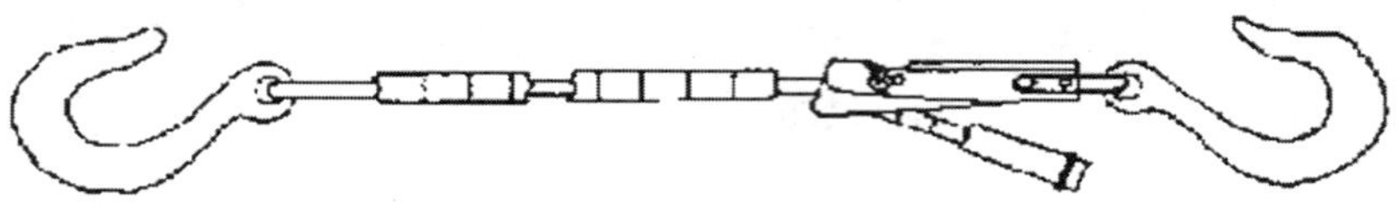

图 2.16 钢索

三、集装器标记

1. 集装器标记的组成

航空集装器标记（也称航空集装器识别代码）是表示集装器种类、规格、认证状态和所属人的一组编码。集装器识别代码是由国际航空运输协会（IATA）货运服务大会定义的，它包括了集装器的类型、编码、标准和参数。

到目前为止，集装器的适航分类有两种情况，一种是通过适航认证，符合国际标准的集装器，另一种是某些参数偏离适航标准但允许在限制条件下使用的集装器。两种情形的集装器，无论哪一种在制作或使用前都必须进行注册编号，该编号就是集装器标记（识别代码）。

集装器标记按国际航空运输协会（IATA）标准规定的文字种类、字体大小、字体颜色、书写样式标注在集装器的指定位置上。

集装箱标记一般标识在集装箱的两个侧面和正面；集装板标记一般标识在集装板 4 个角正面的边框上。

2. TSO 或 CTSO 标记

所有经过适航认证的航空集装器必须标打 TSO 或 CTSO 标记，也就是说非适航认证的航空集装器不需要打上 TSO/CTSO 标记。

TSO（Technical Standards Orders）是由政府制定发布的，民用航空器上所用的某些材料、零部件或机载设备（简称项目）的最低技术标准。

CTSO（Chinese Technical Standards Orders）为中国民航局制定发布的技术标准规定。

航空集装器的 TSO 或 CTSO 标记是表示该航空集装器符合政府规定的技术标准规定的

说明，以铭牌形式标示在航空集装器上。

四、集装器标记的含义

按照国际航协规定，集装器标记由三部分组成，见表 2–3。

第一部分：三个大写字母，表示集装器的分类和认证状态、集装器底板尺寸和集装器外形轮廓尺寸等信息。

第二部分：集装器序列编号，表示该集装器的具体编号。自 1996 年 10 月起，集装器全部使用 5 位数字编号（此前为 4 位数字）。

第三部分：两个大写字母，表示该集装器所属人的两字代码。

表 2–3 集装器识别代码组成

第一部分			第二部分	第三部分
集装器三字代码			集装器编号	集装器所属人代码
1	2	3		
A	K	E	00001	CA

E：表示集装器的标准轮廓及适配机型、舱位

K：表示此集装器的底板尺寸

A：表示集装器种类

1. 集装器分类代码

在集装器标记的第一部分 3 个大写英文字母中，第 1 个字母代表集装器的类型和认证状态，如“PMC”中第 1 个大写英文字母“P”，表示该集装器是符合国际标准且经过适航认证的集装板，“F”为非适航认证的集装板。如果该字母是大写英文“A”或“H”，则表示该集装器是符合国际标准且经过适航认证的集装箱，如果是“D”“M”“Q”“X”“Y”“Z”等字母，表示该集装箱的某些参数偏离适航认证标准，但经过报请本国民航主管部门或国际航协备案（或批准）可以在某一种或几种机型上使用的集装箱。

各种集装器的类型代码见表 2–4。

表 2–4 各类集装器分类代码表

分类代码	集装器名称	分类代码	集装器名称
A[1]	适航认证的集装箱	N	适航认证的集装板网套
B[2]	适航认证的带翼集装板	P	适航认证的集装板
D[1]	非适航认证的集装箱	Q[6]	适航认证的硬体集装箱
F[3]	非适航认证的集装板	R	适航认证的保温集装箱

续表

分类代码	集装器名称	分类代码	集装器名称
G[3]	非适航认证的集装板网套	V	适航认证的汽车运输架
H[4]	适航认证的马厩	W	适航认证的飞机发动机运输架
K[4]	适航认证的牛栏	X	承运人预留使用
L[5]	适航认证的多轮廓尺寸集装箱	Y	承运人预留使用
M	非适航认证的保温集装箱	Z	承运人预留使用

1. 该种类集装箱不包括保温集装箱。
2. 2003 年 5 月 1 日以后生产的带翼集装板必须使用代码“B”进行注册。
3. 必须符合非适航认证集装器的使用限制，见 IATA ULD Regulations 2. 7。
4. 非适航认证的马厩和牛栏必须符合 IATA ULD Regulations 3. 5. 2 的规定。
5. 经认证的此型号代码集装器用于窄体飞机和宽体飞机交替使用。
6. 使用此种集装箱装载行李时必须符合 IATA ULD Regulations 1. 7. 5 的规定。

集装器种类代码中的 B、C、E、S 和 T 是 1984 年以前使用的。其中有些代码仍在使用中。这些代码不能适用于新注册的集装器。

2. 集装器的底板尺寸

在集装器标记的第一部分 3 个大写英文字母中，第 2 个大写英文字母代表集装器的底板尺寸（集装器底板是指集装板的最大外形尺寸和集装箱底板的最大外形尺寸）。例如“PMC”中的“M”。不同的字母代表的尺寸不一样，国际标准中对此做了具体规定，任何承运人都必须遵守。

集装器的底板尺寸可以用英寸（in）表示，也可以用毫米（mm）表示。不同字母代表的尺寸不同，例如，M 代表的尺寸是 3175 mm×2438 mm（125 in×96 in）；A 代表的尺寸是 3175 mm×2235 mm（125 in×88 in）。

常用集装器底板尺寸及代码见表 2-5。

表 2-5　常用集装器底板尺寸及代码一览表

底板尺寸代码	底板尺寸（mm）	底板尺寸（in）
A	3175×2235	125×88
B	2743×2235	108×88
E	2235×1346	88×53
F	2991×2438	117. 75×96
G	6058×2438	238. 5×96
H	9125×2438	359. 25×96
J	12192×2438	480×96
K	1562×1534	61. 5×60. 4

续表

底板尺寸代码	底板尺寸（mm）	底板尺寸（in）
L	3175×1534	125×60. 4
M	3175×2438	125×96
N	2438×1562	96×61. 5
P	1534×1198	60. 4×47
Q	2438×1534	96×60. 4
R	4978×2438	196×96
S	2235×1562	88×61. 5
X	其他，最大尺寸限制在 2438 mm 和 3175 mm 之间（96~125 in）	
Y	其他，最大尺寸小于或等于 2438 mm（小于或等于 96 in）	
Z	其他，最大尺寸大于 3175 mm（小于 125 in）	

3. 集装器的标准轮廓

在集装器标记的第一部分 3 个大写英文字母中，第 3 个字母表示集装箱的轮廓尺寸或集装板所装货物的兼容性外形轮廓尺寸，如“PMC”中的“C”。当该集装器是集装箱时，它代表该集装箱的标准外形轮廓尺寸。

当集装器是集装板时，它代表该集装板在装载货物时可以组装成的外形轮廓尺寸及适用的机型、货舱。国际（航协）标准对各种机型货舱集装货物的外形轮廓尺寸做了具体规定，供承运人在运营过程中查阅使用。

常用集装器种类、代码及适用机型见表 2-6。

表 2-6 集装器分类编码及适用机型货舱

类型代码	种类	适用机型
AKC	LD-1 普通集装箱	B747 飞机下货舱
AKE	LD-3 普通集装箱	所有宽体飞机下货舱
DPE	LD-2 普通集装箱	B767 飞机下货舱①
RKN	LD-3 冷藏集装箱	所有宽体飞机下货舱
RAK	LD-7 进口冷藏箱	所有宽体飞机主/下货舱
AAP	LD-7 集装箱（163 cm 高）	所有宽体飞机主/下货舱
AMP	LD-7 集装箱（163 cm 高）	所有宽体飞机主/下货舱
AMA	M-1 集装箱	B747F、B777F 主货舱
DQF	B767 双体集装箱	限 B767 飞机下货舱
ALF	双体集装箱	所有宽体飞机下货舱（B767 禁用）
HMJ/AMJ	马匹运输专用箱	B747F、B777F、MD11F 主货舱

续表

类型代码	种类	适用机型
PAG	标准集装板	所有宽体飞机主货舱、下货舱
PMC	普通集装板	所有宽体飞机主货舱、下货舱
PMW	边框加强型翼板	所有宽体飞机下货舱
PLA	普通集装板	所有宽体飞机下货舱（B767 禁用）
PLW	普通集装板翼板	所有宽体飞机下货舱（B767 禁用）
PLB	高强度集装板	所有宽体飞机下货舱（B767 禁用）
FQA	普通集装板	限 B767 飞机下货舱
FQW	边框加强型翼板	限 B767 飞机下货舱
PGE	20 英尺集装板	B747F/CMB、B777F、MD11F 等主货舱
PRA	16 英尺集装板	B747F/CMB、B777F、MD11F 等主货舱
注：DPE 型集装箱可以在波音 777、747 下货舱装载，但必须符合限制条件。		

集装器适配舱位见表 2-7。

表 2-7　集装器适配舱位

代码/适配机型	IATA 标准集装器外形代码										
机型/舱位	A B	C	D	E N	F	K	M	P	U	Y	Z
B707-C 主货舱						●				●	●
B727-C 主货舱						●					●
B737-C 主货舱						●					●
B747-F 主货舱	●		●			●	●	●		●	●
B747 下货舱		●		●	●	●		●	●		
B767 下货舱					●	○		○			
B777 下货舱				●	●	●		●			
L-100	●					●	●	●		●	●
L-1011 下货舱						●					
DC8-F						●					
DC10-F 主货舱	●					●	●	●		●	●
DC10 下货舱				●	●	●		●			
A300 下货舱				●	●	●		●			
A300-C 主货舱	●					●	●	●		●	●
A310 下货舱				●	●	●		●			
A310-C 主货舱	●					●	●	●		●	●

续表

代码/适配机型	IATA 标准集装器外形代码									
机型/舱位	A B	C	D	E N	F	K	M	P	U	Y	Z
A340 下货舱				●	●	●		●			
AN-12	●					●	●	●		●	●
IL-76	●					●	●	●		●	●
IL-86 主货舱				●	●	●		●			

说明：

（1）此代码是指集装器的标准轮廓，由此确定该集装器适配何种机型。“●”表示集装器与此型号飞机相适配；“○”表示集装器外形只适用于 B767 前货舱。

（2）虽然集装器的标准轮廓适合某些机型的货舱结构，但是这些型号的飞机可能没有必要的限定装置固定集装器。遇到上述情况，应与承运人核对飞机上的有关设备是否允许运输某种底板尺寸的集装器。

五、常见集装器图例及参考数据

常见集装器图例及参考数据见附录 B。

六、集装货物的组装

1. 基本原则

（1）将经过检查适航的集装箱或集装板放置在托盘或其他带有滚轴装置的平台设备上。

（2）集装板上或集装箱内的杂物及积雪、积水等应清除干净，保持集装板、集装箱干净、整洁。

（3）检查待装货物，掌握装载各类货物的特殊要求。对于易碎货物，在装箱前必须妥善包装，加以保护。根据货物的卸机站、重量、体积、包装材料以及货物运输要求设计货物组装方案（如图 2.17 所示）。

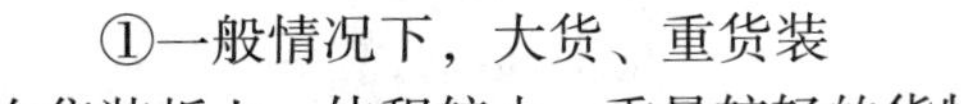

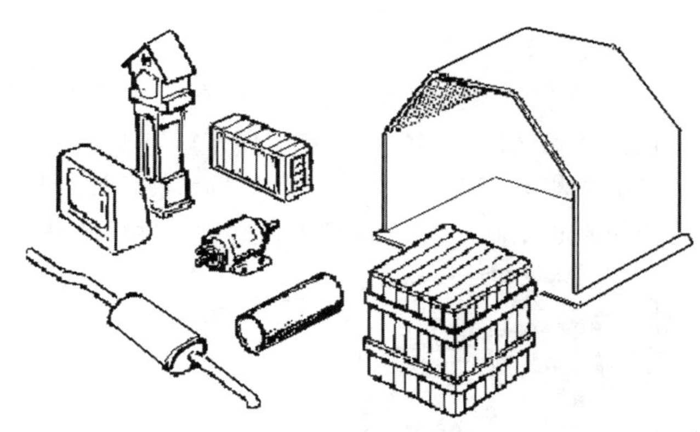

图 2.17 货物组装前准备

①一般情况下，大货、重货装在集装板上，体积较小，重量较轻的货物装在集装箱内。

②组装时，体积或重量较大的货物放在最下层，并尽量向集装器中央集中码放，小件和轻货放在中间（如图 2.18 所示），轻泡货物、精密易碎货物装在最上层（如图 2.19 所示）。

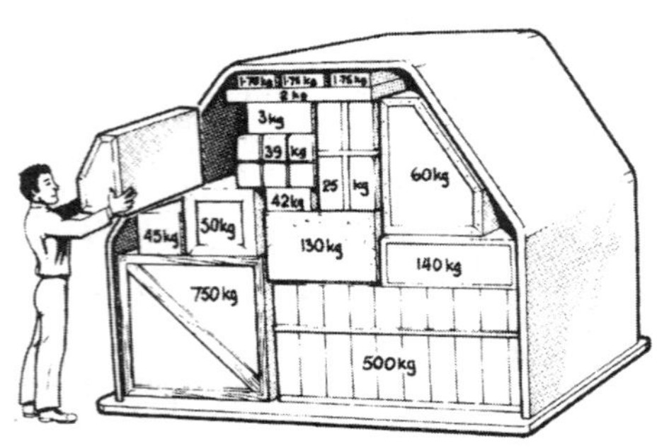

图 2.18 小件和轻货码放在集装器中间

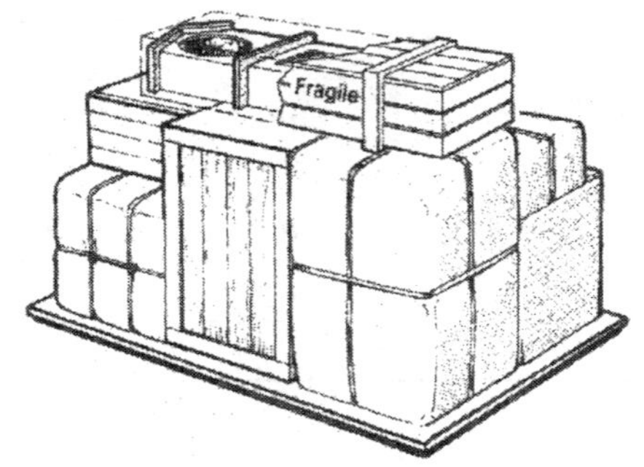

图 2.19 轻泡货物、精密易碎货物码放在集装器最上层

③合理码放货物，做到大不压小、重不压轻、木箱或铁箱不压纸箱。

④危险品货物或形状特异可能危害飞机安全的货物，应将其固定，可以使用填充物将集装器塞满或使用绳、带捆绑，以防损坏设备、飞机，造成事故。

⑤同一卸机站的货物应装在同一集装器上。

⑥一票货物应尽可能集中装在一个集装器上，避免分散装在多个集装器上。

⑦联程中转运输的货物应集中装在一个集装器上。

⑧任何情况下，宽体飞机下货舱的最大装载高度为 163 cm。

（4）货物组装完毕后，根据计重的有关数据填写货物计重单和集装器挂牌。

（5）严禁由托运人或销售代理人组装危险品货物（除非承运人同意）。

2. 集装箱的组装

1）一般要求

① 装在集装箱内的货物应码放紧凑，间隙越小越好（如图 2.20 所示），装在软门集装箱内的货物应注意避免货物挤压损坏箱门或使集装箱变形。

②如果集装箱内没有装满货物，即所装货物的体积不超过集装箱容积的 2/3，且单件货物重量超过 150 kg 时，应按规定对货物进行捆绑，如图 2.21 所示。

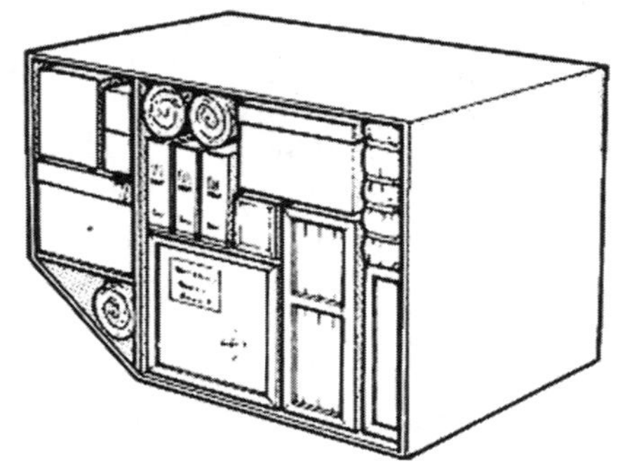

图 2.20 装在集装箱内的货物应码放紧凑

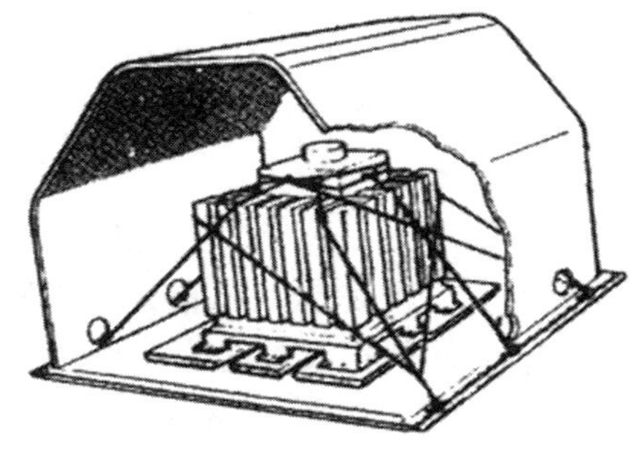

图 2.21 按规定捆绑货物

2）集装箱门的关闭

①集装箱门是集装箱不可缺少的一部分。因此，集装箱组装完毕后必须将箱门关好。软门集装箱关门后必须保证箱内的货物不能凸出门帘或网套的垂直面。

②装有贵重物品的集装箱或挂衣箱组装完毕后，要按规定用铅封将箱门封好。

3）马匹的装载要求

①装载马匹时，应特别注意马厩装机后马匹在飞机上的站位方向，一般要求马头朝前或朝后。如果托运人、收货人或押运员另有要求的，按要求装载。

②必要时，应设置限制马匹活动的笼头、缰绳、保护马腿的护膝、脚套等设施，并且牢固系留在规定的位置上。

③限制马匹的胸绳或挡板必须牢固，位于马匹的前胸部位（脖子与肩膀的下部）且不能伤害马的身体。

④马厩的地板必须保持足够的防滑性能，保证马匹在飞机飞行过程中不会因飞机升降、转弯等因素造成身体失衡，滑倒摔伤。

3. 集装板的组装

1）基本要求

（1）检查。按照规定的程序对集装板进行适航检查和清扫后，将集装板平放于集装板拖盘车或托架上。

（2）铺设塑料布。在空集装板上铺设一块足够尺寸的塑料布，塑料布自集装板周边向上折起的高度不应少于 80 cm。

（3）设计货物组装方案。

重量较大的货物放在最下层。

为了保护集装板、分散货物对集装板的压力、保证集装板能够平稳顺利地装入飞机货舱，包装底部为金属的货物和底部面积较小、重量较大的货物，必须使用垫板，如图 2.22 所示。

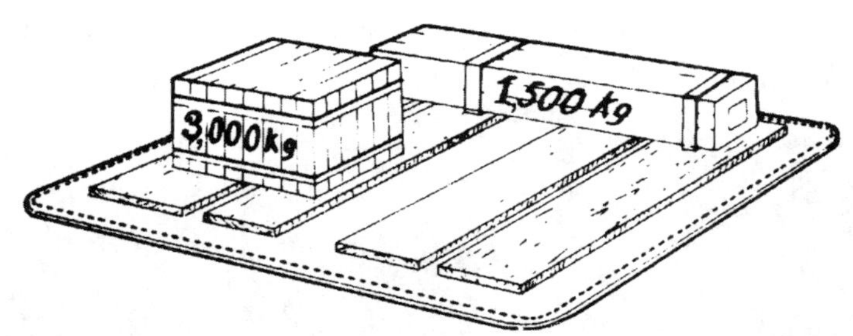

图 2.22　货物按规定使用垫板

装在集装板上的货物要码放整齐，上下层货物之间要相互交错，骑缝码放，避免货物坍塌、滑落，如图 2.23 所示。

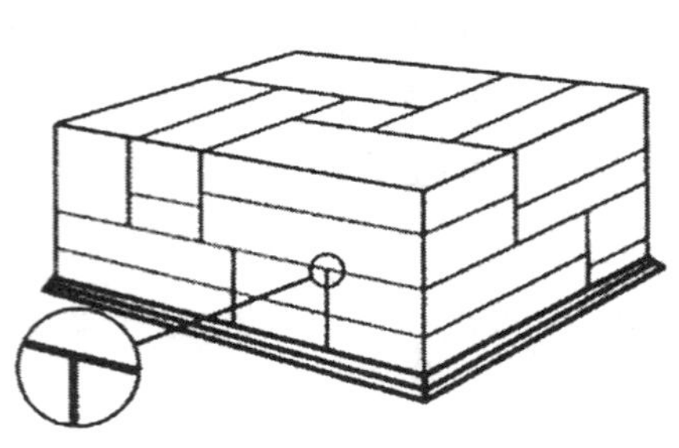
（a）正确

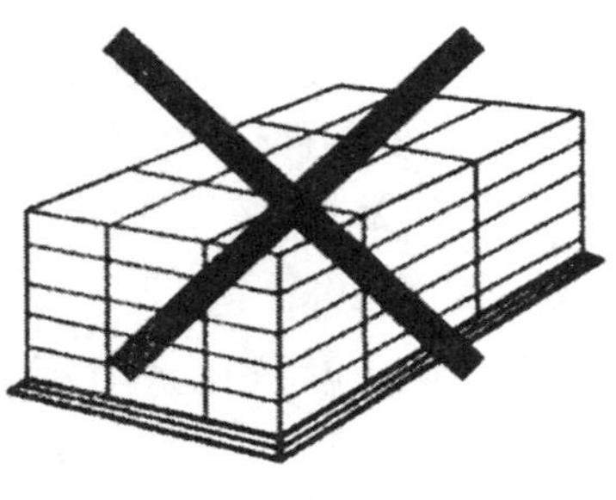
（b）错误

图 2.23　装在集装板上的货物码放方法

体积较小的货物，应装在其他货物的中间或适当地予以固定，防止其从网套网眼中滑落。

组装集装板时，第一层货物要码放在集装板的卡锁轨以内，第二层货物可以和集装板边垂直平行，保证挂网套时锁扣可以顺利锁入卡锁轨，固定在集装器上，如图 2.24 所示。

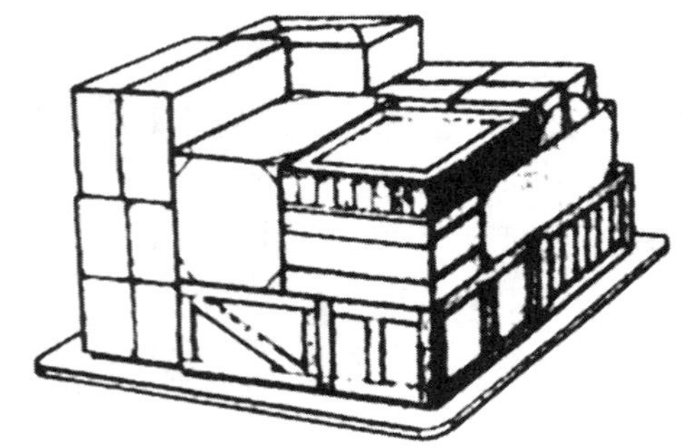
图 2.24　组装集装板货物的码放方法

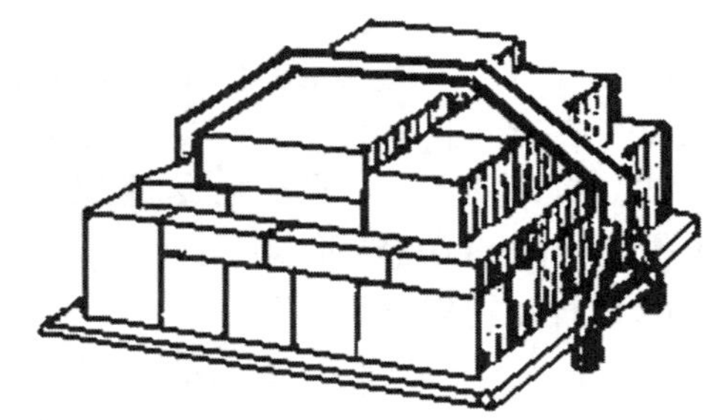
图 2.25　测量集装板货物的装载轮廓

确认集装板的装载轮廓是否符合飞机货舱要求，如有条件，应使用模具或米尺测量，如图 2.25 所示。如图 2.26 所示，左图的集装货物轮廓符合货机主货舱要求，右图的集装货物轮廓符合下货舱要求。

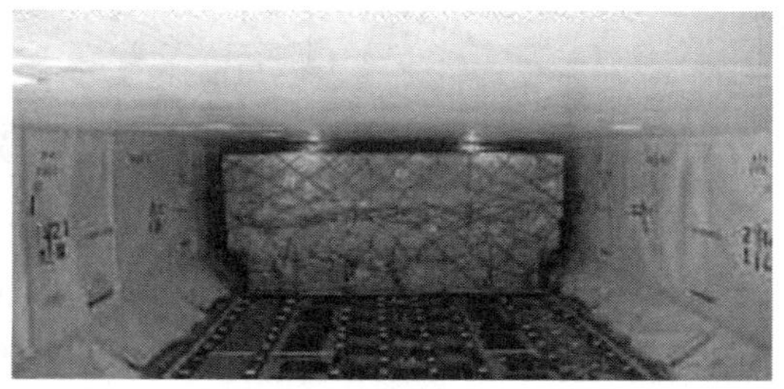
图 2.26　集装货物装载轮廓

为保证飞行安全，装载在集装板上的货物，要进行捆绑固定，如图 2. 27 所示。

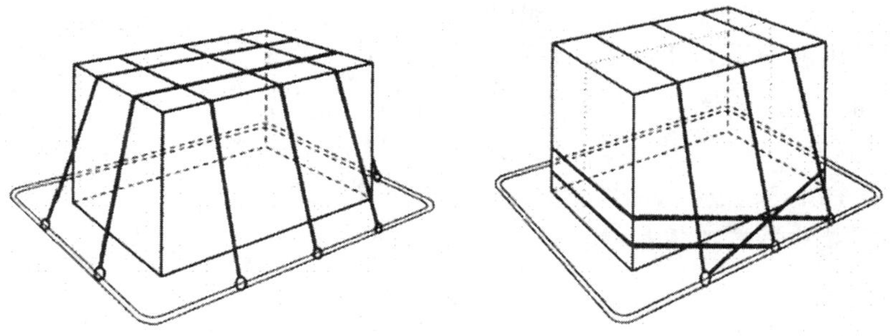

图 2. 27 装载在集装板上货物的捆绑固定

4. 其他装载注意事项

(1) 组装集装器时，单件重量超过 50 kg 的货物要平放，不能以边角作为货物的支撑点，如图 2. 28 所示。

图 2. 28 单件重量超过 50 kg 的货物的错误摆放

(2) 禁止将较重货物的边角向下坠落在集装器底板上，以免损坏飞机货舱地板结构或集装器。

(3) 无论是装飞机散货舱还是组装集装器，因货物重量较大需要使用撬杠进行移动时，撬杠下面的支点处应使用木制垫板进行衬垫，防止损坏飞机或设备，如图 2. 29 所示。

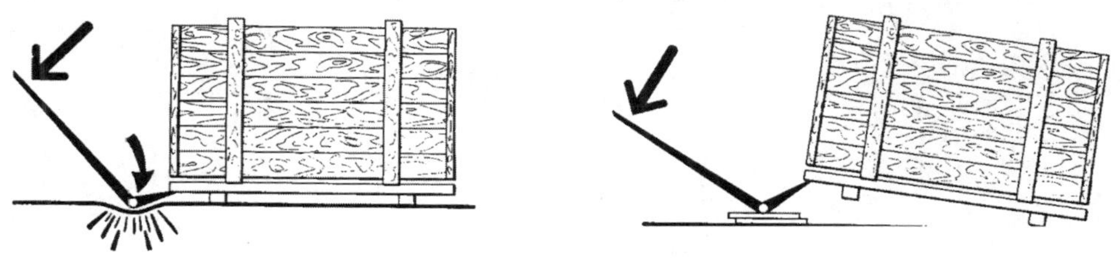

(a) 不正确　　(b) 正确

图 2. 29 使用撬杠移动货物方法

习题

1. 分别指出波音系列和空客系列所有机型中哪些为窄体飞机，哪些为宽体飞机。
2. 集装器的识别代码由几部分组成？每一部分所代表的含义是什么？
3. PAG、PMC、PGE 型集装板的底板尺寸分别是多少？分别适用哪些机型？
4. AKE、DPE 集装箱底板尺寸分别是多少？分别适用哪些机型？
5. 如何组装集装器或集装板货物？

第三章　国际货物收运

第一节　舱位预订

为充分、合理地利用航班舱位，承运人须在货运计算机系统中，根据航线机型设定飞机货舱载量和容积的数据，将所接受的订舱货物的重量和体积有效地控制在该数据之内。因此，承运人在接收货物时需要提前预订舱位。

一、舱位预订的方式

承运人通常根据自己的销售方法，选择合适的舱位预订方式。托运人可以通过货运计算机系统、传真、电子邮件、电报或电话等方式向承运人订舱，也可直接到承运人的舱位控制部门预订舱位。

1. 货运计算机系统订舱

如果承运人拥有自己的货运计算机系统，可以直接将预订舱位的信息登记在系统中，或者通过系统直接向其他航站申请舱位。根据系统对舱位预订或者申请的时限要求，及时确认货物的具体信息。承运人也可以为签约代理人提供一个能对接自己货运计算机系统的订舱平台，由销售代理人自行订舱，再由承运人统一调整安排。

2. 传真订舱

托运人或者销售代理人预订舱位、货运计算机系统不匹配的承运人之间预订舱位时，可以使用传真订舱。其优点是申请和回复的信息集中在一起，存档备查起来比较方便，而且有据可依。与此类似，还可以通过电子邮件、微信等方式预订舱位。

3. 电报订舱

承运人通常拍发电报向其他航站申请舱位，是最常使用的预订舱位方式。货运计算机系统订舱的信息同电报订舱的信息传递格式是相通的。

除此之外，还有电话订舱，其缺点是没有订舱依据留存，不能存档备查。承运人一般不赞成使用此种方法。

二、需要订妥全程舱位的货物

托运人或其代理人必须订妥全程航班、舱位，得到确认后才能收运的货物：

（1）危险品；

（2）活体动物；

（3）鲜活易腐货物；

（4）贵重物品；

（5）灵柩；

（6）押运货物；

（6）有运输时限的货物；

（7）超大超重货物。

三、舱位预订的内容

托运人或代理人（也称为订舱人）向承运人预订舱位时，需要提供如下信息。

1. 货运单号码，货物品名，包装，重量、件数、尺寸、体积，始发站和目的站

1）货运单号码

订舱人提供货运单号码作为货物订舱记录的识别标志。订舱人提供了货运单号码，实际上为某一票具体的货物进行了订舱。对已订舱的货运单号码，承运人也就掌握了其相关信息，如品名、重量和体积等。特别是承运人使用货运计算机系统进行订舱的，订舱人提供了货运单号码，对于舱位控制部门来说，意味着可以看到货运单上的全部信息。

如果订舱人无法提供货运单号码，也可以预订订舱，但必须在承运人规定的时间内提供准确的货运单号码，否则已经预订的舱位将被取消。

2）货物品名

订舱人预订舱位时，还应提供货物的具体品名，对于某些货物的运输，承运人有一定的运输条件限制。此外，对于特殊货物运输，只有通过货物品名才能确定是否可以接收，承运人也可以预先向申请人提出运输要求。

3）货物包装

承运人根据订舱人提供货物的包装信息，判断是否符合空运要求。对于一些特种货物，如危险品、活体动物、水产品等，分别有相应的包装要求。

4）货物重量、件数、尺寸、体积

订舱人提供的货物重量、件数、尺寸和体积应该基本准确。承运人可以根据其提供的重量、件数、尺寸和体积，判断是否可以接受订舱。不同承运人、不同机型，对货物的重量、尺寸和体积有不同的限制条件。超过承运人的运输能力，承运人可以不接受舱位预订。当订舱人无法提供相对准确的货物重量和体积时，可以接受订舱并预留舱位，但是必须在航班起飞前规定的时限内予以确认，否则取消订舱。

只有订舱人提供货物的始发站和目的站，才能明确在哪一条航线上预订舱位。对中转货物预订舱位，必须提供货物的始发站、目的站以及货物抵达中转站的航班和日期。

2. 运输要求

订舱人可以提出具体的运输路线、地面操作和运输时限等要求。承运人认为能够满足全程运输要求的，可以接受订舱，否则不接受预订舱位。例如充氧的观赏热带鱼，如果订舱人提出的运输时限为 10 个小时，而承运人实际运输时间为 12 个小时，无法满足订舱人的要求，可以拒绝接受订舱。

3. 订舱人名称及联系方式

订舱人必须提供准确的名称、联系人及联系方式。接受订舱后，承运人应将该信息录入订舱记录的备注中，以便在发生航班不正常情况时及时与订舱人联系。

4. 集装货物的订舱

整集装器订舱的货物，必须明确集装器编码和集装货物的外形代码。

5. 危险品货物的订舱

对于危险品货物的订舱，托运人还需要提供其 UN 或 ID 编号、运输专用名称、净重等信息。如果属于Ⅱ、Ⅲ级放射性物品，需要提供其运输指数。

6. 活体动物的订舱

对于活体动物的订舱，托运人还要提供装卸动物所需的特殊设备等信息。

7. 鲜活易腐货物的订舱

对于鲜活易腐货物的订舱，托运人还要提供预计最长运输时限、货物在储运过程中的特殊要求等信息。

四、舱位预订的接受、回复和确认

承运人舱位控制部门收到舱位预订信息后，根据航班的载运能力和货物库存情况，合理安排航班舱位。如果无法满足订舱人的舱位预订要求，可以拒绝接受订舱，或向其推荐其他可利用的航班。

订舱人要在规定时限内对预订舱位予以确认。确认的订舱信息包括货运单号码、货物品名、件数、重量、体积、始发站、目的站、集装器编号、集装货物的外形尺寸，以及联程货物的上一程航班和日期。

五、订舱人原因造成的订舱货物不正常运输处理

订舱人确定预订舱位后，未能按约定时间交运货物，承运人可以取消其预订舱位，做好装运其他货物的准备。

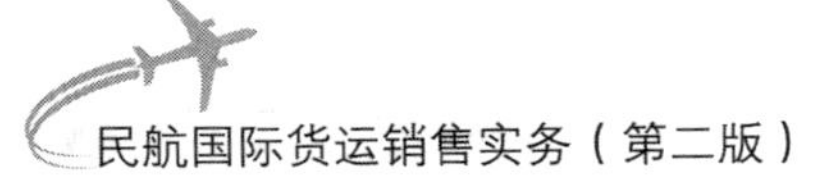

货物托运后，由于订舱人原因造成订舱货物无法按约定航班运出，产生的后果由订舱人负责。

第二节　托运人的责任

一、遵守法律和规定

（1）托运人托运货物应当遵守适用的公约、法律和规定。因托运人违反公约、法律和规定，所托运货物给承运人造成损失的，托运人应当承担责任。因此，托运人应当保证：

①托运货物的出入境运输为始发地、目的地及经停地国家所允许。

②托运货物的包装符合航空运输要求。

③必须随附的运输文件应齐全、有效。

④托运货物不会危及航空器、旅客及相关工作人员的安全；不会危及航班飞行安全；不会烦扰旅客。

（2）托运人托运需要经过行政当局检验、检查的货物，应在办理货物托运手续之前自行办妥相关资料或文件。办理货物托运时，托运人应提供这些必需的资料或文件，以便在货物交付收货人之前完成法律和规定要求的手续；因没有此种资料、文件，或者此种资料、文件不充足、不准确或者不符合规定造成托运货物不能按时运输或按时交付，托运人应当承担责任。

除法律和规定另有要求外，承运人不承担必须对上述资料或者文件进行检查的义务。

（3）托运人托运货物前应当了解承运人关于货物运输的相关规定和要求。因托运人违反这些规定或要求而给承运人造成的损失，托运人应当承担责任。

（4）托运人应当对货运单上所填写的各项内容的真实性、准确性和完整性负责。因托运人提供的货运单上所填写的内容不真实、不准确或者不完整而给承运人或者第三方造成的损失，托运人应当承担责任。

（5）如果托运人使用承运人的集装器自行组装货物，应遵守承运人的有关规定。由于托运人不按规定操作所造成的损失，托运人应当承担责任。

二、连带责任

（1）托运人承担向承运人付清所有费用的责任，保证支付收货人拒绝或不能足额支付的所有费用，包括到付运费、到付运费手续费、保管费等。托运人还应当承担根据其指示运回货物所产生的费用。

（2）托运人应当保证支付由于以下原因可能使承运人及相关承运人承担的所有开支、罚款、损失等费用：

①托运货物中有禁止运输的物品。

②限制运输的货物不符合限制条件。

③托运货物的标识、数量、地址、包装或者托运货物品名的不准确、不正确、不完整。

④托运货物的进、出口许可或者所需证书、文件的缺失、延滞或者错误。

⑤托运货物的实际品名、重量、体积等与货运单不符。

⑥由于托运货物或文件的原因导致的海关、警察、检验检疫等行政当局的罚款、扣押、拒绝入境等。

第三节 托运人文件

托运人对托运货物可以提供口头或书面上的说明。但实际中都使用书面说明形式托运货物，即我们常说的“The Shipper's Letter of Instructions”（简称SLI），中文名称“航空货物托运书”（中文简称托运书）。有些文件比如“US Government Bill of Lading”，也可以作为托运文件。

一、国际货物托运书

1. 一般规定

托运人托运国际货物应凭本人居民身份证或其他有效身份证件，填写国际货物托运书（以下简称托运书），向承运人或其代理人办理托运手续。

托运书是托运人用于委托承运人或其代理人填开航空货运单的一种表单，是承运人代替托运人填写货运单的依据。在托运书上应列有填制货运单所需各项内容，并应印有授权于承运人或其代理人代其在货运单上签字的文字说明。

（1）托运书上的各项内容应填写完整，不得任意简化或者省略。托运人应在托运书上签字或盖章，对所填写的各项内容的真实性与准确性负责。托运人如委托其他人办理交货事宜，应出具委托证明并随附在托运书后。

（2）托运书应使用钢笔或圆珠笔书写，也可以使用机器打印，或盖戳印代替书写。托运书填写必须字迹清楚，国际托运书一般使用英文填写。

（3）一份托运书只能有一个托运人，一个收货人。收货人只能是一个单位或一个人的名称。当收货人栏内同时出现单位和个人名称时，人名为具体收货人。

（4）运输条件不同、性质相互抵触、目的站不同或不同收货人的货物，托运人应分别填写货物托运书。

（5）托运人对托运书中所填内容的不真实、不正确或不完整而使承运人或承运人对之负责的第三人所遭受的一切损失负责。

（6）托运人托运私人物品，应随附装箱清单。

（7）托运书应与货运单存根联一起装订留存。

2. 国际货物托运书的填写

国际货物托运书主要包括托运人、收货人、始发站机场、目的站机场、航程/订舱、包装标记和数量、包装数量和类型、货物品名、毛重、尺寸、航空运费/在始发站发生的其他费用、为运输声明的价值、为海关声明的价值、保险金额、操作注意事项、日期和签字共16项内容，如图3.1所示。

国 际 货 物 托 运 书

SHIPPER'S LETTER OF INSTRUCTION

货运单号码 AIR WAYBILL NUMBER	（1）		
始发站 Airport of Departure	（2）	目的站 Airport of Destination	（3）
托运人姓名、地址 Shipper's Name and Address （4）	托运人账号 Shipper's Account Number （5）	本人保证所托运货物的内容已经完全正确的命名。对于所托运货物中包含的危险品，根据适用的《危险品规则》中的规定，完全符合航空运输条件。 I certify that the contents of this consignment are properly identified by name. Insofar as any part of the consignment contains dangerous goods, such part is in proper condition for carriage by air according to the applicable Dangerous Goods Regulations.	
收货人姓名、地址 onsignee's Name and Address （6）	收货人账号 Consignee's Account Number （7）	是否属于危险品 □是 YES □否 NO （8） Dangerous Goods or Not 是否包含液体 □是 YES □否 NO Liquid Goods or Not 是否包含锂电池 □是 YES □否 NO Lithium Battery or Not	
航班/日期 Flight/Date （9a）	航班/日期 Flight/Date （9b）	随附文件 Documents attached to AWB （10）	
件 数 No. of Pieces （11）	毛重（KG） Gross Weight （KG） （12）	货物品名 discription of goods （13）	包装尺寸或体积 Dimensions or volume （14）
航空运费和声明价值附加费 WT/VAL CHARGES □ 预付 Prepaid □ 到付 Collect （15）	其他费用 OTHER CHARGES □ 预付 Prepaid □ 到付 Collect （16）	供运输用声明价值 Declared Value for Carriage （17）	供海关用声明价值 Declared Value for Customs （18）
储运注意事项和备注 Handling Information and Remarks （19）		付款方式 Form of Payment	（20）
		托运人或其代理人签字或盖章 Signature of shipper or his Agent 托运人有效身份证件及号码 ID Card number 日期 Date	（21）
安全检查 Security Check （22）	计重人签字 Weighed by: （23）	承运人签字 Signature of Issuing Carrier or his Agent （24）	

注：粗线栏由承运人填写

The bold column filled carrier only

图3.1 国际货物托运书

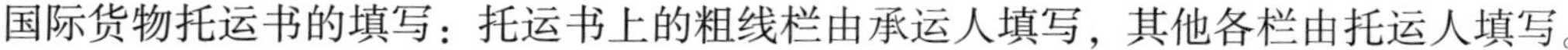

国际货物托运书的填写：托运书上的粗线栏由承运人填写，其他各栏由托运人填写。

1）AIR WAYBILL NUMBER，货运单号码栏

填写货运单号码。

2）Airport of Departure，始发站栏

（1）填写始发站机场全称，不得简写或使用英文三字代码。例如一批货物从北京始发，不能填写 PEK 或 BJS，只能填写 BEIJING。

（2）必要时注明该机场所属国家、州的名称或城市的全称。始发站城市有两个或两个以上机场的，应按城市名称加机场名称的方法填写，例如，上海虹桥、上海浦东或 London Gatwick（伦敦盖特威克机场）、London Heathrow（伦敦希斯罗机场）等。

3）Airport of Destination，目的站栏

（1）填写目的站机场的全称，不得简写或使用英文三字代码。

（2）必要时注明该机场所属国家、州的名称或城市的全称。

（3）目的站城市有两个或两个以上机场的城市，托运人应指定到达机场，并按城市名称加机场名称的方法填写。

TACT RULES 1.2.4 列出了一个城市拥有两个或两个以上机场的名称。

1.2. IATA Areas and City/Airport Codes

1.2.4. Coding of Airports

The list below contains a selection of major cities with deviating airport codes.

Anchorage, AK, US	
International	ANC
Merrill Field	MRI
Ankara, TR	
Esenboga	ESB
Etimesgut	ANK
Apia, WS	
Faleolo	APW
Fagali'i	FGI
Atlanta, GA, US	
Beaver Ruin	JAO
Perimeter Mall	JAJ
Hartsfield-Jackson	ATL
Edmonton, AB, CA	
International	YEG
Municipal	YXD
Namao Field	YED
Fort Myers, FL, US	
Page Field	FMY
Southwest Florida Regional	RSW
Freetown, SL	
Hastings	HGS
Lungi International	FNA
Glasgow, GB	
Glasgow Airport	GLA
Prestwick	PIK

图 3.2　TACT RULES 一个城市有多个机场节选

（4）如果在两个或两个以上国家（或州、省）存在同一城市名称时，在城市名称后注明国家（或州、省）的名称全称。

例如 LONDON（如图 3.3 所示，节选于 1.2.3），在三个国家有“London”这个城市名称，第一个是 Ontario，Canada，三字代码为 YXU；第二个是 United Kingdom，三字代码为 LON；第三个是 Kentucky，U. S. A.，三字代码为 LOZ。如果货物的目的站为加拿大的“London”，在要在目的站栏填写 London，Ontario，Canada。

LONDOLOZI		ZA	LDZ
LONDON	ON	CA	YXU
LONDON		GB	LON
LONDON/CORBIN	KY	US	LOZ
LONDONDERRY		GB	LDY
LONDRINA	PR	BR	LDB
LONG AKAH		MY	LKH
LONG APUNG		ID	LPU
LONG BANGA		MY	LBP
LONG BAWAN		ID	LBW
LONG BEACH	CA	US	LGB
LONG ISLAND	AK	US	LIJ
LONG ISLAND/HAPPY BAY	QL	AU	HAP

图 3.3　TACT RULES 多个国家同时具有一个城市名称

（5）有些城市没有机场，在 TACT RULES 7. 3. 2 部分国家规定中可以查阅应在货运单上注明的目的站。

如图 3. 4 所示，在 TACT RULES 7. 3. 2 公布的 SWITZERLAND 信息中，2. 1. 3 Routing 列出了在瑞士和列支敦士登的一些城市。在货运单目的站栏内填写的名称，应为距离这些城市最近机场。

2.1.3. Routing
Nearest airport to places in Switzerland and Liechtenstein:

Place	Destination on AWB	
Aarau	ZRH	Zurich
Aigle	GVA	Geneva
Allschwil	BSL	Basle
Baden	ZRH	Zurich
Balsthal	BSL	Basle
Balzers (LI)	ZRH	Zurich
Bellinzona	LUG	Lugano
Berne	BRN	Berne
Biel/Bienne	BRN	Berne
Birsfelden	BSL	Basle
Brig/Brigue	GVA	Geneva
Bulle	BRN	Berne
Burgdorf	BRN	Berne
Chiasso	LUG	Lugano
Chur	ZRH	Zurich
Delémont/Delsberg	BSL	Basle

图 3.4　TACT RULES 国家规定中的航线安排节选

例如，货物的目的站城市为 Aarau，而在货运单目的站栏填写的名称应为 Zurich。同样 Balzers（LI—列支敦士登），在货运单上也填写为 Zurich。如果目的站城市为 Aigle，则在货运单目的站栏填写为 Geneva。以此类推。

（6）货物的目的站如果没有海关机场，必须选择有海关的机场作为目的站。

在 TACT RULES 7. 3. 2 部分国家也列出了相应要求。如图 3. 5 所示，货物的目的站为 Kithira 属于无海关的机场。

7.3. Import/Transit/Export Regulations

7.3.2. Countries Alphabetically Listed

1. Airport Information

1.1. Customs Airports

- **Customs Airports with on-airport customs office for customs clearance of cargo**
  Athens (ATH) and Thessaloniki (SKG).
- **Customs Airports with off-airport customs office for customs clearance of cargo**
  Aktio (PVK), Araxos (GPA), Alexandroupolis (AXD), Chania (CHQ), Chios (JKH), Corfu (CFU), Ioannina (IOA), Irakleion (HER), Kalamata (KLX), Karpathos (AOK), Kastoria (KSO), Kavala (KVA), Kefallonia (EFL), Kos (KGS), Leros (LRS), Limnos (LXS), Milos (MLO), Mykonos (JMK), Mitilini (MJT), Naxos (JNX), Paros (PAS), Rhodes (RHO), Samos (SMI), Santorini (JTR), Sitia (JSH), Skiathos (JSI), Syros (JSY), Zakinthos (ZTH).
- **Airports without Customs and without possibility for customs clearance of cargo**
  Astypalaia (JTY), Ikaria (JIK), Kasos (KSJ), Kastelorizo (KZS), Kithira (KIT), Kozani (KZI), Skiros (SKU).

图 3.5　TACT RULES 国家规定中列出的机场信息节选

货物的目的站为 Kithira 属于无海关的机场，如何选择有海关机场在 2.1.3 Routing 也有描述。

2.1.3. Routing

- Via Athens or Thessaloniki to all airport destinations without Customs (see 1.1.), where customs clearance will also be performed as first port of entry.
- Live animals, animal origin products (fish, meat products, fish products, etc.), plants and plant origin products, human remains must only be routed via airports equipped with border inspection posts and health check stations (see 1.2.).

图 3.6　TACT RULES 国家规定中列出无海关机场的信息节选

通过雅典或塞萨洛尼基前往所有没有海关的机场目的地，可作为首个入境口岸办理清关手续。需将 Athens 或 Thessaloniki 作为目的站。

4）Shipper's Name and Address，托运人姓名、地址栏

（1）填写托运人全称，托运人姓名要与其有效身份证件相符，单位名称要详细。

（2）详细地址及联系方式，包括街道、城市、国家名称，必要时应填写州的名称。

（3）准确填写邮政编码。

（4）电话号码或传真号码。电话应为能够及时联系的电话号码。托运危险品 6.2 项感染性物质时，应注明 24 小时联系电话。

5）Shipper's Account Number，托运人账号栏

根据承运人的需要，填写托运人的账号。

6）Consignee's Name and Address，收货人姓名、地址

（1）填写收货人全名，详细地址、邮编及联系方式（同托运人姓名、地址栏要求）。

（2）因为货运单不能转让，此栏内不得填写“To order”或“To order of”字样。

（3）本栏不能填写“机场自提”且不留任何联系方式。

7）Consignee's Account Number，收货人账号栏

根据承运人的要求，填写付款人账号。

8）Dangerous Goods or Not，Liquid Goods or Not、Lithium Battery or Not，是否属于危险品，是否包含液体、是否属于锂电池货物栏

托运人在此处声明所托运的货物是否属于危险品、贵重物品、急件货物，在相应位置划“√”表示。

9）Flight/Date，航班/日期栏

（1）填写托运人已订妥的航班和日期，如CA980/15JAN。

（2）填写托运人已经预订的续程航班/日期，如CA926/20FEB。

10）Documents Attached to AWB，随附文件栏

填写托运人提供的，需随附在货运单后的与货物运输有关的文件名称。

例如，在运输危险品货物时，需要随附托运人危险品申报单的，应填写“Dangerous Goods as per Associated Shipper's Declaration”；如果该危险品只能装载在货机上运输，应同时填写“Cargo Aircraft Only 或 CAO”。

在运输活体动物时，需填写“Shipper's Certification for Live Animals Attached”等。

11）No. of Pieces/RCP，件数栏

（1）填写不同运价种类货物的件数和货物的总件数。

（2）当使用比例运价时，注明运价构成点的三字代码。

12）Gross Weight，毛重栏

填写不同运价种类货物的毛重和货物的总重量。以千克为单位，保留一位小数。

13）Discription of goods（incl. Packaging，Dimension or volume），货物品名（包括包装、尺寸或体积）栏

（1）填写货物的具体名称，不得填写表示货物类别的统称，如：电器、仪器、仪表；

（2）如果是集运货物，填写“Consolidation As Per Attached List”；托运人组装的集装货物，则应填写集装器的识别代号，并注明“SLAC”（Shipper's Load And Count）字样。

14）Dimensions or volume，包装尺寸或体积栏

（1）填写每件货物的外包装尺寸，以厘米（cm）表示。货物尺寸按其外包装的最长×最宽×最高×件数的顺序填写，即包装件尺寸保留整数，小数点后四舍五入。

（2）为便于舱位管理，建议填写整票货物的总体积，以立方米（m^3）表示，保留两位数字，第三位四舍五入。

（3）填写货物外包装类型。如果一票货物有几种包装，应分别写明包装类型和件数。如 wooden box（木箱），Package（包裹），carton（硬纸箱），case（铁箱），crate（柳条箱），bag（袋子），roll（卷）等等。如果像汽车轮胎，没有外包装的货物，应注明 loose（裸装）。

15）WT/VAL Charges，航空运费和声明价值附加费付款方式栏

填写航空运费和声明价值附加费付款方式，预付 PP/到付 CC，在对应的栏目内划“√”表示。

16）Other Charges，其他费用付款方式栏

填写其他费用的付款方式，预付 PP/到付 CC，在相应位置划“√”表示。

17）Declared Value for Carriage，供运输用声明价值栏

（1）填写托运人向承运人特别声明的货物在目的地交付时的价值。

（2）托运人未声明价值时，应填写“NVD”（No Value Declared 的缩写）字样。

18）Declared Value for Customs，供海关用声明价值栏

（1）填写托运人向目的站海关申报的货物价值。

（2）托运人未声明价值时，应填写“NCV”（No Commercial Value or No Customs Value 的缩写）字样，表示货物无商业价值。

19）Handling Information and Remarks，储运注意事项及备注栏

填写货物的包装类型、标志和号码以及在运输、中转、装卸和仓储时需要特别注意的事项。这些事项应不能超过承运人的仓储、运输能力。

可以填写“另请通知人（Also Notify）”，即除了收货人外，托运人希望货物到达后另外需要通知的其他人的全称和详细地址。

20）Form of Payment 付款方式栏

填写托运人或收货人支付各项费用的方式，如现金、支票、信用卡等。使用支票或信用卡时，应填写支票或信用卡的号码。

21）Signature of shipper or his agent/ID card number/Date，货物托运日期以及托运人签字或盖章栏

由托运人填写托运货物的日期、托运人的身份证件号码，并签字或盖章。

22）Security Check，安全检查栏

货物安检后，由安检人员在此栏内签字或加盖安全检查章，记录安检时刻或停放货物时间。

23）Weighed by，计重人签字栏

承运人或其代理人的货物计重人在此栏内签字。

24）Signature of Issuing Carrier or Its Agent，承运人签字栏

接收货物的承运人或其代理人的经办人员在此栏内签字。

托运书填写样例如图 3.7 所示。

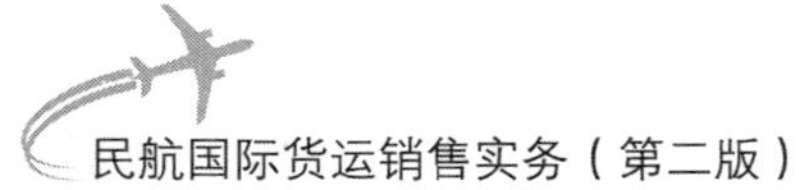

国际货物托运书

SHIPPER' S LETTER OF INSTRUCTION

货运单号码 AIR WAYBILL NUMBER	999-12345675		
始发站 Airport of Departure	**BEIJING**	目的站 Airport of Destination	**HONGKONG**
托运人姓名、地址 Shipper's Name and Address **BEIJING ARTS AND CRAFTS IMP.EXP GROUP CORPOATION. SYDEN NSW AUSTREETTEL:XXXXX FAX:XXXXX**	托运人账号 Shipper's Account Number	本人保证所托运货物的内容已经完全正确的命名。对于所托运货物中包含的危险品，根据适用的《危险品规则》中的规定，完全符合航空运输条件。 I certify that the contents of this consignment are properly identified by name. Insofar as any part of the consignment contains dangerous goods, such part is in proper condition for carriage by air according to the applicable Dangerous Goods Regulations.	
收货人姓名、地址 onsignee's Name and Address **SPEEDMART TRANSPORTATION LTD.HONGKONG. TEL:XXXXX FAX:XXXXX**	收货人账号 Consignee's Account Number	是否属于危险品 Dangerous Goods or Not ☐ 是 YES ☑ 否 NO 是否包含液体 Liquid Goods or Not ☐ 是 YES ☑ 否 NO 是否包含锂电池 Lithium Battery or Not ☐ 是 YES ☑ 否 NO	
航班/日期 Flight/Date **CA111/30MAY**	航班/日期 Flight/Date	随附文件 Documents attached to AWB	

件 数 No. of Pieces	毛重（KG） Gross Weight（KG）	货物品名 discription of goods	包装尺寸或体积 Dimensions or volume
2	**85.0**	**WELDING MACHINE PARTS**	**DIMS:105×65×30CM×2**

航空运费和声明价值附加费 WT/VAL CHARGES	☑ 预付 Prepaid ☐ 到付 Collect	其他费用 OTHER CHARGES	☑ 预付 Prepaid ☐ 到付 Collect	供运输用声明价值 Declared Value for Carriage **NVD**	供海关用声明价值 Declared Value for Customs **NCV**

储运注意事项和备注 Handling Information and Remarks **KEEP UP RIGHT**	付款方式 Form of Payment	**CASH**
	托运人或其代理人签字或盖章 Signature of shipper or his Agent	张晓华
	托运人有效身份证件及号码 ID Card number	XXXXXXXXXXXXXXXXXX
	日期 Date	09MAY2021

安全检查 Security Check	计重人签字 Weighed by:	承运人签字 Signature of Issuing Carrier or his Agent

注：粗线栏由承运人填写

The bold column filled carrier only

图 3.7 国际货物托运书填写样例

二、美国政府提单

美国政府提单（U. S. Government Bill of Lading，USGBL）是托运人经过美国政府授权托运货物的文件，同时也是承运人向美国政府收取费用的凭据。美国政府提单可以作为托运书使用；经收货人签字后也可作为向美国政府收取费用的发票。详细内容见 TACT RULES 2. 2. 1. C。

三、其他文件

托运人在托运货物时，除了要填写货物托运书、货运单外，还要提供与运输有关的文件，主要包括：

（1）托运危险品时应提供所需的危险品托运人申报单（ Shipper's Declareation for Dangerous Goods）以及相关文件；

（2）托运活体动物时应提供所需的活体动物托运人证明书（Shipper's Cetification for Live Animals）、动植物检疫部门出具的动物检疫证明书（Health Certificate）、《濒危野生动植物种国际贸易公约》，即 The Convension on International Trade in Endangered Speecies of Wild Fauna and Flora（CITES）相关文件等；

（3）托运鲜活易腐货物时所需要的文件；

（4）托运枪械、弹药战争物资时应出具公安系统或国防系统的准运证明；

（5）进、出口和过境所需的文件；

（6）商业发票和装箱单；

（7）海关及有关国家政府要求的文件。

第四节　货物重量和尺寸

一、一般要求

根据航班机型及始发站、中转站和目的站机场的设备条件、装卸能力确定可收运货物的最大重量和尺寸。承运人不同，其限制也不尽相同。大多数承运人，遵守如下原则：

非宽体飞机，单件货物的重量一般不超过 150 kg，特殊情况下经中转站和目的站同意后，在确保人员、飞机和设备安全的前提下，装机站可以在窄体飞机上装载单件重量超过 150 kg，但不超过 250 kg 的货物。

宽体飞机，可以根据航线机型的装载能力、货舱舱门尺寸和可装载货物长度确定可收运货物的最大尺寸和重量。

货物包装的最小尺寸为 30 cm×20 cm×10 cm，或三边相加不得小于 60 cm，低于此数据的货物，由托运人加大包装。

二、货物重量的限制

承运人在接收货物时，货物对机舱地板的压力不能超过飞机货舱的地板承受力。

飞机货舱地板承受力是指飞机货舱每平方米地板所能够承受的最大重量。如果超过此承受能力，地板和飞机结构就会遭到破坏。所以，装载货物时，一定不能超过机舱地板的承受能力。这里涉及货物的接地面积和受力面积两个概念。

货物的接地面积是指货物底部与集装器底板或飞机货舱地板接触部分的面积。货物的受力面积是指货物底部承受货物重量的受力区域。

对于底部没有枕木的货物，其接地面积和受力面积均为货物接地面积。如图 3.8 所示。

对于底部带有枕木的货物，其接地面积是枕木的底面积之和，货物的受力面积是最外两条枕木的外边沿之间的区域。如图 3.9 所示，接地面积是三块枕木的底面积之和，受力面积是最外两条枕木的外边沿之间的区域（红色线框内）。

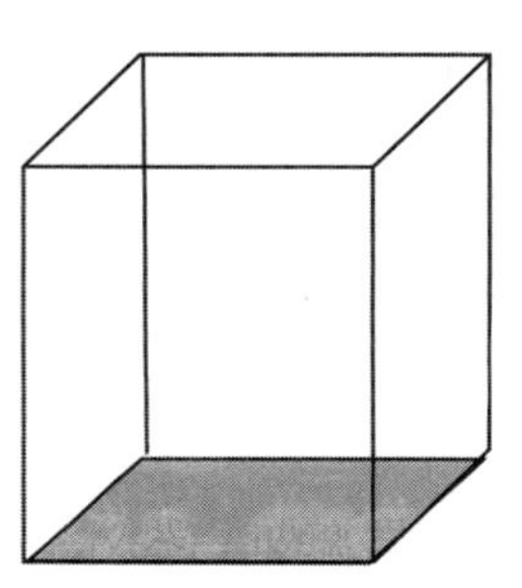

图 3.8　货物接地面积

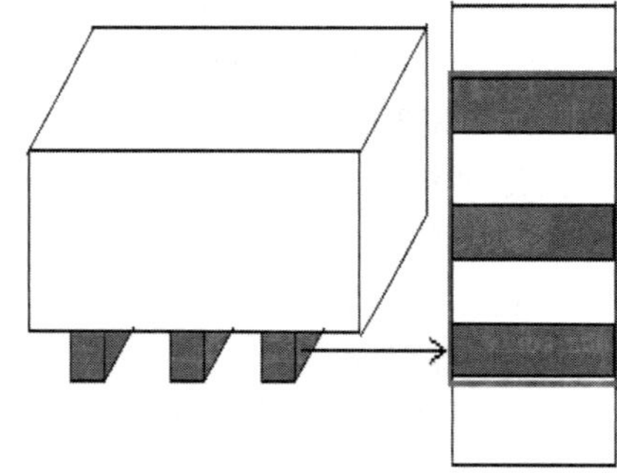

图 3.9　受力面积为三根枕木的面积

飞机制造商在设计飞机时，对飞机客、货舱的负载能力都要进行测算。特别是飞机的货舱，由于其承受的货物重量远远大于客舱地板所承受的旅客重量，受飞机货舱地板结构等方面的制约，其负载能力是有限制的。在一架飞机上，对货舱结构载荷的限制大约有 9 个方面。在这些载荷限制中，货舱地板的面积载荷，即货舱地板面积载荷是比较重要的因素之一。

任何情况下单位面积的飞机货舱地板上所装货物重量不允许超过货舱地板的面积载荷。不同机型、同一机型的不同货舱，其地板的面积载荷也不同。

常见机型的货舱地板面积载荷见表 3-1。

表 3-1 常见机型的货舱地板面积载荷

机 型	底板承受力（面积载荷）kg/m²		
	主货舱	前、后下货舱	散货舱
波音 747F	A-S 区 1952 T 区 484	976	732
波音 747BCF	A-B 区 484 C-F 区 976 G-S 区 1952 T 区 484	976	732
波音 777F	1463	976	732
波音 747-8/-400	—	976	732
波音 767-200/-300	—	976	732
波音 777-200/-300	—	976	732
波音 787 系列	—	976	732
波音 757-200	—	732	—
波音 757SF	600	732	—
波音 737 系列客机	—	732	—
波音 737SF	732	732	—
A321/320/319/318	—	732	—
A340 系列	—	672	732
A330 系列	—	672	732
A380	—	659	732
A350	—	672	732

货物对飞机地板的压力（kg/m²）= 货物重量（kg）÷货物接地面积（m²）

特别注意的是，有些货物有承重木（底部的木条或枕木）。这些货物的重量是通过承重木压在货舱地板上的，因此在计算货物对地板的压力时，应根据承重木与地板的接触面积计算。

将货物对机舱地板的压力与飞机货舱的地板承受力进行比较，当前者大于后者时，表示需加垫板，小于则不需要。

垫板的最小面积（m²）=（货物重量+垫板重量）÷适用机型货舱的地板承受力（kg/m²）

计算货物垫板面积时，应考虑垫板的重量，一般按照货物重量的 4%估算。

货物受力面积外边沿向外扩展的垫板尺寸等于垫板面积与货物受力面积之差除以受力面积的周长。

垫板的厚度为货物受力面积外边沿向外扩展的垫板尺寸的 1/3。垫板厚度一般为 2~5 cm，不足 2 cm 的按 2 cm 计算。

另外，应注意垫板的长度、宽度和厚度都是以厘米为单位，计算结果如果出现小数，一律进整。垫板面积保留两位小数，有余数就进位。

货物垫板一般用于单件重量较大、底面积较小的货物。使用垫板可以有效扩大货物的接地面积，使货物的重量均匀地分布在飞机货舱地板上，从而使货物对飞机货舱地板的压力控制在飞机地板承受力的范围内，保证飞机货舱结构的安全。当超重货物装在集装板上时，使用垫板可以保证货物重量均匀地分布在集装板上，保持集装板平展、坚挺不变形，从而避免在装卸飞机过程中因集装板变形造成货舱内的集装器传动系统损坏。同时，使用垫板，还可以保护集装器不受损坏，保证装卸作业顺利进行。

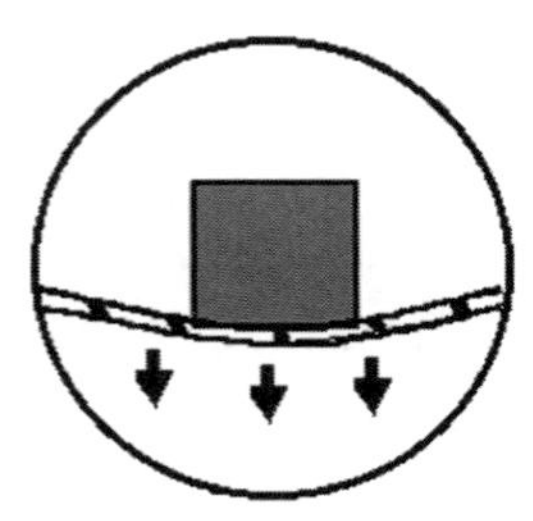

（a）错误装载

（b）正确装载

图 3.10　货物对机舱地板的压力示意图

如图 3.10 所示，左图没有加垫板，造成机舱地板的变形；右图正确施加垫板，使货物对机舱地板的压力均匀分布，起到保护机舱地板的作用。

本教材只介绍单件货物装在散货舱的情况。

例 3-1　一件货物 120 kg，长宽高为 40 cm×30 cm ×30 cm 的货物，货物不可倒置和倾斜，底部无枕木。问：能否装在波音系列机型的散货舱？

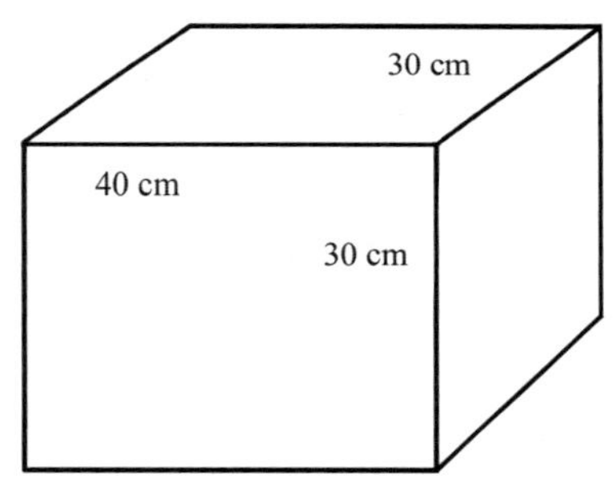

图 3.11　例 3-1 图示

第一步，计算货物对飞机货舱地板的压力。

货物对飞机地板的压力（kg/m^2）= 货物重量（kg）÷货物接地面积（m^2）= 120÷（0.4×0.3）= 1000（kg/m^2）> 732（kg/m^2）

第二步，确定是否需要加垫板。

货物对飞机货舱地板的压力大于机舱的地板承受力，需要施加垫板。

第三步，如果需要加垫板，计算垫板面积。

需加垫板面积（m^2）= 货物重量（kg）×1.04÷飞机地板承受力（kg/m^2）

= 120×1.04÷732 ≈ 0.18 m^2

第四步，确定垫板的长度和厚度。

货物受力面积外边沿向外扩展的垫板尺寸等于垫板面积与货物受力面积之差除以受力面积的周长。

$S_{垫板} - S_{受力} = 0.18 - 0.12 = 0.06\ m^2$

受力面积四周应扩展的垫板长度：$0.06 \times 10^4 \div [(40+30) \times 2] \approx 4.29$ cm ≈ 5 cm

垫板厚度 = 5 cm ÷3 = 1.67 cm ≈ 2 cm

所以，该件货物垫板的尺寸为：

长 = 5 + 40 + 5 = 50 cm

宽 = 5 +30 +5 = 40 cm

垫板尺寸：（长×宽）50 cm×40 cm　　厚度：2 cm

例 3-2　一件货物如右图所示，重 240 kg，长宽高为 80 cm×60 cm×50 cm 的货物，货物不可倒置和倾斜，底部有三条同样的枕木，枕木尺寸为 80 cm×10 cm。问：能否装在波音系列机型的散货舱？

图 3.12　例 3-2 图示

第一步，计算货物对飞机货舱地板的压力。

货物对飞机地板的压力（kg/m^2）= 货物重量（kg）÷货物底部与机舱的接触面积（m^2）= 240÷（0.8×0.1×3）= 1000（kg/m^2）>732（kg/m^2）

第二步，确定是否需要加垫板。

货物对飞机货舱地板的压力大于机舱的地板承受力，需要施加垫板。

第三步，如果需要加垫板，计算垫板面积。

需加垫板面积（m^2）= 货物重量（kg）×1.04÷飞机地板承受力（kg/m^2）

= 240×1.04÷732 ≈ 0.35 m^2

第四步，确定垫板的长度和厚度。

货物受力面积为 0.8 ×0.6 = 0.48 m

垫板铺设时，应与枕木交叉铺设。

当 $S_{垫板}$ 小于 $S_{受力}$ 时，垫板的长度为货物受力面积的长 80 cm，宽为受力面积的宽 60 cm。

枕木接地面积：0.8×0.1×3=0.24 cm^2

枕木地面的总周长：（0.8×0.1）×2×3=5.4 cm

垫板的厚度 =（垫板面积-接地面积）÷枕木地面的总周长÷3×10^2

= （0.35-0.24）÷5.4÷3×10^2 ≈ 1 cm

垫板尺寸：（长×宽）80 cm×60 cm　　厚度：2 cm

例 3-3　一件货物 240 kg，长宽高为80 cm×60 cm×50 cm 的货物，货物不可倒置和倾斜，底部有三条同样的枕木，枕木长60 cm、宽 10 cm，每两条枕木之间的距离为10 cm，如图 3.13 所示。问：能否装在波音系列机型的散货舱？

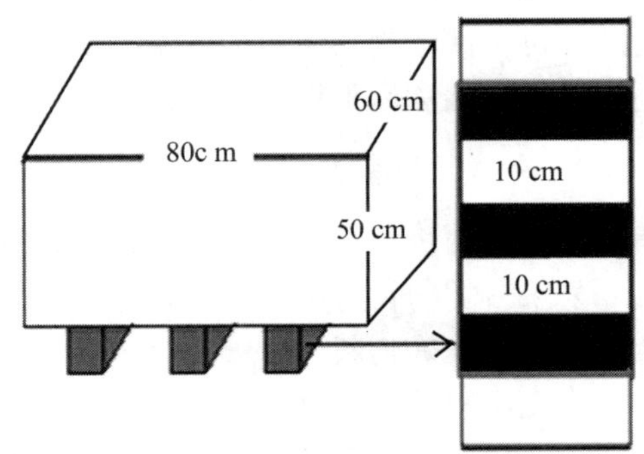

图 3.13　例 3-3 图示

第一步，计算货物对飞机货舱地板的压力。

货物对飞机地板的压力（kg/m^2）= 货物重量（kg）÷货物底部与机舱的接触面积（m^2）=

240÷（0.6×0.1×3）= 1334 kg/m^2>732 kg/m^2

第二步，确定是否需要加垫板。

货物对飞机货舱地板的压力大于机舱的地板承受力，需要施加垫板。

第三步，如果需要加垫板，计算垫板面积。

需加垫板面积（m^2）= 货物重量（kg）×1.04÷飞机地板承受力（kg/m^2）

= 240×1.04÷732 ≈ 0.35 m^2

第四步，确定垫板的长度和厚度。

货物受力面积：0.6 ×0.5 = 0.30 m^2

$S_{垫板} - S_{受力} = 0.05\ m^2$

受力面积四周应扩展的垫板长度：$0.05×10^4$÷[（60+50）×2]=500÷220=2.27 cm ≈ 3 cm

垫板厚度：3 cm ÷3 = 1 cm

垫板铺设时，应与枕木交叉铺设。

该件货物垫板的尺寸：长= 3 + 60 + 3 = 66 cm　　宽= 3 +50 +3 = 56 cm

垫板尺寸：（长×宽）66 cm×56 cm　　厚度：2 cm

三、单件货物包装尺寸的限制

1. 一般要求

一件货物能否运输，除重量因素外，还需要判断货物的宽和高是否能够装进货舱门。判断方法是：以厘米（cm）为单位，分别丈量货物外包装最宽和最高的两个尺寸，然后与航班机型的货舱门尺寸进行比较。如果货物的宽和高小于飞机货舱门的宽和高，表示货物适合飞机货舱门，如果货物的宽和高大于飞机货舱门的宽和高，表示货物不能装进机舱，不能承运。

由于机型不同，货舱大小也不同，承运人承运货物时必须全面考虑飞机货舱的各种数据限制。这些数据包括飞机货舱的载重量限制、货舱的容积限制、货舱门的尺寸限制、货舱地板面积载荷限制、货舱内温度调节和通风设备的限制等。针对货物的不同性质选择合适的舱位，保证货物运输的安全和质量。目前国内承运人的主流机型是波音和空客两大系列飞机，民航货运工作人员应该熟悉这些机型的有关数据。

2. 使用货舱装载尺寸表判断货物是否适合运输

在货物的长、宽、高三个因素中，货物的宽度、高度用来判断是否适合飞机货舱门的尺寸要求，货物长度决定着能否进入货舱。收运货物时应对货物的长度是否能够装入飞机散货舱做出准确判断。

在飞机制造商提供的《载重平衡控制和装载手册》（Weight and Balance Control and Loading Manual，以下简称 WBM）中，可以查到该机型货舱允许的最大货物装载尺寸。特别是对于宽体飞机散货舱和窄体飞机货舱运输的货物，可以通过其所装机型的装载尺寸表来判断是否可以运输。

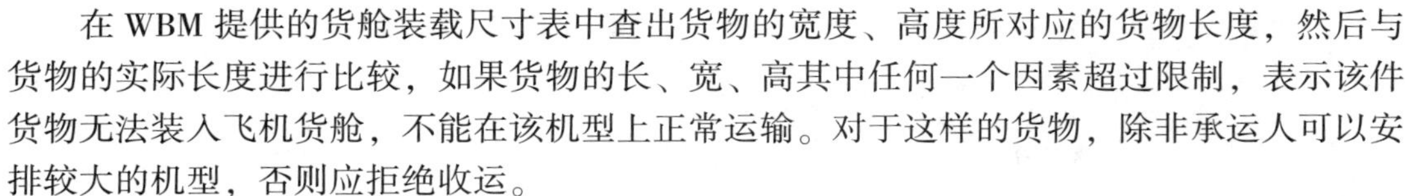

在 WBM 提供的货舱装载尺寸表中查出货物的宽度、高度所对应的货物长度，然后与货物的实际长度进行比较，如果货物的长、宽、高其中任何一个因素超过限制，表示该件货物无法装入飞机货舱，不能在该机型上正常运输。对于这样的货物，除非承运人可以安排较大的机型，否则应拒绝收运。

1）波音 737 系列飞机的装载表

在波音 737 系列飞机（波音 737-100 至波音 737-900）上，下货舱货物装载尺寸表的查阅方法是相同的。波音公司提供的波音 737-800 型飞机的 WBM 中给出了各个货舱“轻货（人工装载）”和“重货（机械协助装载）”两种装载方式下的货物尺寸限制表。当货物重量小于 150 kg 时，查对“轻货（人工装载）”表。当货物重量大于 150 kg，查对“重货（机械协助装载）”表。

判断货物能否装入飞机货舱的顺序为：先前下货舱，再后下货舱，直至找到适合运输的舱位。如果两个货舱都不行，说明该件货物在其要求的条件下不能装在该机型上运输。

例 3–4　一件重量为 90 kg，外形尺寸（长、宽、高）为 230 cm×85 cm×70 cm 的货物，此货物在运输中不允许倒置或倾斜。航线机型波音 737-800，判断是否可以运输。

该件货物的实际毛重为 90 kg，应当在“轻货（人工装载）”表中查对。步骤如下：

先在前下货舱的装载尺寸表（轻货，人工装载）中货物宽度一行找出对应货物宽度 88 cm，向下画线；再在表的左侧货物高度一栏找出货物高度 71 cm，向右画线。两条线相交处对应的数字即为允许的货物的长度 223 cm。该件货物实际长度为 230 cm，大于 223 cm，所以在保持方向、不许倒置或倾斜的情况下，该件货物不能装在前下货舱内运输。见表 3–2。

表 3–2　波音 737-800 前下货舱散货装载尺寸表（轻货，人工装载）

	宽 cm									
高 cm	12	25	38	50	63	76	88	101	114	121
12	711	701	693	614	520	452	401	360	330	294
25	703	695	635	533	459	403	360	327	299	284
30	703	693	591	500	434	383	342	312	287	279
35	698	673	558	477	429	368	330	302	279	271
40	695	627	523	449	401	353	317	289	269	261
45	693	579	490	424	373	335	302	279	259	254
50	645	533	457	398	353	317	289	266	248	243
55	586	492	424	373	332	299	274	254	238	231
60	533	449	391	347	309	281	256	238	226	220
66	477	408	360	320	287	261	238	223	210	205
71	426	373	314	294	266	241	223	208	195	193
76	381	332	297	266	241	220	203	187	180	175
81	332	294	264	238	215	195	180	167	160	157
86	284	254	228	205	185	170	154	144	137	134
	长 cm									

再查波音737-800后下货舱是否可以装载，查对的方法同前下货舱，查对结果见表3-3。

表 3-3 波音 737-800 后下货舱散货装载尺寸表（轻货，人工装载）

	宽 cm									
高 cm	12	25	38	50	63	76	88	101	114	121
12	876	863	855	680	561	477	414	365	332	304
25	871	861	693	574	482	421	375	337	309	279
30	866	858	642	538	462	406	363	330	302	271
35	863	744	604	510	441	388	340	307	281	264
40	861	673	558	477	416	363	325	294	269	254
45	858	614	523	447	393	342	309	281	259	246
50	698	571	485	421	373	325	294	266	246	233
55	627	523	449	386	340	304	274	251	233	223
60	579	480	411	360	320	287	259	236	220	208
66	510	434	375	330	294	264	238	218	203	193
71	447	386	337	299	266	238	215	198	185	177
76	406	355	312	279	251	226	205	190	177	170
81	314	274	236	208	182	162	144	132	124	124
86	226	195	167	147	132					
	长 cm									

经查宽度为88 cm，高度为71 cm的货物，在不允许侧放或倾斜的情况下，波音737-800型飞机后货舱允许装载的最大长度是215 cm，仍然小于货物的实际长度230 cm。所以该件货物不能在波音737-800型飞机上运输。

实际操作中还应结合货物方向性要求判断是否可以进入货舱。不允许倒置或侧放的货物（向上箭头指示）必须严格按照指示标记操作。没有方向性要求的货物，如果按照货物的现有尺寸不能装入货舱门时，可以尝试将货物的方向进行调整。

2）空客窄体飞机散货舱装载尺寸表

空中客车A319、A320、A321等窄体飞机货舱散装尺寸表中，对应货物的高度给出了3个阶梯数据，查阅时根据货物的实际高度，选择对应的不同栏内的数据进行查对。例如，当货物高度为0~80 cm时，只能查阅0~80 cm一档中对应的货物长度和宽度；当货物高度超过80 cm，不超过101 cm时，应当查阅0~101 cm一档中对应的货物长度和宽度，以此类推。

例3-5　由上海运往大阪的货物，外形尺寸为355 cm×80 cm×69 cm，重量150 kg，无方向限制，机型：空客A319，判断能否运输。

先在前A319前下货舱的货物装载尺寸表中左侧表示货物宽度一列中找出对应货物宽度80 cm，向右画线；再在表的上面第一行分别代表货物高度区间的三个栏目中，找出与货物高度69 cm最接近的第一栏0~70 cm，向下划线，与表示货物宽度的线条交合的栏内对应的数字即为允许装载的货物长度，327.8 cm，见表3-4。该件货物实际长度为

355 cm，大于 327. 8 cm，所以在保持方向，不允许倒置或倾斜的情况下，该件货物不能装在 A319 型飞机前下货舱内运输。

如果将其侧放，则货物的尺寸改变为 355 cm×69 cm×80 cm，按照同样的方法再次查对。此时货物最大允许装载长度应为 315 cm，仍然不能装在 A319 型飞机前下货舱内运输。

表 3-4　A319 前货舱货物装载尺寸表

宽（cm）	高 0~70 （cm）	高 71~97 （cm）	高 98~115 （cm）
	长（m）		
1	403.8	372.8	341.7
10.0	394.0	363.8	334.7
20.0	384.3	355.0	328.4
30.0	374.7	346.5	322.5
40.0	365.1	338.2	317.3
50.0	355.6	330.2	312.9
60.0	346.2	322.6	299.3
70.0	336.9	315.6	279.2
80.0	327.8	309.2	259.0
90.0	319.0	303.5	238.7
100.0	310.4	298.8	218.4
110.0	302.2	293.2	197.9
120.0	294.7	273.0	177.1
130.0	287.8	252.7	164.6
140.0	282.0	232.2	164.6
150.0	274.8	211.4	—
160.0	252.8	199.6	—

在判断可否装在后下货舱内运输。用同样的方法，在宽度和高度不变的情况下，允许装载的货物长度应为 437. 6 cm，见表 3-5，可以运输。

表 3-5　A319 后货舱货物装载尺寸表

宽（cm）	高 0~70 （cm）	高 71~97 （cm）	高 98~115 （cm）
	长（m）		
1.00	500.3	475.7	429.2
10.0	491.7	468.2	409.1
20.0	483.2	461.0	389.0
30.0	474.9	454.2	368.9
40.0	466.9	447.7	348.8
50.0	459.0	424.2	328.7
60.0	451.5	404.2	308.5
70.0	444.3	384.1	288.3
80.0	437.6	364.0	268.0
90.0	413.9	344.0	247.7
100.0	393.3	323.9	227.2
110.0	372.7	303.7	206.6
120.0	351.9	283.6	185.5
130.0	330.9	263.4	171.5
140.0	309.7	243.1	171.5
150.0	288.0	222.7	—
160.0	265.5	202.1	—
170.0	252.8	199.6	—

波音与空客宽体飞机散货舱货物装载尺寸表的使用和查对方法与窄体飞机货舱货物装载尺寸表的查阅方法相同。

第五节　货物包装

货物包装是否符合空运要求，决定了此货物是否能安全地运达目的地。

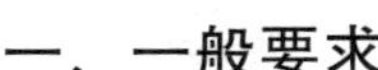

一、一般要求

托运人有责任使用适当的方式包装货物，以保证货物在正常操作过程中安全运输，且不能危害飞机、人员及其他物品的安全。

航空运输货物的包装要坚固、结实，具有通风、防潮、防震、防漏、防腐蚀、防散失、防盗窃等性能。

收运时如发现包装件破损或包装方式不符合运输要求，应要求托运人修复或重新包装直到其符合运输要求为止。

（1）包装应适合货物的性质、状态和重量。

货物的包装和货物的性质息息相关，不同的货物，性质不同，包装的方式不同。例如危险品、活体动物、水产品，它们的包装都有严格的要求，具体参阅 IATA DGR、LAR 和 PCR。

即使是同一类货物，名称不同，同样也要采取不同的包装方式，例如活体动物、运输犬类和灵长类动物，采用的包装也不相同。

货物的状态不同，包装方式也不相同。例如，鱼类，活的还是冷冻、冷藏等，包装也不相同。再如，有的货物为固体，有的为液体，还有的为气体或粉末状，采取的包装方式也不尽相同。

货物的重量不同，包装也不相同。

货物的包装材料的选择也要考虑货物的性质。

箱类：纸箱（carten）、木箱（wood case）、板条箱（crate）、胶合板（plywood）、金属箱（metal case）等。

桶类：铁桶（iron drum）、木桶（wooden cask）、琵琶桶（barrel）、塑料桶（plastic cask）等。

还有棉布袋（cotton bag）、包（bale）、娄（basket）、捆（bundle）、瓶子（bottle）等。

特别注意，如外包装为塑料材质，有效期一般不能超过 5 年。

（2）货物包装应坚固、完好。

货物的包装必须坚固，能够承受货物的重量，在正常操作的情况下，货物包装能防止破裂、内物漏出、散失。同时，货物的包装还应防止因码放、摩擦、震荡或因气压、气温变化而引起货物损坏或变质。

（3）货物包装应防止伤害操作人员或损坏飞机、地面设备及其他物品。

（4）包装还要便于搬运、装卸和码放。

航空货物的重量有轻的不足 1 kg，有的重达 20 多吨，这些货物需要地面操作人员进行处理。这就要求货物的包装便于搬运、装卸和码放。

比如，包装侧面安装把手，便于搬运人员操作。

单件重量超过 80 kg 的货物底部应有便于叉车操作的枕木或底托。体积或重量较大的货物外包装上，应注明重心位置以避免在叉车操作时货物失去平衡，导致损坏。

（5）包装外表面不能有突出的钉、钩、刺等，外部要整洁、干燥，没有异味和油渍。

主要是考虑搬运人员的安全，如果木质包装表面有突出的钉、钩、刺，很容易刺伤工作人员。

外部要整洁、干燥，没有异味和油渍。主要考虑这些是否会对搬运人员健康有损害，是否对其他货物造成污染。

（6）收运特种货物，如危险品、活体动物、鲜活易腐货物等，其包装应符合货物的特性和要求。

（7）使用木屑、纸屑作为衬垫材料货物，包装必须严密，衬垫物不能泄露。

（8）可以使用包装带，加强货物的包装，以保证货物在运输过程中不致散开。

（9）严禁使用稻草制品、动物产品或泥土制品作为包装及捆扎材料。

（10）集合包装（将若干个单件运输包装组成一件大包装），应能保证在运输过程中各个单独的包装件不会分离。

二、部分货物的特殊包装要求

1. 液体货物

液体货物的包装容器内部必须留有5%~10%的空隙，封盖必须严密，不得溢漏。

如果用玻璃容器盛装的液体，每一容器的容量不得超过500 ml。单件货物毛重不宜超过25 kg。箱内应使用衬垫和吸附材料填实，防止晃动或液体渗出。盛放液体的包装应能承受因高度变化而产生的压力和温度变化。

水产品的包装，应根据货物种类选择符合安全要求的包装方式。见IATA《活体动物规则》和《鲜活易腐货物规则》。

湿货包括冷藏物品、鲜花、蔬菜、成熟且发软的水果等能够在运输途中产生液体的货物，其包装应具备防止液体泄漏的功能。

2. 粉状货物

用硬纸桶、木桶、胶合板桶盛装的，要求桶身不破、接缝严密、桶盖密封，桶箍坚固结实。

用袋盛装的，最外层应使用塑料涂膜纺织袋作外包装，保证粉末不能漏出，单件货物毛重不宜超过25 kg。

用玻璃瓶做内包装的，每瓶内装物的重量不宜超过1 kg。用铁制或木制材料作外包装，箱内用衬垫材料填实，单件货物毛重不宜超过25 kg。

3. 精密易损，质脆易碎货物

单件精密易损，质脆易碎的货物毛重以不超过25 kg为宜，可以采用以下方法进行包装：

（1）多层次包装：即内装物—衬垫材料—内包装—衬垫材料—运输包装（外包装）。

玻璃器皿的包装，采用足够厚度的泡沫塑料及其他衬垫材料围裹严实，外加坚固的瓦楞纸箱或木箱，箱内物品不得晃动，属于典型的多层次包装方式。

（2）悬吊式包装：即用几根弹簧或绳索，从箱内各个方向把货物悬置在箱子中间。

（3）防倒置包装：即底盘大、有手提把环或屋脊式箱盖的包装；不宜平放的玻璃板，风挡玻璃等必须使用此类包装。

（4）高精密设备减震装置：在减震装置中的橡胶缓冲块内安装压力传感器，随着设备受压情况不同，通过传感器信号接收装置，及时、方便获得各支点受力情况，并在设定发生情况时采取必要措施，防止内部精密元器件损害。

4. 裸装货物

不怕碰压的货物可以采取裸装。如轮胎等可以不用包装；不易清点件数、形状不规则、外形与运输设备相似或容易损坏飞机的货物，应使用绳、麻布包扎或外加包装。

有些大型机械设备、建筑材料、金属构件、轮胎等在运输中可以不用包装，但这些货物必须安装有便于运输操作的设施，如供叉车用的底盘、便于搬运的把手等。轮胎等不便操作的物品，应将其固定在托盘上；对于机械设备上的易损部件，应对其进行保护性包裹；对于裸装货物中的探出部分或尖锐边缘应进行包装，以避免损伤操作人员或损坏飞机及设备。

5. 带有电源货物包装

带有干电池驱动的设备、装置或车辆，因其具有潜在放热危险性，为防止其在运输过程中短路和意外启动，托运前必须将干电池取出或将电池正负极倒放。

三、部分货物包装的基本要求

1. 纸箱

纸箱应能承受同类包装货物码放 3 m 或 4 层高的总重量。也就是说，当同种类的货物码放至 3 m 或 4 层高并维持 24 小时，最底层货物的包装不应有变形或凹陷。

2. 木箱

木箱的厚度及结构要适合货物安全运输的需要，不得有腐蚀、虫蛀、裂缝等缺陷。如果目的站国家要求将包装进行熏蒸处理后才可使用，托运人应遵守此规定并提供相关证明。

3. 金属桶

金属桶的厚度及强度应与内装货物重量相适应。接缝处必须焊接完好。桶的外部应装有便于搬运的把手，否则应将一个或数个桶固定在便于叉车操作的托盘上。

4. 条筐、竹篓

条筐、竹篓编织紧密、整齐、牢固、不断条、不劈条，外形尺寸以不超过 50 cm×50 cm×60 cm 为宜，单件毛重以不得超过 40 kg，内装货物及衬垫材料不得漏出，并应能承受同类包装货物码放 3 层高的总重量。

第六节　货物标志

货物标志包括货物标记、货物标签。托运人或其代理人必须在货物包装上书写货物标记，并粘贴或拴挂货物标签。

一、货物标记

货物标记是由托运人书写、印刷或粘贴在货物外包装上的有关信息、操作注意事项和说明等。

1. 货物标记的内容

货物的始发站、目的站，收发货人名称及详细地址。

除此之外，根据货物的性质，注明如下内容：

(1) 货物储运注意事项，如“小心轻放”“防湿”等；大件货物的包装表面标明的“重心点”，“由此吊起”等由文字及/或图案组成的操作图示；

(2) 货物合同号、贸易标记、包装系列号等；

(3) 货物的单件毛重及/或净重。

2. 书写货物标记记意事项

货物标记应与货运单的有关内容相一致。

托运人使用旧包装，必须清除原包装上的残旧货物标记。

货物包装上的标记应附着牢固，字迹、图案清晰，容易识别。

托运人应在其托运的每一件货物的包装上书写货物标记。如果货物表面不便于书写，可写在纸张上，然后粘贴在货物外包装上。外包装无法粘贴的货物，可以写在纸板、木板或布条上，再钉、拴在外包装上面。

二、货物标签

货物标签包括运输标签、操作标签和特种货物标签。

1. 运输标签

运输标签（也称为识别标签）是粘贴或拴挂在货物外包装上，便于运输过程中识别货物流向及相关信息，保证运输正常的货物标志之一。运输标签是标明货物的始发站、目的站、货运单号码、件数、重量（包括本件货物重量）的标志。为了区分不同承运人的货物，在识别标签上均有承运人的名称和标志。

本教材以虚拟“ABC AIRLINES”表示某承运人。

运输标签有软纸不干胶贴签和硬纸拴挂两种形式。如图 3. 14、图 3. 15 所示。

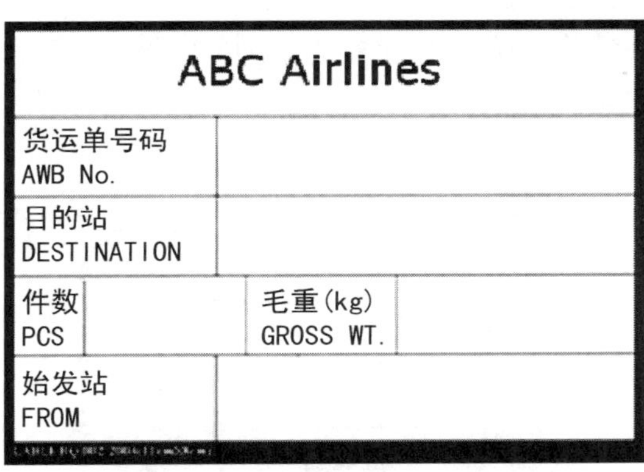

图 3.14　粘贴式运输标签

图 3.15　拴挂式运输标签

2. 特种货物标签

特种货物标签主要是提示工作人员按照货物的特性进行操作，预防事故的发生。特种货物标签主要包括活体动物标签、鲜活易腐标签和危险品标签等，其图形、名称、尺寸、颜色均应符合国家及国际标准。

1）鲜活易腐货物标签

“鲜活易腐货物”标签表示货物在运输过程中容易发生腐烂变质，需要给予特殊照料。

图 3.16　粘贴式鲜活易腐货物标签

图 3.17　拴挂式鲜活易腐货物标签

2）活体动物标签

运输活体动物时，包装件上粘贴“活体动物”标签，表示货物的性质，以便引起注意，如图 3.18~图 3.21 所示。

活体动物标签有两种颜色，橘红颜色标签要粘贴在“实验用动物”的外包装上，在运输过程中要特别注意，此动物装入经消毒的容器内，为了防止受细菌感染，除非是收货人或在收货人的指导下，任何人不得随意开启包装检查或喂食、喂水，否则此动物的健康将会受到影响。绿颜色标签粘贴在其他活体动物的外包装上。

图 3.18　粘贴式活体动物标签

图 3.19　拴挂式活体动物标签

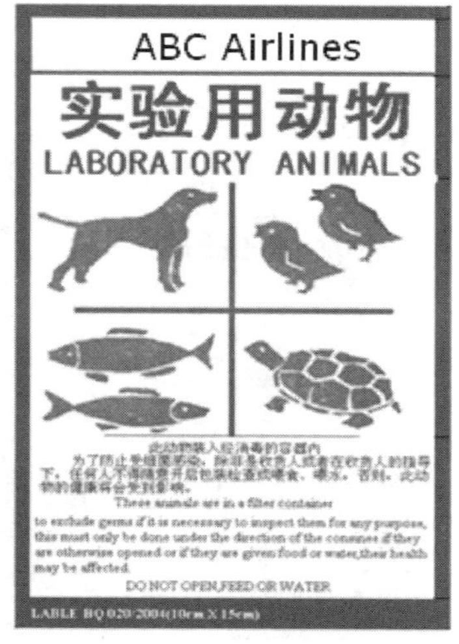

图 3.20　粘贴式实验用动物标签

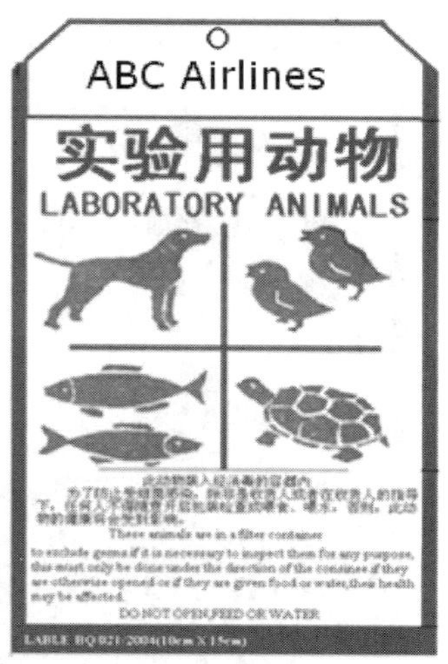

图 3.21　拴挂式实验用动物标签

在动物运输中，为保证通风，一般不要求使用贴签，而使用挂签。

3）危险品标签

危险品标签的图形、尺寸由国际航协统一制定。

每一类危险品或同一类中不同项的危险品，都有各自不同的象形图案或颜色，标签的下角处都标有危险品的类别或项别编号，图示 3. 22 为 IATA 危险品标签。

图 3. 22 危险品危险性标签

3. 操作标签

操作标签是指标明货物储运注意事项的各类标签。其作用是提示工作人员按标签的要求操作，以达到安全运输的目的。操作标签的图形、名称、尺寸、颜色均应符合国家及国际标准。

操作标签包括向上标签、易碎物品标签、谨防潮湿标签、货物标签、押运货物标签、紧急航材（AOG）标签、急件货物标签及其他表示货物性质或储运要求的标签。

1）急件货物标签

适用于急件或有运输时间限制的货物，如图 3.23 所示。

图 3.23　急件货物标签

图 3.24　易碎货物标签

2）易碎物品标签

适用于精密仪器、玻璃器皿及其他质脆易碎货物，如图 3.24 所示。

3）小心轻放标签

适用于活体动物、精密仪器、危险品、灵柩等货物，如图 3.25 所示。

图 3.25　小心轻放标签

图 3.26　向上标签

4）向上标签

适用于所有在运输中必须保证货物直立向上、不能倾斜或倒放的货物，如图 3.26 所示。

5）谨防潮湿标签

适用于所有在运输过程中必须保证货物干燥、不能受潮或水浸的货物，如图 3. 27 所示。

6）紧急航材标签（AOG）

适用于飞机停场或在外发生故障抢修所急需的航材，如图 3. 28 所示。

图 3. 27　谨防潮湿标签

图 3. 28　紧急航材标签

7）“货物”标签

适用于外形与行李或货物装载设备、设施相类似，容易导致装卸人员错卸或漏卸飞机的货物，如作为货物托运的行李、木制托盘样品等，如图 3. 29 所示。

8）“快速中转”货物标签

适用于快速中转的货物，如图 3. 30 所示。

图 3. 29　“货物”标签

图 3. 30　“快速中转”标签

9）温度限制标签

适用于在运输过程中有温度限制要求的货物，如图 3. 31 所示。

10）押运货物标签

需要派人押运的货物，应粘贴押运货物标签，如图 3.32 所示。

图 3.31 温度限制标签

图 3.32 押运货物标签

11）其他表示货物性质或储运要求的标签

涉及危险品操作的标签，如图 3.33 所示。

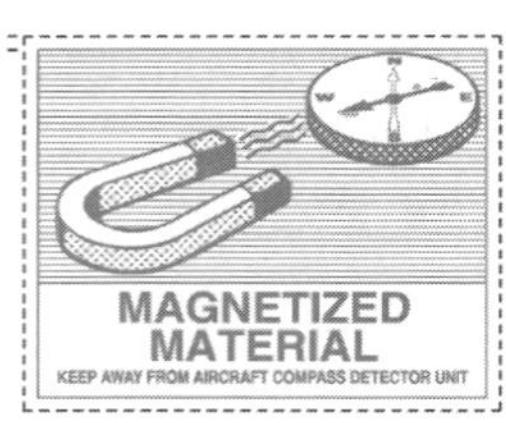

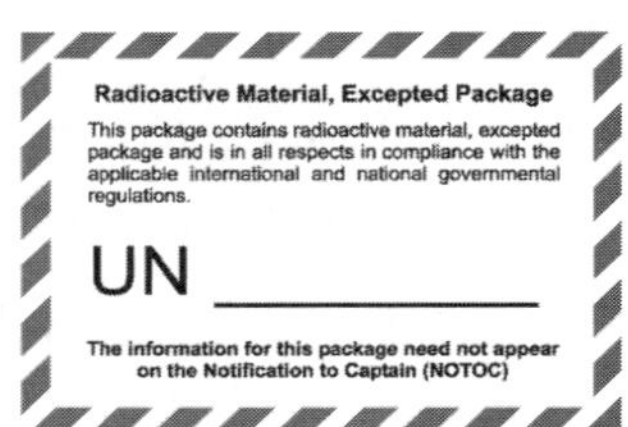

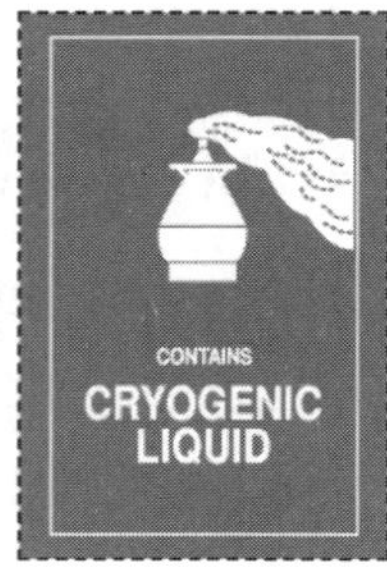

图 3.33 危险品操作标签

4. 标签的填写、粘贴和拴挂

识别标签上的各项内容应与货运单一致，字迹清晰，容易辨认。

粘贴或拴挂标签时要注意如下事项：

（1）货物标签应由托运人粘贴（或拴挂）。承运人应协助托运人正确地粘贴（或拴挂）标签，并检查标签粘贴（或拴挂）情况，发现错、漏或部位不当时，应立即纠正。

（2）所有货物标签应粘贴（或拴挂）在与收货人姓名、地址相邻的位置。

（3）托运人使用旧包装时，必须清除原包装上的残旧标签。

（4）每件货物至少应牢固地粘贴（或拴挂）一个运输标签。如果一个包装件超过 $0.4\ m^3$，应在包装件上对应的两个相对的侧面粘贴（或拴挂）两个运输标签。

（5）因货物包装材料或其他限制原因，不能保证货物标签在运输过程中不会脱落时，应将货运单号码、始发站、目的站写在货物的外包装上。

（6）包装形状特殊的货物，应根据情况将标签粘贴（或拴挂）在明显部位。

（7）特种货物应粘贴（或拴挂）特种货物标签。

（8）用玻璃瓶作为内包装的货物和精密易损、质脆易碎的货物，必须粘贴（或拴挂）易碎物品标签、谨防潮湿或者向上标签。

（9）含有液体的货物包装上，应至少在两个相对的侧面粘贴向上标签。

（10）标签应粘贴（或拴挂）在货物的侧面，不得粘贴（或拴挂）在货物的顶部或底部。

（11）标签不得粘贴（或拴挂）在包装带上。

（12）在装卸、仓储保管过程中要注意保持标签的完整。遇有脱落或辨认不清的，应根据货运单、危险品申报单等及时核对并补齐。

第七节 集运货物的收运

一、集中托运商

集中托运商是指专门从事航空货运发运代理业务的代理人，主要是将多票单独发运、目的站相同或相近的货物集中起来，作为一票货物交付给承运人。货物运达目的站后，由分拨代理商统一办理海关手续，将货物交付给不同的收货人，这样的货物为集运货物。

1. 集中托运货物的服务过程

集中托运商除了可以提供货运销售代理提供的服务外，还可以提供其他多项服务：

（1）对于出口货物，集中托运商可以从事组装集中托运货物、将“待运货物”交付给承运人、组装集装货物并交付给承运人、跟踪货物信息等服务业务。

（2）对于进口货物，集中托运商也可以从事清关并交付货物、准备再出口文件、办理国内中转货物的转关监管手续等服务业务。

（3）集中托运货物的服务过程流程图如图 3.34 所示。

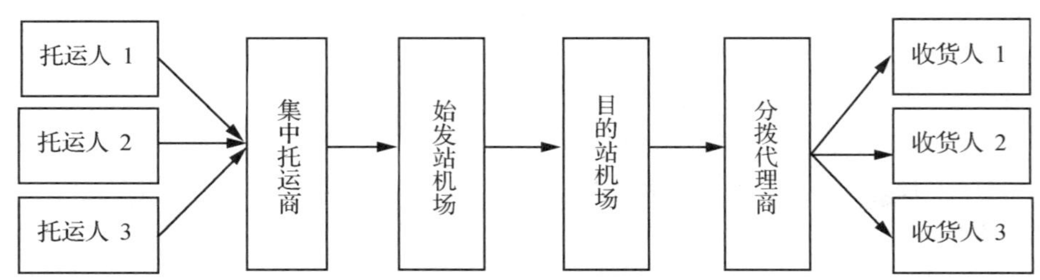

图 3.34　集中托运货物服务流程图

集中托运商从各个托运人处收取货物，填开分运单（HAWB），表明托运人将货物交给了代理人、代理人收到了货物。所以，分运单是代理人与托运人交接货物的凭证。代理人可以印制自己的分运单，不受承运人的限制，但通常情况下，分运单是按照承运人的主运单制作的。分运单的托运人和收货人栏内的人或单位才是真正的托运人和收货人。

集中托运商收取货物后，将不同托运人的货物集中起来，办妥清关手续和其他手续，将“待运货物”交给始发站承运人。代理人和承运人交接货物的凭证就是主运单（MAWB）。主运单中的托运人和收货人为代理人，不是真正的托运人和收货人。

承运人接收货物后，进行舱位控制、装机、将货物运送到目的站机场。

在目的站机场，分拨代理人提取货物，办妥清关手续和其他手续，提取货物，将货物分别交给不同的收货人。

2. 直接托运货物和集中托运货物的区别

由于空运时间的限制，在比较短的时间内，代理人不能保证将多个托运人的货物集中起来交给承运人，所以大多数情况下，代理人将一分运单的货物交给承运人。这种情况下，代理人填制主运单，并在主运单上列明实际的托运人和收货人。货物是由承运人的委托人（代理人）交给承运人的。

集中托运货物，同样由集中托运商填制主运单，但主运单上的托运人和收货人为集中托运商和分拨代理人。也就是说，集中托运货物是由托运人的委托人（集中托运商）交给承运人的。对于集中托运货物的每件包装上都要粘贴运输标签，注明主运单、分运单号码。

在我国，航空销售代理人所做的工作本身就含有集中托运和分拨代理的项目，也就是说，集中托运商、分拨代理人等同于航空销售代理人。

二、集运货物

集运货物中不能含有下列物品，除非一票集运货物全部是下列物品中的某一类：

集运货物中不能含有活体动物、灵柩、骨灰、贵重物品、鲜活易腐货物和危险品，除非承运人同意。

有些国家限制集运货物入境。收运集运货物时必须参照 TACT RULES 和有关政府部

门、承运人的规定。

三、文件准备

集中托运商和实际托运人之间签约的是货运单分单（通常称为分运单），而集中托运商与承运人之间签约的是航空货运单（也称为主运单）。

集中托运商必须填制货运单连同货物一起交给承运人。在货运单的“Nature and Quantity of Goods”栏内填写“CONSOLIDATION AS PER ATTACHED LIST”。

集运货物的货运单后必须随附集运货物清单，货运单号码、分运单号码、件数、重量、货物品名等具体信息皆应列于集运货物清单上。集运货物清单至少一式五份并至少有一份不能装在信封里而是直接随附在货运单后面，以便在入境清关时使用。

集运货物的货运单后应附有货物分运单，货物分运单是货主与货物集运商之间的契约文件。

承运人不能作为货运单上的收货人，法律或行政法规规定中有特殊要求的除外。

货运单上的托运人签署栏中必须注明集中托运商的名称及详细地址。

主运单、分运单、分舱单如图 3.35~图 3.37 所示。

MASTER AIRWAYBILL

131 | FRA | 12345675   131-12345675

Shipper's Name and Address	Shipper's Account Number	NOT NEGOTIABLE **AIR WAYBILL** ISSUED BY	JAPAN AIRLINES LTD TOKYO JAPAN
ATU CONSOLIDATOR LANGER KORNWEG D-6092 GERMANY KELSTERBACH		Copies 1, 2 and 3 of this Air Waybill are originals and have the same validity.	

Consignee's Name and Address	Consignee's Account Number	
ATU BREAK BULK KK MARITA AIRPORT 1060 MINATO-KU,TKYO JAPAN		It is agreed that the goods described herein are accepted in apparent good order and condition (except as noted) for carriage SUBJECT TO THE CONDITIONS OF CONTRACT ON THE REVERSE HEREOF. ALL GOODS MAY BE CARRIED BY ANY OTHER MEANS INCLUDING ROAD OR ANY OTHER CARRIER UNLESS SPECIFIC CONTRARY INSTRUCTIONS ARE GIVEN HEREON BY THE SHIPPER, AND SHIPPER AGREES THAT THE SHIPMENT MAY BE CARRIED VIA INTERMEDIATE STOPPING PLACES WHICH THE CARRIER DEEMS APPROPRIATE. THE SHIPPER'S ATTENTION IS DRAWN TO THE NOTICE CONCERNING CARRIERS' LIMITATION OF LIABILITY. Shipper may increase such limitation of liability by declaring a higher value for carriage and paying a supplemental charge if required.

Issuing Carrier's Agent Name and City		Accounting Information
ATU CONSOLIDATION KELSTERBACH		
Agent's IATA Code 23-4 1234	Account No.	

Airport of Departure (Addr. of First Carrier) and Requested Routing	Reference Number	Optional Shipping Information
FRANKFURT		

To	By First Carrier / Routing and Destination	to	by	to	by	Currency	CHGS Code	WT/VAL PPD	WT/VAL COLL	Other PPD	Other COLL	Declared Value for Carriage	Declared Value for Customs
NRT	JAPAN AIRLINES					DEM		X		X		NVD	NCV

Airport of Destination	Requested Flight/Date		Amount of Insurance	INSURANCE
TOKYO,NARITA			XXX	INSURANCE: If Carrier offers insurance, and such insurance is requested in accordance with the conditions thereof, indicate amount to be insured in figures in box marked 'Amount of Insurance'

Handling Information

ATTACHED TO AWB 1 ENVELOPE WITH DOCUMENTS

No. of Pieces RCP	Gross Weight	kg lb	Rate Class	Commodity Item No.	Chargeable Weight	Rate / Charge	Total	Nature and Quantity of Goods (incl. Dimensions or Volume)
106	1662.4	K	C	9731	1662.5	4.64	7714.00	CONSOLIDATIONS AS PER ATTACHED LIST
106	1662.4						7714.00	

Prepaid	Weight Charge	Collect	Other Charges
7714.00			AWA 20.00
	Valuation Charge		
	Tax		
	Total Other Charges Due Agent		Shipper certifies that the particulars on the face hereof are correct and that **insofar as any part of the consignment contains dangerous goods, such part is properly described by name and is in proper condition for carriage by air according to the applicable Dangerous Goods Regulations.**
20.00			
	Total Other Charges Due Carrier		ATU CONSOLIDATORMLID SOHULT Signature of Shipper or his Agent
Total Prepaid		Total Collect	
7734.00			Day Month Year / KELSTERBACH / ATU CONSOLIDATION LTD SOHULT Executed on (Date) / at (Place) / Signature of Issuing Carrier or its Agent
Currency Conversion Rates		CC Charges in Dest. Currency	
For Carrier's use only at Destination	Charges at Destination	Total Collect Charges	

图 3.35　集中托运货物主运单样例

HOUSE AIRWAYBILL
HWB 77847126

HWB 77847126

Shipper's Name and Address	Shipper's Account Number	NOT NEGOTIABLE **AIR WAYBILL** ISSUED BY	ATU CONSOLIDATOR LTD KELSTERBACH GERMANY
MESSERSCHNITT BOELKOW-BLOHM GMBHD 8000 MUENCHEN GERMANY		Copies 1, 2 and 3 of this Air Waybill are originals and have the same validity.	
Consignee's Name and Address	Consignee's Account Number	It is agreed that the goods described herein are accepted in apparent good order and condition (except as noted) for carriage SUBJECT TO THE CONDITIONS OF CONTRACT ON THE REVERSE HEREOF. ALL GOODS MAY BE CARRIED BY ANY OTHER MEANS INCLUDING ROAD OR ANY OTHER CARRIER UNLESS SPECIFIC CONTRARY INSTRUCTIONS ARE GIVEN HEREON BY THE SHIPPER, AND SHIPPER AGREES THAT THE SHIPMENT MAY BE CARRIED VIA INTERMEDIATE STOPPING PLACES WHICH THE CARRIER DEEMS APPROPRIATE. THE SHIPPER'S ATTENTION IS DRAWN TO THE NOTICE CONCERNING CARRIERS' LIMITATION OF LIABILITY. Shipper may increase such limitation of liability by declaring a higher value for carriage and paying a supplemental charge if required.	
KAWASAKI HEAVY INDUSTRIES LTD GIFU 504 JAPAN			
Issuing Carrier's Agent Name and City		Accounting Information	
Agent's IATA Code	Account No.		
Airport of Departure (Addr. of First Carrier) and Requested Routing FRANKFURT		Reference Number	Optional Shipping Information

To	By First Carrier / Routing and Destination	to	by	to	by	Currency	CHGS Code	WT/VAL PPD	WT/VAL COLL	Other PPD	Other COLL	Declared Value for Carriage	Declared Value for Customs
NRT	JAPAN AIRLINES					DEM		X		X		NVD	NCV

Airport of Destination	Requested Flight/Date		Amount of Insurance	INSURANCE: If Carrier offers insurance, and such insurance is requested in accordance with the conditions thereof, indicate amount to be insured in figures in box marked 'Amount of Insurance'
TOKYO,NARITA			XXX	

Handling Information

NDTIFY: CITOHHVIATION CO.LTD NAGOYA PIHONE: 052-123-4567
MBB INVOICE NO.123456123458 ATIACHED

No. of Pieces RCP	Gross Weight	kg lb	Rate Class	Commodity Item No.	Chargeable Weight	Rate / Charge	Total	Nature and Quantity of Goods (incl. Dimensions or Volume)
4	11.7	K	Q		28.0	10.96	306.88	HELICOPTER PARTS DIMS: 34CM×28CM×29CM×1 23CM×18CM×11CM×2 120CM×33CM×33CM×1 VALUME: 0.17CM³
4	11.7						306.88	

Prepaid	Weight Charge	Collect	Other Charges
306.88			AWA 20.00
	Valuation Charge		
	Tax		
	Total Other Charges Due Agent		Shipper certifies that the particulars on the face hereof are correct and that **insofar as any part of the consignment contains dangerous goods, such part is properly described by name and is in proper condition for carriage by air according to the applicable Dangerous Goods Regulations.**
20.00			
	Total Other Charges Due Carrier		ATU CONSOLIDATORMLID SMART Signature of Shipper or his Agent
Total Prepaid		Total Collect	
326.88			
Currency Conversion Rates		CC Charges in Dest. Currency	Day Month Year — KELSTERBACH — ATU CONSOLIDATION LTD Executed on (Date) — at (Place) — Signature of Issuing Carrier or its Agent
For Carrier's use only at Destination	Charges at Destination	Total Collect Charges	777-12345675

图 3.36 集中托运货物分运单样例

ATU CONSOLIDATOR

Langer kornweg　D-6092 Kelsterbach　Germany

CONSOLIDATION MANIFEST

MWB : 131-1234 5675

AIRLINE	: JAPAN AIRLINES	FLIGHT : JL678/23
POINT OF LOADING	: FRANKFURT	
POINT OF UNLOADING	: TOKYO	DATE : 20 JAN

HWB NR ACCORDING	DEST	NUMBER OF PACKAGES	NATURE OF GOODS	GROSS WEIGHT	TOTAL CC	
77846117	TYO	7	CLOTH	160.5 KG	DEM	1460.74
77846118	TYO	4	AIRCRAFT PARTS	10.0 KG	DEM	122.95
77847005	FUK	4	MUSICAL INTRU	235.0 KG	DEM	1838.60
77847123	TYO	1	SPARE PART FOR CUTTING MACH	8.8 KG	DEM	173.40
77847124	TYO	30	PLASTIC SHEETS	360.0 KG	DEM	5953.30
77847125	TYO	1	ADVE MAT	45.0 KG	PREPAID	
77847126	TYO	4	HELICO PARTS	11.7 KG	DEM	252.40
77847127	OSA	6	SHOES	139.0 KG	DEM	1173.69
77847128	TYO	49	PARTS FOR SHOES	692.0 KG	DEM	5746.66
		106		1662.0 KG	DEM	16721.74

图 3.37　集中托运货物分舱单样例

四、标签粘贴

集运货物的每一包装件必须粘贴（或拴挂）货物识别标签和货物分运单标签。如图 3.38 所示。

AIR WAYBILL No. 131-1234 5675

DESTINATION TYO

TOTAL No. OF PIECES 106

WEIGHT THIS PIECE 11.7 KG

TOTAL WEIGHT THIS CONSIGNMENT 1662 KG

TRANSFER STATION(S)

OTHER HANDLING INFORMATION

HWB No. 77847126

Japan Airlines

图 3.38　集中托运货物识别标签样例

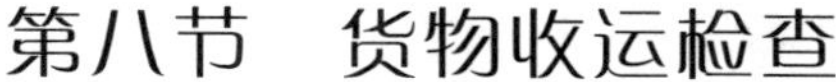

第八节　货物收运检查

一、禁止运输

货物禁止运输通常是指国际公约、始发站、中转站、目的站国家法律、法规、政府规定及相关承运人禁止运输的物品。

承运人可以在一段时间内拒绝运输任何的某个航程、某个航段、某个区域之内、某个中转站、某个品名及等级的货物。

承运人一旦作出禁运决定，应向各个代理人、承运人及有关部门发出禁运通告。

生效日期为次日 GMT0001，在生效之前仍可运输。

如果货物禁运取消，承运人会发布取消禁运的通告。取消时间以禁运通告中发布的时间为准。在禁运通告中未发布取消时间的，以取消禁运的通告发布时间为准。

二、限制运输

介绍货物收运检查前，首先应了解货物收运中的限制条件。

1. 一般规定

国际货物运输必须遵守有关国际公约、始发站、目的站和中转站国家的法律和行政法规。严禁收运有关国家法律和行政法规禁止运输的物品。

相关国家的法律和规定限制运输的货物，必须符合规定的手续和条件。

货物的重量、包装、外形尺寸、货物标志均应符合国货航及相关承运人的规定。

货物不致危害飞机、人员、财产的安全，也不能使机组、旅客感到不适。

托运人提出的货物储运要求不能超出相关承运人的储运条件。

2. 货物性质的限制

由于活体动物、危险品、鲜活易腐货物、贵重物品、湿货、灵柩、枪械、弹药、汽车运输的特殊性，会存在这样那样的限制条件，详见特种货物收运章节。

非密封包装的机器或铸件、钢架等货物要便于装卸，易损坏部分要进行保护性包装并且包裹其突出部分以免伤及飞机和人员。

带有电源的电器、玩具、工具等货物时，应将电源独立包装；不能分开包装的应采取措施防止开关在储运过程中被意外开启。使用干电池作为电源的警棍、电筒、电钻、玩具等物品，必须将干电池取出或将电池正负极倒放。

3. 货物声明价值的限制

除另有约定外，一份货运单的货物声明价值的最高限额不超过 10 万美元或其等值货币。

一份货运单的货物声明价值超过 10 万美元或其等值货币时，请托运人用几份货运单托运货物，由此产生的费用差额由托运人承担；或报请承运人批准，方可收运。

4. 货物重量和包装尺寸的限制

（1）如前所述，根据航班机型及始发站、中转站和目的站机场的设备条件、装卸能力，确定可收运货物的最大重量和尺寸。

（2）货物对地板的压力不能超过机舱地板的最大承受能力，否则应添加垫板。

（3）货物的最长、最宽、最高取决于所装机型的舱门大小和机舱容积。

对于散货舱货物来说，可以通过其所装机型的装载表来判断是否可以接收。

对于集装货物来说，可以通过集装器适配机型来判断是否可以接收。

5. 压力、通风和温度的限制

不同的机型对货舱内的压力、通风和温度的调整范围有很大的差异。

对于有温度要求的活体动物或鲜活易腐货物，应装在能进行温度调控的货舱内。

一些飞机的下货舱没有通风系统，只有产生压差时，空气才会通过客货舱通气活门进行内部流通。当飞机停在机坪上、舱门关闭后，就不会有任何空气流通。

有一些飞机的下货舱温度无法控制，在飞行过程中，这些货舱靠地板下或地板下面的空调散热管道的余温加热。

三、货物收运检查

承运人或代理人收运货物时，应查验托运人的有效身份证件及/或当地政府主管部门要求的其他有效文件。

收运货物时应认真检查货物包装，核对货物品名，清点货物件数，凡不符合航空运输要求的，应请托运人改进。

所有收运的货物必须通过计重获取货物的毛重，通过度量货物的包装尺寸获取货物的体积。

对托运人托运的货物有疑问时，收运人员应核查运输文件并会同托运人检查货物。托运人不得谎报品名或者在普通货物内夹带禁止或限制运输的物品。

为什么要进行文件和货物的检查呢？这些涉及货物按什么收运、如何运输等问题。下面就为什么进行货物品名、重量、尺寸、付款方式、文件等内容的检查做一介绍。

1. 货物品名的检查

通过货物品名的检查，可以确认：

是否是危险品。如果是危险品的话，要按照 IATA《危险品规则》收运货物。

是否是活体动物。如果是活体动物的话，要按照 IATA《活体动物规则》收运货物。

是否是鲜活易腐货物。如果是鲜活易腐货物的话，要按照 IATA《鲜活易腐货物规则》收运货物。

是否属于国家或承运人禁止或限制货物。如果属于有关国家或承运人禁止运输的货物，应拒绝接收；如果属于限制运输的货物，具备运输条件时，才可接收。

特种货物有没有特殊操作要求，是否需要操作设施，是否有温度要求。运输贵重物品

是否有安全措施；有温度要求的货物，是否有相应的仓库，比如冷藏库或冷冻库等。

货物品名是计算货物运费的依据。不同货物的品名，采用的运价不同，有普通货物运价、指定商品运价、等级运价等。

还可以根据货物品名确定正确的操作方法，如“向上”“易碎”“鲜活易腐”货物等。

2. 重量检查

货物的重量是计算货物运费、准备飞机配载与平衡、确认货物破损或丢失时承运人责任、计算货物垫板（需要的话）、是否需要特殊操作设施、适用机型等的依据。

3. 尺寸的检查

根据货物尺寸可以确认是否要用体积重量计收货物运费，是否可以装入某类机型的货舱内，在集装器或货舱内最大容积，货物发生丢失时是否易于查找，是否大于最小要求的尺寸等内容。

4. 付款方式的检查

付款方式是采用运费预付还是到付？如果是运费到付，目的站国家和承运人是否可以办理运费到付业务？采用现金、支票、信用卡还是杂费证支付货物运费？

如果是货到付款，承运人是否接受此项业务？

5. 文件检查

检查货物托运书、货运单、危险品申报单、活体动物证明书等运输文件是否填写正确、完整，允许进出口等文件是否有效等。

6. 国家规定

检查货物运输的始发站、目的站、中转站国家有关规定，是否属于禁止运输或限制运输的货物。

7. 货物安全检查

根据《民航法》和《中华人民共和国民用航空安全保卫条例》的规定，所有空运的货物必须经过安全检查（以下简称安检）。经过安检仪器检查合格的货物方可收运，对无法经过安检仪器检查的货物，可以实行开箱检查。

航空运输的所有货物和邮件，在装机前必须经过安全检查，或者采取民航局规定的其他安保控制措施。全货机货物运输也可以实行管制代理人或已知托运人制度。

对属于国家规定免于安全检查的航空货物，有关部门应当持有效证明文件，向民用机场公安机关换发免检证明。安检机构凭民用机场公安机关出具的免检证明，对航空货物免于安全检查，并留存免检证明。

除特殊规定外，免检证明格式由民用机场公安机关确定，但免检证明至少应当包括托运人名称、托运物品品名、数量、出发地、目的地、日期与批准决定和编号等内容。

既无法通过安检仪器检查，又不能开箱检查，托运人又无法出具保函的货物，必须在仓库内存放 24 小时以后方可运输。货物的入库时间作为计算存放 24 小时的起始时间。

对有疑问的货物，应实施进一步检查或检测。对确认有问题的货物或始终不能确定性质的货物应拒绝收运。必要时报告公安部门处理。

已经办妥安检手续，托运人临时将货物提出仓库的，再次入库时必须重新安检。

习题

1. 一件 150 kg、尺寸为 50 cm×40 cm×30 cm、不可倒置和倾斜、底部无枕木的货物，能否直接放置在波音 737-300 货舱内？如果不能，应如何处理？
2. 一件 35 kg，长、宽、高分别是 232 cm×80 cm×65 cm 的货物，不能倾斜，是否可以装入波音 737-800 前下货舱内？
3. 收运货物时，为什么要进行重量、尺寸、品名、文件的检查？
4. 简述货物包装有哪些要求。
5. 对液体货物的包装有哪些特殊要求？
6. 对于精密易损，质脆易碎货物，应采取什么样的包装来保护货物？
7. 一般要在货物的外包装上注明哪些标记？
8. 货物标签几种类型？简述其作用。

第四章 运价与运费

第一节 运价与运费基础知识

一、基本概念

1. 运价

运价（Rate）是指托运人与承运人签订货物运输合同当日承运人对外公布生效，或合同双方约定的货物自始发地机场至目的地机场之间的航空货物运输价格。不包括市内与机场之间、同一城市两个机场之间的运费及其他费用。

运价又称费率，是承运人运输单位重量的货物所收取的从始发地机场到目的地机场的运输费用，不包括其他费用。

例如，北京—曼谷运输一票货物，其运价如图 4.1 所示。

运输 45 kg 以下的普通货物，运价为每千克 36.66 元人民币；

运输 45 kg 以上（含）300 kg 以下的普通货物，运价为每千克 27.50 元人民币；

运输 300 kg 以上（含）的普通货物，运价为每千克 23.46 元人民币。

从以上可看出，运价是运输单位重量的货物的价格，并且随着重量的增加，运价逐渐降低。

Date/ type	note	item	Min. wght	Local Curr.
BEIJING Y.RENMINBI		CNY	CN	BJS KGS
BANGKOK		TH		
			M	230.00
			N	36.66
			45	27.50
			300	23.46

图 4.1 北京—曼谷的运价

2. 航空运费

航空运费（Weight Charges）是指承运人将一票货物自始发地机场运至目的地机场所收取的航空运输费用，是依据货物的计费重量与填开航空货运单当日承运人公布的有效适用的运价相乘计算的费用。计算公式为：

航空运费 = 计费重量×适用的运价

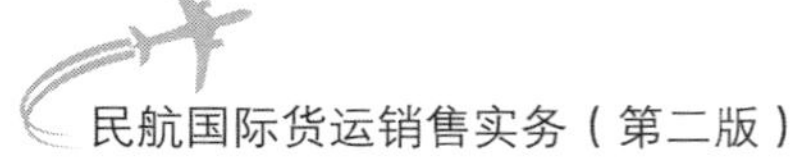

3. 货物运费

货物运费（Charges）是指在航空货物运输中产生的，应向托运人或收货人收取的费用。货物运费包括航空运费、货物声明价值附加费和其他费用。

4. 最低运费

最低运费（Minimum Charges）是指在两点间运输一票货物应收取的最低航空运费。例如北京—曼谷运输一票货物，不管重量多轻或体积多小，其最低收取标准为人民币230.00元。

5. 其他费用

其他费用（Other Charges）是指托运人在托运货物时或收货人提取货物时须向承运人支付的，除航空运费和声明价值附加费以外的与货物运输有关的其他所有费用。除非在公布运价中另有说明，这些费用应包括但不限于：

（1）货物提取、发送及自/至承运人提供服务的机场或市内货站的服务；

（2）仓储费；

（3）保险费；

（4）运费到付服务费；

（5）海关费用；

（6）主管机构征收或收取的费用或罚金，包括海关关税；

（7）承运人由于修补不完好包装而产生的费用；

（8）重新装机费用或以其他形式退运货物及退回始发站的运输费用；

（9）附加费；

（10）其他类似服务或收费。

二、计费重量

我们知道，飞机的载量受货物的重量和体积的限制，即飞机所能装载货物的多少，取决于飞机的最大业载（重量）和飞机的货舱体积。如果飞机装的均是重而小的货物，在体积还没有装满时，已达到飞机的最大业载，这样浪费了飞机容积；如果飞机装的均是轻而大的货物，在还没有达到飞机的最大业载时，飞机的货舱已装满，同样浪费了飞机的业载。

鉴于以上原因，在逻辑上，国际航协建立了一个计费重量。计费重量是指用以计算货物航空运费的重量。货物计费重量可以是货物的实际毛重，货物的体积重量，或较高重量分界点的重量。对于重量重体积小的货物，计费重量为货物的实际毛重。对于重量轻体积大的货物，计费重量按货物的体积计算。

1. 尺寸的测量

在测量货物外包装尺寸时，不论是规则的，还是不规则的，都要测量它的最长、最宽和最高，对量出的尺寸进行四舍五入。

例 4-1　测量货物外包装应对量出的尺寸进行四舍五入，见表 4-1。

表 4-1　货物尺寸测量的四舍五入原则

货物实际尺寸	进位后的尺寸
55. 4 cm × 36. 6 cm×28. 5 cm	55 cm ×37 cm ×29 cm
66. 9 cm × 77. 5 cm× 88. 1 cm	67 cm ×78 cm× 88 cm
66. 0 cm× 77. 0 cm × 88. 0 cm	66 cm× 77 cm ×88 cm
23 （1/2） in× 33 （3/4） in × 16 （3/8） in	24 in ×34 in ×16 in
33 （1/8） in× 18 （3/4） in ×22 （7/8） in	33 in ×19 in ×23 in

如果是圆桶，那么，它的最长和最宽应为桶的直径。

2. 体积重量的计算

TACT RULES 3. 9. 4 规定，每 6000 cm^3 折合 1 kg；每 366 in^3 折合 1 kg；每 166 in^3 折合 1 lb。

特例：从印度始发运输的鲜切花和活的植物，从斯里兰卡始发运输指定商品编号为 1024 和 1401 的货物时，按照每 7000 cm^3 折合 1 kg 计算体积重量。

在实际中，应用最多的是按 6000 cm^3 折合成 1 kg 计算。

计算公式为：

$$货物体积重量=\frac{货物体积（cm^3）}{6000\ cm^3/kg}$$

轻泡货物的衡量标准：

每 6000 cm^3 的货物，重量小于 1 kg；或

每 366 in^3 的货物，重量小于 1 kg；或

每 166 in^3 的货物，重量小于 1 lb。

1） 单件货物的体积重量计算

一票货物，只有一件货物，按照此件货物的体积计算体积重量。计算体积重量时，保留小数点后三位数字，再按照计费重量的进位单位进行进位。

例 4-2　一件尺寸为 38. 3 cm×86. 5 cm×21. 8 cm 的货物，其体积重量计算如下：

此件货物的体积：38. 3×86. 5×21. 8 ＝ 38×87×22 ＝ 72732 cm^3

体积重量：72732 cm^3÷6000 cm^3/ kg= 12. 122 kg ＝ 12. 5 kg

2） 多件货物的体积重量计算

一票货物，包括多件货物，其体积重量按照多件货物的总体积计算体积重量。

例 4-3　10 件货物，每件货物的尺寸为 38. 3 cm×86. 5 cm×21. 8 cm。

总体积为（38×87×22 × 10） cm^3 ＝ 727320 cm^3

体积重量为 727320 cm^3÷6000 cm^3/ kg ＝ 121. 220 kg ＝ 121. 5kg

3. 计费重量的确定

计费重量（Chargeable Weight）顾名思义就是指计算货物运费的重量，在此特指计算航空运费的重量。

通常情况下，用货物的实际毛重和体积重量比较，较高者为计费重量。

根据 IATA RULES 3. 9. 4，国际货物的计费重量以 0. 5 kg 为最小单位，重量尾数不足 0. 5 kg 的按 0. 5 kg 计算；0. 5 kg 以上不足 1 kg 的按 1 kg 计算。当货物重量以磅表示时，计费重量以 1 lb 为最小单位，小数点后的部分全部进为 1。

例 4-4　货物计费重量示例，见表 4-2。

表 4-2　货物计费重量示例

	件数和包装类型	每件尺寸	总毛重	体积重量	计费重量
1	10 boxes	37 in×22 in×16 in	879 lb	785 lb	879. 0 lb
2	2 drums	Diameter：25 in Height：38 in	158. 6 kg	130. 0 kg	159. 0 kg
3	6 cartons	18 cm×37 cm×29 cm	20. 3 kg	19. 5 kg	20. 5 kg
4	8 boxes	28 in×20 in×20 in	240. 1 kg	245. 0 kg	245. 0 kg
5	3 drums	Diameter：20 in Height：32 in	254. 5 lb	232 lb	255 lb
6	4 drums	Diameter 43 cm Height 42 cm	76. 1 kg	792. 5 kg	792. 5 kg
	2 crates	261 cm×99 cm×80 cm	570 kg		
	7 boxes	44 cm×27 cm×37 cm	67. 6 kg		

三、货币及付款方式

1. 货币

从 1990 年 1 月 1 日起，国际标准化组织（ISO—International Organization for Standardization）公布了统一的货币代号，每一 ISO 货币代号由两个字母的国家代号和每一个国家货币的缩写组成。

例如：China→CN，Yuan Renminbi→Y，CN+Y→CNY

关于各国的当地货币代号请参阅 TACT RULES5. 7. 1（CURRENCY TABLE）和 TACT RATES 5. 3. 1（CUNSTRUCTION EXCHANGE RATES）部分。

在 TACT RULES 5. 7. 1 和 TACT RATES 5. 3. 1 中列出了货币的进位单位。下表节选于 TACT RULES 5. 7. 1。

货币的进位规则分为最低运费和除最低运费以外的两种进位形式。见表 4-3。

表 4-3 货币进位单位节选

Country	Currency			Rounding off units	
	name	unit	code	Except min. charges	min. charges
AFGHANISTAN	AFGHANI+	100 puls	AFN	1	1
ALBANIA	Lek+	100 Quindarka	ALL	0. 10	1
ARGENTINA[4)]	PESO+	100 Centavos	ARS	0. 01	1
ARMENIA	ARMENIAN DRAM+	100 LUMA	AMD	—	—
AUSTRALIA[3)]	AUSTRALIAN DOLLAR	100 Cents	AUD	0. 05	1
BAHRAIN	BAHRAINI DINAR	1000 Fils	BHD	0. 005	1
BENIN	CFA FRANC	100 Centimes	XOF	5	100
BRAZIL[5)]	BRAZILIAN REAL+	100 Centimes	BRL	0. 01	0. 01
CHILE	CHILEAN PESO+		CLP	10	
CHINA, People's Rep. (excluding Hong Kong SAR and Macao Sar)	YUAN RENMINBI+	100 Fen	CNY	0. 01	1
CONGO (KINSHASA)	FRANC CONGOLAIS+	100 Centimes	CDF	0. 001	1
DENMARK[1)]	DANISH KRONE	100 øre	DKK	0. 10	10
DJIBOUTI	DJIBOUTI FRANC	100 Centimes	DJF	5	500
FIJI[3)]	FIJI DOLLAR	100 Cents	FJD	0. 01	1
IRAN	IRANIAN RIAL+	100 Dinars	IRR	10	100
IRELAND	EURO	100 Cents	EUR	0. 01	0. 01
ISRAEL[2)]	NEW ISRAELI SHEQEL	100 Agorot	ILS	1	1
JAPAN[1)]	YEN	—	JPY	1	100
KOREA (DEM. REP. OF)	NORTH KOREAN WON+	100 Chon	KPW	0. 01	0. 01
KOREA (REP. OF)[7)]	WON	1 Won	KRW	10	100
LEBANON[6)]	LEBANESE POUND	100 Piastres	LBP	100	1000
MAURITANIA	OUGUIYA+	5 Khoums	MRO	1	20
RWANDA	RWANDA FRANC+	100 Centimes	RWF	0. 50	1
UNITED KINGDOM[1)]	POUND STERLING	100 Pence	GBP	0. 01	1
UNITED STATES	US DOLLAR	100 Cents	USD	0. 01	1

表 4-3 中，一些国家的名称右上角有 1）~6）数字，具体内容见 TACT RULES 5. 7. 2 注释部分。

在一些国家，运价是用美元表示的，而不是真正的当地货币，在组合运价时使用美元兑换率。

在货币名称后面带有“+”号，表示接受这些货币是有限的，如果它是此国家货币，只能在运输始发国接受付款。比如，中国当地货币为人民币，则只能在中国接收从中国始发的货物的付款。

在国际货物运输中，运价、运费的计算和将一种货币换算成另外一种货币都存在货币的取舍问题。

在本节中只介绍货币的进位规则。

需要进行取舍的货币数值要计算到表中取舍单位后一位。如取舍单位为 1、5、10，则保留小数点后一位，第 2 位舍去；如取舍单位为 0. 1、0. 5 要保留到小数点后 2 位，第 3 位舍去；0. 01、0. 10、0. 50 要保留小数点后 3 位，第 4 位舍去，依次类推。按照“一半原则”进行取舍。

已知进位单位，将给出的进位金额进行进位，示例见表 4-4。

表 4-4　货币进位规则示例

	进位单位	进位单位的一半	进位金额	可能的数值	最后数值比较	最后结果
1	0. 01	0. 005	100. 237	100. 24 100. 23	0. 007 > 0. 005 进位	100. 24
2	10	5	103. 2	110 100	3. 2 < 5 舍去	100
3	5	2. 5	106. 2	110 105	1. 2<2. 5 舍去	105
4	0. 50	0. 25	100. 287	100. 50 100. 00	0. 287>0. 25 进位	100. 50
5	20	10	156	160 140	16>10 进位	160

或者按下列方法计算：

进位单位为 0. 01（一半为 0. 005）

100. 237 = 100. 23 + 0. 007（> 0. 005 进位）= 100. 24

进位单位为 10（一半为 5），103. 2 = 100 + 3. 2（< 5 舍去）= 100

进位单位为 5（一半为 2. 5），106. 2 = 105 + 1. 2（< 2. 5 舍去）= 105

进位单位为 20（一半为 10），156 = 140 + 16（>10 进位）= 160

2. 货物运费的支付方式

运费的支付形式分为两种，一种为运费预付，一种为运费到付。

运费预付是指由托运人在始发站支付货物运费的形式（Charges Prepaid，PP）。运费到付是指由收货人在目的站支付货物运费的形式（Charges Collect，CC）。

航空运费与声明价值附加费必须同时全部预付或者全部到付。在始发站发生的其他费用全部预付或者全部到付，在始发站能预先确定中转站或目的站所发生的费用，则亦可预

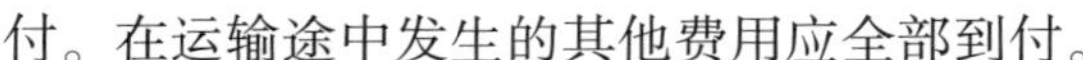

付。在运输途中发生的其他费用应全部到付。

对于国际运输来说，运费预付需要考虑币种的问题。一般使用运输始发国当地货币支付货物运费。用 TACT RULES 5.7.1 表中不带“+”的任何一种货币付款时，必须将货运单上所表示的当地货币转换成支付货币。转换时，应使用当地银行兑换率的买入价（the Banker's Buying Rates，BBR）。所使用的汇率，应为航空货运单签署当日有效汇率。

对于运费到付来说，由于托运人办理运费到付时，承运人在目的站有可能收不到货物运费，为避免或者减少承运人的经济损失，TACT RULES 中公布了一系列规定，包括目的站所在国家有关货物运费到付业务的规定。如果目的站不提供此项业务，则不可以办理运费到付。同时，TACT RULES 也公布了运费到付手续费的计算方法。

此外，承运人对运费到付服务有特殊规定的，也可以在 TACT RULES 中查到。承运人有权拒绝运输下列运费到付货物：

目的地国家规定不允许本国货币兑换成其他币种的。

目的地国家规定不允许将本国货币汇到其他国家的。

目的地国家不接收运费到付的。

但是，通常情况下，下列货物不能采用运费到付的方式支付货物运费：

托运人和收货人为同一人的货物，或者收货人为政府代理机构的货物，但是政府代理人托运货物时，出具书面证明，保证支付者除外。

目的站所在国家和交付货物的承运人不同意从收货人处收取运费。

灵柩、骨灰，活体动物，鲜活易腐货物，个人物品或者家具（个人使用，不是为了销售）。

同运费预付一样，运费到付也要考虑币种的问题。使用运输到达国当地货币支付货物运费时，将货运单上的到付总金额使用当地银行卖出价（the Banker's Selling Rates，BSR）转换成到达国当地货币。对于我们国家来说，适用于此种货币换算方法。

用 TACT RULES 5.7.1 表中不带“+”的任何一种货币付款时，必须将货运单上所表示的当地货币转换成到达国货币后，再用当地银行兑换率的买入价（the Banker's Buying Rates，BBR）转换成支付货币。所使用的汇率，应为发出到货通知之日的有效汇率。

货物运费支付形式不同，在货运单上注明的代码也不同。代码见教材第七章。

3. 货物运费的付款方式

在航空货物运输中，可以使用现金、支票、信用卡支付所有费用。如果承运人同意接收银行转账支票、银行汇票时，还可以使用支票或汇票支付货物费用。

如果旅客将其行李作为货物运输，还可以使用杂费证（Miscellaneous Charges Order，MCO）来支付相关费用。

除了以上支付货物运费方式外，还有一种支付方式——美国政府提单（U.S. Government Bill of Lading，GBL）。

本书对杂费证的使用规定略做介绍。

杂费证是由承运人或者其代理人填开的，是与旅客客票、行李有关的文件，杂费证自填开之日起一年有效。杂费证在旅客运输中使用比较广泛，所以又称为旅费证，在货物运输中，仅限于支付作为货物运输的行李的运费。

指定运输用的杂费证价值不限，但是不能超过要求提供服务的实际费用。如果杂费证的价值超过5000美元，必须得到填开该杂费证的承运人的确认后方能接受。

非指定运输用和其他服务用的杂费证的价值不能超过750美元或者其等值货币，为退款填开的杂费证不受价值限额限制。

填开杂费证的承运人之间必须有业务代理或者财务结算关系。杂费证仅限指定的承运人或者经过签转后指定的承运人使用。但是，任何承运人均可接受未指定接受承运人的杂费证。

四、运价的分类及使用规定

1. 运价的分类

国际货物运价可以分为TACT公布运价和承运人非公布运价。

TACT公布运价是指承运人（运输企业）在TACT RATES手册中，对公众公开发布和销售的运价。

承运人非公布运价是承运人（运输企业）有选择性地提供给特定组织或个人的，不对公众公开发布和销售的运价。

本教材只讲解TACT公布的运价。

1）按货物运价的组成分类

按货物运价的组成，运价分为公布直达运价和非公布直达运价（包括比例运价和分段相加运价）。

在TACT RULES 4.3公布的自始发地至目的地的运价为公布直达运价。

比例运价是指货物的始发地至目的地无公布直达运价时，采用此运价与已知公布的普通货物运价或指定商品运价相加，构成非公布直达运价。分段相加运价是指货物的始发地至目的地无公布直达运价、同时也不能使用比例运价时，选择适当的运价相加点，按分段相加的方式组成全程最低运价。

2）按货物的性质分类

按货物的性质，运价分为普通货物运价、指定商品运价、等级运价和集装货物运价。

普通货物运价是指除了等级运价和指定商品运价以外的适合于普通货物运输的运价。它分为45 kg以下货物运价（如无45 kg运价，则为100 kg以下运价）和45 kg以上各个重量等级的运价。

指定商品运价是指适用于指定始发站至目的站之间的某些特定品名的货物运价，一般低于普通货物运价。

等级运价适用于规定地区内的，在普通货物运价的基础上增加或减少一定的百分比作为某些特定货物的运价。

集装货物运价是指适用于货物装入集装器交运而不另加包装的特别运价。

集装货物运价不适用于我们国家，在本教材中不再介绍。

2. 运价使用一般规定

（1）货物运价应是填开货运单当日有效的货物运价。

假如今天是 2021 年 5 月 10 日，则只能使用 TACT RATES 110 期（有效期为 2021 年 2 月 1 日—2021 年 5 月 31 日）的运价，而不能再使用 TACT RATES 109 期（有效期为 2020 年 10 月 1 日—2021 年 1 月 31 日）的运价。

（2）货物运价的使用必须按照货物运输的正方向使用，而不能反方向使用。

运价的制订与当地国家的经济条件密切相关。经济条件好的运价就高，相反运价就低。

Date/ type	note	item	Min. wght	Local Curr.
Beijing Yuan Renminb		CNY	CN	BJS KGS
Tokyo		JP		
	CA		M	230.00
	CA		N	37.51
	CA		45	28.13
	CA	0008	300	18.80
	CA	0300	500	20.61
	CA	1093	100	18.43
	CA	2195	500	18.80

例如，北京—东京的 N 运价为 37.51CNY per kg。

如果按照反方向使用运价，则东京—北京的 N 运价为 JPY 900 per kg。

根据 TACT RATES 203 期货币换算表（见附录 D）：

USD1 = CNY6.57384

USD1 = JPY104.04940

JPY900 per kg = CNY56.86 per kg 明显高于 CNY37.51 per kg

Date/ type	note	item	Min. wght	Local Curr.
Tokyo Yen		JPY	JP	TYO KGS
Beijing		CN		
			M	8500
			N	900
			45	750
		2195	100	480
		6002	100	470

从以上计算结果可以看出，运输单位重量的货物，使用正方向和反方向运价是不同的，有时相差很多。所以运价只能正方向使用，不能反方向使用。

（3）使用货物运价时，必须符合 TACT 注解和说明中提出的要求和规定的条件。

见运价表使用部分的解释。

对于不适用的运价，一定要查阅国家和承运人的特殊要求。

（4）在使用货物运价时，应注意按照“从低原则”计算航空运费。

当货物重量（毛重或体积重量）接近某一个重量分界点的重量时，将该货物重量和对应的货物运价所计算出的航空运费与该重量分界点的重量和对应的货物运价所计算出的航空运费相比较，取其低者。

例如，北京—东京运输 1 件 35 kg 的货物（不考虑体积重量），则航空运费为 35 × 37.51 = CNY1312.85。

当计费重量为 45 kg 时，航空运费为 45× 28.13 = CNY1265.85

CNY1265.85 < CNY1312.85

运输 45 kg 比运输 35 kg 还要支付较少的航空运费，显然是不合理的。为了保护货主的利益，运输 35 kg 时收取与 45 kg 相同的运费，也就是“从低原则”。35 kg 接近较高重量分界点 45 kg，将 35 kg 和对应的货物运价所计算出的航空运费与该重量分界点的重量 45 kg 和对应的货物运价所计算出的航空运费相比较，取其低者。依次类推。

那么如何判断是否接近较高重量分界点呢？

很简单，45 × 28.13 = 计费重量（盈亏点）× 37.51。

计费重量 = 33.747 = 34 kg。

即：计费重量低于 34 kg 时按照 N 运价计算，大于或等于 34 kg 时按照 45 kg 对应的运价计算。

3. 运价代号

运价代号是指在货运单上运价等级栏内注明的代号，特指所使用的运价。

M——Minimum charge，最低运费。

N——Normal Rates，45 kg 以下的普通货物标准运价。当不存在 45 kg 以下运价时，例如 LONDON—NAIROBI 运价，无 45 kg 重量分界点，N 就是指 100 kg 以下运价。

Q——Quantity Rates，重量分界点运价，45 kg（含）以上普通货物运价，包含不同重量分界点（100、300、500……）相对应的运价。

C——Specific Commodity Rates，指定商品运价。

P——International priority service rate，国际优先服务运价。

S——Surcharge Class Rates，附加等级运价。

R——Reduce Class Rates，附减等级运价。

4. 运价使用顺序

1）使用公布直达运价

只要自始发地至目的地有公布直达运价时，应使用公布直达运价，任何采用分段相加而获得的较低运价都不得使用。

2）使用比例运价

如果自始发地至目的地无公布直达运价时，应首先使用比例运价组成全程直达运价。

3）使用分段相加运价

如自始发地至目的地无公布直达运价和比例运价时，最后只能通过选择最合理的运价相加点，分段相加组成最低的全程运价。

第二节　最低运费

一、最低运费定义

最低运费是指在两点间运输一票货物应收取的最低航空运费。也就是说，一票货物自

始发地机场运至目的地机场航空运费的最低限额。如前所述，北京到曼谷运输一票货物，不管重量多轻或体积多小，航空运费最低收取人民币 230.00 元。

二、最低运费使用规定

当使用适用运价乘以计费重量计算出的航空运费低于最低运费时，应取最低运费。最低运费优先于：

（1）任何组合的最低运费；

（2）除在其他规定中特别指明外的按其他任何规定计算出的最低运费。

最低运费中不包括声明价值附加费。

最低运费适用于一票货物。

在 TACT RATES 中，没有公布的最低运费，可从 TACT RULES 3. 4. 2 区域性最低运费中查阅，即某国至某一区域或国家航空运费的最低限额。

三、各国最低运费

在 TACT RULES 3. 4. 2 中，最低运费是按照国家英文名称顺序列出的，是从一个国家或地区到 IATA 区域和分区的最低运费。

有些国家会存在例外，如不适用于 ECAA 国家之间、到/从澳大利亚、美国与 ECAA 之间。承运人偏离/附加规则，见 TACT RULES 8. 3。承运人偏离/附加最低收费，见 TACT RULES 4. 3 运价表。

TACT RULES 3. 4. 2 中公布的从中国始发的最低运费见表 4-5。

表 4-5　从中国始发的最低运费

From **COUNTRY** to		**CURRENCY CODE**
Area	Sub – area /exception	Minimum charge
From CHINA(excluding Hong Kong SAR and Macao SAR to		**CNY**
1		420
2	Europe, Middle East	320
2	Africa	451
3	Japan,Korea(Dem.Rep.of), Korea(Rep.of)	230
3	South Asian Subcontinent	230
3	South East Asia except to Hong Kong （SAR） and Macao（SAR）	230
3	Hong Kong （SAR） and Macao（SAR）	90
3	South West Pacific	420
Exceptions: Not applicable Australia and Japan.		

注意：对于等级货物的最低运费按相应规定处理。

TACT RATES4. 3 中公布的从北京始发的部分最低运费见表 4-6。

表 4-6　TACT RATES4. 3 中公布的从北京始发的部分最低运费

目的站	最低运费（CNY）	IATA 区域和分区	TACT RULES 3. 4. 2 中的最低运费（CNY）
ADDIS ABABA	451	2 区/ Africa 分区	451
CAIRO	320	2 区/ Europe 分区	320
DURANGO	420	1 区	420
KUALA LUMPUR	230	3 区/ South East Asia 分区	230
Hong Kong	90	3 区/ Hong Kong	90
TOKYO	230	3 区/ Japan	230
WELLINGTON	420	3/ South West Pacific	420

从表 4-6 可以看出，TACT RATES 4. 3 中公布的两点间的最低运费和 TACT RULES 3. 4. 2 中公布的区域性最低运费是一致的。实际上，TACT RATES 4. 3 中公布的两点间的最低运费是根据 TACT RULES 3. 4. 2 中公布的区域性最低运费确定的。

Date/ type	note	item	Min. wght	Local Curr.
Beijing Yuan Renminb		CNY	CN	BJS KGS
Palemo		IT		
	SQ		M	370.00
	SQ		N	53.76
	SQ		45	44.81
	SQ		100	42.53
	SQ		300	40.56
	SQ		500	37.05
	SQ		1000	34.11

有些承运人在 TACT RATES 4. 3 中公布的两点间的最低运费与 TACT RULES 3. 4. 2 中的区域性最低运费不一致。

例如，北京—意大利（Palemo），承运人 SQ，最低运费不是 320. 00 元，而是 370. 00 元。

第三节　普通货物运价

一、定义

普通货物运价（General Cargo Rates，GCR）是指除了等级运价和指定商品运价以外的适合于普通货物运输的运价。在 TACT RATES 4. 3 中以两点间直达运价形式公布。从运价表中可以看出，重量越高，对应的运价越低，呈递减趋势。

二、代号

普通货物运价代号有 N、Q、M。

三、普通货物运费的计算

根据“航空运费 = 计费重量 × 适用的普通货物运价”的计算公式，可知计算步骤如下：

（1）根据货物实际毛重和体积重量，确定计费重量。

（2）根据计费重量，确定重量分界点，选择适用的普通货物运价。

（3）如存在较高重量分界点、较低运价时，要遵循“从低原则”。

（4）最低运费的检查。也就是说，由以上公式计算的航空运费，如低于最低运费时，按最低运费收取费用。

例 4-5 按照普通货物运价的 N 运价（GCR N）收取的航空运费。

Routing：BJS/TYO By CA

Commodity：Ceramic Kitchen Wares

Total Gross Wt：15 kg

Dims：1 box，50 cm × 40 cm × 30 cm

Payment：PP

Date/type	note	item	Min. wght	Local Curr.
Beijing Yuan Renminb		CNY	CN	BJS KGS
Tokyo		JP		
	CA		M	230.00
	CA		N	37.51
	CA		45	28.13
	CA	0008	300	18.80
	CA	0300	500	20.61
	CA	1093	100	18.43
	CA	2195	500	18.80

体积重量：50×40×30 ÷ 6000 = 10 kg < 毛重 15 kg，则计费重量为 15.0 kg

适用运价：CNY 37.51 per kg

航空运费：15.0× 37.51 = CNY562.65 > Min Charge CNY230.00

运价计算栏的填写时，在 Rate Class 栏内填写 N 字样，代表按照普通货物运价的 N 运价计算货物航空运费。另外，在品名栏内，按照名称（具体名称）、尺寸（长×宽×高×件数）、体积（以立方米为单位，保留两位小数，第二位数字后有数就进位）的顺序填写。

本题运价计算栏的填写见表 4-7。

表 4-7 按照普通货物 N 运价收取航空运费填写示例

						Accounting Information	
Currency	CHGS Code	WT/VAL PPD	WT/VAL COLL	Other PPD	Other COLL	Declared value for Carriage	Declared Value for Customs
CNY		×		×		**NVD**	**NCV**

No of Pieces RCP	Gross Weight	Kg lb	Rate Class	Commodity Item No.	Chargeable Weight	Rate / Charge	Total	Nature and Quantity of Goods (incl. Dimensions or Volume)
1	**15.0**	**K**	**N**		**15.0**	**37.51**	**562.65**	**Ceramic Kitchen Wares DIMS:50×40×30 CM×1 0.06M^3**
1	**15.0**						**562.65**	

例 4-6　按照普通货物 Q 运价（GCR Q）收取的航空运费。

Routing：BJS/TYO　By CA

Commodity：TELEVISIONS

Total Gross Wt：125 kg

Dims：10 box，50 cm×40 cm ×30 cm each

Payment ：PP

体积重量：50×40×30× 10÷6000 = 100 kg

毛重：125 kg

计费重量：125. 0 kg

适用运价：CNY28. 13 per kg

航空运费：125. 0 × 28. 13 = CNY3516. 25 > Min Charge CNY230. 00

运价计算栏的填见表 4-8。

表 4-8　按照普通货物 Q 运价收取航空运费填写示例

						Accounting Information	
Currency	CHGS Code	WT/VAL		Other		Declared value for Carriage	Declared Value for Customs
		PPD	COLL	PPD	COLL		
CNY		×		×		**NVD**	**NCV**

No of Pieces RCP	Gross Weight	Kg lb	Rate Class	Commodity Item No.	Chargeable Weight	Rate / Charge	Total	Nature and Quantity of Goods (incl. Dimensions or Volume)
10	**125.0**	**K**	**Q**		**125.0**	**28.13**	**3516.25**	**TELEVISIONS DIMS:50×40×30 CM×10 0.60 M³**
10	**125.0**						**3516.25**	

例 4-7　按照最低运费（ M）收取的航空运费。

Routing：BJS/TYO　By CA

Commodity：HANDICRAFTS

Total Gross Wt：2. 5 kg

Dims：1 box，30 cm ×25 cm ×15 cm

Payment：CC

体积重量：30 × 25 × 15 ÷ 6000 = 1. 875 kg < 2. 5 kg

计费重量：2. 5 kg

适用的运价：GCR N = CNY37. 51 per kg

航空运费：2. 5 ×37. 51 = CNY93. 775 = CNY93. 78 < Min Charge CNY230. 00

所以运输上述货物的航空运费取最低运费 CNY230. 00。

在运价计算栏的“Rates Class”栏内填写 M，代表按照最低运费收取货物运费，在

“Rate/Charge” 和 “Total ” 栏内均填写最低运费金额。

运价计算栏的填写见表 4-9。

表 4-9 按照最低运费收取航空运费填写示例

							Accounting Information	
Currency	CHGS Code	WT/VAL		Other		Declared value for Carriage	Declared Value for Customs	
		PPD	COLL	PPD	COLL			
CNY			×		×	NVD	NCV	

No of Pieces RCP	Gross Weight	Kg lb	Rate Class	Commodity Item No.	Chargeable Weight	Rate / Charge	Total	Nature and Quantity of Goods (incl. Dimensions or Volume)
1	**2.5**	**K**	**M**		**2.5**	**230.00**	**230.00**	**HANDICRAFTS DIMS:30×25×15 cm ×1**
1	**25**						**230.00**	**0.01 M³**

例 4-8 存在较高重量分界点、较低运价，遵循 “从低原则”（GCRN 与 GCRQ 比较，取低者）计收的航空运费。

Routing：PEK/LON By CA

Commodity：TRANSISTORS

Total Gross Wt：34. 7 kg

Dims：3 box，50 cm ×30 cm ×30 cm each

Payment：PP

Date/type	note	item	Min. wght	Local Curr.
Beijing Yuan Renminb		CNY	CN	BJS KGS
LONDON		GB	M	320.00
			N	63.19
			45	45.22
			300	41.22
			500	33.42
			1000	30.71

积重量：3（50×30×30）÷6000 = 22. 5 kg < 34. 7 kg（毛重）

计费重量：34. 7 kg =35. 0 kg

适用的运价：GCRN = CNY63. 19 per kg

航空运费：35. 0 × 63. 19 = CNY2211. 65

但是，当计费重量为 45 kg 时，运价为 $GCRQ_{45}$ = CNY45. 22 per kg

航空运费为 45. 0 × 45. 22 = CNY2034. 90 < CNY2211. 65

所以按照 “从低原则”，选择较低运费 CNY2034. 90 为最后结果。

在运价计算栏的 “Rates Class” 栏内填写 Q，代表按照普通货物的 Q 运价收取航空运费。在 “Chargeable Weight” 内填写 45. 0，代表按照较高重量分界处重量计算航空运费。

运价计算栏的填写见表 4-10。

表 4-10　遵循“从低原则”计收航空运费填写示例

<table>
<tr><td colspan="7"></td><td colspan="2">Accounting Information</td></tr>
<tr><td rowspan="2">Currency
CNY</td><td rowspan="2">CHGS Code</td><td colspan="2">WT/VAL</td><td colspan="2">Other</td><td rowspan="2">Declared value for Carriage
NVD</td><td rowspan="2" colspan="2">Declared Value for Customs
NCV</td></tr>
<tr><td>PPD
×</td><td>COLL</td><td>PPD
×</td><td>COLL</td></tr>
</table>

<table>
<tr><td rowspan="2">No of Pieces RCP</td><td rowspan="2">Gross Weight</td><td rowspan="2">Kg lb</td><td colspan="2">Rate Class</td><td rowspan="2">Chargeable Weight</td><td rowspan="2">Rate / Charge</td><td rowspan="2">Total</td><td rowspan="2">Nature and Quantity of Goods (incl. Dimensions or Volume)</td></tr>
<tr><td></td><td>Commodity Item No.</td></tr>
<tr><td>3</td><td>34.7</td><td rowspan="2">K</td><td rowspan="2">Q</td><td rowspan="2"></td><td rowspan="2">45.0</td><td rowspan="2">45.22</td><td>2034.90</td><td rowspan="2">TRANSISTORS
DIMS:50×30×30 CM×3
0.14M³</td></tr>
<tr><td>3</td><td>34.7</td><td>2034.90</td></tr>
</table>

第四节　等级运价

一、适用范围

等级运价是指适用于规定地区内特定货物的，在普通货物运价基础上附加或者附减一定比例的货物运价。

1. 附加等级运价

英文“CLASS RATE SURCHARGE”，以下简称 C-S。使用附加等级运价的特定物品包括：活体动物、贵重物品、灵柩和骨灰。

2. 附减等级运价

英文“CLASS RATE REDUCTION”，以下简称 C-R。使用附减运价的特定物品包括书报杂志类和作为货物运输的行李。

在 TACT RULES 公布等级运价的特定货物见表 4-11。

表 4-11　等级运价对应表

Commodity（货物名称）	TACT Rule（出处）	附加/附减等级运价
Live animals	3. 7. 2	C-S
Baby Poultry less than 72 hours old	3. 7. 2	C-S
Valuable Cargo	3. 7. 6.	C-S
Braille type equipment, talking books for the blind, newspapers, magazines, periodicals, books, catalogues	3. 7. 7	C-R
Baggage Shipped as Cargo	3. 7. 8.	C-R
Human Remains	3. 7. 9	C-S

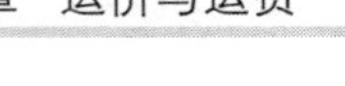

二、等级运价与运费计算原则

一票等级运价货物的航空运费为适用的等级运价乘以计费重量。

等级运价在 TACT RATES 中没有直接公布，而是按照 TACT RULES 3.7 规则计算所得。

适用的等级运价一般以普通货物运价的百分比表示。

如等级运价为普通货物运价（GCR）的百分比，例如“150% of the Normal GCR”，表示适用运价为普通货物运价 N 运价的 150%。不考虑货物的重量。

如等级运价为“the Normal GCR”，表示适用运价为普通货物运价 N 运价。不考虑货物的重量。

如等级运价为“the applicable GCR”，表示适用运价为普通货物运价 N 运价或 Q 运价。需要考虑货物的重量。

活体动物、贵重货物、灵柩骨灰、机动车辆等的运价是附加运价；书报杂志和作为货物运输的行李的运价是附减运价。

由几个空运企业联运的等级货物，如果各承运人无特殊规定时，可使用自始发地至目的地的直达运价；如果联运时，某个承运人航段有特殊百分比规定时，则只能按分段相加的办法组成全程等级运价。

下面介绍等级运价具体使用方法。

本节介绍的等级运价不适用于 ECAA（European Common Aviation Area and related States/Territories）（欧洲共同航空区）间的国家、到/从澳大利亚和美国与 ECAA 之间的运价。涉及以上区域的等级运价，参阅相应国家或承运人的特殊要求。

ECAA 成员国：Albania，Andorra，Austria，Belgium，Bosnia and Herzegovina，Bulgaria，Croatia，Cyprus，Czech Republic，Denmark，Estonia，Faroe Islands，Finland（including the Aland Islands），France，French Guiana，Germany，Greece，Greenland，Guadeloupe，Hungary，Iceland，Ireland（Rep.），Italy，Latvia，Liechtenstein，Lithuania，Luxembourg，Malta，Martinique，Monaco，Montenegro，Netherlands，North Macedonia，Norway，Poland，Portugal（including Azores，Madeira），Reunion，Romania，Serbia，Slovenia，Slovak Republic，Spain（including the Canary Islands），Sweden，Switzerland and United Kingdom（including Isle of Man，Channel Islands）.

三、活体动物运价与运费

1. 活体动物运价表（TACT RULES 3.7.2）

表 4-12 活体动物运价表（TACT RULES 3.7.2）

	TACT AREA					
ALL LIVE ANIMALS Except: Baby Poultry less than 72 hours old	Within1	Within 2(see also Rules 3.7.1.3)	Within 3	Between 1&2	Between 2&3	Between 3&1
	175% Of Normal GCR	175% Of Normal GCR	150% Of Normal GCR **Except:1 below**	175% Of Normal GCR	150% Of Normal GCR **Except:1 below**	150% Of Normal GCR **Except:1 below**
BABY POULTRY less than 72 hours old	Normal GCR	Normal GCR	Normal GCR **Except:1 below**	Normal GCR	Normal GCR **Except:1 below**	Normal GCR **Except:1 below**

Exception:

1. Within and from the South West Pacific sub-area: 200% of the applicable GCR.

2. 最低运费

最低运费，按适用的最低运费的 200%收取。

3. 活体动物运价表的使用说明

当表 4-12 中出现"175%（150%）of Normal GCR"，表示适用运价为普通货物运价 N 运价的 175%（150%）。即 N×175%（N ×150%）得出的运价，不考虑货物的计费重量，记作 SN175 或 SN150。

当表 4-10 中出现"Normal GCR"，表示适用运价为普通货物运价的 N 运价，也不考虑货物的计费重量，记作 SN100。

例外，在西南太平洋次区之内或从西南太平洋次区始发，运价为 200% of the applicable GCR，表示适用运价为适用的普通货物运价的 200%，记作 SN200 或 SQ200。此时，要考虑货物的计费重量了。

注意，动物容器、食物等包括在货物计费重量之内。

4. 活体动物运价与运费的计算

例 4-9

Routing：BJS/TYO　By CA

Commodity：1 LIVE DOG

Total Gross Wt：30.4 kg

Dims：120cm ×40cm ×70 cm ×1

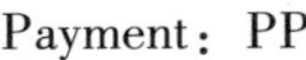

Payment：PP

查活体动物运价表，BJS 到 TYO 运输活体动物，属于 3 区之内运输犬类，其运价为 150% of Normal GCR。

Date/type	note	item	Min. wght	Local Curr.
Beijing Yuan Renminb		CNY	CN	BJS KGS
TOKYO		JP		
	CA		M	230.00
	CA		N	37.51
	CA		45	28.13
	CA	0008	300	18.80
	CA	0300	500	20.61
	CA	1093	100	18.43
	CA	2195	500	18.80

体积重量：56 kg 大于 30.4 kg，计费重量为 56.0 kg

适用运价：SN150 = CNY37.51per kg × 150% = CNY56.265 per kg

根据 TACT RULES 5.7.1，CNY 进位单位为 0.01，对运价进行进位。

CNY56.265per kg = CNY56.27 per kg

航空运费：56.0 × 56.27 = CNY3151.12（航空运费同样也要进行进位）

运价计算栏的填写见表 4-13。

由于特种货物运输时，需要在货邮舱单上注明其 IMP 代码，建议需要注明代码的特种货物，在填制货运单时将其代码填写在“货物的性质和数量”栏或“操作注意事项”栏。鉴于在 IATA《鲜活易腐货物规则》中建议将代码标注在“操作注意事项”栏，本教材将参照其要求。

表 4-13 活体动物运价计算栏填写示例 1

Accounting Information

Currency	CHGS Code	WT/VAL PPD	WT/VAL COLL	Other PPD	Other COLL	Declared value for Carriage	Declared Value for Customs
CNY		×		×		**NVD**	**NCV**

Handling Information
AVI - SHIPPER'S CERTIFICATION FOR LIVE ANIMALS ATTACHED

No of Pieces RCP	Gross Weight	Kg lb	Rate Class	Commodity Item No.	Chargeable Weight	Rate / Charge	Total	Nature and Quantity of Goods (incl. Dimensions or Volume)
1	**30.4**	**K**	**S**	**N150**	**56.0**	**56.27**	**3151.12**	**1 LIVE DOG DIMS:120×40×70 CM ×1**
1	**30.4**						**3151.12**	**0.34M³**

例 4-10

Routing：BJS/TYO By CA

Commodity：Day Old Chicks

Total Gross Wt：85 kg

Dims：40cm ×40cm × 20 cm ×20

Payment：PP

查活体动物运价表，BJS 到 TYO 运输活体动物，属于 3 区之内运输幼禽类，其运价为 Normal GCR。

Date/ type	note	item	Min. wght	Local Curr.
Beijing Yuan Renminb		CNY	CN	BJS KGS
TOKYO		JP		
	CA		M	230.00
	CA		N	37.51
	CA		45	28.13
	CA	0008	300	18.80
	CA	0300	500	20.61
	CA	1093	100	18.43
	CA	2195	500	18.80

体积重量：106.6 kg 大于 85 kg

适用运价：SN100 = CNY37.51per kg × 100% = CNY37.51 per kg

航空运费：107.0×37.51 = CNY4013.57

在运价计算栏的品名栏，除填写活体动物的具体名称、尺寸外，还应填写 LIVE ANIMAL 或者 AVI 字样。

运价计算栏的填写见表 4-14。

表 4-14　活体动物运价计算栏填写示例 2

Accounting Information							
Currency	CHGS Code	WT/VAL PPD	WT/VAL COLL	Other PPD	Other COLL	Declared value for Carriage	Declared Value for Customs
CNY		×		×		**NVD**	**NCV**

Handling Information

AVI - SHIPPER'S CERTIFICATION FOR LIVE ANIMALS　ATTACHED

No of Piecse RCP	Gross Weight	Kg lb	Rate Class	Commodity Item No.	Chargeable Weight	Rate / Charge	Total	Nature and Quantity of Goods (incl. Dimensions or Volume)
20	**85**	**K**	**S**	**N100**	**107.0**	**37.51**	**4013.57**	**DAY OLD CHICKS DIMS:40×40×20CM ×20 0.64M³**
20	**85**						**4013.57**	

例 4-11

Routing：SHA/YVR BY CA

Commodity：1 Live Dog-Declared value for Carriage CNY50000.00

Total Gross Wt：53.3 kg

Dims：140 cm× 50 cm ×80 cm×1

Payment：PP

体积重量：93.5 kg

计费重量：93.5 kg

适用运价：SHA 到 YVR，属于 3 区与 1 区之间，150% of Normal GCR.

Date/ type	note	item	Min. wght	Local Curr.
Shanghai Yuan Renminb		CNY	CN	SHA KGS
Vancouver		BC	CA	
			M	420.00
			N	51.85
			45	38.70
			100	36.13
			300	33.54
			500	30.97
		2211	300	29.19
		2211	1500	27.27

即 SN150 = CNY51. 85per kg × 150% = CNY 77. 775 per kg = CNY 77. 78 per kg（进位单位为 0. 01）

航空运费：93. 5 × 77. 78 = CNY 7272. 43

运价计算栏的填写见表 4-15。

表 4-15　活体动物运价计算栏填写示例 3

						Accounting Information	
Currency	CHGS Code	WT/VAL		Other		Declared value for Carriage	Declared Value for Customs
		PPD	COLL	PPD	COLL		
CNY		×		×		**50000.00**	**NCV**
Handling Information **AVI- SHIPPER'S CERTIFICATION FOR LIVE ANIMALS ATTACHED**							

No of Pieces RCP	Gross Weight	Kg lb	Rate Class	Commodity Item No.	Chargeable Weight	Rate / Charge	Total	Nature and Quantity of Goods (incl. Dimensions or Volume)
1	**53.3**	**K**	**S**	**N150**	**93.5**	**77.78**	**7272.43**	**1 LIVE DOG DIMS:140×50× 80 CM ×1 0.56M^3**
1	**53.3**						**7272.43**	

例 4-12

Routing：LON / NBO

Commodity：1 Live Puppy

Total Gross Wt：2. 4 kg

Dims：40 cm ×20 cm ×20 cm×1

Payment：PP

体积重量：40×20×20÷6000 = 2. 7 kg = 3 kg

适用运价：2 区之内的运价（非 ECAA 区内），

SN175 = GBP 6. 45 per kg× 175%

= GBP11. 287per kg = GBP11. 29 per kg（进位单位位 0. 01）

航空运费：3. 0 × 11. 29 = GBP 33. 87

SM200 = GBP60. 00 × 200% = GBP120. 00

GBP 33. 87 < GBP120

Date/ type	note	item	Min. wght	Local Curr.
London			GB	LON
U.K. Pound		GBP		KGS
Nairobi		KE	M	60.00
			N	6.45
			100	5.37
		2199	500	3.27
		2203	100	5.08
		4110	100	5.08
		4110	250	4.53
		4235	100	4.84
		4235	500	3.03
		4327	100	4.88
		4327	500	4.71
		4327	1000	4.15
		4402	100	5.08
		4700	100	5.08
		6002	100	5.09

故，航空运费按最低运费收取。

运价计算栏的填写见表 4-16。

表 4-16 活体动物运价计算栏填写示例 4

Accounting Information

Currency	CHGS Code	WT/VAL PPD	WT/VAL COL	Other PPD	Other COLL	Declared value for Carriage	Declared Value for Customs
GBP		×	L	×		**NVD**	**NCV**

Handling Information
AVI - SHIPPER'S CERTIFICATION FOR LIVE ANIMALS ATTACHED

No of Pieces RCP	Gross Weight	Kg lb	Rate Class	Commodity Item No.	Chargeable Weight	Rate / Charge	Total	Nature and Quantity of Goods (incl. Dimensions or Volume)
1	**2.4**	**K**	**S**	**M200**	**3.0**	**120.00**	**120.00**	**1 LIVE PUPPY DIMS:40×20×20 CM×1 0.02M³**
1	**2.4**						**120.00**	

例 4-13

Routing：AKL/PEK BY QF

Commodity：2 Live Cats

Total Gross Wt：20 kg

Dims：90 cm×60 cm ×40 cm×1

Payment：PP

Date/ type	note	item	Min. wght	Local Curr.
Auckland			NZ	AKL
Nen Zealand		NZD		kgs
BEIJING		CA	M	65.00
			N	22.33
			45	16.74
		QF	M	100.00
		QF	N	22.50
		QF	45	17.00

体积重量：90×60×40÷6000 = 36 kg

适用运价：查阅 QF 特殊要求 3.7.2 可知：从西南太平洋始发到北京运输活体动物的运价为：200% of the applicable QF flagged GCR.

所以，适用运价为：

SN200 = NZD22.50 per kg× 200% = NZD45.00 per kg 或者：

SQ200 =NZD17.00 per kg×200% = NZD34.00 per kg

航空运费：36.0 × 45.00 = NZD1620.00

或者：

45.0× 34.00 = NZD1530.00

NZD1530.00< NZD1620.00

故，航空运费为 NZD1530.00

运价计算栏的填写见表 4-17。

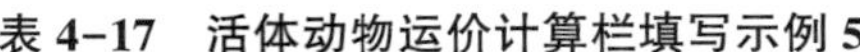

表 4-17　活体动物运价计算栏填写示例 5

Accounting Information

Currency	CHGS Code	WT/VAL PPD	WT/VAL COLL	Other PPD	Other COLL	Declared value for Carriage	Declared Value for Customs
NZD		×		×		NVD	NCV

Handling Information
AVI - SHIPPER'S CERTIFICATION FOR LIVE ANIMALS ATTACHED

No of Pieces RCP	Gross Weight	Kg lb	Rate Class	Commodity Item No.	Chargeable Weight	Rate / Charge	Total	Nature and Quantity of Goods (incl. Dimensions or Volume)
1	**20.0**	**K**	**S**	**Q200**	**45.0**	**34.00**	**1530.00**	**2 LIVE CATS DIMS:90×60×40 CM×1**
1	**20.0**						**1530.00**	**0.22M³**

如果等级运价为适用的普通货物运价的某一百分比，航空运费计算后要进行比较，取其低者。此种情况与货物的重量有关。

四、贵重物品运价与运费计算

1. 贵重物品定义

交运的一批货物中，含有下列物品中的一种或多种的，称为贵重物品：

（1）供运输用的货物声明价值每千克毛重超过 1000.00 美元或等值货币的货物；在英国，声明价值每千克毛重超过 450.00 英镑的货物为贵重物品。

（2）金锭（包括提炼的和未提炼过的）混合金，金币和各种形状的黄金制品，如金粒、片、粉、绵、线、条、管、环和黄金铸造物；白金（铂金）或白金类稀贵金属（钯、铱、钌、锇、铑）和各种形状的合金制品，如铂粒、绵、棒、锭、片、条、网、管、带等。

（3）货币、旅行支票、证券、股票、邮票及银行卡、信用卡。

（4）钻石（包括工业用的钻石）、红宝石、蓝宝石、绿宝石、蛋白石，珍珠（包括人工养殖的珍珠）。

（5）含有钻石、蓝宝石、绿宝石、蛋白石和珍珠的珠宝饰物。

（6）由白银、黄金、白金制成的珠宝饰品和手表。

（7）由黄金、白金制成的物品，但不包括镀金制品。

2. 贵重物品运价表（TACT RULES 3. 7. 6）

贵重物品运价表见表 4-18。

表 4-18　贵重物品运价表（TACT RULES 3. 7. 6）

Area:	Rate:
ALL IATA areas	200% of the Normal GCR

Exceptions:

1. From France: 250% of the Normal GCR
2. Russia to all areas (except Canada, USA): 300% of the Normal GCR
3. Russia to Canada, USA
   a. consignments weighing up to 1000 kg: 300% of the Normal GCR
   b. consignments weighing 1000 kg. or over: 200% of the Normal GCR

3. 最低运费

按适用最低运费的 200%收取，但不得低于 50 美元或其等值货币。

例外：

从法国始发，按适用最低运费的 400%收取，但不得低于 50 美元或其等值货币。

在沙特阿拉伯，按适用最低运费的 200%收取，但不能低于 SAR190。

4. 运价与运费计算

例 4-14

Date/ type	note	item	Min. wght	Local Curr.
Beijing Yuan Renminb		CNY	CN	BJS KGS
TOKYO		JP		
	CA		M	230.00
	CA		N	37.51
	CA		45	28.13
	CA	0008	300	18.80
	CA	0300	500	20.61
	CA	1093	100	18.43
	CA	2195	500	18.80

Routing：BJS/TYO By CA

Commodity：legal banknotes

Total Gross Wt：14. 8 kg

Dims：40 cm ×40 cm ×40 cm×1

Payment：CC

体积重量：40 × 40 × 40 ÷ 6000 = 10. 667 =11. 0 kgs

计费重量：15. 0 kg

适用运价：SN200 = CNY37. 51 per kg × 200% = CNY75. 02 per kg

航空运费：15. 0 × 75. 02 = CNY1125. 30

SM200 = 230. 00×200% = CNY 460. 00

查 TACT RATES 5. 3. 1，USD1 =CNY 6. 57384

USD50× 6. 57384= CNY 329. 00（按照最低运费进行进位，进位单位为 1）

比较以上费用，取高者 CNY1125. 30。今后，如不是取最低运费为最后结果，可以不将 SM200 和 USD50 写出来。运价计算栏的填写见表 4-19。

表 4-19 贵重物品运价计算栏填写示例 1

						Accounting Information	
Currency CNY	CHGS Code	WT/VAL PPD	WT/VAL COLL ×	Other PPD	Other COL L ×	Declared value for Carriage NVD	Declared Value for Customs NCV

Handling Information

VAL

No of Pieces RCP	Gross Weight	Kg lb	Rate Class	Commodity Item No.	Chargeable Weight	Rate / Charge	Total	Nature and Quantity of Goods (incl. Dimensions or Volume)
1	**14.8**	**K**	**S**	**N200**	**15.0**	**75.02**	**1125.30**	**LEGAL BANKNOTES** **DIMS: 40×40×40CM×1** **0.07M³**
1	**14.8**						**1125.30**	

例 4-15

Routing：BJS/TYO

Commodity： WATCH， Delared Value for carriage CNY15000. 00

Total Gross Wt：1. 5 kg

Dims：30 cm × 20 cm × 20 cm × 1

Payment：PP

USD1 = CNY6. 57384

体积重量：30 × 20 × 20÷6000 = 2 kg

计费重量：2. 0 kg

Date/type	note	item	Min. wght	Local Curr.
Beijing Yuan Renminb		CNY	CN	BJS KGS
TOKYO		JP		
	CA		M	230.00
	CA		N	37.51
	CA		45	28.13
	CA	0008	300	18.80
	CA	0300	500	20.61
	CA	1093	100	18.43
	CA	2195	500	18.80

货物每千克毛重的声明价值为（15000. 00 ÷1. 5）÷6. 57384 = USD1521. 18 大于 USD1000

此票货物按贵重物品计收运费。

适用运价：SN200 = CNY37. 51per kg ×200% = CNY75. 02 per kg

航空运费：2. 0 × 75. 02 =CNY150. 04

SM200 = 230. 00× 200% = CNY 460. 00

查 TACT RATES 5. 3. 1，USD1 =CNY 6. 57384

USD50× 6. 57384= CNY 329. 00（按照最低运费进行进位，进位单位为 1）

比较以上费用，取高者 CNY460. 00。

运价计算栏的填写见表 4-20。

表 4-20　贵重物品运价计算栏填写示例 2

Accounting Information

Currency	CHGS Code	WT/VAL PPD	WT/VAL COLL	Other PPD	Other COLL	Declared value for Carriage	Declared Value for Customs
CNY		×		×		**15000.00**	**NCV**

Handling Information
VAL

No of Pieces RCP	Gross Weight	Kg lb	Rate Class	Commodity Item No.	Chargeable Weight	Rate / Charge	Total	Nature and Quantity of Goods (incl. Dimensions or Volume)
1	**1.5**	**K**	**S**	**M200**	**2.0**	**460.00**	**460.00**	**GOLD WATCH** **DIMS: 30×20×20CM×1** **0.02M³**
1	**1.5**						**460.00**	

例 4-16

Routing：PAR/ CTU BY LH

Commodity：OPALS

Total Gross Wt：4. 2 kg

Dims：30 cm× 30 cm × 20cm × 1

Payment：PP

Date/ type	note	item	Min. wght	Local Curr.
Paris			FR	PAR
euro		EUR		KGS
Chengdu		CN	M	85.00
			N	18.78
			100	9.11
			300	6.89
		LH	M	75.00
		LH	N	5.85
		LH	100	4.50

体积重量：30 × 30 × 20÷6000 ＝ 3 kg

计费重量：4. 5 kg

适用运价：SN250 ＝ EUR5. 85 per kg × 250% ＝ EUR14. 63 per kg

航空运费：4. 5 × 14. 63 ＝ EUR 65. 84

SM400 ＝75. 00 × 400% ＝ EUR300. 00

查 TACT RATES 5. 3. 1，USD1 ＝EUR0. 84322

USD50×0. 84322 ＝ EUR42. 16（按照最低运费进行进位）

比较以上费用，取高者 EUR300. 00。

运价计算栏的填写见表 4-21。

表 4-21 贵重物品运价计算栏填写示例 3

							Accounting Information	
Currency	CHGS Code	WT/VAL		Other		Declared value for Carriage	Declared Value for Customs
		PPD	COL L	PPD	COLL		
EUR		×		×		NVD	NCV

Handling Information
VAL

No of Pieces RCP	Gross Weight	Kg lb	Rate Class	Commodity Item No.	Chargeable Weight	Rate / Charge	Total	Nature and Quantity of Goods (incl. Dimensions or Volume)
1	4.2	K	S	M400	4.5	300.00	300.00	OPALS DIMS: 30×30×20CM×1 0.02 M³
1	4.2						300.00	

五、灵柩、骨灰运价

1. 灵柩、骨灰运价（TACT RULES 3.7.9）

灵柩、骨灰运价见表 4-22。

表 4-22 灵柩、骨灰运价表

Areas:	Ashes:	Coffin:
All IATA areas (except within area 2)	Applicable GCR	Normal GCR
within area 2 (欧洲之内，参阅 3.7.1 第3段)	300% of Normal GCR	200% of Normal GCR

2. 灵柩、骨灰最低运费

运输灵柩、骨灰的最低运费为适用的最低运费，表示为 SM100。

而在 IATA 2 区之内运输灵柩、骨灰，最低运费为 200%的适用的最低运费，但不能低于 65.00 美元或等值货币，表示为 SM200。

3. 运价与运费计算

例 4-17

Routing：BJS/CAI

Commodity：HUMAN REMAINS IN COFFIN

Date/type	note	item	Min. wght	Local Curr.
Beijing Yuan Renminb		CNY	CN	BJS KGS
Cairo		EG	M	320.00
			N	46.60
			45	37.90
			100	34.90
			300	30.30

Total Gross Wt：180 kg

Payment：PP

计费重量：180. 0 kg

适用运价：SN100 = 46. 60 × 100% = CNY46. 60 per kg

航空运费：180. 0×46. 60 = CNY8388. 00

运价计算栏的填写见表 4-23。

表 4-23　灵柩运价计算栏填写示例 1

Accounting Information							
Currency	CHGS Code	WT/VAL PPD	WT/VAL COLL	Other PPD	Other COLL	Declared value for Carriage	Declared Value for Customs
CNY		×		×		**NVD**	**NCV**
Handling Information **HUM**							

No of Pieces RCP	Gross Weight	Kg lb	Rate Class	Commodity Item No.	Chargeable Weight	Rate / Charge	Total	Nature and Quantity of Goods (incl. Dimensions or Volume)
1	**180.0**	**K**	**S**	**N100**	**180.0**	**46.60**	**8388.00**	**HUMAN REMAINS IN COFFIN HUM**
1	**180.0**						**8388.00**	

例 4-18

Date/type	note	item	Min. wght	Local Curr.
London U.K. pound		GBP	GB	LON KGS
Nairobi		KE	M	60.00
			N	6.45
			100	5.37

Routing：LON/ NBO

Commodity：HUMAN REMAINS IN COFFIN

Total Gross Wt：180 kg

Payment：PP

计费重量：180. 0 kg

适用运价：SN200 = 6. 45 × 200%

= GBP 12. 90 per kg

航空运费：180. 0 ×12. 90 = GBP 2322. 00

运价计算栏的填写见表 4-24。

表 4-24 灵柩运价计算栏填写示例 2

Accounting Information									
Currency	CHGS Code	WT/VAL PPD	WT/VAL COLL	Other PPD	Other COLL	Declared value for Carriage		Declared Value for Customs	
GBP		×		×		NVD		NCV	
Handling Information: HUM									
No of Pieces RCP	Gross Weight	Kg lb	Rate Class	Commodity Item No.	Chargeable Weight	Rate / Charge	Total	Nature and Quantity of Goods (incl. Dimensions or Volume)	
1	180	K	S	N200	180.0	12.90	2322.00	HUMAN REMAINS IN COFFIN	
1	180						2322.00		

例 4-19

Routing：BJS/TYO By CA

Commodity：HUMAN ASHES IN URN

Total Gross Wt：2. 1 kg

Dims：20 cm ×20 cm ×20 cm×1

Payment： PP

Date/type	note	item	Min. wght	Local Curr.
Beijing Yuan Renminb		CNY	CN	BJS KGS
TOKYO		JP		
	CA		M	230.00
	CA		N	37.51
	CA		45	28.13
	CA	0008	300	18.80
	CA	0300	500	20.61
	CA	1093	100	18.43
	CA	2195	500	18.80

体积重量：20 × 20 × 20 ÷ 6000 = 1. 5 kg < 2 kg

计费重量：2. 5 kg

适用运价：SN100 = 37. 51 × 100% =CNY37. 51 per kg

航空运费：2. 5 × 37. 51 = CNY93. 78

最低运费：SM100 = CNY230. 00

运价计算栏的填写见表 4-25。

表 4-25　骨灰运价计算栏填写示例 1

					Accounting Information		
Currency CNY	CHGS Code	WT/VAL PPD ×	WT/VAL COLL	Other PPD ×	Other COLL	Declared value for Carriage NVD	Declared Value for Customs NCV
Handling Information							

No of Pieces RCP	Gross Weight	Kg lb	Rate Class	Commodity Item No.	Chargeabel Weight	Rate / Charge	Total	Nature and Quantity of Goods (incl. Dimensions or Volume)
1	**2.1**	**K**	**S**	**M100**	**2.5**	**230.00**	**230.00**	**HUMAN ASHES IN URN DIMS:20×20×20CM×1 0.01M³**
1	**2.1**						**230.00**	

例 4-20

Routing：LFW/MRS

Commodity：HUMAN ASHES IN URN

Total Gross Wt：2. 3 kg

Dims：20 cm × 20 cm × 20 cm × 1

Payment：PP

Date/type	note	item	Min. wght	Local Curr.
Lome			TG	LFW
CFA Franc		XOF		KGS
Marseille		FR	M	43000
			N	4285
			45	3150
			100	2770
			500	2100

体积重量：20 × 20 × 20 ÷ 6000 = 1. 5 kg < 2. 3 kg

计费重量：2. 5 kg

适用运价：SN300 = 4285×300% = XOF 12855 per kg（2 区之内）

航空运费：2. 5 ×12855 = XOF32137. 5 = XOF 32140（进位单位为 5 ）

最低运费：SM200 = XOF 86000

USD1 = XOF 553. 11912

USD 65 = 65 ×553. 11912 = XOF35952. 7 = XOF 36000（进位单位为 100）

最后比较，运费为 XOF 86000

运价计算栏的填写见表 4-26。

表 4-26 骨灰运价计算栏填写示例 2

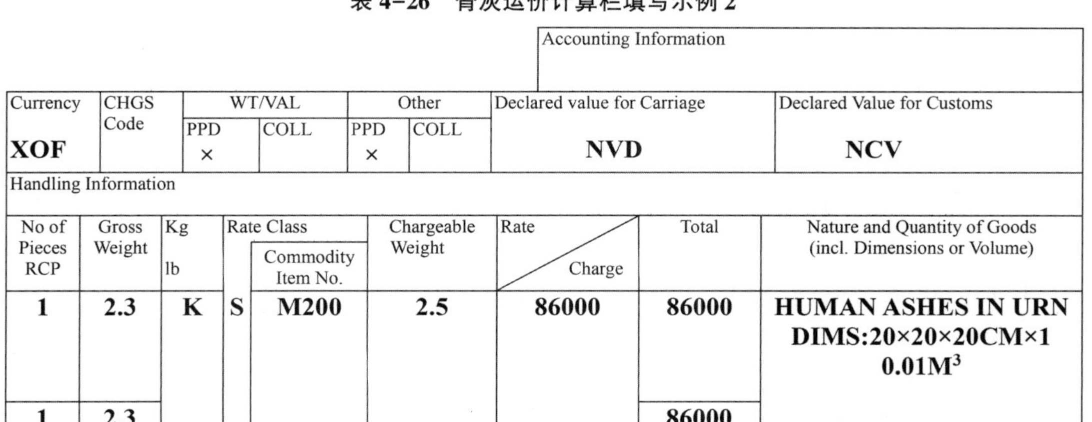

Accounting Information

Currency	CHGS Code	WT/VAL PPD	WT/VAL COLL	Other PPD	Other COLL	Declared value for Carriage	Declared Value for Customs
XOF		×		×		**NVD**	**NCV**

Handling Information

No of Pieces RCP	Gross Weight	Kg lb	Rate Class	Commodity Item No.	Chargeable Weight	Rate / Charge	Total	Nature and Quantity of Goods (incl. Dimensions or Volume)
1	**2.3**	**K**	**S**	**M200**	**2.5**	**86000**	**86000**	**HUMAN ASHES IN URN** **DIMS:20×20×20CM×1** **$0.01M^3$**
1	**2.3**						**86000**	

六、报纸、杂志、期刊、书、目录、盲人打字机和盲人读物

1. 运价（TACT RULES 3. 7. 7）

此类货物包括报纸、杂志、期刊、书、目录、盲人打字机和盲人读物，运输这些物品的货物大于或等于 5 kg 时，按下列运价计算费用，见表 4-27。

表 4-27 报纸、杂志、期刊、书、目录、盲人打字机和盲人读物运价表（TACT RULES 3. 7. 7）

Areas:	Rate:
Within IATA area 1	67% of the Normal GCR
Within Europe	67% of the Normal GCR
Between IATA areas 1 and 2	67% of the Normal GCR
All other areas:	50% of the Normal GCR
Exception: From and within Germany on LH cargo Services: Applicable GCR	

上述运价表示方法说明：

67%（50%）of the Normal GCR，表示为 RN67（RN50）。

Applicable GCR，表示为 RN100 或 RQ100。

2. Q 运价

如果按普通货物 45 kg 以上运价（Q 运价）计得的航空运费，低于按照上述运价计算的航空运费，可以使用 Q 运价计算航空运费。

3. 最低运费

不能低于 TACT RATES 4.3 和 RULES 3.4 公布的最低运费，表示为 RM100。

4. 运价与运费的计算

例 4-21

Routing：BJS/TYO By CA

Commodity：FOOTBALL MAGAZINES

Total Gross Wt：150 kg

Dims：50 cm ×50 cm ×50 cm ×5

Payment：pp

Date/type	note	item	Min. wght	Local Curr.
Beijing Yuan Renminb		CNY	CN	BJS KGS
Tokyo		JP		
	CA		M	230.00
	CA		N	37.51
	CA		45	28.13
	CA	0008	300	18.80
	CA	0300	500	20.61
	CA	1093	100	18.43
	CA	2195	500	18.80

体积重量：50 × 50 × 50 × 5 ÷ 6000 =104.5 kg < 150 kg

计费重量：150.0 kg

适用运价：RN50 = 37.51×50% = CNY18.76 per kg（进位单位 0.01）

航空运费：150.0 ×18.76 = CNY2814.00

运价计算栏的填写见表 4-28。

表 4-28 书报杂志运价计算栏填写示例 1

Currency	CHGS Code	WT/VAL PPD	WT/VAL COLL	Other PPD	Other COLL	Declared value for Carriage	Declared Value for Customs
CNY		×		×		NVD	NCV

Accounting Information

Handling Information

No of Pieces RCP	Gross Weight	Kg lb	Rate Class	Commodity Item No.	Chargeable Weight	Rate / Charge	Total	Nature and Quantity of Goods (incl. Dimensions or Volume)
5	**150.0**	**K**	**R**	**N50**	**150.0**	**18.76**	**2814.00**	**FOOTBALL MAGAZINES DIMS: 50×50×50CM×5 0.63M³**
5	**150.0**						**2814.00**	

例 4-22

Routing：TSN/LON By SQ

Commodity：WOMEN WEEKLY

Total Gross Wt：1060 kg

Dims：60 cm × 40 cm × 40 cm × 50

Payment：PP

体积重量：50（60 × 40 × 40）÷ 6000 = 800 kg

实际毛重：1060 kg

计费重量：1060. 0 kg

适用运价：RN50 = 72. 99 × 50% = CNY36. 50 per kg（进位单位 0. 01）

航空运费：1060. 0 × 36. 50= CNY38690. 00

按照 GCR Q 运价计算：1060. 0 × 35. 48 = CNY37608. 80

比较，取最低者 CNY37608. 80。

运价计算栏的填写见表 4-29。

Date/ type	note	item	Min. wght	Local Curr.
Tianjin Yuan Renminb		CNY	CN	TSN KGS
London		GB		
	SQ		M	370.00
	SQ		N	72.99
	SQ		45	52.23
	SQ		300	47.61
	SQ		500	38.60
	SQ		1000	35.48

表 4-29　书报杂志运价计算栏填写示例 2

Accounting Information

Currency	CHGS Code	WT/VAL PPD	WT/VAL COLL	Other PPD	Other COLL	Declared value for Carriage	Declared Value for Customs
CNY		×		×		**NVD**	**NCV**

Handling Information

No of Pieces RCP	Gross Weight	Kg lb	Rate Class	Commodity Item No.	Chargeable Weight	Rate / Charge	Total	Nature and Quantity of Goods (incl. Dimensions or Volume)
50	**1060.0**	**K**	**Q**		**1060.0**	**35.48**	**37608.00**	**WOMEN WEEKLY DIMS: 60×40×40CM×50 4.80M³**
50	**1060.0**						**37608.80**	

注意：如果 GCRQ 运价低于 RN50 运价，按照普通货物运价计算的航空运费较低。

例 4-23

Routing：PEK/TYO By CA

Commodity：FOOTBALL MAGAZINES

Total Gross Wt：10 kg

Dims：50 cm × 50 cm × 20 cm × 1

Payment：PP

体积重量：50 ×50 × 20 ÷ 6000 = 8. 5 kg < 10 kg

计费重量：10. 0 kg

适用运价：RN50 = 37. 51 × 50% = CNY18. 76 per kg（进位单位 0. 01）

航空运费：10. 0 × 18. 76 = 187. 60 < Min Charge CNY230. 00

Date/ type	note	item	Min. wght	Local Curr.
Beijing Yuan Renminb		CNY	CN	BJS KGS
Tokyo		JP		
	CA		M	230.00
	CA		N	37.51
	CA		45	28.13
	CA	0008	300	18.80
	CA	0300	500	20.61
	CA	1093	100	18.43
	CA	2195	500	18.80

运价计算栏的填写见表 4-30。

表 4-30　书报杂志运价计算栏填写示例 3

Accounting Information							
Currency	CHGS Code	WT/VAL PPD	WT/VAL COLL	Other PPD	Other COLL	Declared value for Carriage	Declared Value for Customs
CNY		**X**		**X**		**NVD**	**NCV**
Handling Information							

No of Pieces RCP	Gross Weight	Kg lb	Rate Class	Commodity Item No.	Chargeable Weight	Rate / Charge	Total	Nature and Quantity of Goods (incl. Dimensions or Volume)
1	**10**	**K**	**R**	**M100**	**10.0**	**230.00**	**230.00**	**FOOTBALL MAGAZINES**
1	**10**						**230.00**	**DIMS: 50×50×20 CM×1 0.05M³**

例 4-24

Routing：FRA/MEX

Commodity：FOOTBALL MAGAZINES

Total Gross Wt：10 kg

Dims：50 cm × 50 cm × 20cm × 1

Payment：PP

体积重量：50 ×50 × 20 ÷ 6000 = 8.5 kg < 10 kg

计费重量：10.0 kg

适用运价：RN67 = 5.20 × 67% = EUR3.48 per kg（进位单位 0.01）

航空运费：10.0 × 3.48 = 34.80 < Min Charge EUR76.69

运价计算栏的填写见表 4-31。

Date/type	note	item	Min. wght	Local Curr.
Frankfurt		DE		FRA
EURO		EUR		KGS
Mexico City		MX		
			M	76.69
			N	5.20
			100	4.11
			300	3.56
			500	3.40
		LH	M	100.00
		LH	N	8.44
		LH	100	7.92
		LH	500	7.64

表 4-31 书报杂志运价计算栏填写示例 4

						Accounting Information	
Currency	CHGS Code	WT/VAL		Other		Declared value for Carriage	Declared Value for Customs
		PPD	COLL	PPD	COLL		
EUR		×		×		NVD	NCV
Handling Information							

No of Pieces RCP	Gross Weight	Kg lb	Rate Class	Commodity Item No.	Chargeable Weight	Rate / Charge	Total	Nature and Quantity of Goods (incl. Dimensions or Volume)
3	**30.0**	**K**	**R**	**M100**	**10.0**	**76.69**	**253.20**	**FOOTBALL MAGAZINES**
3	**30.0**						**253.20**	**DIMS: 50×50×20 CM×1** **0.05M³**

如果承运人指定为 LH，毛重为 30 kg，体积为 50 cm× 50 cm × 20 cm × 3

计费重量：30. 0 kg

适用运价：RN100 = EUR8. 44per kg。

航空运费：30. 0 × 8. 44 = EUR 253. 20 > Min Charge EUR100. 00

运价计算栏见表 4-32。

表 4-32 书报杂志运价计算栏填写示例 5

						Accounting Information	
Currency	CHGS Code	WT/VAL		Other		Declared value for Carriage	Declared Value for Customs
		PPD	COLL	PPD	COLL		
EUR		×		×		NVD	NCV
Handling Information							

No of Pieces RCP	Gross Weight	Kg lb	Rate Class	Commodity Item No.	Chargeable Weight	Rate / Charge	Total	Nature and Quantity of Goods (incl. Dimensions or Volume)
3	**30.0**	**K**	**R**	**N100**	**30.0**	**8.44**	**253.20**	**FOOTBALL MAGAZINES**
3	**30.0**						**253.20**	**DIMS: 50×50×20CM×3** **0.15 M³**

七、作为货物运输的行李的运价与运费

1. 适用范围

作为货物运输的行李（也称为无人押运行李）是指旅客本人的衣物及旅客的其他个

人物品，包括便携式乐器、便携式打字机、便携式体育用品；但不包括机器或零配件、货币、证券、珠宝、手表、餐具、毛皮、影片或胶片、照相机、票证、文件、酒类、香水、家具、商品的销售样品。

备注：此运价可能还适用于高尔夫、滑雪仪器、冲浪板、帆船，具体参阅相关承运人特殊规定。

2. 适用条件

旅客必须持有定期客票或电子客票，并在乘机前办妥手续。作为货物运输的行李只能在旅客客票中所列明的机场之间运输。

旅客必须声明无人押运行李包含的物品，提供所有与运输和海关要求的文件，并且有责任支付与运输有关的费用。无人押运行李可以通过旅客本人或其代理办理清关手续。

在货运单“Accounting Information”栏内注明旅客客票号码、航班号码/航线、日期；使用杂费证（简称 MCO）结账的，在“Accounting Information”注明 MCO 的号码。

运输无人押运行李的航班由承运人自行确定。

作为无人押运行李运价不能与普通货物运价和指定商品运价相加构成全程运价，尽管比适用的运价或比例运价低。

除以上运输条件外，无人押运行李的运价也适用于普通货物运价和指定商品运价的要求。

3. 运价（TACT RULES 3.7.8）

无人押运行李运价见表 4-33。

表 4-33　无人押运行李运价

Area/country	Rate
From all IATA Areas	Applicable GCR
Exceptions: 1. From Malaysia: 50% of the Normal GCR 2. From Papua New Guinea: 75% of the Normal GCR 3. From New Zealand to Niue, Samoa and Tonga: Applicable GCR 4. From New Zealand to all other countries: 50% of the Normal GCR 5. Form the rest of South West Pacific: 50% of the Normal GCR 6. From Croatia: 75% of the Normal GCR	

运价使用说明：

Applicable GCR，表示为 RN100 或 RQ100。

50%（75%）of the Normal GCR，表示为 RN50（75%）。

4. Q 运价

如果按普通货物 Q 运价计算的运费低于按照上述规定计算的运费，可以使用 GCRQ 运价。

5. 最低运费

不能低于 RATES 4.3 和 RULES 3.4 公布的最低运费，表示为 RM100。

6. 运价与运费的计算

例 4-25

Date/type	note	item	Min. wght	Local Curr.
Kuala Lumpur			MY	KUL
Malaysian ri		MYR		KGS
BEIJING		CN	M	75.00
			N	13.66
			45	10.25
	CX		M	78.75
	CX		N	14.35
	CX		45	10.77

Routing：KUL/BJS

Commodity： BAGGAGE SHIPPED AS CARGO

Total Gross Wt：25 kg

Dims：70 cm× 50 cm × 20 cm × 1

Payment：PP

体积重量：70 × 50 × 20 ÷ 6000 = 12 kg < 25 kg

计费重量：25.0 kg

适用运价：RN50 = 13.66 × 50% = MYR6.83 per kg（进位单位 0.01）

航空运费：25.0 × 6.83 = MYR 170.75 > Min Charge MYR 75.00

运价计算栏的填写见表 4-34。

表 4-34 无人押运行李运价计算栏填写示例 1

Accounting Information
TKT: 999 2113914025 **KUL/BJS CA709/MAY22**

Currency	CHGS Code	WT/VAL		Other		Declared value for Carriage	Declared Value for Customs
		PPD	COLL	PPD	COLL		
MYR		×		×		**NVD**	**NCV**

Handling Information

No of Pieces RCP	Gross Weight	Kg lb	Rate Class	Commodity Item No.	Chargeable Weight	Rate / Charge	Total	Nature and Quantity of Goods (incl. Dimensions or Volume)
1	**25.0**	**K**	**R**	**N50**	**25.0**	**6.83**	**170.75**	**BAGGAGE SHIPPED AS CARGO**
1	**25.0**						**170.75**	**DIMS:70×50×20CM×1** **0.07M^3**

如果承运人为 CX，则要查阅 CX 是否有特殊要求，并且要使用其所对应的运价。如图 4.2 所示。

3.7.8. Baggage Shipped as Cargo

3. Rating

Area	*Rate:*
From all IATA areas	Applicable GCR

图 4.2　CX 公布的无人押运行李运价

运价计算栏的填写见表 4-35。

表 4-35　无人押运行李运价计算栏填写示例 2

Accounting Information
TKT: 160 2113914025 **KUL/BJS CX709/MAY22**

Currency	CHGS Code	WT/VAL		Other		Declared value for Carriage	Declared Value for Customs
		PPD	COLL	PPD	COLL		
MYR		×		×		**NVD**	**NCV**
Handling Information							

No of Pieces RCP	Gross Weight	Kg lb	Rate Class	Commodity Item No.	Chargeable Weight	Rate / Charge	Total	Nature and Quantity of Goods (incl. Dimensions or Volume)
1	**25.0**	**K**	**R**	**N100**	**25.0**	**14.35**	**358.75**	**BAGGAGE SHIPPED AS CARGO DIMS:70×50×20CM×1 0.07M^3**
1	**25.0**						**358.75**	

如果货物重量为 35 kg，按照普通货物运价与运费“从低原则”，计费重量为 45 kg，运价计算栏填写见表 4-36。

表 4-36　无人押运行李运价计算栏填写示例 3

Accounting Information
TKT: 999 2113914025 **KUL/BJS CA709/MAY22**

Currency	CHGS Code	WT/VAL		Other		Declared value for Carriage	Declared Value for Customs
		PPD	COLL	PPD	COLL		
MYR		×		×		**NVD**	**NCV**
Handling Information							

No of Pieces RCP	Gross Weight	Kg lb	Rate Class	Commodity Item No.	Chargeable Weight	Rate / Charge	Total	Nature and Quantity of Goods (incl. Dimensions or Volume)
1	**35.0**	**K**	**R**	**Q100**	**45.0**	**10.77**	**484.65**	**BAGGAGE SHIPPED AS CARGO DIMS:70×50×20CM×1 0.07M^3**
1	**35.0**						**484.65**	

如果按照普通货物运价填写运价计算栏，在“操作注意事项”栏内可以不填写“客客票号码、航班号码/航线、日期”，见表4-37。

表4-37　无人押运行李运价计算栏填写示例4

Accounting Information

Currency	CHGS Code	WT/VAL PPD	WT/VAL COLL	Other PPD	Other COLL	Declared value for Carriage	Declared Value for Customs
MYR		×		×		**NVD**	**NCV**

Handling Information

No of Pieces RCP	Gross Weight	Kg lb	Rate Class	Commodity Item No.	Chargeable Weight	Rate / Charge	Total	Nature and Quantity of Goods (incl. Dimensions or Volume)
1	**35.0**	**K**	**Q**		**45.0**	**10.77**	**484.65**	**BAGGAGE SHIPPED AS CARGO DIMS:70×50×20CM×1 0.07M³**
1	**35.0**						**484.65**	

第五节　指定商品运价

一、基本概念

指定商品运价（Specific Commodity Rates，SCR）是指适用于自指定的始发地至指定的目的地公布的低于普通货物运价的特定商品的运价。这类运价的每一不同的运价都有一个不同的最低重量。例如北京到福冈，指定商品编号为0008，最低重量为300 kg；0300对应的最低重量为500 kg。

指定商品运价产生的主要原因有两个方面：

一方面，有些货主经常在某些特定航线上（如北京到福冈）运输特定品名的货物（例如新鲜的蔬菜和水果），托运人要求承运人提供一个较低的优惠价格（例如CA，采用0008对应的每千克18.80元，远低于普通货物45重量分界点对应的运价每千克25.04元人民币）。

即使在同一航线上或者同一指定商品，相

Date/ type	note	item	Min. wght	Local Curr.
Beijing Yuan Rrenminb		CNY	CN	BJS KGS
Fukuoka		JP		
	CA		M	230.00
	CA		N	33.38
	CA		45	25.04
	CA	0008	300	18.80
	CA	0300	500	20.61
	CA	1093	100	18.43
	CA	2195	500	18.80
	BA		M	385.00
	BA		N	44.25
	BA		45	36.74
	BA	0008	300	29.88
	BA	0300	500	31.87
	BA	1093	100	29.47

同重量分界点，承运人不同，指定商品运价也可能不同。例如北京到釜冈，BA 所使用的 0008，对应的运价为每千克 29.88 元，比 CA 高出 11.08 元。

另一方面，承运人对市场调查研究发现，在某两个地区间有开展商业交流的需求，为了占领航空运输市场，更有效地利用承运人的运力，保证飞机有较高的载运率，提供一个较有竞争力的优惠运价。制定指定商品运价可以鼓励指定商品的运输，鼓励大宗商品的物流，促进地区间商品贸易的交流与发展。

二、指定商品运价的特点

指定商品运价一般低于相应的普通货物运价，有规定的起讫地点、货物品名和最低重量。

三、指定商品运价代号

指定商品运价代号为 C。

在货运单运价计算栏内运价代号注明“C”。

四、指定商品运价的品名编号及分组（TACT RATES 2.3）

根据货物的性质、属性及特点，IATA 按数字顺序将其分为十大组，每一大组又分为十个分组。大组和分组名称见 IATA RATES 2.3。

为了正确使用指定商品运价，我们有必要熟知十个大组内容：

0001—0999 Edible animal and vegetable products
可食用的动植物产品（简称“0 打头”指定商品）

1000—1999 Live animal and inedible animal and vegetable products
活体动物及非食用的动植物产品（简称“1 打头”指定商品）

2000—2999 Textiles; fibers and manufactures
纺织品、纤维及其制品（简称“2 打头”指定商品）

3000—3999 Metals and manufactures, excluding machinery, vehicles and electrical equipment
金属及其制品，但不包括机器、车辆和电器设备（简称“3 打头”指定商品）

4000—4999 Machinery, vehicles and electrical equipment
机器、车辆和电器设备（简称“4 打头”指定商品）

5000—5999 Non-metallic minerals and manufactures
非金属矿物及其产品（简称“5 打头”指定商品）

6000—6999 Chemicals and related products
化工产品及有关产品（简称“6 打头”指定商品）

7000—7999 Paper, reed, rubber and wood manufactures
纸张、芦苇、橡胶和木材制品（简称“7 打头”指定商品）

8000—8999 Scientific, professional and precision instruments, apparatus and supplies, musical instruments and accessories (简称“8 打头”指定商品)
科学、专业精密仪器，器械及配件，乐器及其配件

9000—9999 Miscellaneous
其他 (简称“9 打头”指定商品)

指定商品运价都有一个四位阿拉伯数字编号，也就是我们通常所说的指定商品品名编号。具体编号可以在 TACT RULES 2.4 GENERAL LIST OF DESCRIPTION 中查阅。

一般情况下，每一指定商品品名编号，只代表其描述的指定商品名称，也可以对应其大组品名。例如从中国始发的部分指定商品品名编号：

0007 FRUIT, VEGETABLES
水果、蔬菜 (属于“0 打头”指定商品—可食用的)

0008 FRUIT, VEGETABLES - FRESH
新鲜的水果、蔬菜 (属于“0 打头”指定商品—可食用的)

0300 FISH (EDIBLE), SEAFOOD
鱼（可食用的），海鲜、海产品 (属于“0 打头”指定商品—可食用的)

1093 WORMS
沙蚕 (属于“1 打头”指定商品—非食用的)

2195 A: YARN, THREAD, FIBRES, CLOTH-NOT FURTHER PROCESSED OR MANUFACTURED/EXCLUSIVELY IN BALES, BOLTS, PIECES.
未进一步加工或制造的成包、成卷、成块的纱、线、纤维、布。
B: WEARING APPAREL, TEXTILE MANUFACTURES
服装、纺织品 (属于“2 打头”指定商品—纺织品)

2199 A: YARN, THREAD, FIBRES, TEXTILES
纱、线、纤维、纺织原料 (属于“2 打头”指定商品—纺织品)
B: TEXTILE MANUFACTURES
纺织品
C: WEARING APPAREL
服装

2211 YARN, THREAD, FIBRES-NOT FURTHER PROCESSED OR MANUFACTURED/EXCLUSIVELY IN BALES, BOLTS, PIECES-, WEARING APPAREL, TEXTILE MANUFACTURES
未进一步加工或制造的成包、成卷、成块的纱、线、纤维，服装、纺织品。
(属于“2 打头”指定商品—纺织品)

6000 CHEMICALS, PHARMACEUTICALS
化学药品、医药品 (属于“6 打头”指定商品—药品类)

7481 RUBBER TYRES, RUBBER TUBES
橡胶轮胎、橡胶管 (属于“7 打头”指定商品—纸张、橡胶类)

为了减少常规的指定商品品名的分组编号，IATA 还推出了特殊的指定商品品名编号，

该编号在 9700-9799 内编排，一个指定商品品名编号的内容包括了多个指定商品品名编号的内容。

五、指定商品运价查找顺序

（1）查找两点间的指定商品运价；

（2）记录指定商品品名编号；

（3）符合 TACT RULES 3.1 注释要求；

（4）查找 TACT RATES 2.4，选择适用的品名编号及运价。

六、指定商品运价计算原则

原则 1：

两地间既有指定商品运价，又有普通货物运价，优先使用指定商品运价。如果按普通货物运价计算的运费低于按指定商品运价计算的运费，可以使用普通货物运价计算的运费（即两者比较取低者，为最后的计算结果）。

例 4-25

Routing：LON/NBO

Commodity：Aircraft Parts

Total Gross Wt：306 kg

Dims：125 cm × 125 cm × 30 cm × 3

Payment：PP

体积重量：125 × 125 × 30 × 3 ÷ 6000 = 234.375 kg <306 kg（毛重）

计费重量：306.0 kg

适用运价：货物名称为飞机零件，属于 4000~4999 机器、车辆和电器设备类的指定商品。而 LON/NBO 存在编号为 4110、4235、4327、4402、4700 的指定商品运价，其分别代表：

4110——AIRCRAFT ENGINES，AIRCRAFT PARTS（EXCLUDING FUSELAGES，WINGS）

Date/type	note	item	Min. wght	Local Curr
London			GB	LON
U.K Pound		GBP		KGS
Nairobi		KE		
			M	60.00
			N	6.45
			100	5.37
		2199	500	3.27
		2203	100	5.08
		4110	100	5.08
		4110	250	4.53
		4235	100	4.84
		4235	500	3.03
		4327	100	4.88
		4327	500	4.71
		4327	1000	4.15
		4402	100	5.08
		4700	100	5.08
		6002	100	5.095
	BA ,IB		M	88.00
	BA,IB		N	7.88
	BA,IB		100	6.97
	LH		500	4.54
	LH		M	57.50
	LH		N	4.49
	LH		45	4.32
	LH		100	4.17
	LH		300	4.04
	LH		500	3.93
	LH		1000	3.84
	LH40		M	57.50
	LH40		N	5.45
	LH40		45	5.24
	LH40		100	5.06
	LH40		300	4.89
	LH40		500	4.77
	LH40		1000	4.65
	SQ		M	63.00
	SQ		N	6.77
	SQ		100	5.64
	SQ	2199	500	3.43
	SQ	2203	100	5.33
	SQ	4110	100	5.33
	SQ	4110	250	4.76
	SQ	4235	100	5.08
	SQ	4235	500	3.18
	SQ	4327	100	5.12
	SQ	4327	500	4.95
	SQ	4327	1000	4.36
	SQ	4402	100	5.33
	SQ	4700	100	5.33
	SQ	6002	100	5.34

4235——MOTORSCOOTERS, MOTORCYCLES, CYCLES, PARTS OF SURFACE VEHICLES (INCLUDING ACCESSORIES), PARTS OF SELF-PROPELLED AGRICULTURAL MACHINERY (INCLUDING ACCESSORIES) EXCLUDING STEAMSHIP PARTS, MOTORSHIP PARTS.

4327——OFFICE MACHINES (INCLUDING SUPPLIES)

4402——ELECTRIC EQUIPMENT, ELECTRIC APPLIANCES, EXCLUDING BUSINESS MACHINERY, OFFICE MACHINERY

4700——MACHINERY, TOOLS, EXCLUDING STEAMSHIP MACHINERY PARTS, MOTORSHIP MACHINERY PARTS

从以上所指定的具体品名中，可以确定，运输 AIRCRAFT PARTS 时，可以用编号为 4110 的运价。

适用运价：SCR 4110-Aircraft Parts, Min Weight 250，运价 GBP4. 53 per kg

或表示成 C4110/250 = GBP4. 53 per kg

航空运费：306. 0×4. 53＝GBP1386. 18

如选择普通货物运价，GCR Q_{100} = 5. 37，计费重量相同，显然，按照普通货物运价计算的航空运费（306. 0 × 5. 37 = GBP1643. 22）高于按照指定商品运价计算的航空运费（GBP1386. 18）。

一般情况下当货物毛重或体积重量高于指定商品运价最低重量分界点时，按照指定商品运价计算的航空运费较低，不必再按照普通货物运价计算了。

运价计算栏的填写见表 4-38。

表 4-38 指定商品运价计算栏填写示例 1

						Accounting Information	
Currency	CHGS Code	WT/VAL		Other		Declared value for Carriage	Declared Value for Customs
		PPD	COLL	PPD	COLL		
GBP		×		×		**NVD**	**NCV**
Handling Information							

No of Pieces RCP	Gross Weight	Kg Lb	Rate Class	Commodity Item No.	Chargeable Weight	Rate / Charge	Total	Nature and Quantity of Goods (incl. Dimensions or Volume)
3	**306.0**	**K**	**C**	**4110**	**306.0**	**4.53**	**1386.18**	**AIRCRAFT PARTS** **DIMS: 125×125×30CM × 3** **1.41M^3**
3	**306.0**						**1386.18**	

如果上例中货物的毛重为 70 kg，体积为 60 cm × 60 cm × 30 cm × 3

体积重量：3（60 × 60 × 30）÷ 6000 = 54 kg

货物实际毛重为 70 kg

按照指定商品运价（SCR）计算：

适用运价：C4110/100 = GBP5.08 per kg

计费重量：100.0 kg

航空运费：100.0 × 5.08 = GBP508.00

按照普通货物运价（GCR）计算：

适用运价：GCRN = GBP6.45 per kg

计费重量：70.0 kg

航空运费：70.0 × 6.45 = GBP451.50

经过比较，按照普通货物运价计算的运费较低。

通常情况下，如果货物毛重或体积重量小于指定商品最低重量分界点较多时，可能按照普通货物运价计算的运费较低。按照普通货物运价计算货物运费时，还要遵守普通货物运价原则（从低原则）。

运价计算栏的填写见表 4-39。

表 4-39　按照普通货物运价计算运费时计算栏填写示例 1

								Accounting Information		
Currency **GBP**	CHGS Code	WT/VAL PPD ×	WT/VAL COLL	Other PPD ×	Other COLL	Declared value for Carriage **NVD**			Declared Value for Customs **NCV**	
Handling Information										
No of Pieces RCP	Gross Weight	Kg lb	Rate Class	Commodity Item No.	Chargeable Weight	Rate / Charge	Total	Nature and Quantity of Goods (incl. Dimensions or Volume)		
3	**70.0**	**K**	**N**		**70.0**	**6.45**	**451.50**	**AIRCRAFT TYRES DIMS: 60×60×30CM ×3 0.33M³**		
3	**70.0**						**451.50**			

备注，在查找两点间指定商品运价时，要注意两点间指定商品运价是否有承运人限制。也就是说，虽然两点间有指定商品运价，针对不同的承运人，有的承运人可以使用指定商品运价，有的承运人就不可以使用指定商品运价。

如果承运人为 SQ，则可以使用 SQ 所对应的指定商品运价。

如果承运人为 BA，IB，LH，就不能使用指定商品运价计算航空运费。

LH40 需要查阅 TACT RATES 3.1 注释部分。

例 4-26

Routing：LON/WAW by AF

Commodity：GIFT SHIPMENTS

Total Gross Wt：86 kg

Dims：100 cm×80 cm × 60 cm×1

Payment：PP

如承运人有指定的指定商品运价，要使用该承运人的运价。

体积重量：100×80×60 ÷ 6000 = 80.0 kg <86 kg

计费重量：运输礼品时，可以使用编号为9105相对应的指定商品运价，但是毛重为86 kg，达不到100 kg，那么，要使用9105对应的运价，最低重量最低为100 kg。所以确定重量分界点100 kg为计费重量。

适用的运价：

C9105/100 = GBP1.41 per kg

航空运费：100.0 × 1.41 = GBP141.00

按照普通货物运价计算货物运费较高，在此省略计算。

运价计算栏的填写见表4-40。

Date/type	note	item	Min. wght	Local Curr
London			GB	LON
U.K.pound		GBP		KGS
WARSAW		PL		
	AF		M	36.00
	AF		N	2.71
	AF		100	2.21
	AF	4700	100	1.54
	AF	6002	100	1.54
	AF	8003	100	1.54
	AF	9105	100	1.41
	AF	9105	250	1.14
	BA IB		M	62.00
	BA IB		N	4.00
	BA IB		45	5.51
	SK01		M	58.00
	SK01		N	3.07
	SK02		M	34.00
	SK02		N	2.08

表4-40 指定商品运价计算栏填写示例2

To			By first carrier			Accounting Information	
WAW			**AF**				
Currency	CHGS Code	WT/VAL PPD	WT/VAL COLL	Other PPD	Other COLL	Declared value for Carriage	Declared Value for Customs
GBP		×		×		**NVD**	**NCV**
Handling Information							

No of Pieces RCP	Gross Weight	Kg Lb	Rate Class	Commodity Item No.	Chargeable Weight	Rate / Charge	Total	Nature and Quantity of Goods (incl. Dimensions or Volume)
1	**86.0**	**K**	**C**	**9105**	**100.0**	**1.41**	**141.00**	**GIFT SHIPMENTS DIMS:100×80×60CM ×1 0.48M³**
1	**86.0**						**141.00**	

原则2：

如果指定商品运价中，既有确指品名（MORE SPECIFIC DESCRIPTION），又有泛指品名（LESS SPECIFIC DESCERIPION），则优先使用确指品名。尽管用确指品名运价计算的运费较高，也不能使用泛指品名运价计算货物运费。如果泛指品名存在较低重量分界点、较高运价，则可以使用泛指品名运价计算货物运费。

例4-27

Routing：DXB / LON

Commodity：CARPETS

Total Gross Wt：520 kg

Date/ type	note	item	Min. wght	Local Curr
Dubai			AE	DXB
U.A.E.digh		AED		KGS
LONDON		GB	M	190.00
			N	30.70
			45	23.00
			100	13.65
			500	9.70
		0300	500	8.40
		2199	250	9.80
		2199	500	8.30
		2865	500	9.25
		3015	1000	11.65
		4214	500	8.65
		9998	100	6.10

Dims：200 cm ×60 cm ×45 cm ×5

Payment：PP

查 TACT RATES2.4 可知品名编号 2199 为纱、线等纺织品（泛指品名），品名编号 2865 则为地毯（确指品名）。虽然 2199 最低重量分界点 500 kg 对应的运价 8.30，低于 2865 最低重量分界点 500 kg 对应的运价 9.25，但也只能使用确指品名 2865 对应的运价。

体积重量：450 kg < 毛重 520 kg

适用的运价：C2865/500 = AED9.25 per kg

计费重量：520.0 kg

航空运费：520.0 × 9.25 = AED4810.00

此题按照普通货物运价计算的航空运费较高，此处不再计算。

运价计算栏的填写见表 4-41。

表 4-41 指定商品运价计算栏填写示例 2

					Accounting Information	
Currency AED	CHGS Code	WT/VAL PPD ×	WT/VAL COLL	Other PPD ×	Other COLL	Declared value for Carriage NVD	Declared Value for Customs NCV

Handling Information								
No of Pieces RCP	Gross Weight	Kg lb	Rate Class	Commodity Item No.	Chargeable Weight	Rate / Charge	Total	Nature and Quantity of Goods (incl. Dimensions or Volume)
5	**520.0**	**K**	**C**	**2865**	**520.0**	**9.25**	**4810.00**	**CARPETS DIMS:200×60×45CM×5 2.70M³**
5	**520.0**						**4810.00**	

如果上例中的货物毛重为 240 kg，体积为 200 cm ×60 cm ×45 cm×2

按照 C2865 /500 计算，航空运费为 AED 4625.00

而 C2199/250 = AED9.80 与 C2865/500 = AED 9.25 per kg 比较，存在较高运价（9.80 > 9.25），较低重量分界点（250 < 500）。

可以使用泛指品名对应的运价：C2199/250 = AED9.80 per kg

计费重量：250.0 kg

航空运费：250.0 × 9.80 = AED 2450.00 < AED 4625.00

取低者 AED 2450.00。

此题按照普通货物运价计算的航空运费较高，此处不再计算。

运价计算栏的填写见表 4-42。

表 4-42 指定商品运价计算栏填写示例 3

Currency	CHGS Code	WT/VAL PPD	WT/VAL COLL	Other PPD	Other COLL	Declared value for Carriage	Declared Value for Customs
AED		×		×		**NVD**	**NCV**

Accounting Information

Handling Information

No of Pieces RCP	Gross Weight	Kg lb	Rate Class	Commodity Item No.	Chargeable Weight	Rate / Charge	Total	Nature and Quantity of Goods (incl. Dimensions or Volume)
2	**240.0**	**K**	**C**	**2199**	**250.0**	**9.80**	**2450.00**	**CARPETS DIMS:200×60×45CM×2 1.08M³**
2	**240.0**						**2450.00**	

如果一件货物重量为 120 kg，体积 200 cm ×60 cm ×45 cm

体积重量：90 kg

按照指定商品运价计算的航空运费上面结果：AED 4625. 00 和 AED 2450. 00

按照普通货物运价计算：

适用运价 GCR Q100 = AED13. 65 per kg

航空运费为 120×13. 65 = AED1638. 00

故，按照普通货物运价计算航空运费较低，见表 4-43。

表 4-43 按照普通货物运价计算运费时计算栏填写示例 2

No of Pieces RCP	Gross Weight	Kg lb	Rate Class	Commodity Item No.	Chargeable Weight	Rate / Charge	Total	Nature and Quantity of Goods (incl. Dimensions or Volume)
1	**120.0**	**K**	**Q**		**120.0**	**13.65**	**1638.00**	**CARPETS DIMS:200×60×45CM×1 0.54M³**
1	**120.0**						**1638.00**	

原则 3：

当无法判断是否能用相应的指定商品编号相对应的运价时，可以查阅 TACT RATES 2. 2 品名说明指南进行判断。中英文对照见表 4-44。

表 4-44　指定商品编号名说明指南

By means of the sign "×" in the pertaining column, it is indicated between or within the IATA Areas the guidelines on use of descriptions are binding。 在右表中标注"×"处，表示在此 IATA 区域之间或之内适用此说明。	Guidelines binding			
	Within IATA 1	Within IATA 2	Within IATA 3	Between all other areas
1. APPLIANCES as used in Item 8550 includes chairs, stools and/or operating tables used in Dentistry and/or Surgery. 品名编号 8550 中的物品包括牙科或外科使用的椅子、用具和/或手术台。		×	×	×
2. CASSETTES AND/OR CARTRIDGES may be considered as recording tape. 盒式磁带和/或磁带盒可以作为录音带或磁带。		×		
3. CRABS, CRAYFISH, EELS, LOBSTERS, SOFT SHELL TURTLES, SNAILS, TROUT, when shipped live, need not be considered as subject to the live animal rate and may be classified under the appropriate foodstuffs or seafood item. 当运输活的螃蟹、小龙虾、鳗鱼、龙虾、软壳海龟、蜗牛、鲑鱼时，不必考虑活体动物运价，可以使用食品或海产品对应的指定商品运价。		×	×	×
4. ALL DIAMONDS are considered as precious stones. 所有的钻石都被看成是宝石。			×	×
5. ELECTRIC shall also mean electronic. "电的"与"电子的"相同。		×	×	×
6. ELECTRICALLY OPERATED DISPLAY BOARDS for automatic indication of data and time may qualify under the Item 4416. 电驱动的自动显示数据和时间的显示屏，可以使用 4416 对应的指定商品运价。		×		×
7. FROG when shippedlive, need not be considered as subject to the live animal rate and may be classified under the appropriate foodstuff item. 当运输活的青蛙时，不必考虑活体动物运价，可以使用食品对应的指定商品运价。		×	×	
8. FUR PLATES made from sewn scraps can be carried under a description allowing for furs, hides, pelts and skins. 用下脚料缝制的皮垫，可以使用毛皮、皮革、毛皮和兽皮对应的指定商品运价。		×	×	×
9. GIFT PARCELS may include coffee, tea and betel leaves. 礼品包可能包括咖啡、茶叶和萎叶。			×	×
10. HATCHING EGGS are notbe considered as foodstuffs. 种蛋不能使用食品对应的指定商品运价。	×		×	×
11. LIGHTING FIXTURES as used in Item 4416 may include electrical, gas or oil lighting fixtures. 品名编号为 4416 中的照明器材可以包括用电、汽和油作为燃料的照明器材。		×	×	×
12. MARINE AUTOMATIC PILOTS AND/OR RADAR may be carried under Item 4499 and 4999. 船舶自动驾驶仪和/或雷达可以使用 4499 和 4999 指定商品运价。		×	×	

续表

By means of the sign "×" in the pertaining column, it is indicated between or within the IATA Areas the guidelines on use of descriptions are binding。 在右表中标注"×"处，表示在此 IATA 区域之间或之内适用此说明。	Guidelines binding			
	Within IATA 1	Within IATA 2	Within IATA 3	Between all other areas
13. PHOTOGRAPHIC AND PROJECTION EQUIPMENT, ACCESSORIES OR SUPPLIES cannot be classified as electrical equipment and/or appliances. 摄影及投影设备、附件或供应品不能使用电子设备和器材相对应的指定商品运价。			×	×
14. PHOTOGRAPHIC PAPER may include sensitized paper used in duplication by electrostatic machines. 相纸可以包括静电机器使用的用于复制的感光纸。		×	×	×
15. POCKET OR PALM - SIZE CALCULATORS shall be classified as office machines. 袖珍计算器或掌上计算器可以列入办公设备。			×	×
16. RADIOACTIVE MATERIALS are excluded from all commodity descriptions unless specifically included. 放射性物质不包括在所有指定商品编号说明中，除非特别指明包括。	×	×	×	×
17. SAUSAGE CASINGS do not qualify for specific commodity rates under foodstuffs. 肠衣不能使用食品对应的指定商品运价。		×		
18. SELF PROPELLED AGRICULTURAL MACHINERY, as used in the description of Item 4235 shall include devices used in agricultural activities whether or not pushed/pulled byself propelled agricultural machines. 自动推动农用机械，使用品名编号 4235 时，无论是否是自动推拉式的，可以包括农业设备。	×	×	×	×
19. SLIDES whether or not processed, as pertaining to photographic products shall be considered as film and not as photographs. 幻灯片无论是否加工处理，只要是与摄影制品有关，都可以看成胶片，而不是照片。		×	×	×
20. SPECTOMETERS shall not be classified as being electrical appliances wherever a measuring calibrating or testing instruments rated exists. 做手术的机器，当存在测量、校准和测试仪器的运价时，都不能使用电动器具的指定商品运价。		×	×	×
21. SUNGLASSES may be classified as spectacles. 太阳镜可以使用眼镜对应的指定商品运价。		×	×	×
22. SURFACE VEHICLE BATTERIES shall be considered as parts of surface vehicles and not as accessories thereof. 地面车辆用蓄电池可以作为车辆的零件，而不能作为它的附件。		×	×	×
23. TOUPEES, WIGS AND SWITCHES, finished or semi-finished made of natural or synthetic material shall not be classified as being yarn, thread and/or fibres, textile manufactures or clothing/wearing apparel. 用天然或人造材料制作的男女假发的成品或半成品，不能使用纱、线和/或纤维、纺织品或衣服/服装相对应的指定商品运价。		×		×
24. WEARING APPAREL as used in Item 2198/2199/2200 includes footwear. 品名编号为 2198/2199/2200 中的服装可以包括鞋类。		×	×	×

例 4-28

Routing：BJS /OSA By AF

Commodity：LIVE LOBSTERS

Total Gross Wt：680 kg

Dims：40 cm ×40 cm × 40 cm × 50

Payment：PP

Date/type	note	item	Min. wght	Local Curr.
Beijing Yuan Renmin b		CNY	CN	BJS KGS
Osaka		JP		
	AF		M	230.00
	AF		N	37.51
	AF		45	28.13
	AF	0008	300	18.80
	AF	0300	500	20.61
	AF	1093	100	18.43
	AF	2195	500	18.80

运输活的龙虾，能否使用品名编号 0300 对应的运价？

需要查 TACT RATES 2.2 第 3 条。这里涉及始发站和到达站所在的 IATA 区域。如在区域之间有“×”符号，表示符合相对应的说明。

BJS 和 OSA 均在 IATA 3 区，当运输活的龙虾时，在 3 区之内有“×”符号，表示允许使用海产品 0300 对应的运价。

体积重量：533. 5 kg　　毛重：680 kg

适用的运价：C0300/500 = CNY 20. 61/kg

计费重量：680. 0 kg

航空运费：680. 0 × 20. 61 = CNY14014. 80

注意：活的龙虾使用指定商品运价后，就不能再使用普通货物运价。具体见运价使用顺序部分。运价计算栏的填写见表 4-45。

表 4-45　指定商品运价计算栏填写示例 4

Currency	CHGS Code	WT/VAL PPD	WT/VAL COLL	Other PPD	Other COLL	Declared value for Carriage	Declared Value for Customs
CNY		×		×		NVD	NCV

Accounting Information

Handling Information

No of Pieces RCP	Gross Weight	Kg lb	Rate Class	Commodity Item No.	Chargeable Weight	Rate / Charge	Total	Nature and Quantity of Goods (incl. Dimensions or Volume)
50	680.0	K	C	0300	680.0	20.61	14014.80	**LIVE LOBSTERS DIMS: 40×40×40CM×50 3.2M³ AVI/PES**
50	680.0						14014.80	

原则 4：

当运输机器零件（Parts）、附件（Accessories）、备件（Supplies），能否使用所对应的机器的指定商品运价，就要根据 TACT RATES 2. 1 的规定。

零件包括在品名说明中，通常可以使用相应的指定商品运价，除非特别表明不包括。附件、备件时，一般不包括在品名说明中，通常不可以使用相应的指定商品运价，除非特

别说明包括在品名中，才可使用。

根据 TACT RULES 2. 1. 1 解释，零件是指主体正常使用过程中必不可少的物品或是其组成部分，但不包括如下定义的备件。

附件是指非主体正常使用过程中必不可少的物品或其组成部分，但又与主体一起使用。

备件是指供主体使用的消耗品，但又不同于零件。

Date/ type	note	item	Min. wght	Local Curr
London			GB	LON
U.K pound		GBP		kgs
Nairobi		KE	M	60.00
			N	6.45
			100	5.37
		2199	500	3.27
		2203	100	5.08
		4110	100	5.08
		4110	250	4.53
		4235	100	4.84
		4235	500	3.03
		4327	100	4.88
		4327	500	4.71
		4327	1000	4.15
		4402	100	5.08
		4700	100	5.08
		6002	100	5.09

例 4-29

Routing：LON/NBO

Commodity：COPYCAT PARTS

Total Gross Wt：86 kg

Dims：100 cm ×80 cm ×60 cm×1

Payment：PP

体积重量：80. 0 kg

毛重：86 kg

适用的运价：C4327/100 = GBP4. 88 per kg

计费重量：100. 0 kg

航空运费：100. 0 × 4. 88 = GBP488. 00

此题按照普通货物运价计算的航空运费较高，此处不再计算。

运价计算栏的填写见表 4-46。

表 4-46 指定商品运价计算栏填写示例 5

						Accounting Information
Currency	CHGS Code	WT/VAL		Other		Declared value for Carriage	Declared Value for Customs
		PPD	COLL	PPD	COLL		
GBP		×		×		NVD	NCV
Handling Information							

No of Pieces RCP	Gross Weight	Kg lb	Rate Class	Commodity Item No.	Chargeable Weight	Rate / Charge	Total	Nature and Quantity of Goods (incl. Dimensions or Volume)
1	86.0	K	C	4327	100.0	4.88	488.00	COPYCAT PARTS DIMS:100×80×60CM×1 $0.48M^3$
1	86.0						488.00	

如果运输 SURFACE VEHICLES ACCESSORIES 450 kg，那么可以使用 4235 对应的运价。

C4235/100 = 4.84　450 × 4.84 = GBP 2178.00

C4235/500 = 3.03　500 × 3.03 = GBP 1515.00

比较取低者，GBP 1515.00。

第六节　公布直达运价使用顺序

到目前为止，我们已介绍了公布直达运价，也学会了用普通货物运价、等级运价和指定商品运价计算航空运费。如果在公布直达运价中，既有等级运价、指定商品运价又有普通货物运价，那么，应该如何计算货物的航空运费呢？也就是说，这三种运价有没有使用顺序呢？

本节重点介绍公布直达运价使用顺序及应用。

一、公布直达运价使用顺序（TACT RULES 3.3）

（1）指定商品运价优先于等级运价和普通货物运价。

（2）等级运价优先于普通货物运价。

（3）当按照普通货物运价计算的运费低时，可以使用普通货物运价。但是，货物不属于等级运价中的附加运价的货物。

（4）属于 TACT RULES 3.7.7（报纸、杂志、期刊、书、目录、盲人设备及有声读物）和 3.7.8（作为货物运输的行李）中的货物，当按照普通货物运价计算的运费低于按照等级运价计算的运费时，可以使用普通货物运价。

也就是说，按照等级运价中的附加运价计算航空运费时，不能再使用普通货物运价。

可以按照表 4-47 顺序选择适用运价计算航空运费，比较取其低者。

表 4-47　运价使用顺序

	步骤 1	步骤 2	步骤 3
顺序 1	SCR	C-R	GCR
顺序 2	SCR	C-S	
顺序 3	GCR		

第一步，如果属于指定商品运价，按照指定商品运价计算航空运费；

第二步，看货物名称是否属于等级运价，如果属于某一等级运价，就按其计算原则计算航空运费。

第三步，如果属于附减等级运价或不属于等级运价时，需要按照普通货物运价计算航空运费。

第四步，比较上述所有计算结果，取最低者。

第五步，最低者不能低于最低运费。

特别强调：

在选择每种运价计算航空运费时，还要遵守各自的计算原则。

按照附加等级运价计算航空运费时，不能再使用普通货物运价计算航空运费。

二、运价与运费计算

例 4-30

Routing：MFM/SFO

Commodity：HANDBAGS

Total Gross Wt：240 kg

Dims：72 cm ×49 cm × 57 cm × 15

Payment：PP

（1）按照指定商品运价计算航空运费

运输手提包，经查 TACT RATES 2.4 品名编号为 9557 的具体名称，正好包括手提包。所以，按照公布直达运价的使用顺序，优先使用指定商品运价 SCR。

体积重量：502.74 kg

适用运价：C9557/500 = MOP 43.29 per kg

计费重量：503.0 kg

航空运费：503.0 × 43.29 = MOP 21774.87（进位单位 0.01）

Date/ type	note	item	Min. wght	Local Curr.
Macao			MO	MFM
Pataca		MOP		KGS
San Franci CA		US	M	484.00
			N	92.38
			45	70.65
			100	62.31
			300	49.44
			500	43.29
		2195	100	58.59
		2195	300	49.44
		2195	500	43.29
		2195	1500	42.57
		2741	100	58.59
		2741	300	49.44
		2741	500	43.29
		4314	200	54.79
		4314	300	49.44
		4314	500	43.29
		4416	100	49.90
		4416	300	49.44
		4416	500	37.77
		4506	2000	36.68
		4701	200	57.06
		4701	300	49.44
		4701	500	43.29
		6827	100	58.59
		6827	300	49.44
		6827	500	43.29
		8396	100	53.16
		8396	300	49.44
		8396	500	43.29
		9202	100	58.59
		9202	300	49.44
		9202	500	43.29
		9557	100	58.59
		9557	300	49.44
		9557	500	43.29

（2）按照等级运价计算航空运费

根据货物的名称，可以判断，它不属于等级货物，也不再按照等级运价进行计算。

（3）按照普通货物运价计算航空运费

适用运价：GCRQ500 = MOP 43.29 per kg

计费重量：503.0 kg

航空运费：503.0 × 43.29 = MOP 21774.87

计算结果与 SCR 相同。因为按照运价使用顺序，优先使用 SCR，故，按照 SCR 要求填写运价计算栏，见表 4-48。

表 4-48　公布直达运价计算栏填写示例 1

Currency	CHGS Code	WT/VAL PPD	WT/VAL COLL	Other PPD	Other COLL	Accounting Information
MOP		×		×		
Handling Information						

No of Pieces RCP	Gross Weight	Kg lb		Rate Class	Commodity Item No.	Chargeable Weight	Rate / Charge	Total	Nature and Quantity of Goods (incl. Dimensions or Volume)
15	**240.0**	**K**		**C**	**9557**	**503.0**	**43.29**	**21774.87**	**HANDBAGS DIMS: 72×49×57CM×15 3.02M³**
15	**240.0**							**21774.87**	

如果相同上述货物，两件，毛重 32 kg

体积重量：72 cm ×49 cm × 57 cm × 2÷6000 = 67.032 kg

计费重量为 67.5 kg

按照指定商品运价：C9557/100 = 58.59　航空运费：100 × 58.59 = 5859.00

按照普通货物运价：GCRQ45 = 70.65　　航空运费：67.5 × 70.65 = 4768.88

则按照普通货物运价计算的航空运费较低。运价计算栏填写见表 4-49。

表 4-49　公布直达运价计算栏填写示例 2

Currency	CHGS Code	WT/VAL PPD	WT/VAL COLL	Other PPD	Other COLL	Declared value for Carriage	Declared Value for Customs
						Accounting Information	
MOP		×		×		**NVD**	**NCV**
Handling Information							

No of Pieces RCP	Gross Weight	Kg lb	Rate Class	Commodity Item No.	Chargeable Weight	Rate / Charge	Total	Nature and Quantity of Goods (incl. Dimensions or Volume)
2	**32.0**	**K**	**Q**		**67.5**	**70.65**	**4768.88**	**HANDBAGS DIMS: 72× 49×57CM×2 0.41M³**
2	**32.0**						**4768.88**	

货物计费重量为多少时，按照普通货物运价计算较低呢？

可以这样计算：58.59 × 100 ÷62.31 = 94.03

计费重量低于 94.0 kg 时，按照普通货物运价计算的航空运费较便宜；大于或等于 94.5 kg 时，按照指定商品运价计算的航空运费较便宜。

例 4-31

Routing：TUN/AMS

Commodity：LIVE TURTLE

Total Gross Wt：75 kg

Dims：50 cm ×40 cm ×40 cm×6

Payment：PP

（1）SCR

体积重量：80 kg

适用运价：C1072/100 = TUD 0. 500 per kg

航空运费：100. 0 × 0. 500 = TUD 50. 000

（2）CLASS—RATES

体积重量：80 kg

适用运价：SN175 = 1. 400 × 175% = TUD 2. 450 per kg（进位单位 0. 010）

航空运费：80. 0 × 2. 450 = TUD 196. 000

（3）因为属于附加等级运价，不能再按照普通货物运价计算了。

比较（1）和（2）结果，取低者 TUD 50. 000。

运价计算栏的填写见表 4-50。

Date/ type	note	item	Min. wght	Local Curr.
Tunis			TN	TUN
Tunis Din		TND		KGS
Amsterdam		NL	M	43.050
			N	1.400
			45	1.050
		0006	100	0.470
		0006	250	0.410
		0300	250	0.700
		0300	500	0.580
		1072	100	0.500
		1402	100	0.700
		1403	100	0.590
		1403	500	0.520
		1980	100	0.770
		2199	500	0.540
		4402	250	0.900
		6810	250	0.680
		6810	500	0.590
		9513	100	0.560
		9557	500	0.630
	TU		M	75.000
	TU		N	2.400
	TU		100	1.900

表 4-50 公布直达运价计算栏填写示例 3

Currency TUD	CHGS Code	WT/VAL PPD ×	WT/VAL COLL	Other PPD ×	Other COLL	Accounting Information			
Handling Information AVI									
No of Pieces RCP	Gross Weight	Kg / lb		Rate Class	Commodity Item No.	Chargeable Weight	Rate / Charge	Total	Nature and Quantity of Goods (incl. Dimensions or Volume)
6	**75.0**	**K**		**C**	**1072**	**100.0**	**0.500**	**50.000**	**LIVE TURTLE DIMS:50×40×40CM×6 0.48M³**
6	**75.0**							**50.000**	

如果承运人为 TU，则不能使用相应的指定商品运价。

例 4-32

Routing：YEA / BFS

Commodity：MAGAZINES

Total Gross Wt：150 kg

Dims：45 cm ×30 cm ×30 cm×20

Payment：PP

Date/ type	note	item	Min. wght	Local Curr.
Edmonton		AB	CA	YEA
Canadian dol		CAD		KGS
Belfast		GB	M	150.00
			N	11.65
			45	9.62
			100	5.66
			300	5.09
			500	4.64
			1000	4.07
		0300	100	4.37
		0300	200	4.20
		0300	300	3.98
		0300	500	3.69
		0300	1000	3.30
		1024	200	4.35
		4209	200	4.08
		7113	300	3.63
		9998	45	6.31

（1）SCR

体积重量：135 kg

适用运价：C7113/300 = CAD 3.63 per kg

计费重量：300 kg

航空运费：300 × 3.63 = CAD 1089.00（进位单位 0.01）

（2）CLASS—RATES

适用运价：RN67 = 11.65 × 67% = CAD 7.81 per kg（1-2 区之间）

计费重量：150.0 kg

航空运费：150×7.81 = CAD 1171.50

（3）因为属于附减等级运价，还可以按照普通货物运价计算航空运费。

适用运价：GCRQ100 = CAD 5.66 per kg

计费重量：150.0 kg

航空运费：150.0 × 5.66 = CAD 849.00

比较（1）（2）（3）计算结果，取低者 CAD849.00。

运价计算栏的填写见表 4-51。

表 4-51　公布直达运价计算栏填写示例 4

Currency	CHGS Code	WT/VAL PPD	WT/VAL COLL	Other PPD	Other COLL	Accounting Information
CAD		×		×		

Handling Information

No of Pieces RCP	Gross Weight	Kg lb	Rate Class	Commodity Item No.	Chargeable Weight	Rate / Charge	Total	Nature and Quantity of Goods (incl. Dimensions or Volume)
20	**150.0**	**K**	**Q**		**150.0**	**5.66**	**849.00**	**MAGAZINES** **DIMS: 45×30×30CM×20** **0.81M³**
20	**150.0**						**849.00**	

注意：按照每种运价计算航空运费时，还要遵守其计算原则。

例 4-33

Routing：BJS /OSA by CA

Commodity：LIVE LOBSTERS

Total Gross Wt：560 kg

Dims：40 cm ×40 cm × 40 cm × 50

Payment：PP

运输活的龙虾，能否使用品名编号 0300 对应的运价？

需要查TACT RATES 2.2第3条。这里涉及始发站和到达站所在的IATA区域。如在区域之间有“×”符号，表示符合相对应的说明。

BJS和OSA均在IATA 3区，当运输活的龙虾时，在3区之内有“×”符号，表示允许使用海产品0300对应的运价。

体积重量：533.5 kg　　毛重：560 kg

适用的运价：C0300/500 = CNY 20.61/kg

计费重量：560.0 kg

航空运费：560.0 × 20.61 = CNY11541.60

注意：活的龙虾使用指定商品运价后，就不能再使用普通货物运价。

运价计算栏的填写见表4-52。

Date/ type	note	item	Min. wght	Local Curr.
Beijing			CN	BJS
Yuan Renminb		CNY		KGS
Osaka		JP		
	CA		M	230.00
	CA		N	37.51
	CA		45	28.13
	CA	0008	300	18.80
	CA	0300	500	20.61
	CA	1093	100	18.43
	CA	2195	500	18.80

表4-52　公布直达运价计算栏填写示例5

Currency	CHGS Code	WT/VAL PPD	WT/VAL COLL	Other PPD	Other COLL	Declared value for Carriage	Declared Value for Customs	Accounting Information
CNY		×		×		**NVD**	**NCV**	

Handling Information: **AVI/PES**

No of Pieces RCP	Gross Weight	Kg lb	Rate Class	Commodity Item No.	Chargeable Weight	Rate/Charge	Total	Nature and Quantity of Goods (incl. Dimensions or Volume)
50	**560.0**	**K**	**C**	**0300**	**680.0**	**20.61**	**11541.60**	**LIVE LOBSTERS DIMS: 40×40×40CM×50 3.2M³**
50	**560.0**						**11541.60**	

如果运输上述货物10件，112 kg

体积重量为40 cm ×40 cm × 40 cm × 10 ÷6000 = 107.0 kg

（1）按照SCR计算：

适用运价：C0300/500 = CNY 20.61per kg

计费重量：500 kg

航空运费：500.0 × 20.61 = CNY10305.00

（2）按照附加等级运价计算：

适用运价：SN150 = 37.51×150% = CNY56.27per kg

计费重量：112.0 kg

航空运费：112.0 ×56.27 = CNY6302.24

由于属于附加等级运价，就不能再按照普通货物运价计算航空运费。

比较上述（1）和（2）计算结果，取其低者。

运价计算栏填写见表 4-53。

表 4-53　公布直达运价计算栏填写示例 6

						Accounting Information		
Currency **CNY**	CHGS Code	WT/VAL PPD ×	WT/VAL COLL	Other PPD ×	Other COLL	Declared value for Carriage **NVD**		Declared Value for Customs **NCV**
Handling Information **AVI/PES**								

No of Pieces RCP	Gross Weight	Kg lb	Rate Class	Commodity Item No.	Chargeable Weight	Rate / Charge	Total	Nature and Quantity of Goods (incl. Dimensions or Volume)
10	**112.0**	**K**	**S**	**N150**	**112.0**	**56.27**	**6302.24**	**LIVE LOBSTERS** **DIMS:** **40×40×40CM×10** **$0.64M^3$**
10	**112.0**						**6302.24**	

第七节　非公布直达运价

如果货物运输的始发地至目的地之间无公布直达运价时，则可以采用比例运价和分段相加最低组合运价的方法构成全程运价，计算货物航空运费。

一、比例运价

1. 比例运价的定义

在 TACT RATES 中直接能查到的运价，称为公布直达运价。由于 IATA 篇幅有限，无法对所有城市对，特别是对较小的城市的运价都公布出来，为弥补这一缺陷，根据运价制定的原则制定了比例运价。

当货物运输始发地至目的地之间无公布直达运价时（在 TACT RATES 中不能查到直达运价），可采用比例运价表中的一种不能单独使用的运价附加数（and-on amount），与已知的公布直达运价相加构成非公布直达运价，此运价称为比例运价。

只要是运输距离在同一距离范围内或接近这一范围，就可以采用以某一地点为运价的组合点，然后用始发站到组合点或组合点到目的站的公布直达运价与始发站到目的站的比例运价相加，构成全程运价。

比例运价表公布在 TACT RATES 5 中，即运价手册。

2. 比例运价一般规定

采用比例运价与公布直达运价相加时，应遵守以下原则：

（1）比例运价优先于分段相加最低组合运价。

我们曾介绍过货物运价使用顺序：有公布直达运价时，优先使用公布直达运价，如没有公布直达运价时，优先使用比例运价，最后使用分段相加最低组合运价。也就是说，能使用比例运价时，不使用分段相加最低组合运价。

（2）比例运价不能单独使用，只能用于货物国际运输，而不能用于货物国内运输。

（3）无论始发站还是目的站，不能连续使用两个或两个以上比例运价。

（4）比例运价组成原则。

只有相同种类的货物运价才能组成始发站至目的站之间的货物运价，例如：

比例运价中的普通货物运价只能和公布的普通货物运价相加。

比例运价中的指定商品运价只能和公布的指定商品运价相加。

比例运价中的集装器运价只能和公布的集装器运价相加。

（5）当比例运价构成点不同时，应使用构成全程的最低运价。

（6）比例运价的最低运费，应按照区域性最低运费规定（TACT Rule 3.4）。

（7）比例运价的构成点只作为运价的组成使用，并非货物实际运输经过点。

（8）采用比例运价构成的运价可作为等级运价的基础。

3. 比例运价使用形式

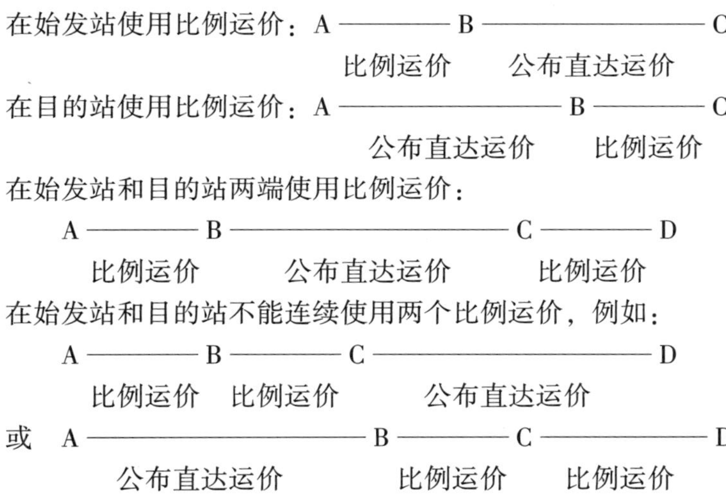

4. 比例运价表的使用

在 TACT RATES 两本分册的 5.2 公布了比例运价表。下面以石家庄为例介绍比例运价表的使用。

1）在始发站使用比例运价

例如 SJW—FRA，运输 15 kg 的普通货物。

第一步，查找石家庄到法兰克福的运价：没有公布直达运价。

第二步，查找比例运价。

在 TACT RATES 5.2 GENERAL LIST OF ADD－ONS 按照英文字母顺序找到

Shijiazhuang。

比例运价如右表所示。在Shijiazhuang后面列出所在国家两字代码（CN）、城市三字代码（SJW）、当地货币名称（Yuan Renmib）和货币代码（CNY）。

date/ type	not e	item	min. wght	usd	Local Curr.
Shijiazhuang				**CN**	**SJW**
Yuan Renminb		CNY		KGS	KGS
Const. Over BJS Beijing		CN			
Area1					
		GCR	N	0.75	4.95
		GCR	45	0.56	3.70
Area 2					
		GCR	N	0.75	4.95
		GCR	45	0.56	3.70
Area 3 excluding Australia, Japan					
		GCR	N	0.75	4.95
		GCR	45	0.56	3.70

第三步，确定比例运价构成点。

在“Const. Over”后面的城市三字代码“BJS”即为运价的构成点，其后为城市全称“Beijing”和国家两字代码“CN”。

第四步，选择合适的运价。

在“date/type”一栏内注明的是有效期、集装器运价代号和IATA区域。在指定区域中，前有“From”字样的表明该运价只适用于从该区域始发的比例运价；如有“To”字样的表明该运价只适用于到该区域的比例运价。如果在指定区域前没有“From”和“To”，如上表中Area 3，表示该比例运价为双向，可以是从IATA 3区始发到SJW比例运价，也可以是从SJW到IATA 3区的比例运价。

在“item”栏中，列明的是比例运价的普通货物运价或指定商品运价或集装器运价代号。

“min weight”栏，列出的是比例运价的最低重量。例如N代表45 kg以下的普通货物运价，45代表45 kg（含）以上普通货物运价。

“usd”一栏为以美元公布的比例运价。

SJW—FRA全程运价：

SJW—BJS为比例运价GCR N= CNY4. 95 per kg

BJS—FRA为公布直达运价GCR N = CNY45. 57 per kg

两者之和：CNY45. 57 per kg + CNY4. 95 per kg = CNY50. 52 per kg

也就是说SJW—FRA，是在公布直达运价（BJS—FRA）的基础上增加了一个附加数（到IATA2区—FRA的比例运价）。

Date/ type	note	item	Min. wght	Local Curr.
Beijing Yuan Renminb		CNY	CN	BJS KGS
Frankfurt		DE	M	320.00
			N	45.57
			45	37.75
			300	33.93
			500	33.42
			1000	30.71
			2000	28.33

在始发站使用比例运价时，一般选择以当地货币为比例运价。相同货币运价直接相加即可，无须再进行货币换算。

2）在目的站使用比例运价

FRA—SJW运价，应为在公布直达运价（FRA—BJS）的基础上增加了一个附加数（从IATA2区—FRA始发的比例运价）。

FRA—SJW 全程运价：

FRA—BJS 公布直达运价 GCR N = EUR11. 22 per kg

BJS—SJW 比例运价 GCR N = USD0. 75 per kg

在目的站使用比例运价时，一般选择以美元公布的比例运价，再换算成始发站货币。

Date/type	note	item	Min. wght	Local Curr.
Frankfurt			**DE**	**FRA**
euro		EUR		KGS
Beijing		CN	M	76.69
			N	11.22
			45	7.39
			100	4.00
			300	3.34
			500	3.24

从上述运价可发现，公布直达运价货币为欧元，而比例运价为美元，货币不同，不能够相加。应将美元换算成始发国货币（欧元）。

换算时，查阅 TACT RULES 5. 3. 1 换算率，203 期中的换算率见附录 C。

1USD = EUR0. 84322

将比例运价换算成当地货币时，按照进位单位，多保留一位数字，其他舍去。在计算全程运价后再进行进位。

将比例运价 USD0. 75 per kg 换算成欧元：0. 75× 0. 84322 = EUR0. 632415 per kg

欧元进位单位为 0. 01，保留 3 位小数，第 4 位舍去，即为 EUR 0. 6432per kg。

故，FRA—SJW 全程运价为 11. 22+0. 632 = EUR11. 852per kg = EUR11. 85per kg（按照欧元进位单位 0. 01 进行进位）

通过上述（1）和（2）的计算结果，可发现：

SJW—FRA 全程运价为：CNY50. 52 per kg

FRA—SJW 全程运价为：EUR11. 85per kg，相当于 CNY92. 38per kg

（1USD = EUR0. 84322，1USD = CNY6. 57384）

故，货物运价的使用必须按照货物运输的正方向使用，而不能反方向使用。

注意：

（1）用比例运价构成直达运价的点（如 SJW）可以是始发站，也可以是目的站。

（2）确定 IATA 区域时，要看构成比例运价的另外一点（FRA）所在的运价区（IATA AREA 2 区），可以是始发站，也可以是目的站。

（3）选择比例运价的步骤：一是确定另外一个城市所在的区域，然后视其是始发站还是到达站，再选择合适的运价（包括运价种类、重量分界点和货币种类）。

（4）在始发站使用比例运价时，一般选择以当地货币为比例运价。

（5）如果目的站为非中国境内时，比例运价的货币就要按照美元进行计算，并把美元换算成始发站当地货币，与公布直达运价之和构成全程运价。

5. 运价与运费的计算

例 1

Routing：SJW—FRA

Commodity：PRINTED DOCUMENTS

Total Gross Wt：325 kg

Dims：50 cm× 40 cm ×30 cm × 20

Payment：PP

SJW—FRA 没有公布直达运价，存在比例运价。

体积重量：200 kg

计费重量：325. 0 kg

SJW—BJS 比例运价（运价表见前页）

GCR Q_{45} = CNY3. 70 per kg（选择到 2 区的运价）

BJS—FRA 公布直达运价

GCR Q_{300} = CNY33. 93 per kg

SJW—FRA 全程运价：

CNY3. 70 per kg + CNY33. 93 per kg = CNY37. 63per kg

航空运费：325. 0 × 37. 63 = CNY 12229. 75

运价计算栏的填写见表 4-54。

表 4-54　比例运价计算栏填写示例 1

<table>
<tr><td rowspan="2">Currency
CNY</td><td rowspan="2">CHGS Code</td><td colspan="2">WT/VAL</td><td colspan="2">Other</td><td colspan="3" rowspan="2">Accounting Information</td></tr>
<tr><td>PPD
×</td><td>COLL</td><td>PPD
×</td><td>COLL</td></tr>
<tr><td colspan="9">Handling Information</td></tr>
<tr><td>No of Pieces RCP</td><td>Gross Weight</td><td>Kg
lb</td><td>Rate Class</td><td>Commodity Item No.</td><td>Chargeable Weight</td><td>Rate / Charge</td><td>Total</td><td>Nature and Quantity of Goods (incl. Dimensions or Volume)</td></tr>
<tr><td>20
BJS</td><td>325.0</td><td>K</td><td>Q</td><td></td><td>325.0</td><td>37.63</td><td>12229.75</td><td>PRINTED DOCUMENTS
DIMS: 50×40×30CM×20
1.20M³</td></tr>
<tr><td>20</td><td>325.0</td><td></td><td></td><td></td><td></td><td></td><td>12229.75</td><td></td></tr>
</table>

注意：（1）当始发站采用比例运价时，选择的是当地货币为比例运价。

（2）在件数的下方填写比例运价构成点的三字代码。

例 2

Routing：SJW—FRA

Commodity：1 LIVE CAT

Total Gross Wt：4. 6 kg

Dims：30 cm×30 cm ×40 cm×1

Payment：PP

用比例运价计算航空运费，同样遵守运价使用顺序及相应的计算原则。

例如，等级运价是在普通货物运价的基础上附加或附减一定的百分比，所以，用比例运价计算航空运费时，同样也遵守相应的计算原则。

首先确定适用的等级运价，然后计算出用比例运价构成的全程普通货物运价，在此基

础上附加或附减一定的百分比。

本题中，适用运价为 SN150，此时，不管货物的计费重量为多少，先计算出全程的 GCRN 运价，然后再附加 150%，依此类推。

体积重量：6 kg

适用运价：SN150（根据 TACT RULES 3. 7. 2，2-3 区之间的运价）

GCR N = 4. 95 + 45. 57 = CNY 50. 52per kg

SN150 =50. 52× 150% = CNY75. 78 per kg（进位单位 0. 01）

航空运费：6. 0 ×75. 78 = CNY454. 68

最低运费：根据 TACT RULES 3. 4，中国到 2 区的欧洲次区，最低运费为 320. 00 元。故运输活体动物时，最低运费为 SM200 = CNY 640. 00

经比较 CNY 454. 68 < CNY 640. 00，航空运费按照最低运费收取。

运价计算栏的填写见表 4-55。

表 4-55　比例运价计算栏填写示例 2

<table>
<tr><td rowspan="2">Currency
CNY</td><td rowspan="2">CHGS Code</td><td colspan="2">WT/VAL</td><td colspan="2">Other</td><td colspan="3" rowspan="2">Accounting Information</td></tr>
<tr><td>PPD
×</td><td>COLL</td><td>PPD
×</td><td>COLL</td></tr>
<tr><td colspan="9">Handling Information
AVI</td></tr>
<tr><td>No of Pieces RCP</td><td>Gross Weight</td><td>Kg
lb</td><td>Rate Class</td><td>Commodity Item No.</td><td>Chargeable Weight</td><td>Rate / Charge</td><td>Total</td><td>Nature and Quantity of Goods (incl. Dimensions or Volume)</td></tr>
<tr><td>1
BJS</td><td>4.6</td><td rowspan="2">K</td><td rowspan="2">S</td><td rowspan="2">M200</td><td rowspan="2">6.0</td><td rowspan="2">640.00</td><td>640.00</td><td rowspan="2">1 LIVE CAT
DIMS: 30×30 × 40 CM ×1
$0.04M^3$</td></tr>
<tr><td>1</td><td>4.6</td><td>640.00</td></tr>
</table>

例 3

Routing：PEK—CRV

Commodity：DOOR LOCKS

Total Gross Wt：26 kg

Dims：50 cm ×40 cm ×30 cm ×2

Payment：PP

（1）PEK—CRV，没有公布直达运价，但存在比例运价。应使用比例运价计算货物运费。

（2）PEK 与 CRV 比较，CRV 属于小城市，在比例运价中找到 CRV，可以查到比例运价。

（3）比例运价构成点存在两个。一个为 PMO—Palermo，另一个为 ROM—Rome。PEK—PMO 之间只存在 GCR，比例运价中也只存在 GCR。

而 PEK—ROM 之间只存在 GCR，而比例运价中只存在 SCR，不是同一种类运价，不能构成全程运价。

故，运价构成点只能选择 PMO。

（4）全程运价

PEK—PMO　公布直达运价 GCR N = CNY46. 54 per kg

PMO—CRV　比例运价 GCRN = USD 0. 00 /kg = CNY0. 00 per kg（选择从 3 区始发的运价）

PEK—CRV　全程运价 GCR N = CNY46. 54 per kg

体积重量：20 kg

计费重量：26. 0 kg

航空运费：26. 0 × 46. 54 = CNY1210. 04

运价计算栏的填写见表 4-56。

Date/ type	**note**	**item**	**Min. wght**	**usd**	**Local Curr.**
Crotone				**IT**	**CRV**
euro		EUR		KGS	KGS
Const. Over PMO Palermo IT					
Area1 excluding French Guiana					
Greenland, Guadeloupe, Martinique, USA					
		GCR	N	0.00	0.00
Area 2 excluding ECAA , Reunion					
		GCR	N	0.00	000
Area 3 excluding Australia, Japan					
		GCR	N	0.00	0.00
Const. Over ROM Rome IT					
Mid Atlantic excluding					
French Guiana, Guadeloupe, Martinique					
		SCR	N	0.09	0.08
Area 1 excluding					
Greenland, Mid Atlantic, USA					
		SCR	45	0.09	0.08
Area 2 excluding ECAA, Reunion					
		SCR	45	0.09	0.08
Area 3 excluding Australia, Japan					
		SCR	N	0.09	0.08

Date/ type	note	item	Min. wght	Local Curr.
Beijing			**CN**	**BJS**
Yuan Renminb	CNY			KGS
Palermo		IT	M	320.00
			N	46.54
			45	38.80
			100	36.82
			300	35.11
			500	32.08
			1000	29.53

表 4-56　比例运价计算栏填写示例 3

Currency	CHGS Code	WT/VAL PPD	WT/VAL COLL	Other PPD	Other COLL	Accounting Information
CNY		×		×		

Handling Information

No of Pieces RCP	Gross Weight	Kg lb	Rate Clas	Commodity Item No.	Chargeable Weight	Rate / Charge	Total	Nature and Quantity of Goods (incl. Dimensions or Volume)
2 PMO	26.0	K	N		26.0	46.54	1210.04	DOOR LOCKS DIMS: 50×40×30 cm × 2 $0.12M^3$
2	26.0						1210.04	

例 4

Routing：PEK—KUD

Commodity：Real Pearls

Total Gross Wt：26 kg

Dims：50 cm ×40 cm ×30 cm ×2

Payment：CC

运输贵重物品时，适用运价为 SN200

体积重量：20 kg

全程 N 运价：

BJS—KUL GCRN = CNY36.66 per kg

KUL—KUD 比例运价 GCRN = USD1.50 per kg

USD1.50 per kg = 1.50 × 6.57384 = CNY9.86 per kg

全程 N 运价 36.66 + 9.86 = CNY 46.52 per kg

适用运价：SN200 = 46.52 ×2 = CNY93.04 per kg

航空运费：26 ×93.04 = CNY2419.04

运价计算栏的填写见表 4-57。

Date/type	note	item	Min. wght	usd	Local Curr.
Kudat				**MY**	**KUD**
Malaysian ri		MYR		KGS	KGS
Const. Over BKI Kota Kinabalu MY South East Asia, Korea					
		GCR	N	0.12	0.50
		SCR	N	0.12	0.50
Const. Over KUL Kuala Lumpur MY					
Area 1					
		GCR	N	1.50	6.13
		GCR	45	1.15	4.73
		SCR	N	1.50	6.13
		SCR	45	1.15	4.73
Area 2					
		GCR	N	1.50	6.13
		GCR	45	1.15	4.73
		SCR	N	1.50	6.13
		SCR	45	1.15	4.73
South Asian Subcontinent, South West Pacific excluding Australia					
		GCR	N	1.50	6.13
		GCR	45	1.15	4.73
		SCR	N	1.50	6.13
		SCR	45	1.15	4.73

Date/type	note	item	Min. wght	Local Curr.
Beijing			**CN**	**BJS**
Yuan Renminb		CNY		KGS
Kuala Lumpur		MY		
			M	230.00
			N	36.66
			45	27.50
			300	23.46

表 4-57 比例运价计算栏填写示例 4

Currency	CHGS Code	WT/VAL PPD	WT/VAL COLL	Other PPD	Other COLL	Accounting Information
CNY			×		×	

Handling Information
VAL

No of Pieces RCP	Gross Weight	Kg lb	Rate Clas	Commodity Item No.	Chargeable Weight	Rate / Charge	Total	Nature and Quantity of Goods (incl. Dimensions or Volume)
2 KUL	26.0	K	S	N200	26.0	93.04	2419.04	REAL PEARLS DIMS: 50×40×30 cm × 2 $0.12M^3$
2	26.0						2419.04	

例 5

Routing：PEK—KUD

Commodity：Books

Total Gross Wt：520 kg

Dims：50 cm ×40 cm ×30 cm ×40

Payment：PP

（1）按照等级附减运价计算

体积重量：400 kg

计费重量：520 kg

根据上述例 4 计算，全程 GCR N = CNY 46.52per kg

适用运价：RN50 = 46.52 ×50% = 23.26（人民币进位单位为 0.01）

航空运费：520×23.46 = CNY12095.20

（2）按照普通货物运价计算

PEK—KUL GCR Q_{300} = CNY23.46 per kg

KUL—KUD GCRQ = USD 1.15 per kg = 1.15×6.57384 = CNY7.56 per kg

PEK-KUD 全程运价 GCR Q = CNY23.46 per kg + CNY7.56 per kg = CNY31.02 per kg

航空运费：520 × 31.02 = CNY16130.40

比较（1）和（2）计算结果，选择航空运费低者。

运价计算栏的填写见表 4-58。

表 4-58 比例运价计算栏填写示例 5

Currency	CHGS Code	WT/VAL PPD	WT/VAL COLL	Other PPD	Other COLL	Accounting Information		
CNY		×		×				
Handling Information								
No of Pieces RCP	Gross Weight	Kg lb	Rate Class	Commodity Item No.	Chargeable Weight	Rate / Charge	Total	Nature and Quantity of Goods (incl. Dimensions or Volume)
40 KUL	520.0	K	R	N50	520.0	23.26	12095.20	BOOKS DIMS: 50×40×30 cm × 40 2.4M³
40	520.0						12095.20	

例 6

Routing：KUD—SJW

Commodity：Baggage Shipped as Cargo

Dims：38 cm×60 cm ×28 cm ×2，38 cm×70 cm ×30cm×1

Total Gross Wt：65 kg

Payment：PP

第一步，选择运价类型。

由于 KUD—SJW 没有公布直达运价，可优先选择比例运价。

Date/ type	note	item	Min. wght	Local Curr.
Kuala Lumpur			MY	**KUL**
Yuan Renminb		CNY		KGS
Beijing		CN		
			M	75.00
			N	13.66
			45	10.25

KUD———KUL——————BJS———SJW

　比例运价　公布直达运价　比例运价

第二步，选择适用运价。

根据 TACT RATES 3. 7. 8，从马来西亚始发的运价为 RN50。

故全程选择 N 运价。

第三步，查找公布直达运价和比例运价，选择 N 运价。

KUD———KUL——————BJS———SJW

　比例运价　公布直达运价　比例运价

KUD—KUL 比例运价：GCR N = MYR6. 13 per kg

KUL—BJS 公布直达运价：GCR N = MYR13. 66 per kg

BJS—SJW 比例运价：GCR N = USD 0. 75 per kg

把 USD 转换成 MYR：0. 75 × 4. 09527 = MYR3. 071 per kg

（查阅 TACT RATES 5. 3. 1，1USD = MYR4. 09527，进位单位 0. 01）

全程 N 运价为 6. 13+13. 66+3. 071 = 22. 861 = 22. 86（MYR 进位单位为 0. 01）

第四步，计算航空运费。

体积重量：35. 0 kg

计费重量：65. 0 kg

适用运费：RN50 = 22. 86 × 50% = 11. 43（MYR 进位单位为 0. 01）

航空运费：65. 0 ×11. 43 = MYR 742. 95

第五步，按照 GCR 进行检查。

KUD—KUL 比例运价：GCR Q = MYR4. 73 per kg

KUL—BJS 公布直达运价：GCR Q_{45} = MYR10. 25per kg

BJS—SJW 比例运价：GCR Q = USD 0. 56 per kg = MYR 2. 293 per kg

全程 GCR Q 运价：4. 73+10. 25+2. 293 = 17. 273 = MYR17. 27 per kg

航空运费：65. 0 ×17. 27 = MYR 1122. 55

经比较，按照等级附减运价计算的航空运费较低。

第六步，确定区域性最低运费。

查阅 TACT RATES 3. 4，从马来西亚始发的区域性最低运费见表 4-58。

中国属于 IATA 3 区，东南亚次区，从马来西亚到中国的最低运费为 MYR75。

航空运费 MYR 742. 95 不低于区域性最低运费 MYR75。

from MALAYSIA to		***MYR***
1		165
2		150
3	except South East Asia	113
3	South East Asia, except Brunei, Singapore	75
3	Brunei, Singapore	45

Exceptions:
Not applicable to Australia and Japan.

运价计算栏填写见表 4-59。

表 4-59 比例运价计算栏填写示例 6

Currency	CHGS Code	WT/VAL PPD	WT/VAL COLL	Other PPD	Other COLL	Accounting Information		
MYR		×		×				
Handling Information								
No of Pieces RCP	Gross Weight	Kg / lb	Rate Clas	Commodity Item No.	Chargeable Weight	Rate / Charge	Total	Nature and Quantity of Goods (incl. Dimensions or Volume)
3 KUL BJS	65.0	K	R	N50	65.0	11.43	742.95	Baggage Shipped as Cargo DIMS: 38×60×28cm ×2, 38×70 ×30cm×1 0.21M^3
3	65.0						742.95	

二、分段相加，最低组合运价

当货物的始发站至目的站之间没有公布直达运价，同时，也不能使用比例运价时，可以选择适当的运价组成点，按分段相加的方法组成合程运价。

1. 分段相加运价组成原则（TACT RULES 3. 8. 2）

（1）采用分段相加的方法组成全程运价时，要选择几个不同的运价组成点，将分别组成的多个运价进行比较，取其低者。运价的组成点没有任何限制。

（2）当按照上述运价计算的航空运费，低于从始发站国家至目的站国家最低运费时（根据 TACT RULES 4. 3 确定），按照最低运费计收货物运费。

（3）IATA 公布的运价与政府规定的运价不能组合使用，除非政府规定另有说明。

（4）国内货物运价和国际货物运价相加组成合程运价时，国际货物运价适用的有关规定也同样适用于分段相加后组成的合程运价。

（5）对于按分段相加的办法组成的货物运价，与货物运输的实际路线无关。

2. 具体规定

（1）国际普通货物运价可以分别同以下运价组成全程运价：

①比例运价中的普通货物运价；

②国内货物运价；

③国际普通货物运价；

④过境运价。

（2）国际指定商品运价可以分别同以下运价组成全程运价：

①比例运价中的指定商品运价；

②国内货物运价；

③过境运价。

（3）国际等级运价可以分别同以下运价组成全程运价：

①国内货物运价；

②过境运价。

（4）集装器运价可以和国内货物运价组成全程运价。

过境运价是指美国和加拿大之间的运价。过境运价不能组成从/到加拿大的分段相加运价，但可以组成从/到加勒比海地区和从/到 IATA 3 区各点间的分段相加运价。

通过以上规定可以看出：

任何国际运价（GCR、SCR、C-R）都可以与国内运价相加。

在使用分段相加最低组合运价时，同样要遵守运价的使用顺序。

3. 运价与运费的计算

例 1

Routing：YNJ—VIE BY CA

Commodity：Chinese Chestnut

Total Gross Wt：220 kg

Dims：50 cm × 40 cm× 30 cm × 20

Payment：PP

Date/ type	note	item	Min. wght	Local Curr.
YANJI			**CN**	**YNJ**
Yuan Renminb		**CNY**		**KGS**
Beijing		**CN**		
	CA		M	45.00
	CA		N	8.96
	CA		45	6.72

Date/ type	note	item	Min. wght	Local Curr.
Beijing			**CN**	**BJS**
Yuan Renminb		**CNY**		**KGS**
Vienna		**AT**		
			M	320.00
			N	46.18
			45	40.71
			300	34.63
			500	31.30
			100	28.87

YNJ 和 VIE 之间没有公布直达运价，也没有比例运价。所以使用分段相加最低组合运价。

毛重：220 kg

体积重量：200 kg

延吉只有到北京的运价，所以

YNJ—BJS　$GCRQ_{45}$ = CNY6.72 per kg

BJS—VIE　$GCRQ_{45}$ = CNY40.71 per kg

YNJ—VIE 全程运价：6.72 + 40.71 = CNY 47.43 per kg

航空运费：220 × 47.43 = CNY10434.60

本题使用“国内运价与国际普通货物运价”组成全程运价。

实际中，应寻找几个运价构成点，分段相加，选择最低运价为最后结果。

货运单运价计算栏的填写见表 4-60。

表 4-60　分段相加运价计算栏填写示例 1

Currency	CHGS Code	WT/VAL PPD	WT/VAL COLL	Other PPD	Other COLL	Accounting Information
CNY		×		×		

Handling Information

No of Pieces RCP	Gross Weight	Kg lb	Rate Class	Commodity Item No.	Chargeable Weight	Rate Charge	Total	Nature and Quantity of Goods (incl. Dimensions or Volume)
20 BJS	220.0	K	Q		220.0	47.43	10434.60	Chinese Chestnut Dims:50×40×30CM ×20 1.2 M^3
20	220.0						10434.60	

例 2

Routing：BJS—DPL　BY PR

Commodity：LIVE DOG

Total Gross Wt：25 kg

Dims：60 × 60 × 80cm ×1

Payment：PP

对于不熟悉的城市，可以查阅 TACT RULES 1. 2. 3 B，找到其英文名称。

DPB	CAMERON		CL
DPL	DIPOLOG		PH
DPO	DEVONPORT	TS	AU
DPS	BALI ISLAND		ID
DPS	DENPASAR-BALI		ID
DQA	DAQING		CN
DRB	DERBY	WA	AU

DPL 英文名称：DIPOLOG，所在国家两字代码为 PH。

查阅 TACT RULES 1. 3 可找到 PH 所代表的国家全称。

PA	Panama	1
PE	Peru	1
PF	French Polynesia	3
PG	Papua New Guinea	3
PH	Philippines	3
PK	Pakistan	3
PL	Poland	2
PM	St. Pierre & Miquelon	1
PN	Pitcairn	3
PR	Puerto Rico	1
PS	Palestinian Territory	2
PT	Portugal (including Azores & Madeira)	2
PW	Palau	3
PY	Paraguay	1

PH 为 Philippines（菲律宾的缩写）。

BJS 和 DPL 之间没有公布直达运价，也没有比例运价，所以使用分段相加最低组合运价。

在 TACT RATES 中，从北京始发到菲律宾共有三个城市有公布直达运价：

Date/ type	note	item	Min. wght	Local Curr.
Beijing			**CN**	**BJS**
Yuan Renminb		**CNY**		**kgs**
Cebu		**PH**	M	230.00
			N	36.38
			45	26.65

Date/ type	note	item	Min. wght	Local Curr.
Beijing			**CN**	**BJS**
Yuan Renminb		**CNY**		**kgs**
Manila		**PH**	M	230.00
			N	39.94
			45	25.21

Date/ type	note	item	Min. wght	Local Curr.
Beijing			**CN**	**BJS**
Yuan Renminb		**CNY**		**kgs**
Subic Bay		**PH**	M	230.00
			N	39.94
			45	25.21

而只有 Manila 到 Dipolog 有公布直达运价：

Date/ type	note	item	Min. wght	Local Curr.
Cebu			**PH**	**CEB**
U.S. dollar		**USD**		**KGS**
Dipolog		**PH**		
无运价				

Date/ type	note	item	Min. wght	Local Curr.
Manila			**PH**	**MNL**
U.S. dollar		**USD**		**KGS**
Dipolog		**PH**	M	3.33
	PR		N	0.48
	PR		50	0.45
	PR		250	0.43
	PR		1000	0.40

Date/ type	note	item	Min. wght	Local Curr.
Subic Bay			**PH**	**SFS**
U.S. dollar		**USD**		**KGS**
Dipolog		**PH**		
无运价				

故，BJS—DPL BY PR 运价相加点，只能选择马尼拉。

下面具体计算航空运费。

毛重：25 kg

体积重量：48 kg

BJS—DPL 属于 IATA 3 区之内运输活体动物，适用运价为 SN150。

使用“（国际货物运价 N 运价+国内货物运价的 N 运价）×150%”确定货物运价。

BJS—MNL　GCRN = CNY39. 94 per kg

MNL—DPL　GCRN = USD0. 48 per kg

将美元换算称人民币：0. 48 ×6. 57384 = CNY3. 155 per kg 人民币进位单位为 0. 01，将美元换算成人民币时，多保留 1 位小数。

全程 GCRN 运价：39. 94+ 3. 155= CNY46. 40 per kg（全程运价最后保留 2 位小数）

SN150 =46. 40×150% = CNY69. 60 per kg

航空运费：48. 0 × 69. 60= CNY3340. 80

货运单运价计算栏的填写见表 4-61。

表 4-61　分段相加运价计算栏填写示例 2

Currency	CHGS Code	WT/VAL PPD	WT/VAL COLL	Other PPD	Other COLL	Accounting Information			
CNY		×		×					
Handling Information AVI									
No of Pieces RCP	Gross Weight	Kg lb	Rate Class	Commodity Item No.	Chargeable Weight	Rate Charge	Total	Nature and Quantity of Goods (incl. Dimensions or Volume)	
1 MNL	25.0	K	S	N150	48.0	69.60	3340.80	LIVE DOG Dims：60×60×80CM×1 0.29 M³	
1	25.0						3340.80		

计算过程中，也可以通过查地图的方式，寻找离目的站最近的机场或者城市，或者在目的站国家选出不同的点组成全程运价，找出最低的运价。

例 3

Routing：BJS—DPL BY PR

Commodity：sheos，slippers

Total Gross Wt：36 kg

Dims：60 cm × 60 cm × 80 cm ×1

Payment：PP

两段计费重量不同，分别计算货物运费。

体积重量：48 kg

BJS—MNL

$GCRQ_{45}$ = CNY25. 21 per kg

48. 0 ×25. 21 =CNY1210. 08

MNL—DPL

GCR N = 0. 48 ×6. 57384 = CNY3. 155 per kg = CNY3. 16 per kg

48. 0 × 3. 30 = CNY151. 68

$GCRQ_{50}$ = USD 0. 45per kg = 0. 45 × 6. 57384 = CNY 2. 958 per kg = CNY 2. 96per kg

50. 0 ×2. 96 = CNY148. 00<CNY 151. 68

总航空运费：CNY1210. 08 + CNY 148. 00 = CNY1358. 08

货运单运价计算栏的填写见表 4-62。

表 4-62　分段相加运价计算栏填写示例 3

Currency	CHGS Code	WT/VAL		Other		Accounting Information
CNY		PPD	COLL	PPD	COLL	
		×		×		
Handling Information						

No of Pieces RCP	Gross Weight	Kg lb	Rate Class	Commodity Item No.	Chargeable Weight	Rate / Charge	Total	Nature and Quantity of Goods (incl. Dimensions or Volume)
1 MNL	25.0	K	Q		48.0 50.0	25.21 2.96	1210.08 148.00	SHEOS, SLIPPERS DIMS:60×60×80CM×1 0.29M³
1	25.0						1358.08	

当两个或两个以上的承运人共同运输一票等级货物时，某些承运人可能公布不同的附加或附减比例，可以参阅 TACT RULES 8. 3 承运人的规定。

例 4

Routing：URC—TYO BY CA

Commodity：FRESH GRAPES

Total Gross Wt：850 kg

Dims：50 cm ×40 cm × 30 cm × 100

Payment：PP

第一步，查找 TACT RATES 4. 3，URC 和 TYO 之间没有公布直达运价。

第二步，查找 TACT RATES5. 2，URC 存在比例运价。

乌鲁木齐虽然存在比例运价，但到日本不能使用比例运价。

（从乌鲁木齐到 IATA3 区的比例运价不包括澳大利亚和日本）

date/ type	note	item	min. wght	usd	Local Curr.
Urumqi				**CN**	**URC**
Yuan Renminb		CNY		KGS	KGS
Const. Over BJS Beijing		CN			
Area1					
		GCR	N	3.10	20.40
		GCR	45	2.23	15.30
Area 2					
		GCR	N	3.10	20.40
		GCR	45	2.23	15.30
Area 3 excluding Australia, Japan					
		GCR	N	3.10	20.40
		GCR	45	2.23	15.30

第三步，使用分段相加最低组合运价计算航空运费。

（1）乌鲁木齐到北京和天津有公布的运价。

Date/ type	note	item	Min. wght	Local Curr.
Urumqi			**CN**	**URC**
Yuan Renminb		**CNY**		**KGS**
Beijing		**CN**		
	CA		M	100.00
	CA		N	20.04
	CA		45	15.30

Date/ type	note	item	Min. wght	Local Curr.
Urumqi			**CN**	**URC**
Yuan Renminb		**CNY**		**KGS**
Tianjin		**CN**		
	CA		M	110.00
	CA		N	21.68
	CA		45	16.26

（2）北京和天津分别到东京的运价。

Date/ type	note	item	Min. wght	Local Curr.
Beijing			**CN**	**BJS**
Yuan Renminb		**CNY**		**KGS**
Tokyo		**JP**		
			M	230.00
			N	37.51
			45	28.13
	CA	0008	300	18.80
	CA	0300	500	20.61
	CA	1093	100	18.43
	CA	2195	500	18.80

Date/ type	note	item	Min. wght	Local Curr.
Tianjin			**CN**	**TSN**
Yuan Renminb		**CNY**		**KGS**
Tokyo		**JP**		
			M	230.00
			N	37.51
			45	28.13

（3）以北京为分段相加点，计算航空运费。

毛重：850 kg

体积重量：1000 kg

URC—BJS GCR Q_{45} = CNY15. 30 per kg

BJS—TYO C0008/300 = CNY18. 80 per kg（指定商品运价）

航空运费：

URC—BJS 1000× 15. 30 = CNY15300. 00

BJS—TYO 1000 ×18. 80 = CNY18800. 00

总费用：CNY34100. 00

本题使用“国内运价与国际指定商品运价”组成全程运价。

（4）以天津为分段相加点，计算航空运费。

URC—TSN GCR Q_{45} = CNY16. 26 per kg

TSN—TYO GCR Q_{45} = CNY28. 13per kg

全程 GCRQ 运价：16. 26+28. 13 = CNY 44. 39 per kg

航空运费：1000 ×44. 39 = CNY44390. 00

经比较，北京为分段相加点航空运费比天津为分段相加点的航空运费低。

因为两段运价种类不同、计费重量不同，所以，分段计算，分段填写货运单。

货运单运价计算栏的填写见表 4-63。

表 4-63 分段相加运价计算栏填写示例 4

Currency	CHGS Code	WT/VAL		Other		Accounting Information
		PPD	COLL	PPD	COLL	
CNY		×		×		
Handling Information						

No of Pieces RCP	Gross Weight ght	Kg lb	Rate Class	Commodity Item No.	Chargeable Weight	Rate / Charge	Total	Nature and Quantity of Goods (incl. Dimensions or Volume)
100 BJS	850.0	K	Q C	 0008	1000.0 1000.0	15.30 18.80	15300.00 18800.00	FRESH GRAPES Dims：50×40×30cm×100 6 M^3 PER
100	850.0						34100.00	

三、无适用运价

如果两点间既无公布直达运价，又无法采用比例运价和分段相加最低组合运价组成全程运价时，可以采用如下方法处理：

（1）向有关承运人咨询。

（2）可在货运单上填写离目的站最近且有公布运价的机场，并按到该点的运价计收货物运费。

例如 BJS-ANR（Antwerp），无运价，可以采用 BJS-BRU（Brussels）的运价。具体详见 TACT RULES 1. 2. 6。

（3）或者，在货运单上填写无公布运价的实际目的站，运价则采用离目的站最近的航空港的运价，同时应在货运单的储运事项栏内注明“托运人保证支付该地点至实际目的站的运费”字样。

第八节 混运货物运价

前面几节，我们介绍的是单一品名货物运输时的运价与运费的计算。在实际中，托运人还经常托运一票货物中包括多种不同运价、不同运输条件的货物。那么，申报的方式不同，运价的计算方法也不同。这就是我们所说的混运货物（TACT RULES 3. 9）。

一、混运货物

混运货物是指在使用同一份货运单的货物中，含有不同运价和不同运输条件的货物。

二、限制条件

在混运货物中不能包含以下物品：

（1）贵重物品；

（2）活体动物；

（3）灵柩、骨灰；

（4）外交信袋；

（5）作为货物运输的行李；

（6）从日本、韩国、朝鲜始发运输的危险品，从美国到 IATA3 区（不含南亚次大陆分区、西南太平洋次区）运输的危险品；

（7）尽管灵柩、骨灰和作为货物运输的行李不能作为混运货物运输，但作为已故者的个人物品且实行有效申报后，被允许与其灵柩混运。

注意：当混运货物中含有危险品时，应在货运单“品名”栏注明危险品的尺寸或体积。

三、申报方式

混运货物可以包装在一起，也可以分别包装。托运人对混运货物的申报方式有两种：一种是申报货物的总重量（总体积）；另外一种是分别申报每种货物的品名、重量、体积。通常我们把第一种申报方式称为共同申报，第二种申报方式称为分别申报。

四、运价与运费的计算方法

下面，我们分别介绍共同申报和分别申报时运价与运费的计算方法。

1. 共同申报

共同申报是指申报一票货物总体积、总重量，将混运货物视为一种货物计算货物运费。

2. 分别申报

当托运人分别申报一票货物中每种货物的品名、重量、体积时：

每类货物的计费重量，视为单独的一票货物计费重量。

每类货物的航空运费，按照单独交运的同一种货物计算。

如果该批货物进行混载运输时，即将混运货物放入同一外包装，该外包装的航空运费为外包装毛重乘以内装货物中的最高运价。

在混运货物中不包括等级货物中的附加运价货物，实际上最高运价为 GCR，如果分别申报，可以视为几票货物进行计算货物运费，但整票货物按照 GCR 计算的结果较低时，可以视为共同申报。即我们通常所说的 GCR 检查。

五、声明价值附加费

对于混运货物，只能对整批货物办理声明价值，而不允许申报其中一部分的声明

价值。

六、最低运费

混运货物的最低运费按整票货物的最低运费计算。

七、运价与运费的计算

例 1

Routing：SHA—TYO BY CA

	货物品名	毛重（kg）	尺寸和件数
1st	Textile manufactures	450	（50×50×50） cm×15
2nd	Handicrafts	820	（50×50×40） cm×60
3rd	Books	400	（30×30×30） cm×80
Total		1670	155 pcs

有公布直达运价，优先使用公布直达运价。

因为托运人分别申报货物，就要按照不同货物分别计算货物运费，最后进行 GCRQ 检查，比较取低者。

（1）第一种货物（Textile manufactures，纺织品）

Date/ type	note	item	Min. wght	Local Curr.
Shanghai			**CN**	**SHA**
Yuan Renminb		**CNY**		**KGS**
Tokyo		**JP**		
	CA		M	230.00
	CA		N	30.22
	CA		45	22.71
	CA	0008	300	18.80
	CA	0300	500	20.61
	CA	1093	100	14.72
	CA	2195	500	18.80

毛重：450 kg

体积重量：312. 5 kg

第一步，按照指定商品运价计算航空运费。

适用运价：C2195/500 = CNY18. 80 per kg

计费重量：500. 0 kg

航空运费：500. 0 × 18. 80 = CNY9400. 00

第二步，按照 GCR Q 计算的航空运费。

450 × 22. 71 = CNY10219. 50

高于按照指定商品运价计算的航空运费。取低者 CNY9400. 00。

（2）第二种货物（Handicrafts，手工艺品）

毛重：820 kg

体积重量：1000 kg

计费重量：1000. 0 kg

适用运价：GCR Q = CNY22. 71 per kg

航空运费：1000. 0 × 22. 71 = CNY22710. 00

（3）第三种货物（Books，书）

毛重：400 kg

体积重量：360 kg

计费重量：400. 0 kg

适用运价：RN50 = CNY15. 11 per kg

航空运费：400. 0 × 15. 11 = CNY6044. 00

（4）总航空运费

9400. 00 + 22710. 00 +6044. 00 = CNY38154. 00

（5）GCRQ 检查

总毛重：1670 kg

总体积重量：【（50×50×50×15）+（50×50×40×60）+（30×30×30×80）】÷6000

= （1875000+6000000+2160000）÷6000

= 10035000÷6000 = 1672. 5 kg

计费重量：1672. 5 kg

适用运价：GCR Q 45 = CNY22. 71 per kg

航空运费：1672. 5 × 22. 71 = CNY37982. 48 < CNY38154. 00

故，按照共同申报计算的结果较低，填写运价计算栏时，在“品名和数量”栏，注明“CONSOLIDATION AS PER ATTACHED LIST”字样。

混运货物的最低运费是一票货物的最低运费，此票货物最低运费为 230. 00 元人民币。航空运费远远高于最低运费。

GCR 检查也可以按如下方法先比较，后计算。用分别计算的航空运费之和÷计费重量，与按普通货物适用运价比较，取低者。

例如上例中 CNY38154. 00÷1672. 5 = CNY22. 81 per kg > GCRQ45 = CNY 22. 71 per kg。所以按分别申报计算的航空费用较高，需要再按共同申报进行计算。如果按分别申报计算的航空费用较低，就不必再按共同申报进行计算。

本例题的运价计算栏的填写见表 4-64。

表 4-64 混运货物运价计算栏填写示例 1

Currency	CHGS Code	WT/VAL PPD	WT/VAL COLL	Other PPD	Other COLL	Accounting Information
CNY		×		×		
Handling Information						

No of Pieces RCP	Gross Weight	Kg / Lb	Rate Class	Commodity Item No.	Chargeable Weight	Rate / Charge	Total	Nature and Quantity of Goods (incl. Dimensions or Volume)
155	1670.0	K	Q		1672.5	22.71	37982.48	CONSOLIDATION AS PER ATTACHED LIST DIMS: 50×50×50CM×15 DIMS: 50×50×40CM×60 DIMS: 30×30×30CM×80 10.04M^3
155	1670.0						37982.48	

假如按照分别申报计算的航空运费低的话，就应分别填写运价计算栏，见表 4-65。

表 4-65 混运货物运价计算栏填写示例 2

Currency CNY	CHGS Code	WT/VAL		Other		Accounting Information				
		PPD ×	COLL	PPD ×	COLL					
Handling Information										
No of Pieces RCP	Gross Weight	Kg Lb	Rate Class	Commodity Item No.	Chargeable Weight	Rate / Charge	Total	Nature and Quantity of Goods (incl. Dimensions or Volume)		
15 60 80	450 820 400	K	C Q R	2195 N50	500.0 1000.0 400.0	18.80 22.71 15,11	9400.00 227100.00 6044.00	CLOTH IN BALES HANDICRAFTS BOOKS DIMS: 50×50×50CM×15 DIMS: 50×50×40CM×60 DIMS: 30×30×30CM×80 10.04M³		
155	1670						38154.00			

例 2

Routing：SHA—TYO BY CA

货物品名	毛重（kg）	尺寸和件数
Handicrafts	35	50 cm×50 cm×50 cm×1 60 cm×60 cm×40cm×1 30 cm×20 cm×20cm×1
Tea		
Compact Disc		
Payment：	PP	

本题虽然给出三件货物的尺寸，但只给出货物的总毛重（35 kg），无法分别计算航空运费，按照共同申报计算。运价见例 1 所示。

计算方法：申报一票货物总重量（总体积）时，将混运货物视为一种货物、按照计费重量与适用的 GCR 运价相乘计算航空运费。

确定计费重量时，要将一票货物的总体积重量和毛重进行比较，较高者为计费重量。

毛重：35 kg

体积重量：【（50×50×50）+（60×60×40）+（30×20×20）】÷6000

=（125000+ 144000 + 12000）÷6000

= 281000÷6000 = 46.83 = 47.0 kg

计费重量：47.0 kg

适用运价：$GCRQ_{45}$ = CNY22.71 per kg

航空运费：47.0 × 22.71 = CNY1067.37

运价计算栏的填写见表 4-66。

表 4-66 混运货物运价计算栏填写示例 3

Currency	CHGS Code	WT/VAL PPD	WT/VAL COLL	Other PPD	Other COLL	Accounting Information
CNY		×		×		
Handling Information						

No of Pieces RCP	Gross Weight	Kg lb	Rate Class	Commodity Item No.	Chargeable Weight	Rate / Charge	Total	Nature and Quantity of Goods (incl. Dimensions or Volume)
3	35.0	K	Q		47.0	22.71	1067.37	CONSOLIDATION AS PER ATTACHED LIST DIMS：50×50×50cm³×1 60×60×400cm³×1 30×20×200cm³×1 0.28M³
3	35.0						1067.37	

对于混运货物运价，同单一品名的货物一样，也适用于运价使用顺序。

查阅 TACT RATES 没有公布直达运价，存在比例运价时，按照比例运价计算航空运费。计算原则同上。

例 3

Routing：SWJ—FRA

	COMMODITY	GROSS WT（kg）	PCS & DIMS
1st	Textile	480	60 cm×50 cm×40 cm×20
2nd	Books	400	30 cm×30 cm×30 cm×80

第一步，查阅 TACT RATES 4. 3 RATES AND CHARGES，找到 Shijiangzhuang，没有到法兰克福的公布直达运价。

第二步，查阅 TACT RATES 5. 2 GERERAL LIST OF ADD-ONS，存在 Shijiazhuang 比例运价。

第三步，按照比例运价计算航空运费。

date/ type	note	item	min. wght	usd	Local Curr.
Shijiazhuang				**CN**	**SJW**
Yuan Renminb		CNY		KGS	KGS
Const. Over BJS Beijing		CN			
Area1					
		GCR	N	0.72	4.95
		GCR	45	0.54	3.70
Area 2					
		GCR	N	0.72	4.95
		GCR	45	0.54	3.70
Area 3 excluding Australia, Japan					
		GCR	N	0.72	4.95
		GCR	45	0.54	3.70

由于此混运货物以不同品名和包装的形式申报，属于分别申报。那就需要分别计算航空运费，最后再进行 GCRQ 检查。

（1）计算第一种货物航空运费。

毛重：480 kg

体积重量：60 × 50 × 40 × 20 ÷ 6000 = 400 kg

计费重量：480 kg

适用运价：$GCRQ_{300}$ = 33. 93+3. 70

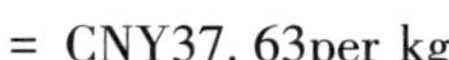
= CNY37. 63per kg

航空运费：480 ×37. 63 = CNY18062. 40

较高重量分界点处航空运费：

$GCRQ_{500}$ = 33. 42+3. 70 = CNY37. 12per kg

航空运费：500×37. 12 = CNY18560. 00

取低者：CNY18062. 40

（2）计算第二种货物的航空运费。

体积重量：30×30×30×80÷6000 = 360 kg

计费重量：400 kg

适用运价：RN50 =（45. 57+ 4. 95）× 50%

= CNY25. 26 per kg

Date/ type	note	item	Min. wght	Local Curr.
Beijing Yuan Renminb		CNY	CN	BJS KGS
Frankfurt		DE	M	320.00
			N	45.57
			45	37.75
			300	33.93
			500	33.42
			1000	30.71
			2000	28.33

航空运费：400×25. 26= CNY10104. 00

以上两种运费之和为：18062. 40 + 10104. 00 = CNY28166. 40

GCR Q 检查：

总体积重量：（60×50×40×20+30×30×30×80）÷6000 =760 kg

计费重量：880. 0 kg

适用运价：33. 42+3. 70 = CNY37. 12per kg

航空运费：880×37. 12 = CNY32665. 60 >CNY28166. 40

按照分别计算货物运费较低。

运价计算栏填写见表 4-67。

表 4-67 混运货物运价计算栏填写示例 4

<table>
<tr><td rowspan="2">Currency
CNY</td><td rowspan="2">CHGS Code</td><td colspan="2">WT/VAL</td><td colspan="2">Other</td><td colspan="3" rowspan="2">Accounting Information</td></tr>
<tr><td>PPD
×</td><td>COLL</td><td>PPD
×</td><td>COLL</td></tr>
<tr><td colspan="10">Handling Information</td></tr>
<tr><td>No of Pieces RCP</td><td>Gross Weight</td><td>Kg lb</td><td colspan="2">Rate Class
Commodity Item No.</td><td>Chargeable Weight</td><td>Rate / Charge</td><td>Total</td><td>Nature and Quantity of Goods (incl. Dimensions or Volume)</td></tr>
<tr><td>20
80
BJS</td><td>480.0
400.0</td><td>K</td><td>Q
R</td><td>
N50</td><td>480.0
400.0</td><td>37.63
25.26</td><td>18062.40
10104.00</td><td rowspan="2">TEXTILE
DIMS：60×50×40CM×20
BOOKS
DIMS：30×30×30CM×80
4.56M³</td></tr>
<tr><td>100</td><td>880.0</td><td></td><td></td><td></td><td></td><td></td><td>28166.40</td></tr>
</table>

例 4

Routing：FRA—SWJ

	商品名称	毛重（kg）	尺寸与件数
1st	Textile	480	60 cm×50 cm×40 cm×20
2nd	Books	400	30 cm×30 cm×30 cm×80

（1）第一种货物的航空运费。

Date/ type	note	item	Min. wght	Local Curr.
Frankfurt euro		EUR	**DE**	**FRA** KGS
Beijing		CN	M	76.69
			N	11.22
			45	7.39
			100	4.00
			300	3.34
			500	3.24

体积重量：60×50×40×20 ÷6000 = 400 kg

计费重量：480 kg

适用运价：$GCRQ_{300}$

Shijiazhuang 比例运价见例 1 所示。

FRA—BJS GCR Q_{300} = EUR3. 34 per kg

BJS—SWJ GCRQ = USD0. 54 per kg

将美元转换成欧元：0. 54×0. 89310 = EUR0. 482 per kg

FRA—SWJ 全程 GCR Q 运价：EUR（3. 34+0. 482）per kg = EUR 3. 822 per kg = EUR 3. 82 per kg（欧元进位单位为 0. 01）

航空运费：480× 3. 82 =EUR1833. 60

较高重量分界点处航空运费：

$GCRQ_{500}$ = EUR（3. 24+0. 482）per kg = EUR3. 722 per kg = EUR3. 72 per kg

航空运费：500×3. 72= EUR1860. 00

取低者：EUR1833. 60

（2）第二种货物的航空运费。

毛重：400 kg

体积重量：30×30×30×80÷6000 = 360 kg

计费重量：400 kg

适用运价：RN50 =（11. 22+ 0. 72×0. 89310）× 50% =（11. 22+0. 643）× 50%

=11. 86×50% = EUR5. 93 per kg

航空运费：400×5. 93=EUR2372. 00

以上两种运费之和为：EUR1833. 60+ EUR2372. 00 = EUR4205. 60

GCR Q 检查：

总体积重量：（60×50×40×20+30×30×30×80）÷6000 = 4560000÷6000=760 kg

计费重量：880. 0 kg

适用运价：$GCRQ_{500}$=3. 24+0. 482= EUR3. 72 per kg

航空运费：880×3. 72 = EUR3273. 60< EUR4205. 60

运价计算栏填写见表 4-68。

表 4-68 混运货物运价计算栏填写示例 5

<table>
<tr><td rowspan="2">Currency
CNY</td><td rowspan="2">CHGS Code</td><td colspan="2">WT/VAL</td><td colspan="2">Other</td><td colspan="3" rowspan="2">Accounting Information</td></tr>
<tr><td>PPD
×</td><td>COLL</td><td>PPD
×</td><td>COLL</td></tr>
<tr><td colspan="9">Handling Information</td></tr>
<tr><td rowspan="2">No of Pieces RCP</td><td rowspan="2">Gross Weight</td><td rowspan="2">Kg
lb</td><td colspan="2">Rate Class</td><td rowspan="2">Chargeable Weight</td><td rowspan="2">Rate / Charge</td><td rowspan="2">Total</td><td rowspan="2">Nature and Quantity of Goods (incl. Dimensions or Volume)</td></tr>
<tr><td></td><td>Commodity Item No.</td></tr>
<tr><td>100
BJS</td><td>880</td><td>K</td><td>Q</td><td></td><td>880.0</td><td>3.72</td><td>3273.60</td><td>CONSOLIDATION AS PER ATTACHED LIST
DIMS：60×50×40cm×20
DIMS：30×30×30cm×80
4.56m³</td></tr>
<tr><td>100</td><td>880.0</td><td></td><td></td><td></td><td></td><td></td><td>3273.60</td><td></td></tr>
</table>

第九节 货物运输声明价值

货物运输声明价值（以下简称“声明价值”）是指托运人向承运人特别声明的其所托运的货物在目的地交付时的利益。声明价值附加费是托运人办理货物声明价值时，按规定向承运人支付的专项费用。

一、承运人的责任限额

如果运输最终目的站或经停站与始发站不在同一国家内，应查阅 TACT RULES 2.1.5，确定适用的公约。适用于“1929 年 10 月 12 日在华沙签订的《统一国际航空运输某些规则的公约》和 1955 年 9 月 28 日在海牙修订的公约”的运输，在运输中造成货物毁灭、遗失、损坏或者延误的，承运人所负的责任限额每千克毛重为将 250 金法郎（在美国相当于 20 美金，在英国相当于 14.08 英镑）。适用于“1975 年《蒙特利尔公约》第 1、2 或 4（1975 年）号议定书”的运输，承运人责任限额为 17 特别提款权。

1999 年 5 月 28 日《蒙特利尔公约》规定了承运人责任限额为 17 特别提款权。根据其规定，每隔五年复审一次，并在复审结果表明通货膨胀因素已超过百分之十时，修改责任限额。2009 年 12 月 30 日起经修改后的责任限额为 19 特别提款权。

国际民航组织发出通知，确定经修改的责任限额自 2019 年 12 月 28 日起对 1999 年《蒙特利尔公约》所有当事国生效。根据公约第二十二条第三款，在货物运输中造成毁灭、损失、损坏或者延误的，对每公斤货物的赔偿责任限额由 19 特别提款权提高至 22 特别提款权。

除非托运人在向承运人交运货物时，特别声明在目的地点交付时的利益，并在必要时支付货物声明价值附加费。在此种情况下，除承运人证明托运人声明的金额高于在目的地点交付时托运人的实际利益外，承运人在声明金额范围内承担责任。

二、货物运输声明价值

托运人托运货物时应办理货物运输声明价值，它可以是一个具体的金额，也可以无声明价值。如果货运单已经托运任何承运人签字生效，托运货物的安全责任已由承运人承担，托运人不得再补报或更改已申明的声明价值。

我国加入了1929年《华沙公约》、1955年《海牙议定书》和1999年《蒙特利尔公约》，根据国际民航组织的通知，修改后的限额将于2019年12月28日起对我国生效。也就是说在中国各承运人最高责任限额为22特别提款权。如果没有特别说明，承运人最高责任限额为22特别提款权。

当托运人托运的货物实际毛重每千克价值超过22特别提款权时，可以办理货物运输声明价值。货物实际毛重不包括承运人的集装器的重量。托运人办理货物运输声明价值必须是一票货运单上的全部货物，不得分批或者部分办理。办理声明价值时，托运人需在货运单“Declared Value for Carriage”栏内注明声明的价值金额。否则，注明“NVD”，表明不办理货物运输声明价值。

除另有约定外，每票货运单的货物声明价值的最高限额不超过10万美元或者其等值货币。

一票货运单的货物声明价值超过10万美元或其等值货币时，可以请托运人用几份货运单托运货物，由此产生的费用差额由托运人承担。也可以经承运人批准后，托运人使用一份货运单托运货物。

由于货物声明价值和保险价值的申报并不是强制性规定，当托运人不申报货物价值时，应该如何确定货物价值呢？

某些承运人规定，无运输声明价值或者保险价值的货物按毛重每千克22特别提款权或其等值货币折算货物价值。

三、货物声明价值附加费

货物声明价值附加费是按照毛重每千克超出承运人限额（22特别提款权）部分价值的0.75%计收的。

可以用公式表示为：

货物声明价值附加费 = [货物运输声明价值-（毛重×SDR22）] ×0.75%

下列情况下，承运人责任限额按照毛重每千克22特别提款权计算声明价值：

（1）到/从美国的运输；

（2）适用于1999年《蒙特利尔公约》的运输。

例外：到/从以色列运输钻石或毛钻，按照总声明价值的0.10%计算声明价值附加费。

（22特别提款权参照有效期内的TACT换算成等值当地货币。）

在2021年2月1日—2021年5月31日，TACT RULES 3.2分别以SDR17和SDR22公布了承运人责任限额。

SDR17、22 特别提款权对应的常见的货币值见表 4-69。

表 4-69　特别提款权对应的货币金额

Country	Currency		SDR17	SDR22
Name	Name	Code	equals	
Australia	Australia Dollar	AUD	33	43
Austria	Euro	EUR	20. 43	26. 44
Canada	Canadian Dollar	CAD	32	41
China（excl. Hong Kong SAR and Macau SAR）	Yuan Renmiinbi	CNY	159	206
Denmark	Denish Krone	DKK	152	197
Egypt	Egyptian Pound	EGP	390	429
Hong Kong SAR，China	Hong Kong Dollar	HKD	188	243
Japan	Yen	JPY	2521	3263
Macau SAR，China	Pataca	MOP	193	250
New Zealand	New Zealand Dollar	NZD	35	45
South Africa	Rand	ZAR	373	483
Sweden	Swedish Krona	SEK	209	270
Switzerland	Swiss Franc	CHF	22	29
Thailand	Baht	THB	738	955
United Kingdom	Pound Sterling	GBP	18	24
United States of Amerca	US Dollar	USD	24	31

对于不同的国家，使用相同货币时，对应 SDR17 和 SDR22 值是相同的。

下面按照承运人承担的最高责任限额计算声明价值附加费。对计算结果按照 TACT RULES 5. 7. 1 非最低运费进位单位进行进位。

例 1

一票货物运输声明价值为 48 万人民币，货物毛重为 500 kg。

货物声明价值附加费 = ［货物运输声明价值-（毛重×SDR22）］×0. 75%

=（480000. 00-500×206）×0. 75% = CNY2827. 50（进位单位为 0. 01）

例 2

一票货物，毛重为 25 kg，运输声明价值为 JPY3000000。

货物声明价值附加费 =（3000000-25×3263）×0. 75% = JPY21888（进位单位为 1）

例 3

一票货物毛重为 2. 1 kg，运输声明价值为 EUR90000. 00。

声明价值附加费 =（90000. 00-2. 1×26. 44）×0. 75% = EUR674. 58（进位单位为 0. 01）

例 4

一票货物，毛重为 20 kg，运输声明价值为 USD90000. 00。

声明价值附加费 =（90000.00−20×31）×0.75% = USD670.35（进位单位为 0.01）

应注意，在计算声明价值附加值时，还应查阅实际承运人是否在 TACT RULES 公布了其声明价值附加费的收费差异。

四、货物声明价值的变更

货物托运后，至收货人提取货物前，经常会出现托运人提出对货物声明价值变更的现象，此时该如何进行处理呢？

一般来讲，货运单签字生效后，承运人对货物的安全管理已经开始。如果托运人在货物发运之前提出对货物声明价值进行变更，承运人可以按照货物退运进行处理，原声明价值附加费不退。货物一旦发运，托运人便不能对声明价值提出变更要求。

第十节　其他费用

其他费用是指承运人收取的除航空运费、声明价值附加费以外的地面运费、活体动物收运检查费、危险品收运检查费、燃油附加费、安全附加费、保管费、货运单费、退运手续费、运费到付手续费、代垫付款手续费等。

本节只介绍在一般在始发站收取的其他费用，运费到付手续费、保管费、地面运费在第九章介绍。

一、燃油附加费

近年来，由于国际燃油价格不断上涨，承运人开始收取燃油附加费用。

货物燃油附加费的计算公式：

货物燃油附加费 = 货物重量× 燃油附加费费率

计算航空货物燃油附加费时，有些承运人以计费重量为依据，有些承运人以毛重为依据，具体要看各承运人的要求。

航空货物燃油附加费的费率，承运人可以根据国际燃油价格的波动进行调节。

收取的航空货物燃油附加费，要填写在货运单“Other Charges”栏内，代号为 MYC。此项费用归始发站填开货运单的承运人所有，不参加比例分摊。

二、检查费

1. 活体动物收运检查费

活体动物收运检查费是指向托运人收取的一票活体动物的检查、处理费用，填写在货运单“Other Charges”栏内，代号为 LAC。此项费用归始发站填开货运单的承运人所有，不参加比例分摊。

2. 危险品收运检查费

危险品收运检查费适用于由托运人申报的，按照危险品运输规定运输危险品时，向托运人收取的一票危险品的检查、处理费用。

危险品收运检查费，应填写在货运单“Other Charges”栏内，代号为RAC。此项费用归始发站填开货运单的承运人所有，不参加比例分摊。

如果危险品需要中转，中转指定的承运人要求收取危险品操作费时，也可由始发站收取。

在TACT RULES 4.5列出的承运人，在TACT RULES 8.3公布了其危险品收费相关信息。

例如，Cathay Pacific Airways Ltd.（CX/160）公布的危险品收运检查费信息节选如图4.2所示。

4.5. Charges for Shipments of Dangerous Goods

1. Transportation fee

From	To IATA Area	Minimum fee per shipment	
Australia	1, 2 and 3	AUD	60
Austria	1, 2 and 3	EUR	50
	Max. fee per shipment	EUR	392.43
Belgium	Non radio-active material		
	1, 2 and 3	EUR	52
	Extra UN	EUR	6
	radio-active material		
	1, 2 and 3	EUR	51
	Extra UN	EUR	5.30
Canada:			
● Toronto	1, 2 and 3	CAD	65
● Vancouver	1, 2 and 3	CAD	75
China (excl. HKG)			
● Beijing	1, 2 and 3	CNY	500
● Fuzhou	1, 2 and 3	CNY	600
● Shanghai	1, 2 and 3	CNY	640
● Xiamen	1, 2 and 3	CNY	300

图4.2 CX对外公布的危险品收费标准

三、货运单费

承运人或其代理人在填制货运单时，应向托运人收取货运单费（包括制单费）。货运单费应填写在货运单“其他费用”栏内，用AWC或AWA表示，分别代表由承运人或其代理人收取。

不同国家或地区收取的货运单费不同。可以参阅TACT RULES 4.4。一般情况下，货运单费为USD15.00。

但也存在例外。例如在中国，每一份国际货运单费用为50元人民币；日本JPY200；新加坡SGD10.00。

在 ECAA 国家，不同国家，指定的承运人，还有不同的货运单费收费标准。

四、退运手续费

退运手续费是指托运人退运货物时，应向承运人支付的手续费。

在我国，国际货物每一份货运单退运手续费为 40 元人民币。

五、航空保险

对于航空货物运输来说，没有统一的保险规定，不同承运人有不同的要求。

在 TACT RULES 4. 3 列出的承运人在 TACT RULES 8. 3 中公布了保险规定。

六、地面运费

地面运费是指由承运人提供的在市区与机场之间、同一城市两个机场之间由地面车辆运输货物所产生的费用。

七、代垫款和代垫款手续费

1. 代垫款

代垫款（Disbursements）是一种为货物在始发站发生、在目的站收取的其他费用所提供的服务。这些费用只限于在货运单上注明的始发站运输前发生的货物运输、操作和文件等费用。

代垫款由最后一个承运人收取，归出票承运人所有，因其已支付给某代理或其他承运人。

代垫款项必须填写在货运单“其他费用”栏，并注明归代理人或承运人所有。

2. 限制条件

代垫款只适用于在目的站接受运费到付的情况。具体见 TACT RULES 7. 2。

代垫款不适用于到阿尔及利亚的运输。

3. 代垫款金额

代垫款金额（Disbursements Amounts）在任何情况下，不能超过在货运单上所列出的航空运费。

当航空运费少于 100 美元（或等值货币）时，代垫款最高金额可允许为 100 美元（或等值货币），香港则为 300 美元。

对于到赞比亚的运输，任何代垫款额不得超过 100 美元（或其等值货币）。

4. 代垫款手续费

代垫款手续费（Disbursements Fee）是最后承运人向收货人或其代理人收取的除代垫款金额以外的手续费。

收取代垫款时，应征收代垫款手续费。代垫款手续费适用于在货运单“其他费用”栏内的所有费用到付的各项费用。

代垫款手续费将填写在货运单“其他费用”栏内，由最后承运人收取，归出票承运人所有，代号为“DBC”。如图 4.3 所示。

Airport of Departure (Addr. of First Carrier) and Requested Routing							Reference Number				Optional Shipping Information	
CHARLES DE GAULLE												
To	By First Carrier / Routing and Destination	to	by	to	by		Currency	CHGS Code	WT/VAL PPD COLL	Other PPD COLL	Declared Value for Carriage	Declared Value for Customs
JFK	TRANSPARENT AIR						EUR		X	X	NVD	NCV
Airport of Destination		Requested Flight/Date					Amount of Insurance		INSURANCE: If Carrier offers insurance, and such insurance is requested in accordance with the conditions thereof, indicate amount to be insured in figures in box marked 'Amount of Insurance'			
J.F. KENNEDY							XXX					

Handling Information

SCI

No. of Pieces RCP	Gross Weight	kg lb	Rate Class	Commodity Item No.	Chargeable Weight	Rate / Charge	Total	Nature and Quantity of Goods (incl. Dimensions or Volume)
25	470.0	K	C	1295	500.0	2.48	1240.00	LEATHER BAGS
25	461.5		C	4416	680.0	2.38	1618.40	AUTOMOBILE RADIO SETS
								TAPE RECORDERS
10	510.3		C	2195	510.5	2.50	1276.25	TEXTILE
9	186.7		Q		187.0	3.18	594.66	MACHINE PARTS
								TRACTOR PARTS
								SODIUM THIOSULFATE
								NOT RESTRICTED
								AIRCRAFT PARTS
								AUTOMOBILE PARTS
3	85.0		R	N67	85.0	6.27	532.95	NEWSPAPERS
								NO DIMENSIONS AVAILABLE
72	1713.5						5262.26	

Prepaid	Weight Charge	Collect	Other Charges
5262.26			AWA 8.80 SUA 228.67 DBC 23.75
	Valuation Charge		
	Tax		

图 4.3 代垫手续费的填写样例

代垫款手续费为列在货运单“其他费用”栏内的所有费用到付总额的 10%，但不能少于 20 美元（或其等值货币）。

例外：在文莱为 10%，不低于 BND50；在新加坡为 8%，不低于 17 美元。

在表 4-69 所列国家，应使用所列数额，而不是按照上述规则对 100.00 美元和 20.00 美元进行换算额。

表 4-70　按照 100 美元和 20 美元进行换算的国家及金额

Country:	Curr. Code:	USD 20.00	USD 100.00
Canada	CAD	32.50	130.00
Croatia (applicable to OU)	EUR	15.00	170.00
Czech Republic (applicable to OK)	CZK	500.00	2500.00
Eritrea	USD	16.00	81.00
Ethiopia	USD	16.00	81.00
Finland (applicable to AY)	EUR	13.46	67.28
Japan	JPY	5000	25000
Korea (Rep. of)	KRW	25800	129000
Malaysia	MYR	57.00	282.00
Namibia	NAD	40.00	200.00
New Zealand	NZD	37.00	190.00
Saudi Arabia	SAR	75.00	375.00
Slovenia (applicable to JP)	EUR	21.00	106.00
South Africa	ZAR	120.00	600.00
Switzerland (applicable to AA and LX)	CHF	45.00	225.00
Thailand	THB	800.00	4000.00

Note:
For possible deviating rules in a specific country also see section 7.3.2. Information by country.

比如，在南非，USD20 相当于 ZAR120. 00，USD100 相当于 ZAR600. 00。

在 ECAA 国家之间、从/到澳大利亚，承运人不同，计算代垫款手续费的百分比也可能不同。

有特殊规定的国家，也可以参阅 TACT RULES 7. 3. 2 国家信息部分。

例 1

Routing：NYC—PEK by CZ

Weight Charge：USD 150. 00

Disbursement amount：USD 100. 00

（1）能否采用运费到付付款？

（2）有没有代垫款手续费？手续费为多少？

步骤：

第一步：检查代垫款金额是否小于航空运费。

USD 100. 00<USD 150. 00

第二步：目的站国家及承运人是否接受运费到付。

经查阅 TACT RULES 7. 2. 2 可知，PEK 所在国家——中国虽然不接受运费到付，但 CZ 可以接受运费到付。所以，存在代垫款金额。

第三步：计算代垫款手续费。

Disbursement Fee：USD 100. 00× 10% = USD10. 00 < USD20. 00

所以，代垫款手续费为 USD20. 00。

例 2

Routing：GLA—CHC by NZ

Weight Charge：GBP1200. 00

Disbursement amount：GBP200. 00

目的站为 Christchurch，承运人为 NZ。

查阅 TACT RULES 7.2.2，国家 New Zealand 可以接受运费到付，但承运人 Air New Zealand Ltd. 不接受到 New Zealand 的运费到付，故不能代垫款。

如果承运人为非例外列出的承运人，可存在代垫款。

代垫款金额小于航空运费。

Disbursement Fee：GBP200.00 × 10% = GBP20.00

查阅 TACT RATES　USD 1= GBP 0.75230

USD 20.00= GBP 15.05

GBP 20.00 大于 GBP 15.05

故，代垫款手续费为 USD20.00。

例 3

Routing：HKG—SFO

Weight Charge：HKD80000.00

Disbursement amount：HKD95000.00

由于代垫款金额高于航空运费，所以不允许代垫款。

习题

1. 一票货物有三种包装形式，件数、尺寸见下表，计算体积重量，并确定计费重量。

包装件数和类型	每件货物的尺寸	总毛重	进位后的体积重量	进位后的计费重量
8 drums	Diameter：45 cm Height：60 cm	960 kg		
& 7 crates	90 cm×55 cm×35.6 cm	187.4 kg		
12 boxes	30 cm×38.8 cm×40 cm	145 kg		

2. 根据货币进位单位进行进位。

进位金额	非最低运费		最低运费	
	进位单位	进位后的金额	进位单位	进位后的金额
EUR563.867				
XAF364.75				
LBP349				
MVR327.643				
MZN548.3				
SOS564.778				
PYG652.7				
OMR132.8863				
CZK872.665				

3. 计算航空运费并填写运价计算栏。

（普通货物运价）

（1） Routing：BJS/BAH

Commodity：Footwear

Total Gross Wt：15 kg

Dims：60 cm×60 cm×20 cm×1

Payment：PP

Currency	CHGS Code	WT/VAL		Other		Accounting Information
		PPD	COLL	PPD	COLL	
Handling Information						

No of Pieces RCP	Gross Weight	Kg lb	Rate Class		Chargeable Weight	Rate / Charge	Total	Nature and Quantity of Goods (incl. Dimensions or Volume)
				Commodity Item No.				

（2） Routing：BJS/LON

Commodity： RADIOACTIVE MATERIAL, EXCEPTED PACKAGE INSTRUMENTS （UN2911）

Total Gross Wt：1039. 6 kg

Dims：67 cm×37 cm×29 cm×7

Payment：PP

Currency	CHGS Code	WT/VAL		Other		Accounting Information
		PPD	COLL	PPD	COLL	
Handling Information						

No of Pieces RCP	Gross Weight	Kg lb	Rate Class		Chargeable Weight	Rate / Charge	Total	Nature and Quantity of Goods (incl. Dimensions or Volume)
				Commodity Item No.				

（3） Routing：SHA/SYD BY QF

Commodity：Transistor radios

Total Gross Wt：89. 3 kg

Dims：40 cm×30 cm×20 cm×8

Payment：PP

Currency	CHGS Code	WT/VAL		Other		Accounting Information
		PPD	COLL	PPD	COLL	
Handling Information						

No of Pieces RCP	Gross Weight	Kg lb	Rate Class Commodity Item No.	Chargeable Weight	Rate Charge	Total	Nature and Quantity of Goods (incl. Dimensions or Volume)

(4) Routing: BJS / BWN

Commodity: Dried Shrimp Sample

Total Gross Wt: 3. 4 kg

Dims: 30 cm×20 cm×20 cm ×1

Payment: PP

Currency	CHGS Code	WT/VAL		Other		Accounting Information
		PPD	COLL	PPD	COLL	
Handling Information						

No of Pieces RCP	Gross Weight	Kg lb	Rate Class Commodity Item No.	Chargeable Weight	Rate Charge	Total	Nature and Quantity of Goods (incl. Dimensions or Volume)

(等级运价)

(5) Routing: BJS/SIN

Commodity: 1 Live Cat

Total Gross Wt: 8. 5 kg

Dims: 50 cm×40 cm×40 cm×1

Currency	CHGS Code	WT/VAL		Other		Accounting Information
		PPD	COLL	PPD	COLL	
Handling Information						

No of Pieces RCP	Gross Weight	Kg lb	Rate Class Commodity Item No.	Chargeable Weight	Rate Charge	Total	Nature and Quantity of Goods (incl. Dimensions or Volume)

(6) Routing: CTU/TYO

Commodity: Day Old Chicks

Total Gross Wt: 189. 9 kg

Dims: 40 cm×40 cm×20 cm×10

Payment: PP

Currency	CHGS Code	WT/VAL		Other		Accounting Information
		PPD	COLL	PPD	COLL	
Handling Information						

No of Pieces RCP	Gross Weight	Kg / lb	Rate Class	Commodity Item No.	Chargeable Weight	Rate / Charge	Total	Nature and Quantity of Goods (incl. Dimensions or Volume)

(7) Routing: JNB/TPE

Commodity: POLISHED DIAMONDS

Total Gross Wt: 20 kg

Dims: 50 cm×40 cm×30 cm×1

Payment: PP

Currency	CHGS Code	WT/VAL		Other		Accounting Information
		PPD	COLL	PPD	COLL	
Handling Information						

No of Pieces RCP	Gross Weight	Kg / lb	Rate Class	Commodity Item No.	Chargeable Weight	Rate / Charge	Total	Nature and Quantity of Goods (incl. Dimensions or Volume)

(8) Routing: BJS/BKK

Commodity: Human Ashes in urn

Total Gross Wt: 2. 5 kg

Dims: 30 cm×20 cm×20 cm × 1

Payment: PP

Currency	CHGS Code	WT/VAL		Other		Accounting Information
		PPD	COLL	PPD	COLL	
Handling Information						

No of Pieces RCP	Gross Weight	Kg lb	Rate Class	Commodity Item No.	Chargeable Weight	Rate / Charge	Total	Nature and Quantity of Goods (incl. Dimensions or Volume)

(9) Routing: FRA/LDI

Commodity: Human Remains in coffin

Total Gross Wt: 180 kg

Payment: PP

Currency	CHGS Code	WT/VAL		Other		Accounting Information
		PPD	COLL	PPD	COLL	
Handling Information						

No of Pieces RCP	Gross Weight	Kg lb	Rate Class	Commodity Item No.	Chargeable Weight	Rate / Charge	Total	Nature and Quantity of Goods (incl. Dimensions or Volume)

(10) Routing: SHA/KUL

Commodity: Soccer Magazines

Total Gross Wt: 120 kg

Dims: 50 cm×40 cm×40 cm×8

Payment: PP

Currency	CHGS Code	WT/VAL		Other		Accounting Information
		PPD	COLL	PPD	COLL	
Handling Information						

No of Pieces RCP	Gross Weight	Kg lb	Rate Class	Commodity Item No.	Chargeable Weight	Rate / Charge	Total	Nature and Quantity of Goods (incl. Dimensions or Volume)

（11） Routing：SHA/BKK

Commodity：Baggage shipped as cargo

Total Gross Wt：60 kg

Dims：80 cm×60 cm×40 cm× 2

Payment：PP

TICKET 217-11223344550 SHA/BKK TG663/Today

<table>
<tr><td rowspan="2">Currency</td><td rowspan="2">CHGS Code</td><td colspan="2">WT/VAL</td><td colspan="2">Other</td><td colspan="3" rowspan="2">Accounting Information</td></tr>
<tr><td>PPD</td><td>COLL</td><td>PPD</td><td>COLL</td></tr>
<tr><td colspan="9">Handling Information</td></tr>
<tr><td>No of Pieces RCP</td><td>Gross Weight</td><td>Kg
lb</td><td>Rate Class</td><td>Commodity Item No.</td><td>Chargeable Weight</td><td>Rate / Charge</td><td>Total</td><td>Nature and Quantity of Goods (incl. Dimensions or Volume)</td></tr>
<tr><td></td><td></td><td></td><td></td><td></td><td></td><td></td><td></td><td></td></tr>
<tr><td></td><td></td><td></td><td></td><td></td><td></td><td></td><td></td><td></td></tr>
</table>

（12） Routing：KUL / CAN

Commodity：Personal Effects

Total Gross Wt：100 kg

Dims：100 cm×60 cm×40 cm×3

Payment：PP

TICKET 057 11223344550 CAN/PAR AF101/Today

<table>
<tr><td rowspan="2">Currency</td><td rowspan="2">CHGS Code</td><td colspan="2">WT/VAL</td><td colspan="2">Other</td><td colspan="3" rowspan="2">Accounting Information</td></tr>
<tr><td>PPD</td><td>COLL</td><td>PPD</td><td>COLL</td></tr>
<tr><td colspan="9">Handling Information</td></tr>
<tr><td>No of Pieces RCP</td><td>Gross Weight</td><td>Kg
lb</td><td>Rate Class</td><td>Commodity Item No.</td><td>Chargeable Weight</td><td>Rate / Charge</td><td>Total</td><td>Nature and Quantity of Goods (incl. Dimensions or Volume)</td></tr>
<tr><td></td><td></td><td></td><td></td><td></td><td></td><td></td><td></td><td></td></tr>
<tr><td></td><td></td><td></td><td></td><td></td><td></td><td></td><td></td><td></td></tr>
</table>

（指定商品运价）

（13） Routing：SIA/NGO

Commodity：Fresh Vegetables

Total Gross Wt：32 kg

Dims：60 cm×30 cm×30 cm×10

Payment：PP

Currency	CHGS Code	WT/VAL		Other		Accounting Information
		PPD	COLL	PPD	COLL	

Handling Information

No of Pieces RCP	Gross Weight	Kg lb	Rate Class	Commodity Item No.	Chargeable Weight	Rate / Charge	Total	Nature and Quantity of Goods (incl. Dimensions or Volume)

(14) Routing: CCS/LIS

Commodity: Live Lobsters

Total Gross Wt: 560 kg

Dims: 40 cm×40 cm×40 cm×50

Payment: PP

Currency	CHGS Code	WT/VAL		Other		Accounting Information
		PPD	COLL	PPD	COLL	

Handling Information

No of Pieces RCP	Gross Weight	Kg lb	Rate Class	Commodity Item No.	Chargeable Weight	Rate / Charge	Total	Nature and Quantity of Goods (incl. Dimensions or Volume)

(15) Routing: FRA/NLA

Commodity: MOTORCYCLES PARTS

Total Gross Wt: 470 kg

Dims: 40 cm×40 cm×50 cm×40

Payment: PP

Currency	CHGS Code	WT/VAL		Other		Accounting Information
		PPD	COLL	PPD	COLL	

Handling Information

No of Pieces RCP	Gross Weight	Kg lb	Rate Class	Commodity Item No.	Chargeable Weight	Rate / Charge	Total	Nature and Quantity of Goods (incl. Dimensions or Volume)

（16） Routing：MFM/LUN

Commodity：FOOTWEAR

Total Gross Wt：220 kgs

Dims：40 cm×40 cm×40 cm×20

Payment：PP

Currency	CHGS Code	WT/VAL		Other		Accounting Information
		PPD	COLL	PPD	COLL	
Handling Information						

No of Pieces RCP	Gross Weight	Kg lb	Rate Class Commodity Item No.	Chargeable Weight	Rate / Charge	Total	Nature and Quantity of Goods (incl. Dimensions or Volume)

（公布直达运价使用顺序）

（17） Routing：SHA/OSA

Commodity：Live Lobsters

Total Gross Wt：425 kg

Dims：43 cm×35 cm×28 cm ×46

Payment：PP

Currency	CHGS Code	WT/VAL		Other		Accounting Information
		PPD	COLL	PPD	COLL	
Handling Information						

No of Pieces RCP	Gross Weight	Kg lb	Rate Class Commodity Item No.	Chargeable Weight	Rate / Charge	Total	Nature and Quantity of Goods (incl. Dimensions or Volume)

（18） Routing：YXU/ZRH

Commodity：MAGAZINES

Total Gross Wt：1200 kg

Dims：60 cm×40 cm×30 cm ×80

Payment：PP

Currency	CHGS Code	WT/VAL		Other		Accounting Information
		PPD	COLL	PPD	COLL	
Handling Information						

No of Pieces RCP	Gross Weight	Kg / lb	Rate Class / Commodity Item No.	Chargeable Weight	Rate / Charge	Total	Nature and Quantity of Goods (incl. Dimensions or Volume)

（混运货物运价）

（19） Routing：BJS/JED

Payment：PP

	COMMODITY	GROSS WT（kg）	PCS & DIMS
1ST	Automobile parts	350. 6	100 cm×115v×75 cm ×2
2nd	Aircraft parts	100. 5	75 cm×75 cm×50 cm×3
3rd	Magazines	145. 7	30 cm×30 cm×30 cm×12

Currency	CHGS Code	WT/VAL		Other		Accounting Information
		PPD	COLL	PPD	COLL	
Handling Information						

No of Pieces RCP	Gross Weight	Kg / lb	Rate Class / Commodity Item No.	Chargeable Weight	Rate / Charge	Total	Nature and Quantity of Goods (incl. Dimensions or Volume)

（非公布直达运价）

（20） Routing：SIN /YNT

Commodity：WOODEN HANDICRAFTS

Total Gross Wt：125 kg

Dims：60 cm×60 cm×60 cm×2

Payment：PP

Currency	CHGS Code	WT/VAL		Other		Accounting Information
		PPD	COLL	PPD	COLL	
Handling Information						

No of Pieces RCP	Gross Weight	Kg lb	Rate Class	Commodity Item No.	Chargeable Weight	Rate / Charge	Total	Nature and Quantity of Goods (incl. Dimensions or Volume)

4. 计算货物声明价值附加费

（1） 15. 7 kg of Antique valued at EUR78， 000. 00 from FRA to PEK.

（2） 5. 8 kg of polished diamonds valued at CNY10,000. 00 from PEK to FRA.

（3） 5. 6 kg of Rolex watches valued at CHF8,000. 00 from ZRH to YMQ.

（4） 3. 4 kg of Black pearls valued at HKD950,000. 00 from HKG to YVR.

（5） 25. 4 kg of Antique valued at USD15,000. 00 from NYC to PEK.

5. 计算货物代垫款手续费

（1） Routing：AHT—YMQ BY OA

Weight charge：EUR23000. 00

Disbursement amount：EUR200. 00

（2） Routing：PEN—POS

Weight charge：MYR710. 00

Disbursement amount：MYR200. 00

（3） Routing：BAH—MFM

Weight charge：BHD8050. 00

Disbursement amount：BHD500. 00

（4） Routing：HKG—NYC

Weight charge：HKD10000. 00

Disbursement amount：HKD6000. 00

第五章　航空货运单

第一节　航空货运单的组成及作用

一、航空货运单

航空货运单（以下简称“货运单”）是指托运人或受托运人委托填写的名为航空货运单的文件，是托运人为在承运人的航班上运输货物与承运人订立运输合同的初步证据。

货运单有两种形式，一种是预先印制上承运人标识的承运人货运单，主要是区分不同承运人的货运单，此部分主要包括承运人名称、承运人总部地址、承运人的图案标志、承运人的票证代码（包括货运单的具体编号）；另外一种是没有任何形式的承运人标识的中性货运单。

二、货运单组成及作用

1. 货运单的组成

货运单至少一式八联，其中三联正本。各联可以通过不同颜色进行区别，并且可以选择不同的颜色。承运人可以接收有颜色的货运单，也可以接收无颜色的货运单。

中性运单也至少一式八联，其中三联正本。也可以分成两套，其中三联正本。中性货运单也可选择不同的颜色进行区别。

下面以国货航货运单为例介绍货运单的组成和作用。

货运单一式十二联，其中正本三联，副本九联。三联正本的背面均有契约条件，并具有同等法律效力。

2. 货运单的作用

1）货运单各联的用途

第一联（蓝色），正本3，托运人联，作为托运人支付货物运费，并将货物交承运人运输的凭证，也是承运人和托运人缔结运输契约合同的书面文件。该联背面印有承运人的契约条件。

第二联（白色），副本9，代理人联，作为代理人留存备查之用。

第三联（绿色），正本1，制单承运人联，作为承运人收取货物运费的凭证，也是承

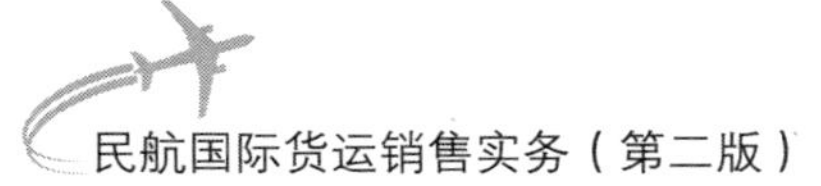

运人和托运人缔结运输契约合同的书面文件。该联背面印有承运人的契约条件。

第四联（粉色），正本2，收货人联，随货物运至目的站，承运人交付货物时，将此联交收货人。该联背面印有承运人的契约条件。

第五联（黄色），副本4，最后承运人联，随货物运至目的站，收货人在上面签字后，作为交付货物的收据和完成运输的证明由承运人留存。

第六联（白色），副本5，目的站机场联，作为目的站机场留存备查之用。

第七联（白色），副本6，第三承运人联，作为结算凭证。

第八联（白色），副本7，第二承运人联，作为结算凭证。

第九联（白色），副本8，第一承运人联，作为结算凭证。

第十、十一、十二联（白色），额外副本。

2）货运单的作用

从上述货运单各联的用途，可归纳出货运单的作用如下：

（1）是承运人或其授权的货运代理人填开的最重要的货物运输文件，承运人和托运人之间缔结运输合同的书面文件；

（2）是托运人将货物交给承运人、承运人将货物交付给收货人的凭证；

（3）是货物运费的凭证；

（4）是货物保险的凭证（如果承运人根据托运人的要求提供此项保险的）；

（5）是承运人员工处理、运送、交付货物的依据；

（6）是向海关申报的证明。

三、货运单的有效期

货运单填开后，经托运人（或其代理人）和承运人（或其代理人）签字后生效。货物运至目的站，收货人提取货物并在货运单的交付联上签收后，货运单作为运输凭证，其有效期即告结束。但作为运输合同，其法律依据的有效期应延长到航班到达、应该到达或运输停止之日起两年内有效。

第二节　契约条件

在货运单三份正本背面印有运输“契约条件”，涉及航空货物运输的许多法律问题。

一、英文契约条件

IATA TACT Rules 中的英文契约条件内容见表5-1。

表 5-1 “契约条件”英文内容

NOTICE CONCERNING CARRIER'S LIMITATION OF LIABILITY

If the carriage involves an ultimate destination or stop in a country other than the country of departure, the Montreal Convention or the Warsaw Convention may be applicable to the liability of the Carrier in respect of loss of, damage or delay to cargo. Carrier's limitation of liability in accordance with those Conventions shall be as set forth in subparagraph 4 unless a higher value is declared.

CONDITIONS OF CONTRACT

1. In this contract and the Notices appearing hereon:
   CARRIER includes the air carrier issuing this air waybill and all carriers that carry or undertake to carry the cargo or perform any other services related to such carriage.
   SPECIAL DRAWING RIGHT (SDR) is a Special Drawing Right as defined by the International Monetary Fund.
   WARSAW CONVENTION means whichever of the following instruments is applicable to the contract of carriage:
   the Convention for the Unification of Certain Rules Relating to International Carriage by Air, signed at Warsaw, 12 October 1929;
   that Convention as amended at The Hague on 28 September 1955;
   that Convention as amended at The Hague 1955 and by Montreal Protocol No. 1, 2, or 4 (1975) as the case may be.
   MONTREAL CONVENTION means the Convention for the Unification of Certain Rules for International Carriage by Air, done at Montreal on 28 May 1999.

2./2.1 Carriage is subject to the rules relating to liability established by the Warsaw Convention or the Montreal Convention unless such carriage is not "international carriage" as defined by the applicable Conventions.

2.2 To the extent not in conflict with the foregoing, carriage and other related services performed by each Carrier are subject to:

2.2.1 applicable laws and government regulations;

2.2.2 provisions contained in the air waybill, Carrier's conditions of carriage and related rules, regulations, and timetables (but not the times of departure and arrival stated therein) and applicable tariffs of such Carrier, which are made part hereof, and which may be inspected at any airports or other cargo sales offices from which it operates regular services. When carriage is to/from the USA, the shipper and the consignee are entitled, upon request, to receive a free copy of the Carrier's conditions of carriage. The Carrier's conditions of carriage include, but are not limited to:

2.2.2.1 limits on the Carrier's liability for loss, damage or delay of goods, including fragile or perishable goods;

2.2.2.2 claims restrictions, including time periods within which shippers or consignees must file a claim or bring an action against the Carrier for its acts or omissions, or those of its agents;

2.2.2.3 rights, if any, of the Carrier to change the terms of the contract;

2.2.2.4 rules about Carrier's right to refuse to carry;

2.2.2.5 rights of the Carrier and limitations concerning delay or failure to perform service, including schedule changes, substitution of alternate Carrier or aircraft and rerouting.

3. The agreed stopping places (which may be altered by Carrier in case of necessity) are those places, except the place of departure and place of destination, set forth on the face hereof or shown in Carrier's timetables as scheduled stopping places for the route. Carriage to be performed hereunder by several successive Carriers is regarded as a single operation.

4. For carriage to which the Montreal Convention does not apply, Carrier's liability limitation for cargo lost, damaged or delayed shall be 22 SDRs per kilogram unless a greater per kilogram monetary limit is provided in any applicable Convention or in Carrier's tariffs or general conditions of carriage.

5./5.1 Except when the Carrier has extended credit to the consignee without the written consent of the shipper, the shipper guarantees payment of all charges for the carriage due in accordance with Carrier's tariff, conditions of carriage and related regulations, applicable laws (including national laws implementing the Warsaw Convention and the Montreal Convention), government regulations, orders and requirements.

5.2 When no part of the consignment is delivered, a claim with respect to such consignment will be considered even though transportation charges thereon are unpaid.

6./6.1 For cargo accepted for carriage, the Warsaw Convention and the Montreal Convention permit shipper to increase the limitation of liability by declaring a higher value for carriage and paying a supplemental charge if required.

6.2 In carriage to which neither the Warsaw Convention nor the Montreal Convention applies Carrier shall, in accordance with the procedures set forth in its general conditions of carriage and applicable tariffs, permit shipper to increase the limitation of liability by declaring a higher value for carriage and paying a supplemental charge if so required.

7./7.1 In cases of loss of, damage or delay to part of the cargo, the weight to be taken into account in determining Carrier's limit of liability shall be only the weight of the package or packages concerned.

7.2 Notwithstanding any other provisions, for "foreign air transportation" as defined by the U.S. Transportation Code:

7.2.1 in the case of loss of, damage or delay to a shipment, the weight to be used in determining Carrier's limit of liability shall be the weight which is used to determine the charge for carriage of such shipment; and

7.2.2 in the case of loss of, damage or delay to a part of a shipment, the shipment weight in 7.2.1 shall be prorated to the packages covered by the same air waybill whose value is affected by the loss, damage or delay. The weight applicable in the case of loss or damage to one or more articles in a package shall be the weight of the entire package.

8. Any exclusion or limitation of liability applicable to Carrier shall apply to Carrier's agents, employees, and representatives and to any person whose aircraft or equipment is used by Carrier for carriage and such person's agents, employees and representatives.

9. Carrier undertakes to complete the carriage with reasonable dispatch. Where permitted by applicable laws, tariffs and government regulations, Carrier may use alternative carriers, aircraft or modes of transport without notice but with due regard to the interests of the shipper. Carrier is authorized by the shipper to select the routing and all intermediate stopping places that it deems appropriate or to change or deviate from the routing shown on the face hereof.

10. Receipt by the person entitled to delivery of the cargo without complaint shall be prima facie evidence that the cargo has been delivered in good condition and in accordance with the contract of carriage.

10.1 In the case of loss of, damage or delay to cargo a written complaint must be made to Carrier by the person entitled to delivery. Such complaint must be made:

10.1.1 in the case of damage to the cargo, immediately after discovery of the damage and at the latest within 14 days from the date of receipt of the cargo;

10.1.2 in the case of delay, within 21 days from the date on which the cargo was placed at the disposal of the person entitled to delivery.

10.1.3 in the case of non-delivery of the cargo, within 120 days from the date of issue of the air waybill, or if an air waybill has not been issued, within 120 days from the date of receipt of the cargo for transportation by the Carrier.

10.2 Such complaint may be made to the Carrier whose air waybill was used, or to the first Carrier or to the last Carrier or to the Carrier, which performed the carriage during which the loss, damage or delay took place.

10.3 Unless a written complaint is made within the time limits specified in 10.1 no action may be brought against Carrier.

10.4 Any rights to damages against Carrier shall be extinguished unless an action is brought within two years from the date of arrival at the destination, or from the date on which the aircraft ought to have arrived, or from the date on which the carriage stopped.

11. Shipper shall comply with all applicable laws and government regulations of any country to or from which the cargo may be carried, including those relating to the packing, carriage or delivery of the cargo, and shall furnish such information and attach such documents to the air waybill as may be necessary to comply with such laws and regulations. Carrier is not liable to shipper and shipper shall indemnify Carrier for loss or expense due to shipper's failure to comply with this provision.

12. No agent, employee or representative of Carrier has authority to alter, modify or waive any provisions of this contract.

二、中文契约条件

契约条件中文中的标题符号与IATA RULES中的英文标题符号相同，其主要内容见表5-2。

表5-2 “契约条件”中文内容

关于承运人责任限额的声明

如果运输最终目的站或经停站与始发站不在同一国家内，《华沙公约》或《蒙特利尔公约》适用于该项运输。该公约第4款限定了承运人对货物丢失、损坏、延误的赔偿责任，除非事先声明了较高的价值。

契约条款

1. 运输合同中的名词解释：

承运人包括填制货运单的承运人和运输货物或承诺运输货物或提供与此运输相关的其他服务的所有承运人。

特别提款权是由国际货币基金组织确定的一种特定提款标准。

《华沙公约》是指下列可适用的文件：

a. 1929年10月12日在华沙签订的《统一国际航空运输某些规则的公约》；

b. 1955年9月28日在海牙修订的上述公约；

c. 1955年在海牙修订的公约和1975年蒙特利尔公约第1、2或4（1975年）号议定书；

《蒙特利尔公约》是指1999年5月28日在蒙特利尔签订的《统一国际航空运输某些规则的公约》。

2.

2.1 本契约所指的运输应符合《华沙公约》或《蒙特利尔公约》所制定的有关责任规定，除非此运输不属于适用公约中所定义的“国际运输”。

2.2 为了不与上述公约解释相矛盾，各承运人提供的运输和相关的服务应遵守下列规定：

2.2.1 适用的法律和政府规定。

2.2.2 航空货运单上包含的条款，承运人的运输总条件和相关规则、规章及班期时刻表（并非指始发和到达的时间）和适用运价作为契约的组成部分，在承运人正常经营服务的任一机场或其他货物销售处均可查阅。若自/至美国的运输，托运人和收货人有权根据需要免费获取一份承运人运输条件。承运人的运输条件包括但不仅限于：

2.2.2.1 包括易碎或鲜活易腐货物在内的，承运人对货物丢失、损坏或延误运输的责任限额。

2.2.2.2 索赔限制，包括托运人或收货人向承运人提出索赔的时限或就承运人或其代理人的行为或失误向承运人提起诉讼的时限。

2.2.2.3 承运人改变合同条款的权利。

2.2.2.4 承运人有权拒绝运输的规则。

2.2.2.5 承运人对延误或未履行服务的权利和限制，包括对班期时刻表、承运人、机型和航程的变更。

3. 约定的经停站（在必要时承运人可能会变更）是指除始发站和目的站外在货运单正面上所填写的或在承运人的班期时刻表中所列航线的经停地点。由几个承运人承担的连续运输被视为一个单一的运输。

4. 既不适用于《华沙公约》也不适用于《蒙特利尔公约》的运输，承运人对货物的丢失、损坏和延误的赔偿责任限额不能低于承运人公布在运价手册和运输条件中的数额。对于自/至美国的运输承运人的责任限额不得低于每千克22特别提款权。

5.

5.1 除非承运人未经托运人书面允许而给予了收货人付款信誉，托运人应保证根据承运人的运价、运输条件和相关条例，适用的法律（包括遵循《华沙公约》和《蒙特利尔公约》的国家法律）、政府规章、命令和要求支付产生的所有运输费用。

5.2 如果一票货物全部未能交付，即使是运费还没有缴付的情况下，也应接受对该票货物的索赔要求。

6.

6.1《华沙公约》和《蒙特利尔公约》允许托运人在托运货物时，可以通过声明一个较高的运输价值并支付额外费用来提高承运人的责任限额。

6.2 当运输既不适用《华沙公约》也不适用《蒙特利尔公约》的货物时，承运人应当依照其运输总条件和适用运价资料中所规定的程序，允许托运人通过声明较高的运输价值并支付额外费用来提高赔偿限额。

7.1 若部分货物发生丢失、损坏或者延误，确定承运人赔偿责任限额的货物重量为有关包装件的重量。

7.2 尽管有其他规定，但对于美国运输法规定义的“外国航空运输”：

7.2.1 若一票货物丢失、损坏或者延误，将承运人收取该票货物运费的计费重量作为确定承运人责任限额的重量。

续表

7.2.2 当一票货物中部分丢失、损坏或者延误，应按同一份货运单中价值受到影响的货物包装件所占此票货物的比例确定承运人的责任限额。当一个包装件中的一个或多个物品损坏，则以该包装件的总重量来确定承运人的赔偿责任。

8. 适用于承运人的责任免除或限额同样适用于承运人的代理人、雇员、代表，也适用于承运人运输所使用的航空器或其他设备的所有人及其代理、雇员和代表。

9. 承运人为完成运输可做合理的安排。在适用的法律、运价手册和政府规定允许的情况下，承运人无须通知托运人即可更换承运人、飞机或运输方式，但应考虑托运人的利益。经托运人授权承运人可以选择合适的路线和经停点或变更货运单正面显示的路线。

10. 收货人提取货物时，没有向承运人提出异议，即视为货物已经在完好状态下按照运输合同完成交付。

10.1 在出现货物丢失、损坏、延误时，收货人需向承运人出具书面索赔申请。具体如下：

10.1.1 货物损坏时，应在发现货物损坏后立即或至迟应当自收到货物之日起 14 日内以书面形式提出索赔。

10.1.2 托运货物发生延误时，至迟应当自货物处置权交给收货人之日起 21 日之内书面提出索赔。

10.1.3 货物托运后始终没有交付的，托运人应当自货运单填开之日起 120 日内书面提出索赔；假如货运单还未填开，托运人应当自承运人接收货物的 120 日内提出索赔。

10.2 可以向出票承运人、第一承运人、最后承运人或者运输过程中发生丢失、破损或延误的承运人提出索赔。

10.3 若未在 10.1 规定的时间内递交书面的索赔申请，不得向承运人提起诉讼。

10.4 航空运输诉讼时效为两年，自民用航空器到达目的地点、应当到达目的地点或者运输终止之日起计算。

11. 托运人应遵守货物始发站和目的站包括货物包装、运输和交付的所有适用的法律和政府规定，同时应根据上述法律和规定提供可能需要的信息，并将相关文件随附运单。承运人不对托运人承担此方面的义务，因托运人未遵守相关法律法规而造成承运人损失的，托运人应给予承运人赔偿。

12. 承运人的任何代理、雇员或者代表均无权变更、修改或免除此契约的任何条款。

第三节 航空货运单的填制

一、填开货运单的责任

根据《华沙公约》《海牙议定书》和承运人的运输条件，货运单应当由托运人填写，连同货物一起交给承运人。如果承运人依据托运人提供的托运书填制货运单并经托运人复核签字，则该货运单应当被视为代托运人填写。

所以，托运人应当对货运单上所填写的各项内容的真实性与准确性负责。由于货运单上填写的内容不规范、不正确、不完整致使承运人或任何其他人遭受损失，托运人应付全部责任，不管货运单是否是托运人填制，还是由承运人或其代理人代替填制，托运人都应该承担责任。

货运单上只要有托运人的签字，就认为托运人接受货运单背面的契约条件和承运人的运输条件。

二、货运单不得转让

在货运单上右上方印制的“NOT NEGOTIABLE”字样，表示货运单只是作为航空货物运输使用，不能随意转让，并且在货运单上的“NOT NEGOTIABLE”字样不得随意删除或更改。

三、货运单号码的意义

在货运单的左上角、右上角和右下角均有承运人的三字数字代码和带有 1 位检查号的 8 位序列号，例如 999 | | 12345675。这些为货运单号码。

货运单号码是货运单的主要部分，它包括两部分，一部分是票证代码，表示的是承运人；另一部分是货运单的具体编号。没有货运单号码，将无法识别货物、处理文件，造成运输混乱。

四、货运单的填制

1. 货运单填制要求

在填制货运单时，应按照货运单上每栏标题内容进行正确填制，如是带标题的阴影部分由承运人填写，没有标题的阴影部分不必填写。货运单上带圆圈的数字，是为了方便说明各栏内容而加上的。

一般使用电脑或英文打字机填制货运单，英文大写。

填写货运单时，各项内容应填写完整，不得任意简化或省略。

与托运书的填写要求相同，一份货运单只能有一个托运人，一个收货人。当收货人栏内同时出现单位和个人名称时，个人名称为收货人。

属于下列情况之一者，应分别填写货运单：

（1）运输条件不同的货物；

（2）性质相互抵触的货物；

（3）目的站不同的货物；

（4）不同收货人的货物。

货运单上的货物可以是单种货物，也可以是集运货物。

一份货运单上的货物运输可以采用直达航班运输，也可以采用中转航班运输。

货运单各栏内容如图 5.1 所示。

1A 1 1B 1A 1B

Shipper's Name and Address (2)	Shipper's Account Number (3)	NOT NEGOTIABLE (99) **AIR WAYBILL** (1C) ISSUED BY (99) Copies 1, 2 and 3 of this Air Waybill are originals and have the same validity (1D)
Consignee's Name and Address (4)	Consignee's Account Number (5)	It is agreed that the goods described herein are accepted in apparent good order and condition (except as noted) for carriage SUBJECT TO THE CONDITIONS OF CONTRACT ON THE REVERSE HEREOF. ALL GOODS MAY BE CARRIED BY ANY OTHER MEANS INCLUDING ROAD OR ANY OTHER CARRIER UNLESS SPECIFIC CONTRARY INSTRUCTIONS ARE GIVEN HEREON BY THE SHIPPER, AND SHIPPER AGREES THAT THE SHIPMENT MAY BE CARRIED VIA INTERMEDIATE STOPPING PLACES WHICH THE CARRIER DEEMS APPROPRIATE. THE SHIPPER'S ATTENTION IS DRAWN TO THE NOTICE CONCERNING CARRIERS' LIMITATION OF LIABILITY. Shipper may increase such limitation of liability by declaring a higher value for carriage and paying a supplemental charge if required. (1E)
Issuing Carrier's Agent Name and City (6)		Accounting Information (10)
Agent's IATA Code (7)	Account No. (8)	
Airport of Departure (Addr. of First Carrier) and Requested Routing (9)		Reference Number (34A) / Optional Shipping Information (34B) (34C)

To (11A)	By First Carrier / Routing and Destination (11B)	to (11C)	by (11D)	to (11E)	by (11F)	Currency (12)	CHGS Code (13)	WT/VAL PPD (14A) COLL (14B)	Other PPD (15A) COLL (15B)	Declared Value for Carriage (16)	Declared Value for Customs (17)

Airport of Destination (18)	Requested Flight/Date (19A) (19B)	Amount of Insurance (20)	INSURANCE: If Carrier offers insurance, and such insurance is requested in accordance with the conditions thereof, indicate amount to be insured in figures in box marked 'Amount of Insurance' (20A)

Handling Information (21)

(21A) SCI

No. of Pieces RCP	Gross Weight	kg lb	Rate Class / Commodity Item No.	Chargeable Weight	Rate / Charge	Total	Nature and Quantity of Goods (incl. Dimensions or Volume)
(22A)	(22B) (22C)		(22E) (22D) (22Z)	(22F)	(22G)	(22H)	(22I)
(22J)	(22K)					(22L)	

Prepaid	Weight Charge	Collect	Other Charges
(24A)		(24B)	(23)
	Valuation Charge		
(25A)		(25B)	
	Tax		
(26A)		(26B)	
	Total Other Charges Due Agent		Shipper certifies that the particulars on the face hereof are correct and that **insofar as any part of the consignment contains dangerous goods, such part is properly described by name and is in proper condition for carriage by air according to the applicable Dangerous Goods Regulations.**
(27A)		(27B)	
	Total Other Charges Due Carrier		(31)
(28A)		(28B)	Signature of Shipper or his Agent
(29A)		(29B)	
Total Prepaid (30A)		Total Collect (30B)	(32A) Executed on (Date) / (32B) at (Place) / (32C) Signature of Issuing Carrier or its Agent
Currency Conversion Rates (33A)		CC Charges in Dest. Currency (33B)	(1A) (1B)
For Carrier's use only at Destination (33)		Charges at Destination (33C)	Total Collect Charges (33D)

ORIGINAL 3 (FOR SHIPPER)

图 5.1 中性货运单

2. 货运单各栏内容

1）Air waybill number，货运单号码

如果承运人没有在货运单上事先印制货运单号码，填开货运单的承运人应在货运单的左上角、右上角和右下角加上货运单号码，号码大小应足够辨识，并且包含如下部分：

—承运人票证代号（1A）

例如 999 代表国货航，781 代表东航，784 代表南航。

—分开连字号。只在货运单的左上角才有此符号。

—序列号（1B）

货运单号码一共八位数字，前七位为顺序号，第八位为检查号。货运单号码应正确地标注在货运单适当的位置。

检查号是前 7 位数字除以 7 的余数。例如 1234567 除以 7，余数为 5，所以，货运单号码为 12345675，如图 5.2 所示。

```
        1  7  6  3  6  6
   ─────────────────────
7 / 1  2  3  4  5  6  7
       7
     ───
       5  3
       4  9
       ────
          4  4
          4  2
          ────
             2  5
             2  1
             ────
                4  6
                4  2
                ────
                   4  7
                   4  2
                   ────
                      4 ──────► 余数
```

图 5.2　货运单检查号的推导方法

在货运单号码的第 4 和 5 个数字之间可以空格分开，如 1234 5675。

—同一货运单号重新使用的最低时限：

一 家承运人发行的同一货运单号码不能在 12 个日历月内重复使用。也就是说 999－1234 5675 不能在 12 个日历月内第二次使用。

2）Airport of departure（1），始发机场

填写始发站机场的 IATA 三字代码，如果没有机场的三字代码，可以填写机场所在城市的三字代码，应与（9）栏相符。

3）Issuing Carrier's Name and City（1C），制单承运人的名称和地址

如果是中性运单，在货运单上没有预先印制好承运人的名称和地址，应在此处填写承运人的名称和地址，并与（1A）填写的承运人三位数字代码一致，此承运人为制单承运人。

4）Reference to originals（1D），货运单正本的说明

此处说明货运单第 1、2、3 联为正本，并具有同等法律效力。此栏不用填写。

5）Reference to conditions of contract（1E），契约条件

除非制单承运人要求填写，一般不需填写。

此货运单上所描述的货物已按货运单正本背面的契约条件和承运人的运输条件做好了运输准备。除非托运人有特定说明，否则所有的货物可以用其他任何运输方式运输，包括公路或其他承运人。托运人同意此货物经过承运人认为合适的经停站来运输。托运人应注意关于承运人的责任限额，假如需要的话，托运人可通过为运输声明一个较高的价值并支付声明价值附加费来增加承运人的责任限额。

6）Shipper，托运人

—Shipper's Name and Address（2），托运人姓名和地址

在此栏中应填写两部分内容：托运人的名称、地址和国家全称（或两字代码）；一种或多种联系方式，如电话、电传、传真号码。个人交运货物的托运人姓名要与其有效身份证件相符，地址要详细，邮政编码和电话号码要清楚准确。

—Shipper's Account Number（3），托运人账号

除非制单承运人要求填写，一般不需填写。

7）Consignee，收货人

—Consignee's Name and Address（4），收货人姓名及地址

在此栏中应填写两部分内容：收货人的名称、地址、和国家全称（或两字代码）；一种或多种联系方式，如电话、电传、传真号码。

地址要详细，邮政编码和电话号码要清楚准确。

当货物为无人押运行李时，应填写收货人的非临时性地址。

因货运单不能转让，此栏内不可填“to order”或“to order of ”样。

—Consignee's Account Number（5），收货人账号

除非制单承运人要求填写，一般不需填写。

8）Issuing carrier's agent，填制货运单（简称制单）的代理人

—Issuing Carrier's Agent Name and City（6），代理人名称和城市

填写制单代理人的名称及其所在的城市。

当佣金是支付给目的站国家的IATA货运代理人的话，根据货运代理人管理规定，此代理人的名称和位置（机场或城市）之前加上“Commissionable Agent（佣金代理）”字样。

—Agent's IATA Code（7），代理人的IATA代码

在未启用CASS系统的地区，应填写IATA七位数字的代码，如02-3 1234；在已启用CASS系统的地区，除此之外，还应填写三位数字的地址代码及检查号。例如02-3 1234/3003

—Account No.（8），代理人账号

除非制单承运人要求填写，一般不需填写。

9）Routing，航线

—Airport of Departure（Address of first carrier）and requested routing（9），始发站机场和航线要求

填写货物始发站机场的全称（第一承运人的地址）和托运人所要求的路线。

—Routing and Destination，航线和目的站

To（11A），至；填写目的站或者第一中转站机场的IATA三字代码。当此城市有一个以上机场而不知机场名称时，可以填写城市名称。

By First Carrier（11B），第一承运人；填写第一承运人的全称或者IATA两字代码。

To（11C），至；填写目的站或者第二中转站机场的IATA三字代码。当此城市有一个

以上机场而不知机场名称时，可以填写城市名称。

By（11D），第二承运人；填写第二承运人的全称或者 IATA 两字代码。

To（11E），至；填写目的站或者第三中转站机场的 IATA 三字代码。当此城市有一个以上机场而不知机场名称时，可以填写城市名称。

By（11F），第三承运人；填写第三承运人的全称或者 IATA 两字代码。

注意：

如货物需要中转时，尽量选用同一承运人或代码共享航班。如需要选择另外一家承运人时，要考虑与续运承运人是否有联运双边协议。关于联运双边协议部分，可以参考 TACT RULES 8.1。

所有需要中转的货物，始发站必须确保货运单上显示的路径与实际路径相一致，一旦发生改变，必须在货运单上做相应更改或加盖更改章或以书面形式通知中转站，确保货物能顺利通关。

Airport of Destination（18），目的站机场

填写货物目的站机场全称。此城市有一个以上机场而不知机场名称时，可以填写城市名称。

—Requested Flight/Date（19A）—（19B），航班/日期

（19A）填写承运人、代理人、托运人已经为货物订妥的航班/日期。

（19B）填写承运人、代理人、托运人已经为货物订妥的续程的航班/日期。

10）Accounting Information（10），结算注意事项

只有结算信息才填写在此栏内，一般包括如下内容：

—付款方式，如 CASH 或 CHEQUE（现金或支票）等。

—杂费证（MCO）只能支付作为货物运输的行李所产生的费用，如果使用杂费证付款，填写杂费证号码、换算成与航空运费相同的币种、客票号码及其已经确认的航程、航班、日期。

如：MCO NO. 777-40107129860 EUR 60.00

CASH EUR 11.75

TICKET 999-323526 546-XX123 25 JUL

FRA BOM

—用政府提单（GBL）支付费用时，填写政府提单号码。

—因无法交付而退回始发站的货物，在新货运单的此栏内填写原始货运单号码。

—托运人或代理人要求填制的有关代号。

—使用信用卡付款时，填写信用卡号码。

—可以填写“另请通知人”。

11）Currency（12），币种

填写始发站所在国家货币的三字代码（由国际标准化组织，即 ISO 规定）。除（33A）至（33D）栏以外，货运单上所有货物运费均应以此币种表示。

12）CHGS Code（13），付款方式

CA——Partial Collect Credit—Partial Prepaid Cash
部分使用信用证到付—部分使用现金预付

CB——Partial Collect Credit—Partial Prepaid Credit
部分使用信用证到付—部分使用信用卡预付

CC——All Charges Collect
全部货物运费到付

CE——Partial Collect Credit Card—Partial Prepaid Cash
部分使用信用卡到付，部分使用现金预付

CG——All Charges Collect by GBL
全部货物运费使用美国政府提单到付

CH——Partial Collect Credit Card—Partial Prepaid Credit
部分使用信用卡到付，部分使用信用卡预付

CP——Destination Collect Cash
目的站使用现金到付

CX——Destination Collect Credit
目的站使用信用证到付

CZ——All Charges Collect by Credit Card
所有运费使用信用卡到付

NC——No Charge
免费

NG——No weight charges—Other Charges Prepaid by GBL
没有航空运费，其他费用使用美国政府提单预付

NP——No weight charges—Other Charges Prepaid Cash
没有航空运费，其他费用使用现金预付

NT——No weight charges—Other Charges Collect
没有航空运费，其他费用到付

NX——No weight charges—Other Charges Prepaid Credit
没有航空运费，其他费用使用信用证预付

NZ——No weight charges—Other Charges Prepaid by Credit Card
没有航空运费，其他费用使用信用卡预付

PC——Partial Prepaid Cash—Partial Collect Cash
部分使用现金预付—部分使用现金到付

PD——Partial Prepaid Credit—Partial Collect Cash
部分使用信用证预付—部分使用现金到付

PE——Partial Prepaid Credit Card—Partial Collect Cash
部分使用信用卡预付—部分使用现金到付

PF——Partial Prepaid Credit Card—Partial Collect Credit Card

部分使用信用卡预付—部分使用信用卡到付

PG——All Charges Prepaid by GBL

全部运费使用政府提单预付

PH——Partial Prepaid Credit Card—Partial Collect Credit

部分使用信用卡预付—部分使用信用证到付

PP——All Charges Prepaid by Cash

全部运费使用现金预付

PX——All Charges Prepaid by Credit

全部运费使用信用证预付

PZ——All Charges Prepaid by Credit Card

全部运费使用信用卡预付

13）Charges，费用

—WT/VAL（14A）（14B），航空运费/声明价值附加费的付款方式

托运人或代理人在（14A）和（14B）选择一种付款方式，用“X”表示选择的付款方式。也可以在“PPD”（预付）、“COLL”（到付）栏内填写“PP”、“CC”。

航空运费和声明价值附加费必须同时全部预付或者到付。如全部预付，则相应的费用填写在（24A）和（25A）栏内，相反填写在（24B）和（25B）内。

—Other（15A）（15B），始发站其他费用的付款方式

托运人或代理人在（15A）和（15B）选择一种付款方式，用“X”表示选择的付款方式。也可以在“PPD”（预付）、“COLL”（到付）栏内填写“PP”、“CC”。

在（27A）、（28A）或（27B）、（28B）栏内的其他费用必须同时全部预付或者全部到付。

假如（14A）（14B）和（15A）（15B）与（24A）（25A）或（24B）（25B）和（27A）、（28A）或（27B）、（28B）发生冲突时，以后者为准。

14）Declared Value for Carriage（16），供运输用声明价值

填写托运人向承运人申报的货物价值。托运人未办理货物声明价值的，必须填写“NVD”（No Value Declared）字样。

15）Declared Value for Customs（17），供海关用声明价值

填写托运人向海关申报的货物价值。托运人未办理此声明价值，必须填写“NCV”（No Customs Value）字样。

16）Amount of Insurance（20），保险金额

若此栏非阴影部分，且仅当制单承运人提供此项业务时，才填写保险金额。

若此栏非阴影部分，当制单承运人不提供此项服务或托运人没有保险金额时，在此栏内填写“×××”字样。

17）Handling Information（21），操作注意事项

此栏内仅填写参与运输的承运人要求的清晰简明的信息。一般填写的是货物在仓储和

运输过程中所需要的注意事项。如：

—运输危险品需要危险品申报单时，应填写“Dangerous Goods as per associated Shipper's Declaration”或“Dangerous Goods as per associated DGD”。如果该危险品只允许装在全货机上运输，应同时填写“Cargo Aircraft Only”（仅限货机）或“CAO”。

—当一票货物中不仅包含危险品还包含非危险品时，在“Dangerous Goods as per attached Shipper's Declaration”或“Dangerous Goods as per associated DGD”之前或之后注明危险品的件数。

—其他注意事项

填写其他注意事项，如可以的话，将货运 IMP 中的代码及简称填写在此栏中。

在一票货物外包装上显示的标记、数字和包装方式。

除收货人栏以外的其他在目的站被通知人的名称、地址、国家（或两字代码）以及一种或多种联系方式等。

随附货运单的文件的名称，例如运输活体动物时，填写“Shipper's Certification for Live Animals Attached”。

运输须自带氧气的水生动物时，应当注明充氧完成时间和氧气的最低维持时限。

需要加以特殊说明的其他注意事项。这些事项不能超出相关承运人的储运能力。填写需要加以特殊说明的其他注意事项。这些事项不能超出过国货航及相关承运人的储运能力。Keep cool（or frozen）(冷藏或冷冻仓储)。如未在此栏内列明，视为没有特殊存储要求，按普通货物处理。

假如货运单在美国填写，如没有预先打印的话，要声明“These commodities, technology or software were exported from the USA in accordance with the Export Administration Regulations. Diversion contrary to USA law prohibited”.

代理承责委托。当必须向海关申报一票货物的信息时（包括分运单信息），代理人选择由其向海关申报，那么必须并在主运单的操作注意事项栏内注明“HOUSE INFORMATION TRANSMITTED TO（COUNTRY NAME）BY:”或“COUNTRY ISO CODE-AGT”字样并在其后加注该国指定的代理人识别代码。如果需要向多个国家申报的话，应逐个注明相关信息。

当货物要求在目的站中转时，要在货运单上注明“Local transfer at destination to”或“FIRMS-”，其后加注相应的地名识别码，例如美国使用的是“FIRMS”码。

特殊海关信息（SCI）（21A）。当一票货物在欧盟国家被装上飞机或再次被装上飞机运输，此栏必须填写海关始发站代号；如不属于此类情况，可以填写其他海关信息。一般情况下，此栏不填写。

押运货物要注明客票号和航班号/日期

18）Consignment rating details（22A）到（22Z），货物运价信息

从（22A）到（22Z）每一栏代表不同的内容。一票货物中，含有不同运价时，应分别填开，每填写一项另起一行。如含有危险品时，该货物应列在第一行。

—No. of Pieces, RCP，件数/运价点（22A）

填写货物的件数，如果所使用的货物运价种类不同时，应分别填写，并将总件数填写

在（22J）内。当使用比例运价或分段相加的方法组成全程运价和运费时，将运价构成点或运价组成点（运价点）的城市三字代码填写在货物件数下面。

—Gross Weight（22B），毛重

填写货物的实际重量，使用不同运价计费的货物，应分列重量。

填写集装器自重。

—kg/LB（22C），重量的计量单位

填写货物重量的计量单位“K”或“L”，分别表示“千克”或“磅”。

—Service code（22Z），业务电码

此栏可以不填写，除非承运人特殊要求。

—Rate Class（22D），运价种类

填写所采用的货物运费和运价种类代号。

M——Minimum Charge，最低运费

N——Normal Rate，普通货物标准运价

Q——Quantity Rate，普通货物重量分界点运价

B——Basic Charge（optional use），基础运费（可选择使用）

K——Rate per Kilogramme（optional use），每千克运价（可选择使用）

P——International priority service rate，国际优先运输服务的运价

C——Specific Commodity Rate，指定商品运价。

S——Class Rate Surcharge，附加等级运价。

R——Class Rate Reduction，附减等级运价。

U——Unit Load Device Basic Charge or Rate，集装货物基础运费或运价。

E——Unit Load Device Additional Rate，集装货物附加运价。

X——Unit Load Device Additional Information，集装货物附加信息。

Y——Unit Load Device Discount，集装货物折扣。

W——Weight Increase，增加重量

—Commodity Item No.（22E），指定商品编号

应根据下列情况分别填写：

使用指定商品运价时，填写指定商品代号。如从北京到东京运输新鲜的蔬菜，使用指定商品运价时，（22D）栏填写“C”，则在（22E）填写 0008。

使用等级运价时，填写所适用的普通货物运价的代号及百分比数。从北京到东京运输贵重物品时，在（22D）栏填写“S”，则在（22E）填写 N200，表示选用的运价为 N 运价的 200%。如运输书报杂志类，在（22D）栏填写“R”，则在（22E）填写 N50%，表示选用的运价为 N 运价的 50%。“R”表示附减等级运价，“S”表示附加等级运价。

—Chargeable Weight（22F），计费重量

填写与适用的运价相对应的货物计费重量。

—Rate/Charge（22G），费率/运费

填写所适用的货物运价或最低运费额。

—Total（22H），总运费额

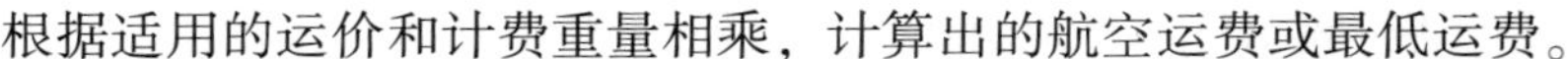

根据适用的运价和计费重量相乘，计算出的航空运费或最低运费。

—Nature and Quantity of Goods（22I），货物品名及数量（包括尺寸或体积）

填写货物的具体名称，不得填写表示货物类别的统称，如：“电子血压计”。不能填写成“仪器”；也不能用“鲜活易腐货物”、“活体动物”等泛指名称作为货物品名。

如果是危险品，应按照 IATA《危险品规则》中的相关要求填写。

如果是活体动物，应按照 IATA《活体动物规则》中的相关要求填写。

如果是集运货物，填写“Consolidation as per attached list”并随附相关清单。

填写货物包装件尺寸（单位：cm）、件数和体积。一般表示为长×宽×高×件数。包装件尺寸保留整数，小数点后数字四舍五入。为便于舱位管理，建议填写整票货物的总体积，以 m^3 表示，保留两位小数，第 3 位四舍五入。

如果使用集装箱作为挂衣箱运输，则填写集装箱的识别代码。

如果托运人或代理人使用集装器或托盘组装的货物，应将货物实际装载件数填写清楚并注明“--- SLAC”（Shipper's Load And Count—托运人组装并清点）字样。当使用集装器时，应将集装器识别代码填写在下方。例如：

Nature and Quantity of Goods
CONSOLIDATION AS PER ATTACHIED LIST 50 SLAC

Nature and Quantity of Goods
CONSOLIDATION AS PER ATTACHIED LIST 18 SLAC PAG 1234CA

根据进口国家或者中转国家的规定，填写货物的产地。

—空白栏（22J）　填写（22A）中件数的总和。

—空白栏（22K）　填写（22B）中毛重的总和。

—空白栏（22L）　填写（22H）中运费的总和。

—空白栏（22M）：根据承运人的要求，填写有关服务代号。

19）Other Charges（23），其他费用

填写其他费用的项目名称和金额。

—在始发站发生的其他费用可以全部预付或者全部到付。

—在中转站或目的站发生的费用可以全部预付或者全部到付。

—其他费用采用运费到付时，应看成“代垫付款”，按照 TACT RULES 4.2 处理。

—在中转站、目的站发生的其他费用和未在此栏内列明的其他费用，只能到付，由目的站承运人填写在（33C）中。

—除了（26A）和（26B）栏内的税款外，其他运费的描述和金额都应填写在此栏。例如 AWC：50.00，表示从中国始发的制单费为 50 元人民币。

—当货运单的数据以电子方式传输，可以使用其他费用代号。代号一般由三个英文字母表示，前两个代号表示其他费用具体描述；后一字母表示此费用的归属，“C”表示该

项费用由承运人收取，“A”表示该项费用由代理人收取。例如 AWC，表示由承运人收取此货运单费；AWA，表示由代理人收取此货运单费。

下面为常见的其他费用代号，具体见 TACT RULES6. 2. 19：

AC——Live animals container，动物容器费

AS——Assembly service fee，集装服务费

AT——Live animals Attendant，活体动物押运服务费

AW——Air waybill fee，货运单费

CD——Clearance and handling-destination，目的站办理海关手续和处理费

CH——Clearance and handling-origin，始发站办理海关手续和处理费

DB——Disbursement fee，代垫付款手续费

FC——Charge collect fee，运费到付手续费

GT——Government tax，政府税

IN——Insurance premium，代办保险手续费

LA——Live animal，活体动物处理费

MA——Miscellaneous-due agent，代理人收取的杂项费

MC——Miscellaneous-due carrier，承运人收取的杂项费

MO——Miscellaneous，杂项费，如牛栏、马厩的租用费

MY——Fuel surcharge，燃油附加费

MZ——Miscellaneous-due issuing carrier，制单承运人收取的杂项费

PK——Packaging，货物包装费

PU——Pick-up，货物提取费

RA——Dangerous goods fee，危险品处理费

SC——Security charge，安全附加费

SD——Surface charge-destination，目的站地面运输费

SO——Storage-origin，始发站仓储费

SR——Storage-destination，目的站仓储费

SU——Surface charge-origin，始发站地面运费

TR——Transit，中转费

TX——Taxes，税款

UH——ULD-handling，集装设备处理费

VA——Valuable cargo handling，贵重物品操作费

VB——Valuable cargo Security（armed guard/escort）handling，贵重物品安全处理费（武装人员保护或护送）

VC——Valuable cargo storagroom，贵重物品仓储费

WA——Vulnerable cargo Handling，易丢失货物处理费

XD——War Risk，战争险

ZA——Re-warehousing Storage，重新入库费

ZB——General Storage，一般仓储费

ZC——cool/ cold room, freezer Storage, 冷藏、冷冻/冰冻仓储费

—当货运单的数据不以电子方式传输，建议按照如上方式表示。否则，要用语言明确描述费用的归属，也就是说，归承运人还是归代理人。

—将（23）栏中的各项其他运费总额填写在适用的（27A）、（27B）、（28A）、（28B）中。

—货物在目的站因无法交付而退回始发站，应在新填制的货运单上写明未向收货人收取的费用总额。

—具有相同功能的并且代号相同的其他费用，只能在货运单上出现一次。

20）Prepaid，预付

—Prepaid Weight Charge，航空运费预付

航空运费和声明价值附加费可以同时预付，应与（22H）或（22L）一致。

—Prepaid Valuation Charge（25A），声明价值附加费

根据（16）栏内的金额通过计算，应收取的货物声明价值附加费。

—Tax（26A），税款

填写按规定收取的税款额，应与（24A）和（25A）同时全部预付。税款不需要填写在其他费用（23）栏内。

—Total Other Charges，其他费用总额

其他费用总和，一定是（23）栏内的总和。

—Due Agent（27A），代理人收取的其他费用预付总额

—Due Carrier（28A），承运人收取的其他费用预付总额

—无标题栏（29A）

此栏一般不填写，除非填开货运单的承运人有特殊要求。

—Total Prepaid（30A），全部预付货物费用的总额

填写（24A）、（25A）、（26A）、（27A）、（28A）、（29A）栏内货物预付运费总额。

21）Collect 运费到付

填写要求同上，只是将相应的费用填写在（24B）、（25B）、（26B）、（27B）、28B）、（29B）、（30B）栏内。

22）Shipper's certification box 托运人证明栏（31）

如果没有预先印制托运人或其代理人的签名（可以是打印、签字或盖章），应由其填上。

23）Carrier's execution box 承运人完成栏

—Executed on（date）（32A），制单日期

填开货运单的填开日期，按照日、月、年顺序填写。月，按照字母顺序，可以是全称，也可以是缩写。

—at（place）（32B），制单地点

填开货运单的填开地点（机场或城市）。

—Signature of Issuing or its Agent（32C），制单承运人或其代理人签字或盖章

由填制货运单的承运人或其代理人签字或盖章。

24） For Carrier's Use only at Destination （33）

仅限在目的站由承运人填写。此栏不填写。

25） Collect Charges at Destination

最后承运人可以在货运单正本 2（收货人栏）填写如下内容：

—Currency Conversion Rates （33A），汇率

填写目的站所在国家币种代号和汇率。

—Charges Collect in Destination Currency （33B），到付货物运费

填写根据（33A）中的汇率将（30B）中的到付货物运费换算成的金额。

—Charges at Destination （33C），目的站其他费用额

填写在目的站发生的货物运费额。

—Total Collect Charge （33D），运费到付总金额

填写（33B）和（33C）的合计金额。

26） Optional shipping information（34A）to（34B）

可任意选择的运输信息。托运人或其代理人可以填上与填开货运单承运人一致的运输信息。阴影部分表示不使用。

—Reference number（34A），合同书号码

当不是阴影部分时，可以填写托运人或其代理人或填开货运单的承运人之间承认的合同书号码。

—Untitled box（34B），无标题栏

此栏一般不填写，除非填开货运单的承运人要求使用。

—Untitled box（34C），无标题栏

此栏一般不填写，除非填开货运单的承运人要求使用。

27） Bar coded Air Waybill number（99），货运单条形码

这些区域一般不填写，除非根据 IATA 1600t 使用带有条形码的货运单号。

28） Neutral Air Waybill，中性货运单

若对承运人票证代号、货运单序列号、承运人名称或总部地址进行任何更改，将自动使中性货运单无效。

29） Received in Good Order and Condition，货物提取时完好无损（副本 4）

—at（place），提取货物地点

填写收货人提取货物的地点。

—on（date/time），提取货物时间

填写收货人提取货物的日期（时间）。

—Signature of Consignee or his Agent，收货人或其代理人签字

由收货人签字。

五、货运单的修改

当货运单内容填写出现错误需要修改时，应将错误处划去，并在旁边空白处填写正确的内容，并在货运单各联的修改处加盖修改人的戳印。此种更改不影响货运单上的其他内容。

每份货运单各栏只限修改一次，不得超过三处（相关联的多栏目修改可视为一处，只限一次）。如果发生多处填写错误或填写错误无法更改清楚时，应另填开新的货运单，原货运单作废。

已经作废的货运单，应在全部各联上加盖“作废”的戳印，随同货物销售日报送财务部门注销。

第四节 航空货运单的样例

声明：在下列货运单样例中使用的运价、运费以及运价等级、换算率和重量分界点只是说明运价的使用，不能用于实际货运单的填开。正确填写货运单时，要使用有效的运价、运费等规则。

下列货运单样例中不包括集装器运价的货运单。

例 1：本例要说明的内容：最低运费。

货物品名：CLOTH SAMPLES，CONTAINED IN ONE PIECE.

毛重：3.5 kg

运价：计费重量为货物毛重，采用最低运费（M）。

其他费用：无

为海关声明的价值：INR1500.00

“货物的性质和数量”栏：必须包括货物实际尺寸或总尺寸。假如不适用的话，一定要注明“No Dimensions Available”字样。如果提前已组装成箱或板的货物，就不需要提供尺寸。其他样例此说明略。

777 | BOM | 12345675   777-12345675

Shipper's Name and Address	Shipper's Account Number	NOT NEGOTIABLE **AIR WAYBILL** ISSUED BY	TRANSPARENT AIR 227 RUE BLANCHET 75076 PARIS FRANCE
T. ULSIDAS LTD. 105 VEER TAMAN ROAD MUMBAI INDIA		Copies 1, 2 and 3 of this Air Waybill are originals and have the same validity.	

Consignee's Name and Address	Consignee's Account Number	
J. JONES IMPORTERS SUVA FIJI		It is agreed that the goods described herein are accepted in apparent good order and condition (except as noted) for carriage SUBJECT TO THE CONDITIONS OF CONTRACT ON THE REVERSE HEREOF. ALL GOODS MAY BE CARRIED BY ANY OTHER MEANS INCLUDING ROAD OR ANY OTHER CARRIER UNLESS SPECIFIC CONTRARY INSTRUCTIONS ARE GIVEN HEREON BY THE SHIPPER, AND SHIPPER AGREES THAT THE SHIPMENT MAY BE CARRIED VIA INTERMEDIATE STOPPING PLACES WHICH THE CARRIER DEEMS APPROPRIATE. THE SHIPPER'S ATTENTION IS DRAWN TO THE NOTICE CONCERNING CARRIERS' LIMITATION OF LIABILITY. Shipper may increase such limitation of liability by declaring a higher value for carriage and paying a supplemental charge if required.

Issuing Carrier's Agent Name and City		Accounting Information
SPEEDAIR SERVICES MUMBAI		
Agent's IATA Code: 14-3 0288	Account No.	
Airport of Departure (Addr. of First Carrier) and Requested Routing: MUMBAI		Reference Number / Optional Shipping Information

To	By First Carrier / Routing and Destination	to	by	to	by	Currency	CHGS Code	WT/VAL PPD	WT/VAL COLL	Other PPD	Other COLL	Declared Value for Carriage	Declared Value for Customs
SUV	TRANSPARENT AIR					INR		X		X		NVD	NCV

Airport of Destination	Requested Flight/Date		Amount of Insurance	INSURANCE
SUVA			XXX	INSURANCE: If Carrier offers insurance, and such insurance is requested in accordance with the conditions thereof, indicate amount to be insured in figures in box marked 'Amount of Insurance'

Handling Information

SCI

No. of Pieces RCP	Gross Weight	kg lb	Rate Class	Commodity Item No.	Chargeable Weight	Rate / Charge	Total	Nature and Quantity of Goods (incl. Dimensions or Volume)
1	3.5	K	M		3.5	800.00	800.00	CLOTH SAMPLES NO DIMENSIONS AVAILABLE

Prepaid	Weight Charge	Collect	Other Charges
800.00			
	Valuation Charge		
	Tax		
	Total Other Charges Due Agent		Shipper certifies that the particulars on the face hereof are correct and that **insofar as any part of the consignment contains dangerous goods, such part is properly described by name and is in proper condition for carriage by air according to the applicable Dangerous Goods Regulations.**
	Total Other Charges Due Carrier		T. ULSIDAS LTD. Signature of Shipper or his Agent
Total Prepaid		Total Collect	
800.00			Day Month Year MUMBAI SPEEDAIR SERVICES
Currency Conversion Rates		CC Charges in Dest. Currency	Executed on (Date) at (Place) Signature of Issuing Carrier or its Agent
For Carrier's use only at Destination	Charges at Destination	Total Collect Charges	777-12345675

ORIGINAL 3 (FOR SHIPPER)

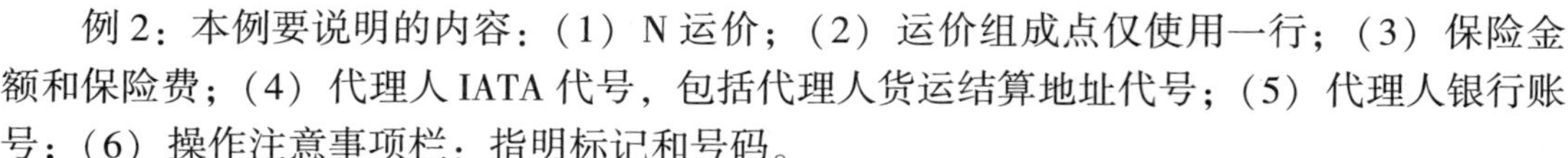

例 2：本例要说明的内容：（1）N 运价；（2）运价组成点仅使用一行；（3）保险金额和保险费；（4）代理人 IATA 代号，包括代理人货运结算地址代号；（5）代理人银行账号；（6）操作注意事项栏：指明标记和号码。

货物品名：CLOTH SAMPLES，CONTAINED IN TWO PIECE.

毛重：25 kg

运价：SYD—AKL 与 AKL—DUD 的 N 运价相加构成全程运价。计费重量为两件货物的总体积重量。

其他费用：INC—由承运人收取的保险费。

777 | SYD | 12345675　　　　777-12345675

Shipper's Name and Address	Shipper's Account Number	NOT NEGOTIABLE **AIR WAYBILL** ISSUED BY	TRANSPARENT AIR 227 RUE BLANCHET 75076 PARIS FRANCE
MR. C. FINEMORE SYDNEY AIRPORT SYDNEY NSW AUSTRALIA		Copies 1, 2 and 3 of this Air Waybill are originals and have the same validity.	
Consignee's Name and Address	Consignee's Account Number	It is agreed that the goods described herein are accepted in apparent good order and condition (except as noted) for carriage SUBJECT TO THE CONDITIONS OF CONTRACT ON THE REVERSE HEREOF. ALL GOODS MAY BE CARRIED BY ANY OTHER MEANS INCLUDING ROAD OR ANY OTHER CARRIER UNLESS SPECIFIC CONTRARY INSTRUCTIONS ARE GIVEN HEREON BY THE SHIPPER, AND SHIPPER AGREES THAT THE SHIPMENT MAY BE CARRIED VIA INTERMEDIATE STOPPING PLACES WHICH THE CARRIER DEEMS APPROPRIATE. THE SHIPPER'S ATTENTION IS DRAWN TO THE NOTICE CONCERNING CARRIERS' LIMITATION OF LIABILITY. Shipper may increase such limitation of liability by declaring a higher value for carriage and paying a supplemental charge if required.	
MR. RICK LIU 1234 HIGH STREET DUNEDIN, NEW ZEALAND			
Issuing Carrier's Agent Name and City SPEEDAIR SERVICES SYDNEY		Accounting Information	
Agent's IATA Code 02-3 1234/3003	Account No. 70 3478-8		
Airport of Departure (Addr. of First Carrier) and Requested Routing SYDNEY		Reference Number	Optional Shipping Information

To	By First Carrier / Routing and Destination	to	by	to	by	Currency	CHGS Code	WT/VAL PPD	WT/VAL COLL	Other PPD	Other COLL	Declared Value for Carriage	Declared Value for Customs
DUD	TRANSPARENT AIR					AUD		X		X		NVD	NCV

Airport of Destination	Requested Flight/Date		Amount of Insurance	INSURANCE: If Carrier offers insurance, and such insurance is requested in accordance with the conditions thereof, indicate amount to be insured in figures in box marked 'Amount of Insurance'
DUNEDIN			750.00	

Handling Information

2 PCS. ADDR. NO. 010. AND 011　　　　SCI

No. of Pieces RCP	Gross Weight	kg lb	Rate Class	Commodity Item No.	Chargeable Weight	Rate / Charge	Total	Nature and Quantity of Goods (incl. Dimensions or Volume)
2 AKL	25.0	K	N		33.5	8.45	283.10	Cloth Samples DIMS 40CM×50CM×50CM×2

Prepaid	Weight Charge	Collect	Other Charges
283.10			INC 14.85
	Valuation Charge		
	Tax		
	Total Other Charges Due Agent		Shipper certifies that the particulars on the face hereof are correct and that **insofar as any part of the consignment contains dangerous goods, such part is properly described by name and is in proper condition for carriage by air according to the applicable Dangerous Goods Regulations.**
	Total Other Charges Due Carrier		C. FINEMORE Signature of Shipper or his Agent
14.85			
Total Prepaid		Total Collect	
297.95			Day Month Year (Executed on (Date)) SYDNEY (at (Place)) SPEEDAIR SERVICES (Signature of Issuing Carrier or its Agent)
Currency Conversion Rates		CC Charges in Dest. Currency	
For Carrier's use only at Destination	Charges at Destination	Total Collect Charges	777-12345675

ORIGINAL 3 (FOR SHIPPER)

例 3：本题样例说明的内容：（1）Q 运价和 N 运价；（2）分段相加运价，运价不同，列出 2 行信息。（3）保险金额和保险费；（4）代理人 IATA 代号，包括代理人货运结算地址代号；（5）代理人银行账号；（6）操作注意事项栏：指明标记和号码。

货物品名：MICROWAVE，CONTAINED IN FOUR PIECE.

毛重：95 kg

运价：计费重量不同，运价不同。SYD—AKL 计费重量为较高重量分界点 100 kg，Q 运价；AKL—DUD 计费重量为毛重 95 kg，N 运价。

其他费用：INC—由承运人收取的保险费。

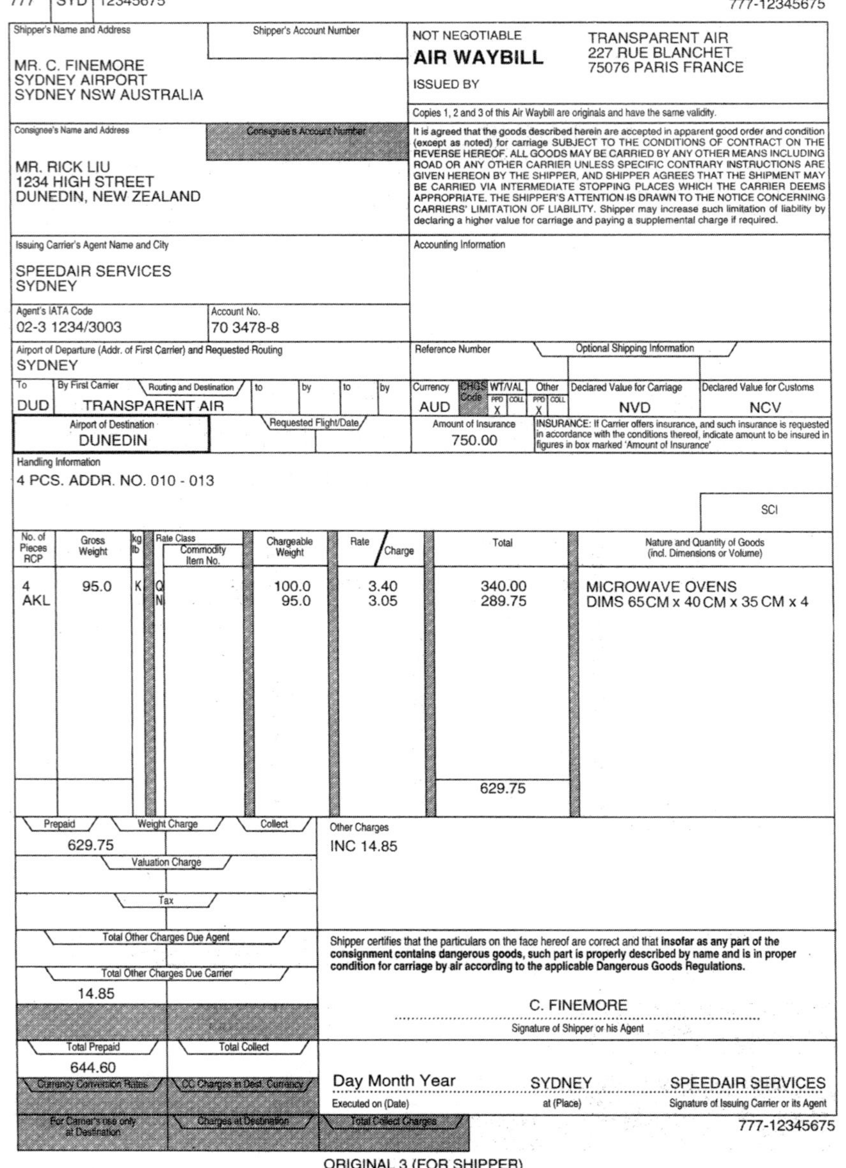

777 | SYD | 12345675 — 777-12345675

Shipper's Name and Address: MR. C. FINEMORE, SYDNEY AIRPORT, SYDNEY NSW AUSTRALIA
Shipper's Account Number:

NOT NEGOTIABLE
AIR WAYBILL
ISSUED BY
TRANSPARENT AIR
227 RUE BLANCHET
75076 PARIS FRANCE

Copies 1, 2 and 3 of this Air Waybill are originals and have the same validity.

Consignee's Name and Address: MR. RICK LIU, 1234 HIGH STREET, DUNEDIN, NEW ZEALAND
Consignee's Account Number:

It is agreed that the goods described herein are accepted in apparent good order and condition (except as noted) for carriage SUBJECT TO THE CONDITIONS OF CONTRACT ON THE REVERSE HEREOF. ALL GOODS MAY BE CARRIED BY ANY OTHER MEANS INCLUDING ROAD OR ANY OTHER CARRIER UNLESS SPECIFIC CONTRARY INSTRUCTIONS ARE GIVEN HEREON BY THE SHIPPER, AND SHIPPER AGREES THAT THE SHIPMENT MAY BE CARRIED VIA INTERMEDIATE STOPPING PLACES WHICH THE CARRIER DEEMS APPROPRIATE. THE SHIPPER'S ATTENTION IS DRAWN TO THE NOTICE CONCERNING CARRIERS' LIMITATION OF LIABILITY. Shipper may increase such limitation of liability by declaring a higher value for carriage and paying a supplemental charge if required.

Issuing Carrier's Agent Name and City: SPEEDAIR SERVICES, SYDNEY
Accounting Information:
Agent's IATA Code: 02-3 1234/3003
Account No.: 70 3478-8

Airport of Departure (Addr. of First Carrier) and Requested Routing: SYDNEY
Reference Number:
Optional Shipping Information:

To	By First Carrier	Routing and Destination	to	by	to	by	Currency	CHGS Code	WT/VAL PPD	WT/VAL COLL	Other PPD	Other COLL	Declared Value for Carriage	Declared Value for Customs
DUD	TRANSPARENT AIR						AUD		X		X		NVD	NCV

Airport of Destination: DUNEDIN
Requested Flight/Date:
Amount of Insurance: 750.00
INSURANCE: If Carrier offers insurance, and such insurance is requested in accordance with the conditions thereof, indicate amount to be insured in figures in box marked 'Amount of Insurance'

Handling Information: 4 PCS. ADDR. NO. 010 - 013
SCI

No. of Pieces RCP	Gross Weight	kg lb	Rate Class	Commodity Item No.	Chargeable Weight	Rate / Charge	Total	Nature and Quantity of Goods (incl. Dimensions or Volume)
4 AKL	95.0	K	Q N		100.0 95.0	3.40 3.05	340.00 289.75	MICROWAVE OVENS DIMS 65CM x 40CM x 35CM x 4
							629.75	

Prepaid	Weight Charge	Collect
629.75		

Valuation Charge:
Tax:
Total Other Charges Due Agent:
Total Other Charges Due Carrier: 14.85

Other Charges: INC 14.85

Shipper certifies that the particulars on the face hereof are correct and that **insofar as any part of the consignment contains dangerous goods, such part is properly described by name and is in proper condition for carriage by air according to the applicable Dangerous Goods Regulations.**

C. FINEMORE
Signature of Shipper or his Agent

Total Prepaid	Total Collect
644.60	
Currency Conversion Rates	CC Charges in Dest. Currency

Day Month Year — Executed on (Date); SYDNEY — at (Place); SPEEDAIR SERVICES — Signature of Issuing Carrier or its Agent

For Carrier's use only at Destination | Charges at Destination | Total Collect Charges

777-12345675

ORIGINAL 3 (FOR SHIPPER)

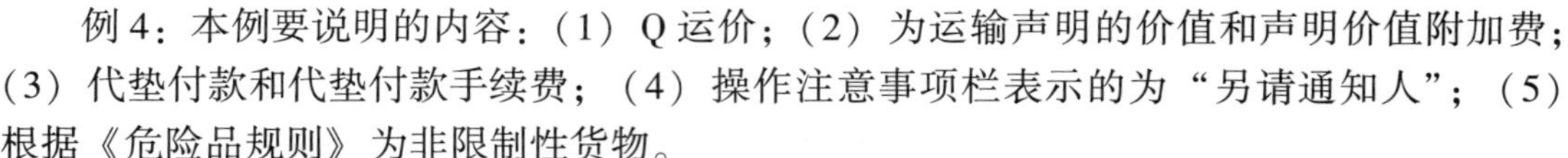

例 4：本例要说明的内容：（1） Q 运价；（2） 为运输声明的价值和声明价值附加费；（3） 代垫付款和代垫付款手续费；（4） 操作注意事项栏表示的为“另请通知人”；（5） 根据《危险品规则》为非限制性货物。

货物品名：Abrasive paste　　　件数和毛重：10 件，480 kg

其他费用：SUA—由代理人收取的到始发机场的地面交通费；DBC—由承运人收取的代垫付款手续费；

运价：普通货物运价的 Q 运价，计费重量为较高重量分界点处的重量。

777 | ZRH | 12345675　　　　　　　　　　　　777-12345675

Shipper's Name and Address	Shipper's Account Number	NOT NEGOTIABLE **AIR WAYBILL** ISSUED BY	TRANSPARENT AIR 227 RUE BLANCHET 75076 PARIS FRANCE
MAYER AND CO. LTD. GEISSHUBEL 357 8303 NUERENSDORF SWITZERLAND FAX 01-865 46 73		Copies 1, 2 and 3 of this Air Waybill are originals and have the same validity.	

Consignee's Name and Address	Consignee's Account Number	
A.B. SWINGER LTD. WATERLOO GATE 77 LAFAYETTE LOUISIANA 52601 USA FAX 377-836-6496		It is agreed that the goods described herein are accepted in apparent good order and condition (except as noted) for carriage SUBJECT TO THE CONDITIONS OF CONTRACT ON THE REVERSE HEREOF. ALL GOODS MAY BE CARRIED BY ANY OTHER MEANS INCLUDING ROAD OR ANY OTHER CARRIER UNLESS SPECIFIC CONTRARY INSTRUCTIONS ARE GIVEN HEREON BY THE SHIPPER, AND SHIPPER AGREES THAT THE SHIPMENT MAY BE CARRIED VIA INTERMEDIATE STOPPING PLACES WHICH THE CARRIER DEEMS APPROPRIATE. THE SHIPPER'S ATTENTION IS DRAWN TO THE NOTICE CONCERNING CARRIERS' LIMITATION OF LIABILITY. Shipper may increase such limitation of liability by declaring a higher value for carriage and paying a supplemental charge if required.

Issuing Carrier's Agent Name and City		Accounting Information
COMMISSIONABLE AGENT SPEEDAIR SERVICES ZURICH		
Agent's IATA Code: 01-1 0035	Account No.	
Airport of Departure (Addr. of First Carrier) and Requested Routing: ZURICH		Reference Number / Optional Shipping Information

To	By First Carrier / Routing and Destination	to	by	to	by	Currency	CHGS Code	WT/VAL PPD	WT/VAL COLL	Other PPD	Other COLL	Declared Value for Carriage	Declared Value for Customs
JFK	TRANSPARENT AIR	LFT	YY			CHF			X		X	150000.00	150000.00

Airport of Destination	Requested Flight/Date	Amount of Insurance	INSURANCE: If Carrier offers insurance, and such insurance is requested in accordance with the conditions thereof, indicate amount to be insured in figures in box marked 'Amount of Insurance'
LAFAYETTE		XXX	

Handling Information
ALSO NOTIFY MR.RODONSKY DIV. OF SWINGER LTD. SHREVEPORT LA. USA FAX 311-465-7031　　SCI

No. of Pieces RCP	Gross Weight	kg lb	Rate Class	Commodity Item No.	Chargeable Weight	Rate / Charge	Total	Nature and Quantity of Goods (incl. Dimensions or Volume)
10	480.0	K	Q		500.00	5.35	2675.00	ABRASIVE PASTE NOT RESTRICTED NO DIMENSIONS AVAILABLE

Prepaid	Weight Charge	Collect	Other Charges
		2675.00	SUA 65.00　　DBC 13.26
Valuation Charge		1003.50	
Tax			
Total Other Charges Due Agent		65.00	Shipper certifies that the particulars on the face hereof are correct and that **insofar as any part of the consignment contains dangerous goods, such part is properly described by name and is in proper condition for carriage by air according to the applicable Dangerous Goods Regulations.**
Total Other Charges Due Carrier		13.26	MAYER AND CO. LTD. Signature of Shipper or his Agent
Total Prepaid	Total Collect	3756.76	
Currency Conversion Rates	CC Charges in Dest. Currency		Day Month Year　ZURICH　SPEEDAIR SERVICES Executed on (Date)　at (Place)　Signature of Issuing Carrier or its Agent
For Carrier's use only at Destination	Charges at Destination	Total Collect Charges	777-12345675

ORIGINAL 3 (FOR SHIPPER)

例 5：本样例说明的内容：指定商品运价。

货物品名：Automobile parts　　件数和毛重：10 件，450 kg

运价：指定商品运价，代号为 C，计费重量为货物毛重。

777 | NRT | 12345675　　777-12345675

Shipper's Name and Address	Shipper's Account Number	NOT NEGOTIABLE **AIR WAYBILL** ISSUED BY	TRANSPARENT AIR 227 RUE BLANCHET 75076 PARIS FRANCE
FAST CAR LTD. 10 ROBUCHAN-CHO CHIYODA-KU TOKYO JAPAN 154		Copies 1, 2 and 3 of this Air Waybill are originals and have the same validity.	
Consignee's Name and Address	Consignee's Account Number	It is agreed that the goods described herein are accepted in apparent good order and condition (except as noted) for carriage SUBJECT TO THE CONDITIONS OF CONTRACT ON THE REVERSE HEREOF. ALL GOODS MAY BE CARRIED BY ANY OTHER MEANS INCLUDING ROAD OR ANY OTHER CARRIER UNLESS SPECIFIC CONTRARY INSTRUCTIONS ARE GIVEN HEREON BY THE SHIPPER, AND SHIPPER AGREES THAT THE SHIPMENT MAY BE CARRIED VIA INTERMEDIATE STOPPING PLACES WHICH THE CARRIER DEEMS APPROPRIATE. THE SHIPPER'S ATTENTION IS DRAWN TO THE NOTICE CONCERNING CARRIERS' LIMITATION OF LIABILITY. Shipper may increase such limitation of liability by declaring a higher value for carriage and paying a supplemental charge if required.	
SPORTS CAR IMPORTERS 2000 CENTURY BLVD LOS ANGELES CALIFORNIA USA TELEX 7572			
Issuing Carrier's Agent Name and City: SPEEDAIR SERVICES NARITA		Accounting Information	
Agent's IATA Code: 16-3 2011/0015	Account No.		
Airport of Departure (Addr. of First Carrier) and Requested Routing: NARITA		Reference Number	Optional Shipping Information

To	By First Carrier (Routing and Destination)	to	by	to	by	Currency	CHGS Code	WT/VAL PPD	WT/VAL COLL	Other PPD	Other COLL	Declared Value for Carriage	Declared Value for Customs
LAX	TRANSPARENT AIR					JPY			X		X	NVD	

Airport of Destination	Requested Flight/Date	Amount of Insurance	INSURANCE
LOS ANGELES		XXX	INSURANCE: If Carrier offers insurance, and such insurance is requested in accordance with the conditions thereof, indicate amount to be insured in figures in box marked 'Amount of Insurance'

Handling Information　　SCI

No. of Pieces RCP	Gross Weight	kg lb	Rate Class	Commodity Item No.	Chargeable Weight	Rate / Charge	Total	Nature and Quantity of Goods (incl. Dimensions or Volume)
10	450.0	K	C	4200	450.0	960	432000	AUTOMOBILE PARTS NO DIMENSIONS AVAILABLE

Prepaid	Weight Charge	Collect	Other Charges
		432000	
	Valuation Charge		
	Tax		
	Total Other Charges Due Agent		Shipper certifies that the particulars on the face hereof are correct and that **insofar as any part of the consignment contains dangerous goods, such part is properly described by name and is in proper condition for carriage by air according to the applicable Dangerous Goods Regulations.**
	Total Other Charges Due Carrier		FAST CAR LTD. Signature of Shipper or his Agent
Total Prepaid		Total Collect 432000	
Currency Conversion Rates		CC Charges in Dest. Currency	Day Month Year (Executed on (Date)) NARITA (at (Place)) SPEEDAIR SERVICES (Signature of Issuing Carrier or its Agent)
For Carrier's use only at Destination		Charges at Destination	Total Collect Charges　777-12345675

ORIGINAL 3 (FOR SHIPPER)

例 6：本样例说明的内容：

（1）等级运价（无人押运行李）N 运价；（2）结算注意事项栏：用 MCO 和现金支付货物运费；旅客机票信息；

货物品名：Personal effects　　　　件数和毛重：1 件，35 kg

运价：等级运价（N 运价），计费重量为货物毛重。

777 | FRA | 12345675　　　　777-12345675

Shipper's Name and Address　　Shipper's Account Number

MR. A. NARAYAN
FRANKFURT AIRPORT
FRANKFURT, GERMANY

NOT NEGOTIABLE
AIR WAYBILL
ISSUED BY

TRANSPARENT AIR
227 RUE BLANCHET
75076 PARIS FRANCE

Copies 1, 2 and 3 of this Air Waybill are originals and have the same validity.

Consignee's Name and Address　　Consignee's Account Number

MR. A. NARAYAN
123 LIBERTY ST.
MUMBAI INDIA

It is agreed that the goods described herein are accepted in apparent good order and condition (except as noted) for carriage SUBJECT TO THE CONDITIONS OF CONTRACT ON THE REVERSE HEREOF. ALL GOODS MAY BE CARRIED BY ANY OTHER MEANS INCLUDING ROAD OR ANY OTHER CARRIER UNLESS SPECIFIC CONTRARY INSTRUCTIONS ARE GIVEN HEREON BY THE SHIPPER, AND SHIPPER AGREES THAT THE SHIPMENT MAY BE CARRIED VIA INTERMEDIATE STOPPING PLACES WHICH THE CARRIER DEEMS APPROPRIATE. THE SHIPPER'S ATTENTION IS DRAWN TO THE NOTICE CONCERNING CARRIERS' LIMITATION OF LIABILITY. Shipper may increase such limitation of liability by declaring a higher value for carriage and paying a supplemental charge if required.

Issuing Carrier's Agent Name and City
SPEEDAIR SERVICES
FRANKFURT

Accounting Information
MCO NO. 777-40107129860 EUR 60.00
CASH EUR 11.75
TICKET 999-323526 564- XX123 25 MAR
FRA BOM

Agent's IATA Code: 23-4 7422　　Account No.

Airport of Departure (Addr. of First Carrier) and Requested Routing: FRANKFURT

Reference Number　　Optional Shipping Information

To	By First Carrier (Routing and Destination)	to	by	to	by	Currency	CHGS Code	WT/VAL PPD	WT/VAL COLL	Other PPD	Other COLL	Declared Value for Carriage	Declared Value for Customs
BOM	TRANSPARENT AIR					EUR		X		X		NVD	NCV

Airport of Destination: MUMBAI　　Requested Flight/Date　　Amount of Insurance: XXX

INSURANCE: If Carrier offers insurance, and such insurance is requested in accordance with the conditions thereof, indicate amount to be insured in figures in box marked 'Amount of Insurance'

Handling Information
HOLD FOR PICK-UP AT AIRPORT
SCI

No. of Pieces RCP	Gross Weight	kg lb	Rate Class	Commodity Item No.	Chargeable Weight	Rate / Charge	Total	Nature and Quantity of Goods (incl. Dimensions or Volume)
1	35.0	K	N		35.0	4.09	143.15	PERSONAL EFFECTS DIMS 71CM x 51CM x 21CM x 1

Prepaid	Weight Charge	Collect
143.15		
	Valuation Charge	
	Tax	
	Total Other Charges Due Agent	
	Total Other Charges Due Carrier	
Total Prepaid		Total Collect
143.15		
Currency Conversion Rates		CC Charges in Dest. Currency
For Carrier's use only at Destination	Charges at Destination	Total Collect Charges

Other Charges

Shipper certifies that the particulars on the face hereof are correct and that **insofar as any part of the consignment contains dangerous goods, such part is properly described by name and is in proper condition for carriage by air according to the applicable Dangerous Goods Regulations.**

A. NARAYAN
Signature of Shipper or his Agent

Day Month Year　　FRANKFURT　　SPEEDAIR SERVICES
Executed on (Date)　　at (Place)　　Signature of Issuing Carrier or its Agent

777-12345675

ORIGINAL 3 (FOR SHIPPER)

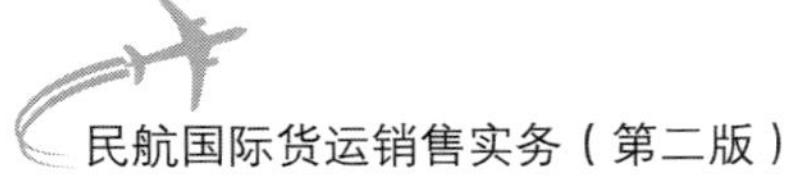

例 7：本样例说明的内容：

（1）等级运价（无人押运行李）；（2）结算注意事项栏：用 MCO 和现金支付货物运费；旅客机票信息；（3）操作注意事项栏：特殊操作指南。

货物品名：Personal effects　　　　件数和毛重：1 件，35 kg

运价：等级运价（运价代号为 R），N 运价的 50%（N50），计费重量为货物毛重。

777 | KUL | 12345675　　　　777-12345675

Shipper's Name and Address	Shipper's Account Number	NOT NEGOTIABLE AIR WAYBILL ISSUED BY	TRANSPARENT AIR 227 RUE BLANCHET 75076 PARIS FRANCE
MR. RICK LIU KUALA LUMPUR AIRPORT KUALA LUMPUR, MALAYSIA		Copies 1, 2 and 3 of this Air Waybill are originals and have the same validity.	

Consignee's Name and Address	Consignee's Account Number	
MR. A. NARAYAN 123 LIBERTY ST. MUMBAI INDIA		It is agreed that the goods described herein are accepted in apparent good order and condition (except as noted) for carriage SUBJECT TO THE CONDITIONS OF CONTRACT ON THE REVERSE HEREOF. ALL GOODS MAY BE CARRIED BY ANY OTHER MEANS INCLUDING ROAD OR ANY OTHER CARRIER UNLESS SPECIFIC CONTRARY INSTRUCTIONS ARE GIVEN HEREON BY THE SHIPPER, AND SHIPPER AGREES THAT THE SHIPMENT MAY BE CARRIED VIA INTERMEDIATE STOPPING PLACES WHICH THE CARRIER DEEMS APPROPRIATE. THE SHIPPER'S ATTENTION IS DRAWN TO THE NOTICE CONCERNING CARRIERS' LIMITATION OF LIABILITY. Shipper may increase such limitation of liability by declaring a higher value for carriage and paying a supplemental charge if required.

Issuing Carrier's Agent Name and City		Accounting Information
SPEEDAIR SERVICES KUALA LUMPUR		MCO NO. 777-40107129860 MYR 100.00 CASH MYR 79.55 TICKET 999-323526 564- XX123 25 SEP KUL BOM
Agent's IATA Code: 23-4 7422	Account No.	

Airport of Departure (Addr. of First Carrier) and Requested Routing	Reference Number	Optional Shipping Information
KUALA LUMPUR		

To	By First Carrier / Routing and Destination	to	by	to	by	Currency	CHGS Code	WT/VAL PPD	WT/VAL COLL	Other PPD	Other COLL	Declared Value for Carriage	Declared Value for Customs
BOM	TRANSPARENT AIR					MYR		X		X		NVD	NCV

Airport of Destination	Requested Flight/Date		Amount of Insurance	INSURANCE: If Carrier offers insurance, and such insurance is requested in accordance with the conditions thereof, indicate amount to be insured in figures in box marked 'Amount of Insurance'
MUMBAI			XXX	

Handling Information

HOLD FOR PICK-UP AT AIRPORT　　　　SCI

No. of Pieces RCP	Gross Weight	kg lb	Rate Class	Commodity Item No.	Chargeable Weight	Rate / Charge	Total	Nature and Quantity of Goods (incl. Dimensions or Volume)
1	35.0	K	R	N50	35.0	5.13	179.55	PERSONAL EFFECTS DIMS 71CM x 51CM x 21CM x 1

Prepaid	Weight Charge	Collect	Other Charges
179.55			
	Valuation Charge		
	Tax		
	Total Other Charges Due Agent		Shipper certifies that the particulars on the face hereof are correct and that **insofar as any part of the consignment contains dangerous goods, such part is properly described by name and is in proper condition for carriage by air according to the applicable Dangerous Goods Regulations.**
	Total Other Charges Due Carrier		R. LIU Signature of Shipper or his Agent
Total Prepaid		Total Collect	
179.55			Day Month Year (Executed on (Date)) / KUALA LUMPUR (at (Place)) / SPEEDAIR SERVICES (Signature of Issuing Carrier or its Agent)
Currency Conversion Rates		CC Charges in Dest. Currency	
For Carrier's use only at Destination	Charges at Destination	Total Collect Charges	777-12345675

ORIGINAL 3 (FOR SHIPPER)

例 8：本样例说明的内容：

（1）等级运价（无人押运行李）；（2）结算注意事项栏：旅客机票信息；（3）操作注意事项栏：特殊操作指南。

货物品名：Personal effects　　　　件数和毛重：1 件，15 kg

运价：等级运价的附减运价（运价代号为 R），N 运价的 75%（N75），但是 100%的 M（M100）适用，计费重量为货物毛重。

777 | SYD | 12345675　　　　777-12345675

Shipper's Name and Address	Shipper's Account Number	NOT NEGOTIABLE AIR WAYBILL ISSUED BY	TRANSPARENT AIR 227 RUE BLANCHET 75076 PARIS FRANCE
MR. C. FINEMORE SYDNEY AIRPORT SYDNEY NSW AUSTRALIA		Copies 1, 2 and 3 of this Air Waybill are originals and have the same validity.	
Consignee's Name and Address MR. C. FINEMORE 331 NORTH BRIDGE ROAD SINGAPORE 188720	Consignee's Account Number	It is agreed that the goods described herein are accepted in apparent good order and condition (except as noted) for carriage SUBJECT TO THE CONDITIONS OF CONTRACT ON THE REVERSE HEREOF. ALL GOODS MAY BE CARRIED BY ANY OTHER MEANS INCLUDING ROAD OR ANY OTHER CARRIER UNLESS SPECIFIC CONTRARY INSTRUCTIONS ARE GIVEN HEREON BY THE SHIPPER, AND SHIPPER AGREES THAT THE SHIPMENT MAY BE CARRIED VIA INTERMEDIATE STOPPING PLACES WHICH THE CARRIER DEEMS APPROPRIATE. THE SHIPPER'S ATTENTION IS DRAWN TO THE NOTICE CONCERNING CARRIERS' LIMITATION OF LIABILITY. Shipper may increase such limitation of liability by declaring a higher value for carriage and paying a supplemental charge if required.	
Issuing Carrier's Agent Name and City		Accounting Information TICKET 777-323526 564 - XX123 25 SEP SYD SIN	
Agent's IATA Code	Account No.		
Airport of Departure (Addr. of First Carrier) and Requested Routing SYDNEY		Reference Number	Optional Shipping Information

To	By First Carrier / Routing and Destination	to	by	to	by	Currency	CHGS Code	WT/VAL PPD	WT/VAL COLL	Other PPD	Other COLL	Declared Value for Carriage	Declared Value for Customs
SIN	TRANSPARENT AIR					AUD		X		X		NVD	NCV

Airport of Destination	Requested Flight/Date		Amount of Insurance	INSURANCE: If Carrier offers insurance, and such insurance is requested in accordance with the conditions thereof, indicate amount to be insured in figures in box marked 'Amount of Insurance'
SINGAPORE			XXX	

Handling Information
HOLD FOR PICK-UP AT AIRPORT
SCI

No. of Pieces RCP	Gross Weight	kg lb	Rate Class	Commodity Item No.	Chargeable Weight	Rate / Charge	Total	Nature and Quantity of Goods (incl. Dimensions or Volume)
1	15.0	K	R	M100	15.0	120.00	120.00	PERSONAL EFFECTS DIMS 57 CM x 37 CM x 20 CM x 1

Prepaid	Weight Charge	Collect	Other Charges
120.00			
	Valuation Charge		
	Tax		
	Total Other Charges Due Agent		Shipper certifies that the particulars on the face hereof are correct and that **insofar as any part of the consignment contains dangerous goods, such part is properly described by name and is in proper condition for carriage by air according to the applicable Dangerous Goods Regulations.**
	Total Other Charges Due Carrier		C. FINEMORE Signature of Shipper or his Agent
Total Prepaid		Total Collect	
120.00			Day Month Year / SYDNEY / TRANSPARENT AIR Executed on (Date) / at (Place) / Signature of Issuing Carrier or its Agent
Currency Conversion Rates		CC Charges in Dest. Currency	
For Carrier's use only at Destination	Charges at Destination	Total Collect Charges	777-12345675

ORIGINAL 3 (FOR SHIPPER)

例 9：本例说明的内容：

（1）等级运价（最低运费），贵重物品；（2）中转费；（3）声明价值和声明价值附加费。

货物品名：Banknotes　　件数和毛重：1 件，3. 25 kg

其他费用：TRC—在始发站发生的，由承运人收取的中转费。

“货物的性质和数量”栏：注明“VALUABLE CARGO”字样。

运价：等级运价的附加运价，最低运费的 200%，（M200），计费重量为进位后的毛重。

777 | MEX | 12345675　　777-12345675

Shipper's Name and Address	Shipper's Account Number	NOT NEGOTIABLE AIR WAYBILL ISSUED BY	
ANDREWES AND SON AVENIDA 498 CHAPELATPEG MEXICO CITY MX		TRANSPARENT AIR 227 RUE BLANCHET 75076 PARIS FRANCE	
		Copies 1, 2 and 3 of this Air Waybill are originals and have the same validity.	

Consignee's Name and Address	Consignee's Account Number	
SOCIETE GENEVOISE DE BANQUE 17 RUE DU MONT BLANC 1211 GENEVA 1 SWITZERLAND PHONE 720-28-43 FAX 720-86-63		It is agreed that the goods described herein are accepted in apparent good order and condition (except as noted) for carriage SUBJECT TO THE CONDITIONS OF CONTRACT ON THE REVERSE HEREOF. ALL GOODS MAY BE CARRIED BY ANY OTHER MEANS INCLUDING ROAD OR ANY OTHER CARRIER UNLESS SPECIFIC CONTRARY INSTRUCTIONS ARE GIVEN HEREON BY THE SHIPPER, AND SHIPPER AGREES THAT THE SHIPMENT MAY BE CARRIED VIA INTERMEDIATE STOPPING PLACES WHICH THE CARRIER DEEMS APPROPRIATE. THE SHIPPER'S ATTENTION IS DRAWN TO THE NOTICE CONCERNING CARRIERS' LIMITATION OF LIABILITY. Shipper may increase such limitation of liability by declaring a higher value for carriage and paying a supplemental charge if required.

Issuing Carrier's Agent Name and City		Accounting Information
QUICK AIR SERVICES MEXICO CITY		
Agent's IATA Code: 86-1 7921	Account No.	

Airport of Departure (Addr. of First Carrier) and Requested Routing	Reference Number	Optional Shipping Information
MEXICO CITY		

To	By First Carrier (Routing and Destination)	to	by	to	by	Currency	CHGS Code	WT/VAL PPD	WT/VAL COLL	Other PPD	Other COLL	Declared Value for Carriage	Declared Value for Customs
CDG	TRANSPARENT AIR	GVA	YY			USD		X		X		200000.00	NCV

Airport of Destination	Requested Flight/Date		Amount of Insurance	INSURANCE
GENEVA			XXX	If Carrier offers insurance, and such insurance is requested in accordance with the conditions thereof, indicate amount to be insured in figures in box marked 'Amount of Insurance'

Handling Information

SCI

No. of Pieces RCP	Gross Weight	kg lb	Rate Class	Commodity Item No.	Chargeable Weight	Rate / Charge	Total	Nature and Quantity of Goods (incl. Dimensions or Volume)
1	3.25	K	S	M200	3.5	200.00	200.00	BANKNOTES VALUABLE CARGO NO DIMENSIONS AVAILABLE

Prepaid	Weight Charge	Collect	Other Charges
200.00			TRC 210.06
1499.45	Valuation Charge		
	Tax		
	Total Other Charges Due Agent		Shipper certifies that the particulars on the face hereof are correct and that insofar as any part of the consignment contains dangerous goods, such part is properly described by name and is in proper condition for carriage by air according to the applicable Dangerous Goods Regulations.
210.06	Total Other Charges Due Carrier		ANDREWS AND SON Signature of Shipper or his Agent
Total Prepaid: 1909.51		Total Collect	Day Month Year (Executed on (Date)) / MEXICO CITY (at (Place)) / QUICK AIR SERVICES (Signature of Issuing Carrier or its Agent)
Currency Conversion Rates		CC Charges in Dest. Currency	
For Carrier's use only at Destination	Charges at Destination	Total Collect Charges	777-12345675

ORIGINAL 3 (FOR SHIPPER)

例 10：本例说明的内容：

（1）等级运价（最低运费），活体动物；（2）操作注意事项栏：随附文件；（3）在始发站发生的清关和操作费。

货物品名：Two live canaries　　　件数和毛重：1 件，2.5 kg

运价：等级运价的附加运价（代号 S），最低运费的 200%，（M200），计费重量为体积重量。

其他费用：CDC—在始发站发生的清关和操作费，由承运人收取。

777 | YUL | 12345675　　　777-12345675

Shipper's Name and Address	Shipper's Account Number	NOT NEGOTIABLE **AIR WAYBILL** ISSUED BY	TRANSPARENT AIR 227 RUE BLANCHET 75076 PARIS FRANCE
HOME PET SHOP 1000 ST. CATHERINE ST. E. MONTREAL QUE CANADA		Copies 1, 2 and 3 of this Air Waybill are originals and have the same validity.	

Consignee's Name and Address	Consignee's Account Number	
BEST BIRD SHOP VIENNA AIRPORT VIENNA AUSTRIA		It is agreed that the goods described herein are accepted in apparent good order and condition (except as noted) for carriage SUBJECT TO THE CONDITIONS OF CONTRACT ON THE REVERSE HEREOF. ALL GOODS MAY BE CARRIED BY ANY OTHER MEANS INCLUDING ROAD OR ANY OTHER CARRIER UNLESS SPECIFIC CONTRARY INSTRUCTIONS ARE GIVEN HEREON BY THE SHIPPER, AND SHIPPER AGREES THAT THE SHIPMENT MAY BE CARRIED VIA INTERMEDIATE STOPPING PLACES WHICH THE CARRIER DEEMS APPROPRIATE. THE SHIPPER'S ATTENTION IS DRAWN TO THE NOTICE CONCERNING CARRIERS' LIMITATION OF LIABILITY. Shipper may increase such limitation of liability by declaring a higher value for carriage and paying a supplemental charge if required.

Issuing Carrier's Agent Name and City		Accounting Information
Agent's IATA Code	Account No.	

Airport of Departure (Addr. of First Carrier) and Requested Routing	Reference Number	Optional Shipping Information
P.E. TRUDEAU INTL.		

To	By First Carrier (Routing and Destination)	to	by	to	by	Currency	CHGS Code	WT/VAL PPD	WT/VAL COLL	Other PPD	Other COLL	Declared Value for Carriage	Declared Value for Customs
VIE	TRANSPARENT AIR					CAD		X		X		NVD	350.00

Airport of Destination	Requested Flight/Date		Amount of Insurance	INSURANCE: If Carrier offers insurance, and such insurance is requested in accordance with the conditions thereof, indicate amount to be insured in figures in box marked 'Amount of Insurance'
VIENNA			XXX	

Handling Information

CERTIFICATES OF HEALTH AND ORIGIN ATTACHED
SHIPPER'S CERTIFICATION FOR LIVE ANIMALS ATTACHED

SCI

No. of Pieces RCP	Gross Weight	kg lb	Rate Class	Commodity Item No.	Chargeable Weight	Rate / Charge	Total	Nature and Quantity of Goods (incl. Dimensions or Volume)
1	2.5	K	S	M200	6.0	300.00	300.00	2 LIVE CANARIES NO DIMENSIONS AVAILABLE

Prepaid	Weight Charge	Collect	Other Charges
300.00			CDC 21.30
	Valuation Charge		
	Tax		
	Total Other Charges Due Agent		Shipper certifies that the particulars on the face hereof are correct and that **insofar as any part of the consignment contains dangerous goods, such part is properly described by name and is in proper condition for carriage by air according to the applicable Dangerous Goods Regulations.**
	Total Other Charges Due Carrier		HOME PET SHOP Signature of Shipper or his Agent
21.30			
Total Prepaid		Total Collect	
321.30			Day Month Year　　MONTREAL　　TRANSPARENT AIR
Currency Conversion Rates		CC Charges in Dest. Currency	Executed on (Date)　　at (Place)　　Signature of Issuing Carrier or its Agent
For Carrier's use only at Destination		Charges at Destination	Total Collect Charges　　777-12345675

ORIGINAL 3 (FOR SHIPPER)

例 11：本例说明的内容：

（1）等级运价（以 N 运价为基础），活体动物；（2）操作注意事项栏：随附文件和特殊操作指南；（3）活体动物容器费用。

货物品名：One live dog　　　件数和毛重：one kennel，48 kg

运价：等级运价的附加运价（代号 S），N 运价的 150%，（N150），计费重量为体积重量。

其他费用：ACC—由承运人收取的活体动物检查费。

777 | GIG | 12345675　　　　777-12345675

Shipper's Name and Address　　Shipper's Account Number

AIRPORT PET SHOP
AEROPORTO SANTOS DUMONT
RIO DE JANEIRO BRAZIL

NOT NEGOTIABLE
AIR WAYBILL
ISSUED BY

TRANSPARENT AIR
227 RUE BLANCHET
75076 PARIS FRANCE

Copies 1, 2 and 3 of this Air Waybill are originals and have the same validity.

Consignee's Name and Address　　Consignee's Account Number

ORIENT ANIMAL HOSPITAL
NARITA AIRPORT
TOKYO JAPAN

It is agreed that the goods described herein are accepted in apparent good order and condition (except as noted) for carriage SUBJECT TO THE CONDITIONS OF CONTRACT ON THE REVERSE HEREOF. ALL GOODS MAY BE CARRIED BY ANY OTHER MEANS INCLUDING ROAD OR ANY OTHER CARRIER UNLESS SPECIFIC CONTRARY INSTRUCTIONS ARE GIVEN HEREON BY THE SHIPPER, AND SHIPPER AGREES THAT THE SHIPMENT MAY BE CARRIED VIA INTERMEDIATE STOPPING PLACES WHICH THE CARRIER DEEMS APPROPRIATE. THE SHIPPER'S ATTENTION IS DRAWN TO THE NOTICE CONCERNING CARRIERS' LIMITATION OF LIABILITY. Shipper may increase such limitation of liability by declaring a higher value for carriage and paying a supplemental charge if required.

Issuing Carrier's Agent Name and City

SPEEDAIR SERVICES
RIO INTERNACIONAL

Accounting Information

Agent's IATA Code: 57-1 0375　　Account No.

Airport of Departure (Addr. of First Carrier) and Requested Routing: RIO INTERNACIONAL

Reference Number　　Optional Shipping Information

To	By First Carrier (Routing and Destination)	to	by	to	by	Currency	CHGS Code	WT/VAL PPD	WT/VAL COLL	Other PPD	Other COLL	Declared Value for Carriage	Declared Value for Customs
MIA	TRANSPARENT AIR	LAX	YY	NRT	ZZ	USD		X		X		NVD	NCV

Airport of Destination: NARITA　　Requested Flight/Date　　Amount of Insurance: XXX

INSURANCE: If Carrier offers insurance, and such insurance is requested in accordance with the conditions thereof, indicate amount to be insured in figures in box marked 'Amount of Insurance'

Handling Information

SHIPPER'S CERTIFICATION FOR LIVE ANIMALS ATTACHED
DO NOT FEED BUT FRESH WATER TO BE PROVIDED

SCI

No. of Pieces RCP	Gross Weight	kg lb	Rate Class	Commodity Item No.	Chargeable Weight	Rate/Charge	Total	Nature and Quantity of Goods (incl. Dimensions or Volume)
1	48.0	K	S	N150	96.0	22.20	2131.20	1 LIVE DOG DIMS 60CM x 80CM x 120CM x 1

	Prepaid	Collect
Weight Charge	2131.20	
Valuation Charge		
Tax		
Total Other Charges Due Agent		
Total Other Charges Due Carrier	22.00	
Total Prepaid / Total Collect	2153.20	
Currency Conversion Rates / CC Charges in Dest. Currency		
For Carrier's use only at Destination / Charges at Destination / Total Collect Charges		

Other Charges: ACC 22.00

Shipper certifies that the particulars on the face hereof are correct and that **insofar as any part of the consignment contains dangerous goods, such part is properly described by name and is in proper condition for carriage by air according to the applicable Dangerous Goods Regulations.**

AIRPORT PET SHOP
Signature of Shipper or his Agent

Day Month Year　　RIO INTERNACIONAL　　SPEEDAIR SERVICES
Executed on (Date)　　at (Place)　　Signature of Issuing Carrier or its Agent

777-12345675

ORIGINAL 3 (FOR SHIPPER)

例 12：本例说明的内容：活体动物容器运价。

货物品名：Three live horses

件数和毛重：one stall，活体动物毛重 1200 kg，马厩毛重 800 kg。

运价：等级运价的附加运价（代号 S），N 运价的 150%，（N150），三批马的计费重量为它们的毛重；马厩的计费重量相当于一匹马 250 kg，而不考虑马厩的实际重量。

其他费用：LJC—由承运人收取的马厩租赁费。

777 | SPL | 12345675   777-12345675

Shipper's Name and Address	Shipper's Account Number	NOT NEGOTIABLE **AIR WAYBILL** ISSUED BY	TRANSPARENT AIR 227 RUE BLANCHET 75076 PARIS FRANCE
EUROPEAN VETERINARIAN SCHIPHOL AIRPORT AMSTERDAM NETHERLANDS		Copies 1, 2 and 3 of this Air Waybill are originals and have the same validity.	
Consignee's Name and Address EQUESTRIAN SHOW TOUR LTD. NARITA AIRPORT TOKYO JAPAN	Consignee's Account Number	It is agreed that the goods described herein are accepted in apparent good order and condition (except as noted) for carriage SUBJECT TO THE CONDITIONS OF CONTRACT ON THE REVERSE HEREOF. ALL GOODS MAY BE CARRIED BY ANY OTHER MEANS INCLUDING ROAD OR ANY OTHER CARRIER UNLESS SPECIFIC CONTRARY INSTRUCTIONS ARE GIVEN HEREON BY THE SHIPPER, AND SHIPPER AGREES THAT THE SHIPMENT MAY BE CARRIED VIA INTERMEDIATE STOPPING PLACES WHICH THE CARRIER DEEMS APPROPRIATE. THE SHIPPER'S ATTENTION IS DRAWN TO THE NOTICE CONCERNING CARRIERS' LIMITATION OF LIABILITY. Shipper may increase such limitation of liability by declaring a higher value for carriage and paying a supplemental charge if required.	
Issuing Carrier's Agent Name and City SPEEDAIR SERVICES SCHIPHOL		Accounting Information	
Agent's IATA Code 57-4 7444	Account No.		
Airport of Departure (Addr. of First Carrier) and Requested Routing SCHIPHOL		Reference Number	Optional Shipping Information

To	By First Carrier / Routing and Destination	to	by	to	by	Currency	CHGS Code	WT/VAL PPD	WT/VAL COLL	Other PPD	Other COLL	Declared Value for Carriage	Declared Value for Customs
NRT	TRANSPARENT AIR					EUR		X		X		NVD	NCV

Airport of Destination	Requested Flight/Date		Amount of Insurance	INSURANCE: If Carrier offers insurance, and such insurance is requested in accordance with the conditions thereof, indicate amount to be insured in figures in box marked 'Amount of Insurance'
NARITA			XXX	

Handling Information

SHIPPER'S CERTIFICATION FOR LIVE ANIMALS ATTACHED

SCI

No. of Pieces RCP	Gross Weight	kg lb	Rate Class	Commodity Item No.	Chargeable Weight	Rate / Charge	Total	Nature and Quantity of Goods (incl. Dimensions or Volume)
1	1200.0 800.0	K	S S	N150 N150	1200.0 750.0	26.57 26.57	31884.00 19927.50	3 LIVE HORSES 1 STALL PMC1234XX
	2000.0						51811.50	

Prepaid	Weight Charge	Collect	Other Charges
51811.50			LJC 292.97
	Valuation Charge		
	Tax		
	Total Other Charges Due Agent		Shipper certifies that the particulars on the face hereof are correct and that **insofar as any part of the consignment contains dangerous goods, such part is properly described by name and is in proper condition for carriage by air according to the applicable Dangerous Goods Regulations.**
	Total Other Charges Due Carrier		
292.97			EUROPEAN VETERINARIAN Signature of Shipper or his Agent
Total Prepaid		Total Collect	
52104.47			Day Month Year SCHIPHOL SPEEDAIR SERVICES Executed on (Date) at (Place) Signature of Issuing Carrier or its Agent
Currency Conversion Rates		CC Charges in Dest. Currency	
For Carrier's use only at Destination	Charges at Destination	Total Collect Charges	777-12345675

ORIGINAL 3 (FOR SHIPPER)

例 13：本例说明的内容：活体动物围栏运价。

货物品名：six live bulls

件数和毛重：two animal pens（由托运人提供），活体动物毛重 1360 kg，围栏毛重 236 kg。

运价：等级运价的附加运价（代号 S），N 运价的 175%，（N175），六头公牛的计费重量为它们的毛重；每一围栏的计费重量为 100 kg，而不考虑它的实际重量。

777 | ORD | 12345675   777-12345675

Shipper's Name and Address	Shipper's Account Number	NOT NEGOTIABLE **AIR WAYBILL** ISSUED BY	TRANSPARENT AIR 227 RUE BLANCHET 75076 PARIS FRANCE
ANIMAL EXPORTER LTD. 7500 RIVER ROAD CHICAGO ILL USA		Copies 1, 2 and 3 of this Air Waybill are originals and have the same validity.	

Consignee's Name and Address	Consignee's Account Number	
ANIMAL IMPORTER LTD. 7000 SONDERBORG COPENHAGEN DENMARK		It is agreed that the goods described herein are accepted in apparent good order and condition (except as noted) for carriage SUBJECT TO THE CONDITIONS OF CONTRACT ON THE REVERSE HEREOF. ALL GOODS MAY BE CARRIED BY ANY OTHER MEANS INCLUDING ROAD OR ANY OTHER CARRIER UNLESS SPECIFIC CONTRARY INSTRUCTIONS ARE GIVEN HEREON BY THE SHIPPER, AND SHIPPER AGREES THAT THE SHIPMENT MAY BE CARRIED VIA INTERMEDIATE STOPPING PLACES WHICH THE CARRIER DEEMS APPROPRIATE. THE SHIPPER'S ATTENTION IS DRAWN TO THE NOTICE CONCERNING CARRIERS' LIMITATION OF LIABILITY. Shipper may increase such limitation of liability by declaring a higher value for carriage and paying a supplemental charge if required.

Issuing Carrier's Agent Name and City		Accounting Information
SPEEDAIR SERVICES O HARE		
Agent's IATA Code 01-1 0037/0018	Account No.	
Airport of Departure (Addr. of First Carrier) and Requested Routing O HARE		Reference Number / Optional Shipping Information

To	By First Carrier / Routing and Destination	to	by	to	by	Currency	CHGS Code	WT/VAL PPD	WT/VAL COLL	Other PPD	Other COLL	Declared Value for Carriage	Declared Value for Customs
CPH	TRANSPARENT AIR					USD		X		X		NVD	NCV

Airport of Destination	Requested Flight/Date	Amount of Insurance	INSURANCE
COPENHAGEN		XXX	INSURANCE: If Carrier offers insurance, and such insurance is requested in accordance with the conditions thereof, indicate amount to be insured in figures in box marked 'Amount of Insurance'

Handling Information
SHIPPER'S CERTIFICATION FOR LIVE ANIMALS ATTACHED

SCI

No. of Pieces RCP	Gross Weight	kg lb	Rate Class	Commodity Item No.	Chargeable Weight	Rate / Charge	Total	Nature and Quantity of Goods (incl. Dimensions or Volume)
2	1360.0	K	S	N175	1360.0	15.63	21256.80	6 LIVE BULLS
	236.0		S	N175	200.0	15.63	3126.00	2 ANIMAL PENS DIMS 55 IN x 75 IN x 88 IN x 2
	1596.0						24382.80	

Prepaid	Weight Charge	Collect	Other Charges
24382.80			
	Valuation Charge		
	Tax		
	Total Other Charges Due Agent		
	Total Other Charges Due Carrier		

Shipper certifies that the particulars on the face hereof are correct and that **insofar as any part of the consignment contains dangerous goods, such part is properly described by name and is in proper condition for carriage by air according to the applicable Dangerous Goods Regulations.**

ANIMAL EXPORTER LTD.

Signature of Shipper or his Agent

Total Prepaid	Total Collect
24382.80	
Currency Conversion Rates	CC Charges in Dest. Currency
For Carrier's use only at Destination	Charges at Destination

Total Collect Charges

Day Month Year	O HARE	SPEEDAIR SERVICES
Executed on (Date)	at (Place)	Signature of Issuing Carrier or its Agent

777-12345675

ORIGINAL 3 (FOR SHIPPER)

例 14：本例说明的内容：

（1）混运货物运价；

（2）货物品名、件数、重量：

①Leather bags，25 pieces，470. 0 kg；

②Automobile radio sets and tape recorders，25 pieces，461. 5 kg；

③Textiles，10 pieces，510. 3 kg；

④Machine parts，tractor parts，sodium thiosulphate（not restricted），aircraft parts and automobile parts，9 pieces，186. 7 kg；

⑤Newspapers，3 pieces，85. 0 kg；

总重量为 1713. 5 kg。

运价：第①②组使用指定商品运价，计费重量高于毛重。第③组使用指定商品运价，计费重量为货物毛重。第④组使用普通货物运价的 Q 运价，计费重量为货物毛重。第⑤组使用等级运价的附减运价，N 运价的 67%（N67），计费重量为货物毛重。

其他费用：AWA—由代理人收取的货运单费；SUA—由代理人收取的地面运输费；DBC—由承运人收取的代垫付款手续费。

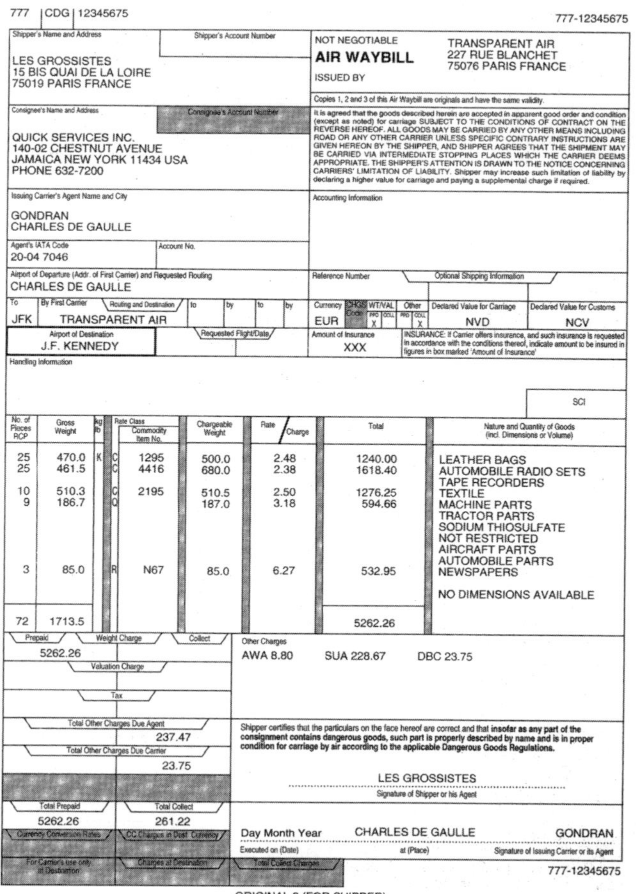

777 | CDG | 12345675　　777-12345675

Shipper's Name and Address: LES GROSSISTES, 15 BIS QUAI DE LA LOIRE, 75019 PARIS FRANCE
Shipper's Account Number

NOT NEGOTIABLE
AIR WAYBILL
ISSUED BY: TRANSPARENT AIR, 227 RUE BLANCHET, 75076 PARIS FRANCE

Copies 1, 2 and 3 of this Air Waybill are originals and have the same validity.

Consignee's Name and Address: QUICK SERVICES INC., 140-02 CHESTNUT AVENUE, JAMAICA NEW YORK 11434 USA, PHONE 632-7200
Consignee's Account Number

It is agreed that the goods described herein are accepted in apparent good order and condition (except as noted) for carriage SUBJECT TO THE CONDITIONS OF CONTRACT ON THE REVERSE HEREOF. ALL GOODS MAY BE CARRIED BY ANY OTHER MEANS INCLUDING ROAD OR ANY OTHER CARRIER UNLESS SPECIFIC CONTRARY INSTRUCTIONS ARE GIVEN HEREON BY THE SHIPPER, AND SHIPPER AGREES THAT THE SHIPMENT MAY BE CARRIED VIA INTERMEDIATE STOPPING PLACES WHICH THE CARRIER DEEMS APPROPRIATE. THE SHIPPER'S ATTENTION IS DRAWN TO THE NOTICE CONCERNING CARRIERS' LIMITATION OF LIABILITY. Shipper may increase such limitation of liability by declaring a higher value for carriage and paying a supplemental charge if required.

Issuing Carrier's Agent Name and City: GONDRAN, CHARLES DE GAULLE
Accounting Information
Agent's IATA Code: 20-04 7046　Account No.
Airport of Departure (Addr. of First Carrier) and Requested Routing: CHARLES DE GAULLE
Reference Number　Optional Shipping Information
To: JFK　By First Carrier (Routing and Destination): TRANSPARENT AIR　to　by　to　by
Currency: EUR　CHGS Code　WT/VAL: PPD X　COLL　Other: PPD　COLL X　Declared Value for Carriage: NVD　Declared Value for Customs: NCV
Airport of Destination: J.F. KENNEDY　Requested Flight/Date　Amount of Insurance: XXX
INSURANCE: If Carrier offers insurance, and such insurance is requested in accordance with the conditions thereof, indicate amount to be insured in figures in box marked 'Amount of Insurance'
Handling Information
SCI

No. of Pieces RCP	Gross Weight	kg lb	Rate Class	Commodity Item No.	Chargeable Weight	Rate / Charge	Total	Nature and Quantity of Goods (incl. Dimensions or Volume)
25	470.0	K	C	1295	500.0	2.48	1240.00	LEATHER BAGS
25	461.5		C	4416	680.0	2.38	1618.40	AUTOMOBILE RADIO SETS TAPE RECORDERS
10	510.3		C	2195	510.5	2.50	1276.25	TEXTILE
9	186.7		Q		187.0	3.18	594.66	MACHINE PARTS TRACTOR PARTS SODIUM THIOSULFATE NOT RESTRICTED AIRCRAFT PARTS AUTOMOBILE PARTS
3	85.0		R	N67	85.0	6.27	532.95	NEWSPAPERS
								NO DIMENSIONS AVAILABLE
72	1713.5						5262.26	

	Prepaid	Collect
Weight Charge	5262.26	
Valuation Charge		
Tax		
Total Other Charges Due Agent		237.47
Total Other Charges Due Carrier		23.75
Total Prepaid / Total Collect	5262.26	261.22
Currency Conversion Rates / CC Charges in Dest. Currency		
For Carrier's use only at Destination / Charges at Destination / Total Collect Charges		

Other Charges: AWA 8.80　SUA 228.67　DBC 23.75

Shipper certifies that the particulars on the face hereof are correct and that **insofar as any part of the consignment contains dangerous goods, such part is properly described by name and is in proper condition for carriage by air according to the applicable Dangerous Goods Regulations.**

LES GROSSISTES
Signature of Shipper or his Agent

Day Month Year　CHARLES DE GAULLE　GONDRAN
Executed on (Date)　at (Place)　Signature of Issuing Carrier or its Agent

777-12345675

ORIGINAL 3 (FOR SHIPPER)

例 15：本例说明的内容：

含有危险品的混载货物。

货物品名：Consolidation　件数和毛重：18 件，913 kg，其中 5 件危险品。

运价：普通货物运价的 Q 运价，毛重为货物的计费重量。

操作注意事项栏：危险品的件数和随附的文件。

其他费用：AWA—由代理人收取的货运单费；SUA—由代理人收取的地面运输费；CDC—在始发站发生的清关和操作费，由承运人收取；RAC—由承运人收取的危险品操作费；RAA—由代理人收取的危险品操作费。

777 | LHR | 12345675　　　　　　　　　　　　　　777-12345675

Shipper's Name and Address	Shipper's Account Number	NOT NEGOTIABLE **AIR WAYBILL** ISSUED BY	TRANSPARENT AIR 227 RUE BLANCHET 75076 PARIS FRANCE
EXPORTANT LTD. WAPPING TRADING ESTATE LONDON GB		Copies 1, 2 and 3 of this Air Waybill are originals and have the same validity.	

Consignee's Name and Address	Consignee's Account Number	
FREIGHTRANS SYDNEY AIRPORT SYDNEY NSW AUSTRALIA		It is agreed that the goods described herein are accepted in apparent good order and condition (except as noted) for carriage SUBJECT TO THE CONDITIONS OF CONTRACT ON THE REVERSE HEREOF. ALL GOODS MAY BE CARRIED BY ANY OTHER MEANS INCLUDING ROAD OR ANY OTHER CARRIER UNLESS SPECIFIC CONTRARY INSTRUCTIONS ARE GIVEN HEREON BY THE SHIPPER, AND SHIPPER AGREES THAT THE SHIPMENT MAY BE CARRIED VIA INTERMEDIATE STOPPING PLACES WHICH THE CARRIER DEEMS APPROPRIATE. THE SHIPPER'S ATTENTION IS DRAWN TO THE NOTICE CONCERNING CARRIERS' LIMITATION OF LIABILITY. Shipper may increase such limitation of liability by declaring a higher value for carriage and paying a supplemental charge if required.

Issuing Carrier's Agent Name and City		Accounting Information
EXPORTANT LTD. HEATHOW		
Agent's IATA Code	Account No.	

Airport of Departure (Addr. of First Carrier) and Requested Routing	Reference Number	Optional Shipping Information
HEATHROW		

To	By First Carrier	Routing and Destination	to	by	to	by	Currency	CHGS Code	WT/VAL PPD	WT/VAL COLL	Other PPD	Other COLL	Declared Value for Carriage	Declared Value for Customs
SYD	TRANSPARENT AIR						GBP		X		X		NVD	

Airport of Destination	Requested Flight/Date	Amount of Insurance	INSURANCE: If Carrier offers insurance, and such insurance is requested in accordance with the conditions thereof, indicate amount to be insured in figures in box marked 'Amount of Insurance'
SYDNEY		XXX	

Handling Information

5 PKGS - DANGEROUS GOODS AS PER ATTACHED SHIPPER'S DECLARATION

SCI

No. of Pieces RCP	Gross Weight	kg lb	Rate Class	Commodity Item No.	Chargeable Weight	Rate / Charge	Total	Nature and Quantity of Goods (incl. Dimensions or Volume)
18	913.0	K	Q		913.0	4.31	3935.03	CONSOLIDATION AS PER ATTACHED LIST NO DIMENSIONS AVAILABLE

Prepaid	Weight Charge	Collect	Other Charges
3935.03			AWA 5.00　SUA 100.00　CDC 17.00　RAC 30.94　RAA 15.40
	Valuation Charge		
	Tax		
	Total Other Charges Due Agent		Shipper certifies that the particulars on the face hereof are correct and that **insofar as any part of the consignment contains dangerous goods, such part is properly described by name and is in proper condition for carriage by air according to the applicable Dangerous Goods Regulations.**
120.40			
	Total Other Charges Due Carrier		EXPORTANT LTD.
47.94			Signature of Shipper or his Agent
Total Prepaid		Total Collect	
4103.37			Day Month Year　HEATHROW　EXPORTANT LTD.
Currency Conversion Rates		CC Charges in Dest. Currency	Executed on (Date)　at (Place)　Signature of Issuing Carrier or its Agent
For Carrier's use only at Destination	Charges at Destination	Total Collect Charges	777-12345675

ORIGINAL 3 (FOR SHIPPER)

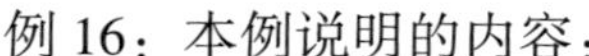

例 16：本例说明的内容：

一票客机运输的危险品。

货物品名：Toluene sulphonic acid in solid form　　件数和毛重：1 件，30 kg。

运价：普通货物运价的 N 运价，毛重为货物的计费重量。

操作注意事项栏：随附的文件。

其他费用：RAC—由承运人收取的危险品操作费。

777 | YUL | 12345675　　　　777-12345675

Shipper's Name and Address	Shipper's Account Number	NOT NEGOTIABLE **AIR WAYBILL** ISSUED BY	TRANSPARENT AIR 227 RUE BLANCHET 75076 PARIS FRANCE
UNIQUE CHEMICAL CO. 9000 LIMOGES ST. ST. LAURENT QUE CANADA		Copies 1, 2 and 3 of this Air Waybill are originals and have the same validity.	

Consignee's Name and Address	Consignee's Account Number	
LAWSON DRUG CO. 3100 BEVIN BLVD LONDON ENGLAND		It is agreed that the goods described herein are accepted in apparent good order and condition (except as noted) for carriage SUBJECT TO THE CONDITIONS OF CONTRACT ON THE REVERSE HEREOF. ALL GOODS MAY BE CARRIED BY ANY OTHER MEANS INCLUDING ROAD OR ANY OTHER CARRIER UNLESS SPECIFIC CONTRARY INSTRUCTIONS ARE GIVEN HEREON BY THE SHIPPER, AND SHIPPER AGREES THAT THE SHIPMENT MAY BE CARRIED VIA INTERMEDIATE STOPPING PLACES WHICH THE CARRIER DEEMS APPROPRIATE. THE SHIPPER'S ATTENTION IS DRAWN TO THE NOTICE CONCERNING CARRIERS' LIMITATION OF LIABILITY. Shipper may increase such limitation of liability by declaring a higher value for carriage and paying a supplemental charge if required.

Issuing Carrier's Agent Name and City		Accounting Information
Agent's IATA Code	Account No.	

Airport of Departure (Addr. of First Carrier) and Requested Routing	Reference Number	Optional Shipping Information
P.E. TRUDEAU INT'L		

To	By First Carrier / Routing and Destination	to	by	to	by	Currency	CHGS Code	WT/VAL PPD	WT/VAL COLL	Other PPD	Other COLL	Declared Value for Carriage	Declared Value for Customs
LHR	TRANSPARENT AIR					CAD		X		X		NVD	NCV

Airport of Destination	Requested Flight/Date		Amount of Insurance	INSURANCE: If Carrier offers insurance, and such insurance is requested in accordance with the conditions thereof, indicate amount to be insured in figures in box marked 'Amount of Insurance'
HEATHROW			XXX	

Handling Information

DANGEROUS GOODS AS PER ATTACHED SHIPPER'S DECLARATION　　SCI

No. of Pieces RCP	Gross Weight	kg lb	Rate Class	Commodity Item No.	Chargeable Weight	Rate / Charge	Total	Nature and Quantity of Goods (incl. Dimensions or Volume)
1	30.0	K	N		30.0	10.64	319.20	TOLUENE SULPHONIC ACID NO DIMENSIONS AVAILABLE

Prepaid	Weight Charge	Collect	Other Charges
319.20			RAC 55.00
	Valuation Charge		
	Tax		
	Total Other Charges Due Agent		Shipper certifies that the particulars on the face hereof are correct and that **insofar as any part of the consignment contains dangerous goods, such part is properly described by name and is in proper condition for carriage by air according to the applicable Dangerous Goods Regulations.**
	Total Other Charges Due Carrier		UNIQUE CHEMICAL CO.
55.00			Signature of Shipper or his Agent
Total Prepaid		Total Collect	
374.20			Day Month Year　　MONTREAL　　TRANSPARENT AIR
Currency Conversion Rates		CC Charges in Dest. Currency	Executed on (Date)　　at (Place)　　Signature of Issuing Carrier or its Agent
For Carrier's use only at Destination	Charges at Destination	Total Collect Charges	777-12345675

ORIGINAL 3 (FOR SHIPPER)

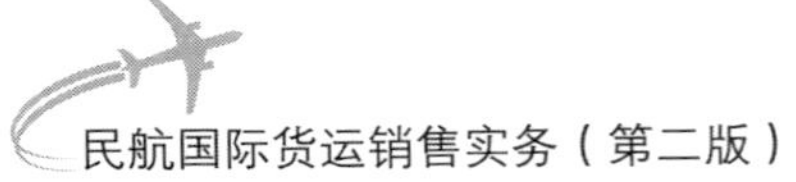

例 17：本例说明的内容：

一票仅限货机运输的危险品。

货物品名：Ethanol　　　　件数和毛重：1 件，35 kg。

运价：普通货物运价的 N 运价，毛重为货物的计费重量。

操作注意事项栏：随附的文件。

其他费用：AWC—由承运人收取的货运单费；RAC—由承运人收取的危险品操作费。

777 | LHR | 12345675　　　　　　　　　　　　　　　　　　777-12345675

Shipper's Name and Address	Shipper's Account Number	NOT NEGOTIABLE **AIR WAYBILL** ISSUED BY	TRANSPARENT AIR 227 RUE BLANCHET 75076 PARIS FRANCE
LAWSON DRUG CO. 3100 BEVIN BLVD LONDON GB		Copies 1, 2 and 3 of this Air Waybill are originals and have the same validity.	

Consignee's Name and Address	Consignee's Account Number	
H.H. DRUG CO. 10 FIFTH AVE NEW YORK NY USA		It is agreed that the goods described herein are accepted in apparent good order and condition (except as noted) for carriage SUBJECT TO THE CONDITIONS OF CONTRACT ON THE REVERSE HEREOF. ALL GOODS MAY BE CARRIED BY ANY OTHER MEANS INCLUDING ROAD OR ANY OTHER CARRIER UNLESS SPECIFIC CONTRARY INSTRUCTIONS ARE GIVEN HEREON BY THE SHIPPER, AND SHIPPER AGREES THAT THE SHIPMENT MAY BE CARRIED VIA INTERMEDIATE STOPPING PLACES WHICH THE CARRIER DEEMS APPROPRIATE. THE SHIPPER'S ATTENTION IS DRAWN TO THE NOTICE CONCERNING CARRIERS' LIMITATION OF LIABILITY. Shipper may increase such limitation of liability by declaring a higher value for carriage and paying a supplemental charge if required.

Issuing Carrier's Agent Name and City		Accounting Information
Agent's IATA Code	Account No.	

Airport of Departure (Addr. of First Carrier) and Requested Routing	Reference Number	Optional Shipping Information
HEATHROW		

To	By First Carrier	Routing and Destination	to	by	to	by	Currency	CHGS Code	WT/VAL PPD	WT/VAL COLL	Other PPD	Other COLL	Declared Value for Carriage	Declared Value for Customs
JFK	TRANSPARENT AIR						GBP		X		X		NVD	NCV

Airport of Destination	Requested Flight/Date	Amount of Insurance	INSURANCE: If Carrier offers insurance, and such insurance is requested in accordance with the conditions thereof, indicate amount to be insured in figures in box marked 'Amount of Insurance'
J.F. KENNEDY		XXX	

Handling Information

DANGEROUS GOODS AS PER ATTACHED SHIPPER'S DECLARATION

CARGO AIRCRAFT ONLY

SCI

No. of Pieces RCP	Gross Weight	kg lb	Rate Class	Commodity Item No.	Chargeable Weight	Rate / Charge	Total	Nature and Quantity of Goods (incl. Dimensions or Volume)
1	35.0	K	N		35.0	4.43	155.05	ETHANOL NO DIMENSIONS AVAILABLE

	Prepaid	Collect	
Weight Charge	155.05		Other Charges AWC 3.50　　RAC 30.94
Valuation Charge			
Tax			
Total Other Charges Due Agent			Shipper certifies that the particulars on the face hereof are correct and that **insofar as any part of the consignment contains dangerous goods, such part is properly described by name and is in proper condition for carriage by air according to the applicable Dangerous Goods Regulations.**
Total Other Charges Due Carrier	34.44		LAWSON DRUG CO. Signature of Shipper or his Agent
	Total Prepaid	Total Collect	
	189.49		Day Month Year　　HEATHROW　　TRANSPARENT AIR Executed on (Date)　　at (Place)　　Signature of Issuing Carrier or its Agent
	Currency Conversion Rates	CC Charges in Dest. Currency	
	For Carrier's use only at Destination	Charges at Destination	Total Collect Charges

777-12345675

ORIGINAL 3 (FOR SHIPPER)

例 18：本例说明的内容：
一票客机运输的危险品，含有非危险品。
货物品名：Automotive parts consisting car parts　件数和毛重：两件，136 kg。
运价：普通货物运价的 Q 运价，体积重量为货物的计费重量。
操作注意事项栏：随附的文件和含有危险品的包装件数。
其他费用：RAC—由承运人收取的危险品操作费。

777 | JFK | 12345675　　　　777-12345675

Shipper's Name and Address	Shipper's Account Number	NOT NEGOTIABLE **AIR WAYBILL** ISSUED BY	TRANSPARENT AIR 227 RUE BLANCHET 75076 PARIS FRANCE
ACME MACHINERY LTD. 2000 LEXINGTON AVE. NEW YORK USA		Copies 1, 2 and 3 of this Air Waybill are originals and have the same validity.	
Consignee's Name and Address	Consignee's Account Number	It is agreed that the goods described herein are accepted in apparent good order and condition (except as noted) for carriage SUBJECT TO THE CONDITIONS OF CONTRACT ON THE REVERSE HEREOF. ALL GOODS MAY BE CARRIED BY ANY OTHER MEANS INCLUDING ROAD OR ANY OTHER CARRIER UNLESS SPECIFIC CONTRARY INSTRUCTIONS ARE GIVEN HEREON BY THE SHIPPER, AND SHIPPER AGREES THAT THE SHIPMENT MAY BE CARRIED VIA INTERMEDIATE STOPPING PLACES WHICH THE CARRIER DEEMS APPROPRIATE. THE SHIPPER'S ATTENTION IS DRAWN TO THE NOTICE CONCERNING CARRIERS' LIMITATION OF LIABILITY. Shipper may increase such limitation of liability by declaring a higher value for carriage and paying a supplemental charge if required.	
ACME MACHINERY LTD. 12 PETTY COAT LANE LONDON GB			
Issuing Carrier's Agent Name and City		Accounting Information	
Agent's IATA Code	Account No.		
Airport of Departure (Addr. of First Carrier) and Requested Routing: J.F. KENNEDY		Reference Number	Optional Shipping Information

To	By First Carrier (Routing and Destination)	to	by	to	by	Currency	CHGS Code	WT/VAL PPD	WT/VAL COLL	Other PPD	Other COLL	Declared Value for Carriage	Declared Value for Customs
LHR	TRANSPARENT AIR					USD		X		X		NVD	NCV

Airport of Destination	Requested Flight/Date		Amount of Insurance	INSURANCE: If Carrier offers insurance, and such insurance is requested in accordance with the conditions thereof, indicate amount to be insured in figures in box marked 'Amount of Insurance'
HEATHROW			XXX	

Handling Information
DANGEROUS GOODS AS PER ATTACHED SHIPPER'S DECLARATION - 1 PACKAGE
SCI

No. of Pieces RCP	Gross Weight	kg lb	Rate Class	Commodity Item No.	Chargeable Weight	Rate / Charge	Total	Nature and Quantity of Goods (incl. Dimensions or Volume)
2	136.0	K	Q		489.0	3.80	1858.20	AUTOMOTIVE PARTS DIMS.: 69 IN x 36 IN x 36 IN x 2

Prepaid	Weight Charge	Collect	Other Charges
1858.20			RAC 80.00
Valuation Charge			
Tax			
Total Other Charges Due Agent			Shipper certifies that the particulars on the face hereof are correct and that **insofar as any part of the consignment contains dangerous goods, such part is properly described by name and is in proper condition for carriage by air according to the applicable Dangerous Goods Regulations.**
Total Other Charges Due Carrier			
80.00			ACME MACHINERY LTD. Signature of Shipper or his Agent
Total Prepaid	Total Collect		
1938.20			Day Month Year / J.F. KENNEDY / TRANSPARENT AIR
Currency Conversion Rates	CC Charges in Dest. Currency		Executed on (Date) / at (Place) / Signature of Issuing Carrier or its Agent
For Carrier's use only at Destination	Charges at Destination	Total Collect Charges	777-12345675

ORIGINAL 3 (FOR SHIPPER)

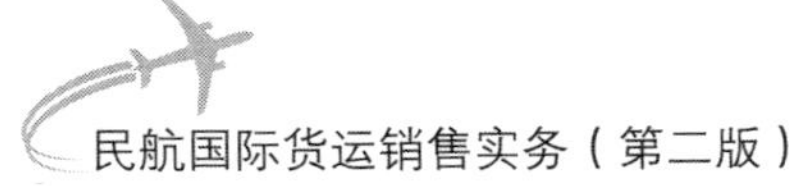

例 19：本例说明的内容：

一票不需要危险品申报单的危险品；所有运费预付，采用信用卡支付货物运费；在运费结算栏注明信用卡号码。

货物品名：Frozen fish（packed with dry ice）　　件数和毛重：两件，200 kg。

运价：普通货物运价的 Q 运价，货物毛重为计费重量。

操作注意事项栏：不需要申报单的危险品。

“货物的性质和数量”栏：要注明干冰的名称、危险品类别、UN 编号、包装数量和每一包装件内干冰的净数量。

其他费用：AWC—由承运人收取的货运单费；RAC—由承运人收取的危险品操作费。

777 | FRA | 12345675　　　　777-12345675

Shipper's Name and Address	Shipper's Account Number	NOT NEGOTIABLE **AIR WAYBILL** ISSUED BY	TRANSPARENT AIR 227 RUE BLANCHET 75076 PARIS FRANCE
H. HEINZ MFG CO. FRANKFURT INTL AIRPORT FRANKFURT AM MAIN, GERMANY		Copies 1, 2 and 3 of this Air Waybill are originals and have the same validity.	
Consignee's Name and Address	Consignee's Account Number	It is agreed that the goods described herein are accepted in apparent good order and condition (except as noted) for carriage SUBJECT TO THE CONDITIONS OF CONTRACT ON THE REVERSE HEREOF. ALL GOODS MAY BE CARRIED BY ANY OTHER MEANS INCLUDING ROAD OR ANY OTHER CARRIER UNLESS SPECIFIC CONTRARY INSTRUCTIONS ARE GIVEN HEREON BY THE SHIPPER, AND SHIPPER AGREES THAT THE SHIPMENT MAY BE CARRIED VIA INTERMEDIATE STOPPING PLACES WHICH THE CARRIER DEEMS APPROPRIATE. THE SHIPPER'S ATTENTION IS DRAWN TO THE NOTICE CONCERNING CARRIERS' LIMITATION OF LIABILITY. Shipper may increase such limitation of liability by declaring a higher value for carriage and paying a supplemental charge if required.	
CALUMET DRUG CO. 1000 RIVERSIDE ROAD CHICAGO ILL USA			
Issuing Carrier's Agent Name and City		Accounting Information 5555 1234 5678 9012	
Agent's IATA Code	Account No.		
Airport of Departure (Addr. of First Carrier) and Requested Routing FRANKFURT AM MAIN		Reference Number	Optional Shipping Information

To	By First Carrier / Routing and Destination	to	by	to	by	Currency	CHGS Code	WT/VAL PPD	WT/VAL COLL	Other PPD	Other COLL	Declared Value for Carriage	Declared Value for Customs
ORD	TRANSPARENT AIR					EUR	PZ	X		X		NVD	

Airport of Destination	Requested Flight/Date	Amount of Insurance	INSURANCE: If Carrier offers insurance, and such insurance is requested in accordance with the conditions thereof, indicate amount to be insured in figures in box marked 'Amount of Insurance'
O HARE		XXX	

Handling Information

DANGEROUS GOODS - SHIPPER'S DECLARATION NOT REQUIRED　　SCI

No. of Pieces RCP	Gross Weight	kg lb	Rate Class	Commodity Item No.	Chargeable Weight	Rate / Charge	Total	Nature and Quantity of Goods (incl. Dimensions or Volume)
2	200.0	K	Q		200.0	2.53	506.00	FROZEN FISH DRY ICE 9-UN 1845 2 x 40 KG NO DIMENSIONS AVAILABLE

Prepaid	Weight Charge	Collect	Other Charges
506.00			AWC 10.00　　RAC 100.00
	Valuation Charge		
	Tax		
	Total Other Charges Due Agent		Shipper certifies that the particulars on the face hereof are correct and that **insofar as any part of the consignment contains dangerous goods, such part is properly described by name and is in proper condition for carriage by air according to the applicable Dangerous Goods Regulations.**
	Total Other Charges Due Carrier		
110.00			H. HEINZ. MFG CO. Signature of Shipper or his Agent
Total Prepaid		Total Collect	
616.00			Day Month Year　　FRANKFURT　　TRANSPARENT AIR Executed on (Date)　　at (Place)　　Signature of Issuing Carrier or its Agent
Currency Conversion Rates		CC Charges in Dest. Currency	
For Carrier's use only at Destination	Charges at Destination	Total Collect Charges	777-12345675

ORIGINAL 3 (FOR SHIPPER)

例 20：本例说明的内容：

例外数量的危险品；EU 海关中转代号，货物是环保的。

货物品名：Dental kits（meeting the requirements for the shipment of dangerous goods in excepted quantities show in the IATA Dangerous Goods Regulations）

件数和毛重：1 件，20 kg。

运价：最低运费 M，货物毛重为计费重量。

操作注意事项栏：不需要申报单的危险品。

“货物的性质和数量”栏：要注明“DANGEROUS GOODS IN EXCEPTED QUANTITIES”字样

其他费用：AWC—由承运人收取的货运单费；RAC—由承运人收取的危险品操作费。

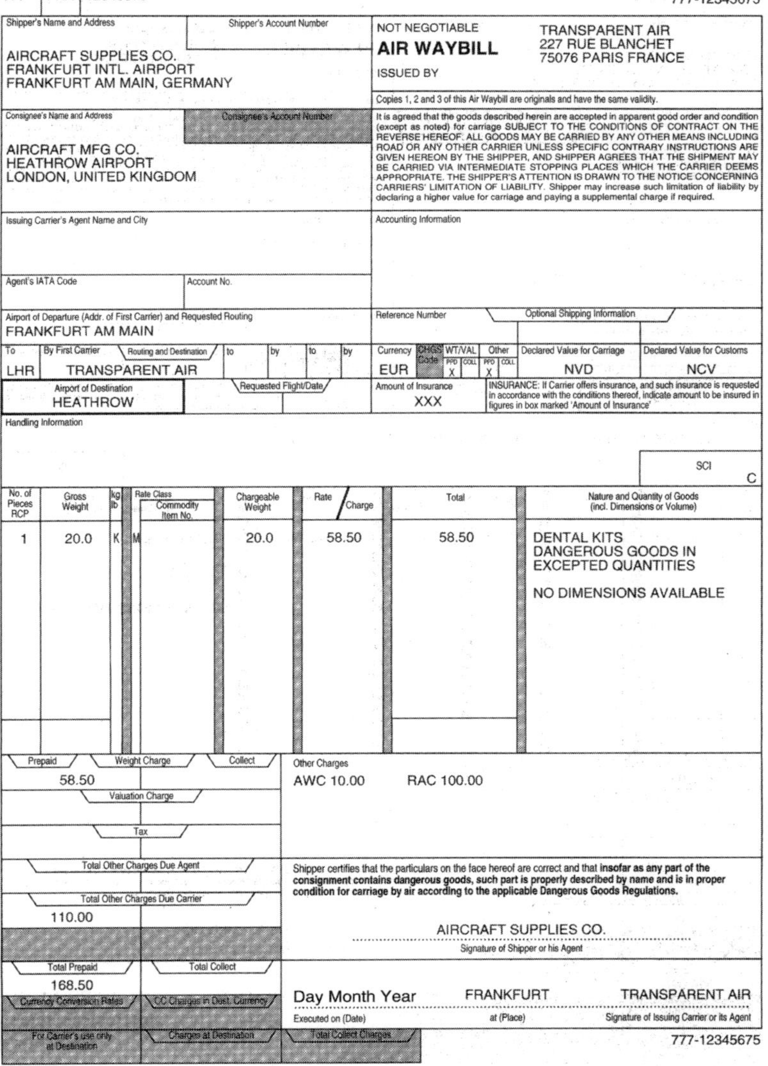

777 | FRA | 12345675　　777-12345675

Shipper's Name and Address: AIRCRAFT SUPPLIES CO. FRANKFURT INTL. AIRPORT FRANKFURT AM MAIN, GERMANY
Shipper's Account Number:

NOT NEGOTIABLE
AIR WAYBILL
ISSUED BY
TRANSPARENT AIR
227 RUE BLANCHET
75076 PARIS FRANCE

Copies 1, 2 and 3 of this Air Waybill are originals and have the same validity.

Consignee's Name and Address: AIRCRAFT MFG CO. HEATHROW AIRPORT LONDON, UNITED KINGDOM
Consignee's Account Number:

It is agreed that the goods described herein are accepted in apparent good order and condition (except as noted) for carriage SUBJECT TO THE CONDITIONS OF CONTRACT ON THE REVERSE HEREOF. ALL GOODS MAY BE CARRIED BY ANY OTHER MEANS INCLUDING ROAD OR ANY OTHER CARRIER UNLESS SPECIFIC CONTRARY INSTRUCTIONS ARE GIVEN HEREON BY THE SHIPPER, AND SHIPPER AGREES THAT THE SHIPMENT MAY BE CARRIED VIA INTERMEDIATE STOPPING PLACES WHICH THE CARRIER DEEMS APPROPRIATE. THE SHIPPER'S ATTENTION IS DRAWN TO THE NOTICE CONCERNING CARRIERS' LIMITATION OF LIABILITY. Shipper may increase such limitation of liability by declaring a higher value for carriage and paying a supplemental charge if required.

Issuing Carrier's Agent Name and City:
Accounting Information:
Agent's IATA Code:　Account No.:

Airport of Departure (Addr. of First Carrier) and Requested Routing: FRANKFURT AM MAIN
Reference Number:　Optional Shipping Information:

To	By First Carrier (Routing and Destination)	to	by	to	by	Currency	CHGS Code	WT/VAL PPD	WT/VAL COLL	Other PPD	Other COLL	Declared Value for Carriage	Declared Value for Customs
LHR	TRANSPARENT AIR					EUR		X		X		NVD	NCV

Airport of Destination: HEATHROW　Requested Flight/Date:　Amount of Insurance: XXX

INSURANCE: If Carrier offers insurance, and such insurance is requested in accordance with the conditions thereof, indicate amount to be insured in figures in box marked 'Amount of Insurance'

Handling Information:

SCI: C

No. of Pieces RCP	Gross Weight	kg lb	Rate Class	Commodity Item No.	Chargeable Weight	Rate / Charge	Total	Nature and Quantity of Goods (incl. Dimensions or Volume)
1	20.0	K	M		20.0	58.50	58.50	DENTAL KITS DANGEROUS GOODS IN EXCEPTED QUANTITIES NO DIMENSIONS AVAILABLE

	Prepaid	Collect
Weight Charge	58.50	
Valuation Charge		
Tax		
Total Other Charges Due Agent		
Total Other Charges Due Carrier	110.00	
Total Prepaid / Total Collect	168.50	
Currency Conversion Rates / CC Charges in Dest. Currency		
For Carrier's use only at Destination / Charges at Destination / Total Collect Charges		

Other Charges: AWC 10.00　RAC 100.00

Shipper certifies that the particulars on the face hereof are correct and that **insofar as any part of the consignment contains dangerous goods, such part is properly described by name and is in proper condition for carriage by air according to the applicable Dangerous Goods Regulations.**

AIRCRAFT SUPPLIES CO.
Signature of Shipper or his Agent

Day Month Year　FRANKFURT　TRANSPARENT AIR
Executed on (Date)　at (Place)　Signature of Issuing Carrier or its Agent

777-12345675

ORIGINAL 3 (FOR SHIPPER)

例 21：本例说明的内容：

一票含有放射性物质的例外包装件；EU 海关中转代号，货物是环保的。

货物品名 Balance Weights（for aircraft control surface）which contain a small radioactive source（depleted uranium）

件数和毛重：1 件，20 kg。

运价：最低运费 M，货物毛重为计费重量。

“货物的性质和数量”栏：要注明“RADIOACTIVE MATERAL，EXCEPTED PACKAGE—ARTICES MANUFACTURED FROM DEPLETED URANIUM”字样

其他费用：AWC—由承运人收取的货运单费；RAC—由承运人收取的危险品操作费。

777 | FRA | 12345675　　　　777-12345675

Shipper's Name and Address	Shipper's Account Number	NOT NEGOTIABLE **AIR WAYBILL** ISSUED BY	TRANSPARENT AIR 227 RUE BLANCHET 75076 PARIS FRANCE
AIRCRAFT SUPPLIES CO. FRANKFURT INTL. AIRPORT FRANKFURT GERMANY		Copies 1, 2 and 3 of this Air Waybill are originals and have the same validity.	
Consignee's Name and Address AIRCRAFT MFG CO. HEATHROW AIRPORT LONDON UNITED KINGDOM	Consignee's Account Number	It is agreed that the goods described herein are accepted in apparent good order and condition (except as noted) for carriage SUBJECT TO THE CONDITIONS OF CONTRACT ON THE REVERSE HEREOF. ALL GOODS MAY BE CARRIED BY ANY OTHER MEANS INCLUDING ROAD OR ANY OTHER CARRIER UNLESS SPECIFIC CONTRARY INSTRUCTIONS ARE GIVEN HEREON BY THE SHIPPER, AND SHIPPER AGREES THAT THE SHIPMENT MAY BE CARRIED VIA INTERMEDIATE STOPPING PLACES WHICH THE CARRIER DEEMS APPROPRIATE. THE SHIPPER'S ATTENTION IS DRAWN TO THE NOTICE CONCERNING CARRIERS' LIMITATION OF LIABILITY. Shipper may increase such limitation of liability by declaring a higher value for carriage and paying a supplemental charge if required.	
Issuing Carrier's Agent Name and City		Accounting Information	
Agent's IATA Code	Account No.		
Airport of Departure (Addr. of First Carrier) and Requested Routing FRANKFURT		Reference Number	Optional Shipping Information

To	By First Carrier (Routing and Destination)	to	by	to	by	Currency	CHGS Code	WT/VAL PPD	WT/VAL COLL	Other PPD	Other COLL	Declared Value for Carriage	Declared Value for Customs
LHR	TRANSPARENT AIR					EUR		X		X		NVD	NCV

Airport of Destination	Requested Flight/Date		Amount of Insurance	INSURANCE: If Carrier offers insurance, and such insurance is requested in accordance with the conditions thereof, indicate amount to be insured in figures in box marked 'Amount of Insurance'
HEATHROW			XXX	

Handling Information　　　　SCI　C

No. of Pieces RCP	Gross Weight	kg lb	Rate Class	Commodity Item No.	Chargeable Weight	Rate / Charge	Total	Nature and Quantity of Goods (incl. Dimensions or Volume)
1	20.0	K	M		20.0	58.50	58.50	BALANCE WEIGHTS RADIOACTIVE MATERIALS EXCEPTED PACKAGE ARTICLES MANUFACTURED FROM DEPLETED URANIUM UN 2909 NO DIMENSIONS AVAILABLE

Prepaid	Weight Charge	Collect	Other Charges
58.50			AWC 10.00　　RAC 100.00
	Valuation Charge		
	Tax		
	Total Other Charges Due Agent		Shipper certifies that the particulars on the face hereof are correct and that **insofar as any part of the consignment contains dangerous goods, such part is properly described by name and is in proper condition for carriage by air according to the applicable Dangerous Goods Regulations.**
110.00	Total Other Charges Due Carrier		AIRCRAFT SUPPLIES CO. Signature of Shipper or his Agent
Total Prepaid 168.50		Total Collect	Day Month Year　FRANKFURT　TRANSPARENT AIR Executed on (Date)　at (Place)　Signature of Issuing Carrier or its Agent
Currency Conversion Rates		CC Charges in Dest. Currency	
For Carrier's use only at Destination	Charges at Destination	Total Collect Charges	777-12345675

ORIGINAL 3 (FOR SHIPPER)

例 22：本例说明的内容：

（1）一票混运货物 18 件组装成一托盘；（2）操作注意事项栏：集运商向海关提供分运单信息；（3）操作注意事项栏：在目的站当地进行转交；（4）适用于托运人组装的集装货物，不仅仅是集装器。

货物品名：Consolidation

件数和毛重：1 件，913 kg。

运价：普通货物运价的 Q 运价，货物毛重为计费重量。

“货物的性质和数量”栏：如是集运货物，填写“CONSOLIDATION AS PER ATTACHED LIST”，应将货物实际装载件数填写清楚并注明“SLAC”（Shipper's Load And Count）字样。如 18 SLAC。

777 | LHR | 12345675 777-12345675

Shipper's Name and Address	Shipper's Account Number	NOT NEGOTIABLE **AIR WAYBILL** ISSUED BY	TRANSPARENT AIR 227 RUE BLANCHET 75076 PARIS FRANCE
EXPORTANT LTD. WAPPING TRADING ESTATE LONDON, UNITED KINGDOM		Copies 1, 2 and 3 of this Air Waybill are originals and have the same validity.	

Consignee's Name and Address	Consignee's Account Number	
ACME CONSOLIDATORS 500 MADISON AVE. NEW YORK, NY USA		It is agreed that the goods described herein are accepted in apparent good order and condition (except as noted) for carriage SUBJECT TO THE CONDITIONS OF CONTRACT ON THE REVERSE HEREOF. ALL GOODS MAY BE CARRIED BY ANY OTHER MEANS INCLUDING ROAD OR ANY OTHER CARRIER UNLESS SPECIFIC CONTRARY INSTRUCTIONS ARE GIVEN HEREON BY THE SHIPPER, AND SHIPPER AGREES THAT THE SHIPMENT MAY BE CARRIED VIA INTERMEDIATE STOPPING PLACES WHICH THE CARRIER DEEMS APPROPRIATE. THE SHIPPER'S ATTENTION IS DRAWN TO THE NOTICE CONCERNING CARRIERS' LIMITATION OF LIABILITY. Shipper may increase such limitation of liability by declaring a higher value for carriage and paying a supplemental charge if required.

Issuing Carrier's Agent Name and City		Accounting Information
EXPORTANT LTD. HEATHROW		
Agent's IATA Code 91-47123	Account No.	
Airport of Departure (Addr. of First Carrier) and Requested Routing HEATHROW		Reference Number / Optional Shipping Information

To	By First Carrier (Routing and Destination)	to	by	to	by	Currency	CHGS Code	WT/VAL PPD	WT/VAL COLL	Other PPD	Other COLL	Declared Value for Carriage	Declared Value for Customs
JFK	TRANSPARENT AIR					GBP		X		X		NVD	

Airport of Destination	Requested Flight/Date	Amount of Insurance	INSURANCE: If Carrier offers insurance, and such insurance is requested in accordance with the conditions thereof, indicate amount to be insured in figures in box marked 'Amount of Insurance'
J.F. KENNEDEY		XXX	

Handling Information

HOUSE INFORMATION TRANSMITTED BY: BCBP123
LOCAL TRANSFER AT DESTINATION TO: A999

SCI

No. of Pieces RCP	Gross Weight	kg lb	Rate Class	Commodity Item No.	Chargeable Weight	Rate / Charge	Total	Nature and Quantity of Goods (incl. Dimensions or Volume)
1	913.0	K	Q		913.0	1.36	1241.68	CONSOLIDATION AS PER ATTACHED LIST 18 SLAC NO DIMENSIONS AVAILABLE

Prepaid	Weight Charge	Collect	Other Charges
1241.68			
	Valuation Charge		
	Tax		
	Total Other Charges Due Agent		Shipper certifies that the particulars on the face hereof are correct and that **insofar as any part of the consignment contains dangerous goods, such part is properly described by name and is in proper condition for carriage by air according to the applicable Dangerous Goods Regulations.**
	Total Other Charges Due Carrier		EXPORTANT LTD. Signature of Shipper or his Agent
Total Prepaid 1241.68		Total Collect	Day Month Year — HEATHROW — EXPORTANT LTD. Executed on (Date) at (Place) Signature of Issuing Carrier or its Agent
Currency Conversion Rates		CC Charges in Dest. Currency	
For Carrier's use only at Destination		Charges at Destination	Total Collect Charges — 777-12345675

ORIGINAL 3 (FOR SHIPPER)

习题

1. 货运单主要包括哪些内容？
2. 简述货运单的组成和作用。
3. 货运单的有效期是如何规定的？
4. 货运单填写错误如何修改？
5. 填开货运单的法律责任是谁？
6. 在货运单操作注意事项栏内，一般填写哪些内容？
7. 根据第三章货物托运书样例，填制货运单。

第六章　货物运送、到达与交付

第一节　货物运送

托运人将货物交给承运人以后，承运人应根据货物目的站和航线情况，合理地安排运输路线、舱位等，将货物安全、迅速地运送到目的地。

一、航线的选择

承运人合理安排货物运输航线是一项极其复杂的工作，除考虑本承运人利益外，还必须遵守始发站、目的站以及中转站所在国家和相关承运人的规定。承运人选择货物运输路线时，一般应遵循如下原则。

1. 航班的选择

承运人安排货物运输路线时，一般情况下，根据货物的性质尽量选择运输时间早、路线短的航班，避免迂回运输，尽量减少货物运输时间和中转时间。通常优先选择本承运人的直达航班。

如果货物需要选择中转运输，应选择与承运人签署特殊比例分摊协议的承运人的航班，否则会因为结算原因而无法执行运输。

2. 机型的选择

我们知道，不同机型的货舱门尺寸、货舱地板承受力各不相同，所以承运人根据货物体积、尺寸和重量等情况，选择适当的机型安排货物舱位。对于超大超重货物，承运人只能选择宽体客货机或宽体全货机。如果是仅限货机运输的危险品，要选择全程货机航班；如果是需要氧气的活体动物运输，要选择有通风设备的舱位。

需要中转运输的货物，应考虑全程航班的机型。各航段机型不一致时，按照全程最小机型能够载运的货物体积、尺寸和重量预订全程航班舱位。

整集装器中转的货物，在选择运输路线时，应注意续程航班的机型对集装器类型、重量以及装载的限制。

3. 中转站的选择

选择中转站时，一般选择中转能力较强、信誉好的航站，同时考虑中转站的航班密度、航班机型、衔接时间、装卸能力、设备条件以及中转站所在地区的气候、灾情、疫情等条件可能对货物运输带来的不良影响。

4. 时间的选择

一般情况下，为给出港操作留有足够的时间，承运人选择托运人办理货物托运手续 3 小时后起飞的航班。不同承运人、不同航站可能会有差异。

需要中转运输的货物，必须查阅《航空货运指南》和《航空客运指南》，以确定在相关航站的最短中转时限。

对于有运输时限的货物，要查阅《航空货运指南》和《航空客运指南》，选择运输时间较短的航线。

二、货物发运顺序

航线确定后，下一步工作就是确定货物发运顺序。也就是说，承运人收运货物后，对于同一目的站、若干票货物来说，品名各不相同，有的已订妥舱位，有的属于候补货物，有的没有订舱，那么，承运人是如何安排货物运输呢?

原则上，已经订妥舱位的货物，应按约定的航班和日期运出。但是，承运人经常会面临货物发运顺序的选择，例如，原有机型临时调配成小机型，或者由于行李载量增加导致航班货运载量的减少。

有的承运人把货物分成不同的等级，按顺序运送。例如，首先是政府命令急运的货物、救灾物资，飞机停场待用的紧急航材、急救药品，快件、邮件、新闻稿件、外交信袋，鲜活易腐货物、活体动物、灵柩、骨灰，根据销售协议必须保证舱位的货物，前一航班拉下的已经订妥舱位的货物等优先运送。其次是已经订妥舱位的货物和已向托运人承诺候补运输的货物、未订舱的普通货物。一般情况下，对于候补货物和未订舱的普通货物，装机站根据航班的实际载量，按收运顺序安排货物运输。

当然，出现航班减载需要临时拉货时，按照发运顺序的相反方向拉货。

三、货物出港流程示意图

货物出港流程如图 6.1 所示。

1. 编制预舱单

承运人停止订舱后，制作出港货物邮件预舱单（以下简称“预舱单”），预配货物和邮件。

2. 货物出仓和装机

出仓人员根据预舱单将货物和邮件出库。货物出仓后，组装集装器货物或预装在散装拖斗车上。出港部门在规定的时间内将每一集装器或散货舱的货物重量通知载重平衡部门，由载重平衡部门确定装机位置并签发货物装机指令单。装卸人员根据此单将货物装机。

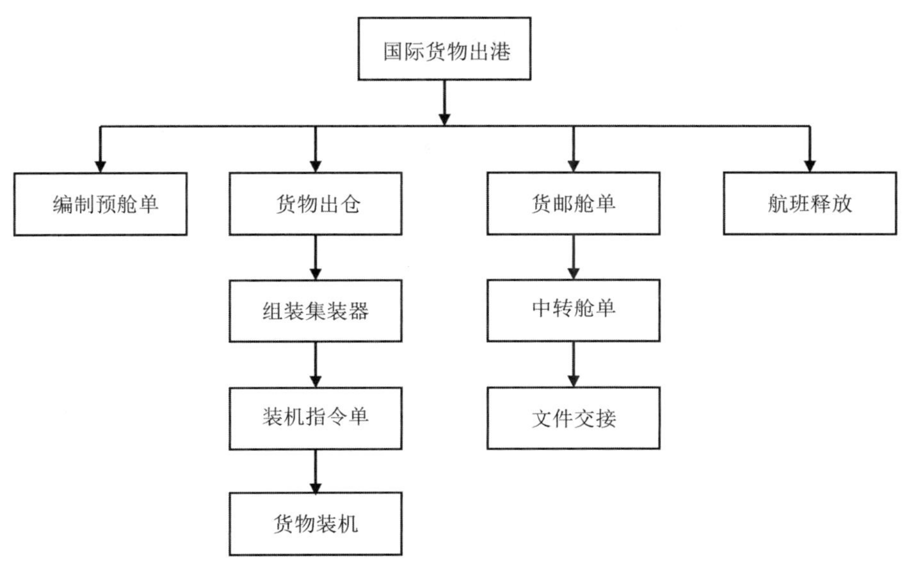

图 6.1　国际货物出港流程示意图

3. 出港文件

1）货邮舱单

货物出仓后，承运人出港部门将货物的所有数据编制成货邮舱单。货邮舱单是装机站向卸机站运送货物、邮件的清单，也是承运人之间结算航空运费的依据之一。货邮舱单的内容分成两部分，一部分是航班信息，如航班号、飞机号、飞行日期、始发站、目的站，另一部分是货物信息，如货运单号、件数、品名、重量、航程及备注。

2）中转舱单

除承运人之间有事先约定外，所有中转货物，转交方承运人或其代理人都应填制中转舱单。接受方承运人或其代理人只接受有结算关系的承运人转交的中转货物，并凭货运单和中转舱单接收其他承运人货运单项下的中转货物。所以说，中转舱单是中转货物交接的凭证，是承运人之间结算航空运费的依据之一。

3）文件交接

货物装机后，出港部门将业务袋与机组交接。业务袋中通常包括货运单、邮件路单、货邮舱单、中转舱单等运输文件。

如果航班上装有特种货物时，承运人根据货物性质填写特种货物机长通知单或贵重物品机长通知单，在航班离港前与机长交接。

4. 航班释放

出港航班一般在航班离港后 30 分钟内释放。

装有特种货物的航班，装机站一般在航班离港后 30 分钟内向卸机站及经停站拍发特种货物装载电报，以便于卸机站和经停站做好航班进港的准备工作。

第二节　货物到达

航班抵达目的站后，承运人或其地面代理应迅速、准确地办理提货通知，快速、完好地将货物交付给收货人。

一、货物进港操作流程示意图

货物进港操作流程如图 6.2 所示。

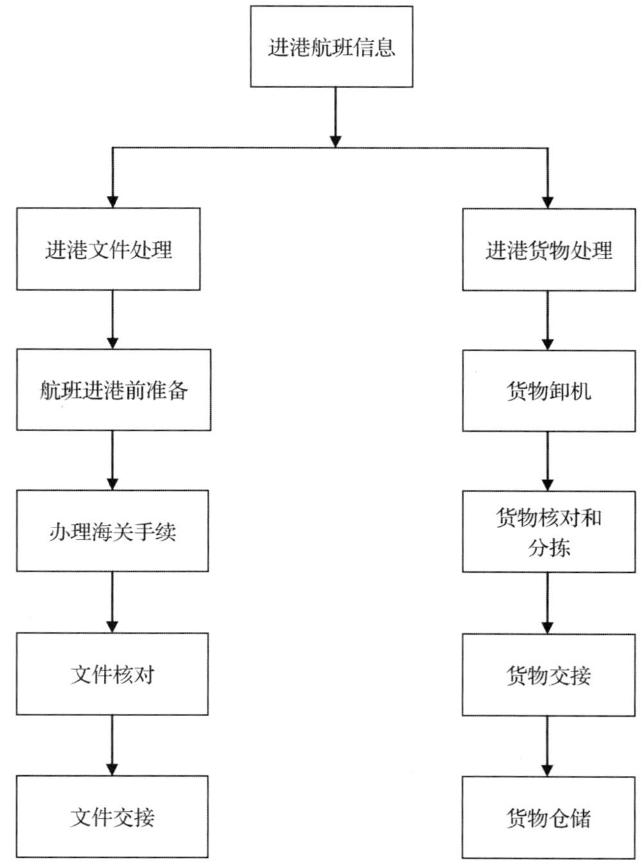

图 6.2　货物进港操作流程示意图

二、文件处理

1. 航班进港前的准备

航班到达航站根据装机站向本航站拍发的各种电报，做好航班进港的准备工作。

2. 办理通关手续

所有进港的货物都必须按照海关的要求办理通关手续。目的站为本航站的货物、由本站中转运输的货物、过境货物和国际国内联程运输的货物（转关货物）必须在海关办理放行或监管，按照当地海关办理通关手续。

3. 文件核对

航班进港后，航班到达航站会及时接取业务袋，核对货运单与货邮舱单是否相符，对多收或少收的货运单在货邮舱单上注明。

4. 文件交接

根据货物流向编制货物交接单。货物的流向，对于不同的航站有不同的要求，一般分为留机场和到市区的货物。特种货物如危险品、活体动物、冷藏货物、贵重物品等需要特殊仓储的，要编制不同的货物交接单。

三、进港货物处理

1. 卸机

监卸员根据载重电报或货邮舱单，监督卸机人员把货物从货舱卸下。

2. 货物的核对和分拣

按照海关要求，货物卸回仓库后，在海关监管库区内以航班为单位核对货物并存放。

3. 货物的交接

将货物、货运单、货物交接单及随附的运输文件按照货物流向送至各自相对应的部门（海关监管货物必须有海关关封），核对无误后，交接双方在货物交接单上签字。

4. 进港不正常情况的处理

核对货物时，如果发现货物包装破损、内物短少、变质、污染等不正常运输情况，填写货物不正常运输记录，同时拍发电报通知有关航站。

承运人在直转集装货物上可直接看见的货物外侧包装状况，如发现货物破损、受潮等情况，应填写货物不正常运输记录，并通知相关航站。

对货物实际重量或计费重量有疑问时应重新计重。如确认重量有误，应向始发站填开货物运费更改通知单（简称 CCA）更改运费。

5. 无海关城市货物的清关

发现货物目的站为中国境内无海关的城市，应通知始发站将目的站变更为有海关的城市。

6. 仓储

货物交付货主前将其入库储存保管。通常，到达货物可按照货运单尾号或件数的形式存放。特种货物存放时，应根据其性质考虑储存温度限制。

一般情况下，温度限制情况如下：

普通货物仓储不受温度限制；

暖库温度控制在 5℃～20℃左右。

冷藏库温度控制在 0℃～ 5℃左右；

冷冻库温度控制在-20℃～-5℃左右；

第三节　货物交付

货物核对无误后，目的站承运人向收货人发出到货通知，通知收货人前来提取货物。货物交付流程如图 6. 3 所示。

一、到货通知

除另有约定外，货物到达后应由承运人或其代理人立即向收货人发出到货通知。

1. 到货通知的方式

到货通知包括电话通知、书面通知、传真通知、短信通知或与托运人约定其他通知形式。

对于活体动物、鲜活易腐货物、贵重物品、危险品、灵柩骨灰、外交信袋和快件等货物一般使用电话或短信通知。通知时将货运单号码、货物品名、始发站、件数、重量、货物到达时间、提货地点、提货时限、提货所需证件以及其他需要注意的事项通知收货人。通知人应在货运单上详细记录通知的日期/时间、被通知人的姓名和本人的姓名，每次通知收货人的记录必须完整。

书面通知是指一般采用书面到货通知单或传真的形式向收货人发出到货通知。

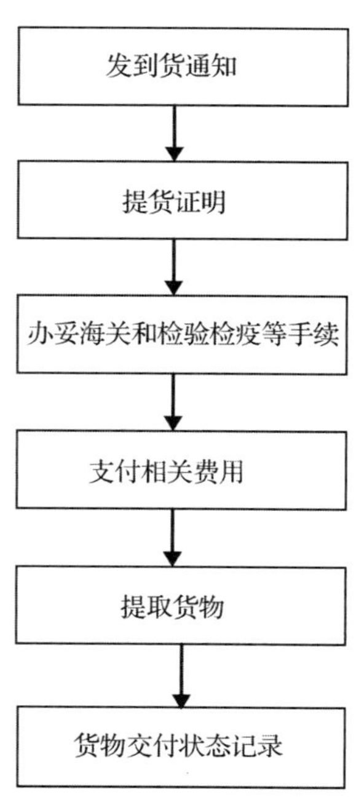

图 6. 3　货物交付示意图

2. 到货通知时限

承运人对急件、危险品、活体动物、鲜活易腐货物、贵重物品、灵柩骨灰、外交信袋、快件和需要冷藏、冷冻的货物的到货通知，至迟一般在到达货物入库后两小时内电话通知收货人。

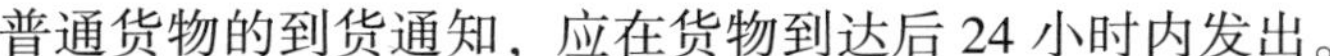

普通货物的到货通知，应在货物到达后 24 小时内发出。

因货运单上提供的收货人信息不准确或不完全，致使承运人无法通知收货人时，目的站将与始发站联系征求处理意见。

到货通知发出 7 日后无人提取货物，应于第 8 日发出第二次到货通知，同时拍发电报通知始发站，由始发站通知托运人征求处理意见。

第二次通知发出 7 日后仍无人提取时，应于第 8 日发出第三次到货通知，同时发无法交付货物通知单（IRP）通知始发站征求处理意见，并按无法交付货物处理。

二、提货证明

收货人提取货物时必须出示有效身份证件和有关文件，收货人也可以委托他人提取货物。不同情况，需要不同的证件或文件。

（1）收货人在中国境内提取货物时必须出示的提货证明。

①收货人本人提取货物

收货人为单位的，须出示单位介绍信和提货人的有效身份证件；

收货人为个人或单位和个人的，须出示本人有效身份证件。

②收货人委托他人提取货物

当受委托方人为个人时，收货人为单位的，必须出示收货人的带有单位印章的委托函和受托人有效身份证件。

收货人为个人的，必须出示收货人的带有签名的委托函和有效身份证件及受托人的有效身份证件。

收货人为单位和个人的，必须出示收货人的委托函、收货人的有效身份证件和受托人的有效身份证件。

当受委委托方人为单位时，除需以上手续外，还应出示受委托方人的单位介绍信。

（2）在中国境内提取属于危险品货物的爆炸物品、放射性物品、毒性物质和枪械时，还须出具提供公安部门的准运证明；提取政府限制运输的其他物品时，还须出示提供政府主管部门出具的有效证明文件。在国外提取危险品时，应按当地政府规定办理。

（3）如果货运单上注明另请通知人是银行，第一收货人提取货物时必须出示该银行同意将货物交付给该收货人的证明文件，证明文件上应有银行的印章。

（4）交付承运人应将单位介绍信、委托函和货运单副本等一并留存。

（5）将货运单提取人的姓名、有效身份证件号码、电话和日期等进行记录。

三、中国境内目的站应交付的费用

各国在目的站收取的费用有不同规定。在中国境内目的站收取的费用一般包括目的站收取的到付运费及手续费、保管费和地面运输费等。

1. 运费到付手续费

对于运费到付的货物，在目的站办理货物交付手续时，还需要向收货人收取运费到付手续费。

运费到付手续费一般为航空运费和声明价值附加费之和的5%。运费到付手续费一般不低于10美元或者其等值货币，按银行卖出价换算成当地货币。特殊要求的除外。

在我国，到付运费手续费的最低收费：一票货物收取人民币100元。

不同国家或承运人对到付运费手续费计算的方法会有所不同。

图6.4为TACT RULES一书中公布的关于中国的运费到付信息。

China, People's Rep. of (CN)	Charges Collect Accepted: **No**		
	Charges Collect Fee:	**5%**	of weight and valuation charges
		Minimum:	**CNY 100**

Exception(s):
1. Accepted by JL and NH to Beijing and Shanghai only.
2. Accepted by CZ and MU: International cargo to Beijing, Guangzhou and Shanghai only.
3. Accepted by PR.
4. Accepted by TG to Beijing Kunming Guangzhou and Shanghai, provided that prior approval has been obtained from TG destination station.
5. Accepted by KZ to Beijing and Shanghai only.
6. Accepted by AC on condition of local station approval.
7. Accepted by EK to Shanghai (PVG) only.

图6.4　TACT RULES公布的中国运费到付信息

例1

马德里（MAD）至北京（BJS）的一票货物，CZ承运，航空运费为5000欧元，货物声明价值附加费为50欧元，其他费用为100欧元，货物运费到付。请分别计算运费到付手续费和收货人应交付的总费用。

（1）判断是否可以接收运费到付

中国不接收运费到付，但CZ接收。

（2）到付总费用：5000+50+100 = EUR5150

（3）查阅附录C货币进位与换算表，找到美元和欧元、人民币的换算率。

USD 1 = CNY 6.57384 = EUR 0.84322

（4）将到付总费用换算成人民币：5150÷0.84322×6.57384 = 40149.99

（5）计算运费到付手续费

航空运费和声明价值附加费：EUR 5050

将航空运费和声明价值附加费EUR 5050换算成人民币：

EUR 5050 = 5050÷0.84322×6.57384 = CNY 39370.38

运费到付手续费：CNY39370.38×5% = CNY1968.52

（6）计算收货人应交付的总费用

40149.99 + 1968.52 = CNY42118.51

2. 保管费

在中国境内运输的货物在承运人或其地面代理的仓库内存放时间超过规定的免费保管

期限，承运人或其地面代理将按规定收取保管费。

在中国境外运输的货物保管费收取办法应符合所在国政府相关规定。

（1）普通货物。自到货通知发出的次日起免费保管 3 日，超过免费保管期限后，每日每千克收取保管费 0.10 元，保管期不足 1 日按 1 日计算。一份货运单最低收取保管费 5.00 元。

（2）危险品。自到货通知发出的次日起免费保管 3 日，超过免费保管期限后，每日每千克收取保管费 0.50 元，保管期不足 1 日按 1 日计算。一份货运单最低收取保管费 10.00 元。

（3）贵重物品。自到达目的站的次日起每日每千克收取保管费 5.00 元。保管期不足 1 日按 1 日计算。一份货运单最低收取保管费 50.00 元。

（4）需要冷藏的鲜活易腐货物、低温、冷冻物品。自航班到达后免费保管 6 小时，超过 6 小时，每日每千克收取保管费 0.50 元。保管期不足 1 日按 1 日计算。一份货运单最低收取保管费 10.00 元。

（5）分批运输货物。按最后一批货物的到达日期作为计算依据。

例 3

某托运人托运一批重量为 120 kg 的海鲜，于 6 月 27 日 01：30 运抵目的站。收货人于 6 月 27 日 8：30 提取货物。请问：此票货物是否应该收取保管费？如果收取，收货人应支付的保管费为多少？

因为海鲜属于鲜活易腐物品，免费保管期限是航班到达后 6 个小时。收货人提货时已超过 6 小时，保管期是不满 1 日按 1 日计算，所以应该收取保管费。

保管费 = 120×0.5×1 = 60.00 元

例 4

某托运人托运一批重量为 500 kg 的汽车配件，6 月 27 日从东京运到北京，6 月 28 日通知收货人货已到达。收货人于 7 月 3 日上午前来提取此货，请计算此票货物的保管费。

汽车配件属于普通货物，6 月 28 日发出到货通知，应从 7 月 2 日起开始核收保管费，实际收费应为 2 天。

保管费 = 500×0.1×2 = 100 元

例 5

某托运人托运一批重量为 2 kg 的黄金，1 月 2 日从旧金山运到北京，收货人于 1 月 3 日前来提取。请问：此票货物是否应该收取保管费？如果收取，收货人应支付的保管费为多少？

贵重物品自到达目的站的次日起每日每千克收取保管费 5.00 元。保管期不足 1 日按 1 日计算，所以应收取保管费。

保管费 = 2×5×1 = 10 元

因为一份货运单最低收取保管费 50.00 元，故保管费为 50.00 元。

3. 地面运费

地面运费是指使用承运人的地面运输工具，在机场与市区之间、同一城市两个机场之间运送货物所产生的费用。这是因为航空运费是承运人将一票货物自始发地机场运至目的地机场所收取的航空运输费用，不包括机场与市区之间、同一城市两个机场之间运送货物所产生的费用。所以，一旦产生此项费用，应由托运人承担。

四、提取货物

1. 除另有约定外，货物必须只交付给货运单上托运人指定的收货人

（1）交付货物前应检查提货人的提货证明、文件是否完备有效。计算并收取到付运费、到付运费手续费、保管费和地面运费等有关费用。

（2）收货人在提取货物前，应付清所有应付费用并自行办妥办理海关和检验检疫等手续。

（3）根据货运单核对货物标签上的货运单号码、始发站和目的站，清点货物件数。

（4）交付货物时，应会同提货人对货物进行检查，如果提货人对货物外包装状态、货物件数或重量提出异议，应当场查验或复重，按规定出具货物交付状态记录或在货运单上注明货物状况，双方签字或盖章。如有必要，应通知商品检验检疫部门对货物进行鉴定。

（5）提货人提取货物时应在货运单货物交付联的收货人栏内签注姓名、有效身份证件号码、日期和联系电话。交付人在货运单货物交付联的“交付人”栏内填写本人身姓名和交付日期。承运人应将经收货人签字的货运单与签有海关和检验检疫放行手续的货运单一并留存。

（6）收货代理人如果提取整个集装器，应办理集装器提取手续，承运人对于整集装器内货物的短少、破损不负责任。经海关和检验检疫部门同意，代理人可以凭货物转库分拨单，使用海关监管分拨至其海关监管库。

代理人也可以直接从承运人及其地面代理人海关监管库单独提取一票货物，单独办理海关和检验检疫放行手续，此种情况下无须货物转库分拨单。

货物分运单不能作为交付货物的凭证。

“另请通知人”不能提取货物，如其要求提取货物时，应向承运人提供收货人出具的“提货委托函”。如果“另请通知人”栏内为某银行的名称时，第一收货人提取货物时，也需要出示银行同意将货物交付给收货人的证明。

货运单上收货人为银行，而“另请通知人”为实际收货人的货物，应将货运单等相关文件交给银行，而不是交给“另请通知人”或其他代理人。一般情况下，银行在审查货物完好无损后，通知实际收货人交款。银行收到货款后，出具委托函给实际收货人，声明由实际收货人清关。所以，实际收货人办妥银行手续、取得银行出具的委托书后，才可以办理海关手续。

另外，承运人不办理“货款到付”（CASH ON DELIVERY）业务的货物，如果货运单上出现 CASH ON DELIVERY 或 C. O. D 字样，承运人应停止货物交付，通知始发站，征求处理意见。

2. 分批货物的交付

（1）不同的国家或地区，对于分批货物的提取有不同的规定。一般情况下，分批运输的货物，应在整票货物全部到达后方能交付。特殊情况下，收货人可以向海关提出申请，经海关同意后可以分批提取货物。分批交付时，应在货运单上注明本次交付的件数、重量和交付时间，收货人和交付人双方签字证实。货物全部提取后，双方应当在货运单上签字，证实货物已全部提取。

（2）交付分批货物的各种记录必须准确、完备，随附货运单备查。

3. 丢失货运单货物的交付

（1）对于丢失货运单的货物，一般情况下应在收到始发站补来的货运单或货运单副本后方能办理货物交付手续。对于有时间限制的货物，可以使用始发站传真过来的货运单办理交付手续。贵重物品、危险品必须在收到始发站补来的货运单或货运单副本后方能办理货物交付手续。

（2）对于经常提取货物且信誉好的代理人或收货人可凭其出具的担保函和货运单副本（或复印件）办理货物交付手续。收到始发站补来的货运单或货运单副本（或复印件）后，应及时与代理人或收货人提供的货运单副本（或复印件）进行核对，两者必须完全相符。

（3）交付丢失货运单的货物，要注意核对货物标记和货物标签的各项内容与收货人提供的货运单副本或复印件是否一致。

（4）如果收货人提取货运单后将货运单遗失，提出书面申请要求承运人补做代货运单时，可以将留存的货运单副本复印件作为代货运单提供给收货人。

五、货物交付状态记录

1. 货物交付状态记录

货物交付状态记录是指在交付货物时，发现货物包装丢失破损、内物损坏、短少、变质、污染、受潮等情况，收货人提出异议，由承运人填写并经收货人认可的，详细记录货物真实状态的书面文件。

货物交付状态记录经承运人和收货人双方签字后生效。经双方签字的货物交付状态记录作为收货人向承运人提出索赔或诉讼的初步证据。

货物交付状态记录的签字各方应对货物交付状态记录中所填写的各项内容的真实性和准确性负责。

2. 货物交付状态记录的填写要求

一份货物交付状态记录只能记录一份货运单的货物运输情况。

货物交付状态记录填写要准确、详细，不得出现似是而非的字样，如“内物损失不详”“是否丢失不详”等字样内容。

3. 货物交付状态记录的保存

货物交付状态记录一式三联，一联份交给收货人，一联交给查询部门，一联份随附货运单交付联留存。

4. 货物交付状态记录应有相关照片相配合

5. 货物交付状态记录的填写

（1）NO.，编号：填写货物交付状态记录的顺序编号。

（2）AWB NO.，货运单号码：填写该票货物的货运单号码。

（3）FLIGHT/DATE，航班/日期：填写运输该票货物的航班号和日期。

（4）ORIGIN，始发站：填写货运单上该票货物的始发站。

（5）AIRPORT OF DESTINATION，目的站：填写货运单上该票货物的目的站。

（6）SHIPPER'S NAME AND ADDRESS，托运人姓名、地址：填写货运单上托运人的名称和地址。

（7）CONSIGNEE'S NAME AND ADDRESS，收货人姓名、地址：填写货运单上收货人的名称和地址。

（8）NATURE OF GOODS，货物品名：填写货运单上的货物品名。

（9）TTL NUMBER OF PIECES/TTL GROSS WEIGHT，件数/重量：填写货运单上货物的件数/重量。

（10）PACKAGING，包装：填写该票货物的包装类型。

（11）DECLARED VALUE FOR CARRIAGE，货物声明价值：填写货运单上货物的声明价值，没有声明价值的填写“NVD”。

（12）AMOUNT OF INSURANCE，货物保险价值：填写货运单上货物的保险价值。没有保险价值的填写“×××”。

（13）CONDITIONS，损失情况：填写货物损失情况，如货物发生损坏包装破损、内物短少、变质、污染、受潮或其他情况时在相应的每一项后划“√”表示。

（14）DELIVERED AT，货物交付地点：填写货物交付的地点。

（15）DETAILS OF SCENE CHECKING，现场查验情况：填写经承运人与收货人共同查验的货物在交付时的真实状况。

（16）NATURE OF GOODS DAMAGED OR LOST，损失货物品名：填写受损货物的品名。

（17）NUMBER OFPIECES DAMAGED OR LOST，件数：填写受损货物的件数。

（18）GROSSWEIGHT DAMAGED OR LOST，重量：填写受损货物的毛重。

（19）ISSUED PLACE，填开地点：填写填开该货物交付状态记录的地点。

（20）ISSUED DATE，填开日期：填写填开该货物交付状态记录的日期。

（21）PREPARED BY，经办人签字：承运人的经办人或货物交付人签字。

（22）CONSIGNEE，收货人签字：收货人签字。

货物交付状态记录如图 6.5 所示。

货物交付状态记录

CARGO DAMAGE OR LOSS REPORT

编号：No. (1)

货运单号码 (2)
AWB NO.________
航班/日期 (3)
FLT/DATE ________
始发站
ORIGIN ____(4)____
目的站
AIRPORT OF DESTINATION ____(5)____
托运人姓名、地址
SHIPPER'S NAME AND ADDRESS ____(6)____
收货人姓名、地址
CONSIGNEE'S NAME AND ADDRESS ____(7)____
货物品名 (8)
NATURE OF GOODS ________
件数/重量 (9)
TTL NUMBER OF PIECES /TTL GROSS WEIGHT ________
包装 (10)
PACKAGING ________
货物声明价值 (11)
DECLARED VALUE FOR CARRIERAGE CARRIAGE ________
货物保险价值 (12)
AMOUNT OF INSURANCE ________

损失情况：
CONDITION
包装破损 □ DAMAGE
内物短少 □ SHORTAGEE
变质 □ DETERIORATION
受潮变质 □ WET
污染 □ CONTAMINATION
其它 □ (13) OTHER

货物交付地点
DELIVERY AT ________(14)____
现场查验情况
DETAILS OF SCENE CHECKING ________(15)____

____

____

损失货物品名 (16)
NARURE OF GOODS DAMAGED OR LOST ________
件数 (17)
NUMBER OF PIECES DAMAGED OR LOST ________
重量 (18)
DAMAGED OR LOST GROSS WEIGHT ________

填开地点 (19)
ISSUED PLACE ________
经办人（签字） (21)
PREPARED BY ________
填开日期 (20)
ISSUED DATE
收货人（签字） (22)
CONSIGNEE

注：此记录作为货物交付时的状态的证明。
REMARK： THIS REPORT IS ONLY AS A PROOF OF THE CARGO ONLY WHEN MAKING DELIVERINGY.

图 6.5　货物交付状态记录

第四节　卡车航班

卡车航班是航空运输的辅助形式之一，其操作程序与正常飞机航班一致。承运人可以根据需要建立固定的卡车航班或在某些情况下使用地面运输工具完成航空货物的运输。

卡车航班仅限于两个机场之间的直达运输。

如果目的站机场关闭或货物严重积压或货物的重量、尺寸超过执行航班的机型运载能力或托运人要求，均可以开通临时卡车航班。

一般情况下，卡车航班禁止运输危险品（经当地政府主管部门批准的除外）、活体动物（冷血动物除外）、鲜活易腐货物（托运人另有要求除外）、灵柩、贵重物品、枪械、弹药、外交信袋以及精密、易碎货物、高灵敏度仪器仪表等不适合陆运的货物。

卡车航班是按照正常航班的要求，编制货邮舱单和释放航班。

使用卡车航班装载货物后由海关在货柜门上加装铅封。卡车航班到达目的站，该铅封由海关开启后方可卸货。

习题

1. 哪些货物需要订妥全程舱位？订舱时，托运人需要提供哪些信息？

2. 简述国际货物进港、出港、交付流程。

3. 收货人提取货物时，需要提供哪些证明或文件？

4. 计算在目的地应向收货人收取的到付总费用：

（1）FRA—PEK BY JL

WEIGHT CHARGE：EUR 2872.56，MYC：EUR 532.20，SSC：EUR 133.05

（2）HKG—SHA BY NH

WEIGHT CHARGE：HKD3123.60，TC/ADC：HKD 312.00，MYC：HKD547.20

（3）ZRH—CAN BY CZ

WEIGHT CHARGE：CHF 2675.00，VALUATION CHARGE：CHF 1003.50，

SUA：CHF 65.00，DBC：CHF 13.26

5. 计算保管费：

（1）1 件 600 kg 品名为机器的货物，4 月 1 日到达重庆，当日发出到货通知，货主于 4 月 10 日前来提取货物。请计算应收多少保管费。

（2）8 件 980 kg 的试剂（有温度要求）于 4 月 10 日运到杭州，当日发出到货通知，货物放在冷库。货主于 2009 年 4 月 13 日前来提取货物。请计算应收多少保管费。

（3）500 件 15000 kg 的树苗，分两批运输到上海。第一批 40 件 1200 kg，4 月 15 日运到上海；第二批 460 件 13800 kg，4 月 17 日运到上海。4 月 17 日发出到货通知，货主 4 月 20 日前来提货。请计算保管费。

（4）33 件 511 kg 的钽粉（UN3089）于 4 月 25 日运到北京，当天发出到货通知。货主于 5 月 7 日前来提货。请计算保管费。

6. 简述货物运输交付状态记录的作用。

7. 哪些货物不能使用卡车航班运输？

第七章　特种货物运输

特种货物是指在收运、仓储、运输及交付过程中因货物本身的性质、价值等条件需要特别照料的货物，主要包括危险品、活体动物、鲜活易腐货物、贵重物品、灵柩等货物。

托运人托运特种货物时，应遵守有关国家以及承运人关于特种货物运输的规定。托运的特种货物同时具有两种或者两种以上特种货物的性质时，应同时符合这几种性质特种货物的运输规定和要求。特种货物的包装应当符合特种货物包装的有关要求。托运人和收货人应当在承运人指定的地点托运和提取特种货物。

实际工作中指导特种货物运输的手册或资料应为现行版本，主要有以下几种：

承运人有关货物运输的各类手册；

IATA *DANGEROUS GOODS REGULATIONS*（《危险品规则》，简称 DGR）

IATA *LIVE ANIMALS REGULATIONS*（《活体动物规则》，简称 LAR）

IATA *PERISHABLE CARGO REGULATIONS*（《鲜活易腐货物规则，简称 PCR》）

IATA *AIRPORT HANDLING MANUAL*（《机场操作手册》，简称 AHM）

IATA *TACT RULES*（第 7 国家规定和第 8 章承运人规定）

本章介绍活体动物、鲜活易腐货物及其他特种货物的在收运、仓储、运输及交付过程中的规定或要求。

危险品运输见《民航危险品运输基础知识》教材。

第一节　活体动物运输

同危险品运输一样，活体动物运输也是一个极其复杂的过程，其成功的运输，不仅关系到托运人的利益，也关系到承运人的利益。近年来，因货物包装不符合航空运输要求或因违规装载，造成活体动物在运输过程中发生死亡、逃逸的事件时有发生。有的导致了航班返航、航班取消，严重影响了航班正点及飞行安全；有的甚至引发了严重纠纷，同时也严重影响承运人的经济效益和社会声誉；有的则因动物死亡或逃逸引起货主的投诉和高额索赔。

为保证将动物安全良好地运送到目的地，就必须保证动物在各个运输环节，处于良好的状态，这也就要求托运人严格遵守 IATA LAR 和有关国家与承运人的规定和要求。

本章涉及的相关规则只是正常条件下的运输要求，各承运人可根据自身的条件来制定具体的操作细则。

一、概述

1. 定义

活体动物是指活的家禽、家畜、鱼介、野生活体动物（包括鸟类）、实验动物和昆虫等。活体动物在航空运输过程中，需要满足特定的运输条件，并需要给予特殊照料。为了科学装载和运输活体动物，根据其特性将活体动物分为7类。

1）两栖类

两栖类通常没有鳞或者甲，也没有毛，四肢有趾，没有爪，体温随气温高低变化，能在水中和陆地生活的动物，如青蛙、蟾蜍等。

2）鸟类

鸟类是指体表被覆羽毛、有翼、恒温和卵生的高等脊椎活体动物。新陈代谢旺盛，并能在空气中飞行，具有发达的神经系统和感官，如鸟、鸥、雀、燕、鸽、鸡、鸭、鹅等。

3）甲壳类

甲壳类动物绝大多数水生，以海洋种类较多，少数栖息在淡水中和陆地上，体分节，胸部有些体节同头部愈合，形成头胸部，上被覆坚硬的头胸甲，用鳃呼吸，如虾、贝、蟹等。

4）鱼类

鱼类是指体被骨鳞、以鳃呼吸、用鳍作为运动器官和凭上下颌摄食的变温水生脊椎活体动物，是在海洋、江河、湖泊、池塘中出产的水生动物，如鱼、泥鳅、黄鳝等。

5）无脊椎活体动物类

无脊椎活体动物纲是指背部没有脊椎骨的动物，是活体动物类群中比较低等的类群，如蛔虫、蚯蚓、昆虫等。

6）哺乳类

哺乳类是指全身被覆毛、运动快速、恒温、胎生和哺乳的脊椎活体动物。哺乳类又分为宠物、家畜、灵长和未驯化的哺乳活体动物。

（1）宠物、家畜类动物是指由人工饲养的哺乳活体动物，如猫、狗、猪、牛、马等。

（2）灵长类动物是指具有手和足的活体动物，如猴、狐猴、猿、猩猩等。

（3）未驯化的哺乳活体动物是指最高等的脊椎野生活体动物，如象、虎、狮、熊等。

7）爬行类

爬行类是指身体表面具有鳞或甲，体温随气温高低变化，用肺呼吸，卵生或卵胎生无变态的活体动物。如蛇、蜥蜴、龟、鳖、玳瑁等。

2. 航空运输活体动物的依据

1）规章的符合性的依据

国际公约、国家法规和承运人的规定、国际惯例等。

2）操作的符合性依据

操作的符合性依据包括国际航空运输协会的《活体动物规则》、承运人操作手册、行业标准等。

在活体动物航空运输的具体操作过程中，一般参照并符合国际航空运输协会《活体动物规则》的有关规定及承运人的操作手册。

此外，有关运输动物的种类限制、机型要求及押运员的配备要求等，还应参阅国际航空运输协会《航空货物运价手册》规则部分（TACT RULES）中的国家规定和承运人特殊要求。

3. LAR

国际航空运输协会（IATA）的《活体动物规则》（*LIVE ANIMALS REGULATIONS*，简称 LAR）是由 IATA 会同国际动物流行病组织（OIE）和濒危野生动植物种国际贸易公约（CITES）联合出版的。在 LAR 中，对动物运输之前的准备工作、包装规格、文件、装卸、存储、健康、卫生等做了详细解释，确保动物不致伤害动物本身和操作人员。因此，遵守 LAR 将有助于在航空运输的各个阶段中保持动物的运输安全。

IATA 每年出版发行一期 LAR，有效期为每年的 1 月 1 日至 12 月 31 日。

本教材参考的 LAR 为 2021 年第 47 期，封面如图 7.1 所示。

图 7.1 IATA LAR 封面

LAR 主要包括如下内容：

（1）适用性；

（2）政府规定；

（3）承运人规定；

（4）预订舱位及预先安排；

（5）动物行为；

（6）动物名称表；

（7）文件；

（8）包装容器的要求；

（9）标记和标签；

（10）操作。

4. 动物的习性

动物对于在运输期间所遇到的陌生环境会本能地感到恐惧，这种恐惧如果不能解除，就会产生刺激，使动物在运输过程中感到不适。要想安全运输活体动物，就要了解动物的习性，根据它的习性采取必要的措施。动物的习性主要包括如下几项：

（1）消化行为。对于食肉动物，托运人应在托运前预先准备的一段时间内减少食物，在接近发运前喂食。牛、马等动物，在装到运输容器前不少于两小时给动物喂水。某些爬行动物在托运前应当使其处于饥饿状态。

（2）排泄行为。运输过程中，动物会产生粪便和尿液，所以，运输容器的底部要选择防漏型的，并有足够的吸附材料。必要时，运输容器的底部还应设计为防溅型。

（3）发情行为。处于发情期的雌性动物，在有雄性动物存在的场合会发生烦乱。所以，在运输中尽量避免运输这种状态的雌性动物。如果必须运输性成熟的雌性和雄性动物，装机时应尽量分开，越远越好。

（4）照料行为。有些雌性动物在感到危险时，会对自己所带的幼仔造成伤害。所以，一般不运输带有幼仔的哺乳动物。

（5）合群行为。有些幼小动物在运输中，不要与同一物种的其他动物分开，否则，会给它造成压力。

（6）躲藏行为。食肉动物的自然本能是在运输容器中躲藏。

（7）逃跑行为。有蹄类动物在运输中会尝试寻找逃走的隐蔽处，并尝试从运输容器中逃走。

（8）紧张行为。动物在运输过程中都会被惊吓，紧张情绪会导致身体脱水。

（9）环境行为。极端温度会使动物受到影响。

建议在储运动物时的环境温度（LAR 附录 C）见表 7-1。

表 7-1 储运动物环境温度表

动物种类	最低温度（℃）	最高温度（℃）	备注
家畜			
猫	7	24	
狗	10	27	
狗（家训的，狮子鼻）	10	19	
兔子	10	21	
小牛	12	25	
肉牛	−8~8*	25	*小型动物的最低温度要高一些
奶牛	−5	23	
山羊	0	25	
马	10	19	
猪（断奶的幼畜）	20	26	
猪（成猪）	12~16	22	
雌猪（怀孕的）	15	22	
绵羊	5~17*	20*	*羊毛被剪后温度适当提高
鸡苗（一日龄）	14	23	纸板箱温度为 28℃~37℃
鸡	0	21*	*75%的相对湿度。相对湿度高的话，最高温度相应低些

续表

动物种类	最低温度（℃）	最高温度（℃）	备注
小鸭	15	23	纸板箱内温度为 29℃～37℃
鸭子	10	29	
小鹅	15	23	纸板箱内温度为 29℃～37℃
鹅	10	29	
野鸡（一日龄）	15	24	
小火鸡	15	23	纸板箱内温度为 29℃～37℃
火鸡	5	19	
野生动物			
蜂雀	18	29	
美洲野猫	4	18	
澳洲野狗	7	29	
山狗	2	29	
浣熊	4	27	
棕熊	4	29	
小羊驼	7	24	
獾	4	24	
沙鼠	10	32	
跳鼠	10	32	
灵长类动物（成熟的）	21	32	
灵长类动物（幼小的）	27	29	
袋鼠（北美）	16	29	
豪猪（北美）	4	24	

注：最低与最高温度将随动物的年龄、品种、地板种类、空气流动速度、动物数量、装载密度、吸氧量、代谢水平、相对湿度、皮肤湿度的不同而不同。适宜的温度范围应依据其适应环境温度的能力。

二、动物名称表

动物名称表是按照动物普通名称英文字母顺序排列的，见表 7－2（节选 LAR 表 6.2.1）。

表 7-2　动物名称表节选

Common Name	Type	Container Requirement	Scientific Name	CITES Appendix
Cuckoo	B	11F	Scythrops spp.	
Cuckoo	B	11F	Surniculus spp.	
Cuckoo	B	11F	Taccocua spp.	
Cuckoo	B	11F	Tapera spp.	
Cuckoo	B	11F	Urodynamis spp.	
Cuckoo	B	11F	Zanclostomus spp.	
Cuckoo shrike	B	11F	Pericrocotus spp.	
Cui-ui	F	51	Chasmistes cujus	I
Curassow	B	16	Nothocrax spp.	
Curlew	B	11H	Numenius spp.	I/III
Cuscus	M	83	Phalanger spp.	II/III
Cutthroat finch	B	11A	Amadina hypocherina	
Cuvier's Gazelle	M	73	Gazella cuvieri	I
Cyprian mouflon	M	73	Ovis orientalis ophion	I
Dalmatian pelican	B	21	Pelecanus crispus	I
Dama gazelle	M	73	Gazella dama	I
Dark coloured soft-shell turtle	R	43	Trionyx nigricans	I
Dark-handed gibbon	M	33	Hylobates agilis	I
Daubenton's Curassow	B	16	Crax daubentoni	III
Day gecko	R	41	Phelsuma spp.	II
Day old chick	B	19	Gallinacea	
Deer	M	73	Capreolus spp.	
Deer	M	73	Elaphodus spp.	
Deer	M	73	Elaphurus spp.	
Deer	M	73	Hydropotes spp.	
Deer	M	73	Cervus spp.	II/I
Deer	M	73	Mazama americana cerasina	III
Deer	M	73	Odocoileus virginianus	III
Deppe's squirrel	M	79	Sciurus deppei	III
Desert monitor	R	41	Varanus griseus	I
Desert rat-kangaroo	M	83	Caloprymnus campestris	I
Desman	M	79	Desmana spp.	
Desman	M	79	Galemys spp.	
Dhole	M	82	Cuon alpinus	II
Diademed sifaka	M	31	Propithecus diadema	I
Diana monkey	M	31	Cercopithecus diana	I
Dik-dik	M	73	Madoqua spp.	
Dingo	M	82	Canis dingo	
Dipper	B	11F	Cinclus spp.	
Diver	B	21	Gavia spp.	
Dog	M	82	Lycaon spp.	
Dog	M	82	Canis spp.	II/I
Dog	M	82	Cuon spp.	II/III
Dog (domestic)	M	1	Canis familiaris	
Dog (fighting)	M	82	Canis familiaris (ferox)	
Dog (wild)	M	82	Nyctereutes spp.	
Dog fox	M	79	Vulpes cana	II
Dog, wild	M	82	Canis aureus	III
Dog-faced Water Snake	R	44	Cerberus rhynchops	III
Dolphin	M	55	Peponocephala spp.	
Dolphin	M	55	Tursiops spp.	
Dolphin	M	55	Cephalorhynchus spp.	II
Dolphin	M	55	Delphinus spp.	II
Dolphin	M	55	Grampus spp.	II
Dolphin	M	55	Inia spp.	II
Dolphin	M	55	Lagenodelphis spp.	II
Dolphin	M	55	Lagenorhynchus spp.	II
Dolphin	M	55	Lissodelphis spp.	II
Dolphin	M	55	Orcaella spp.	II
Dolphin	M	55	Pontoporia spp.	II
Dolphin	M	55	Stenella spp.	II
Dolphin	M	55	Steno spp.	II

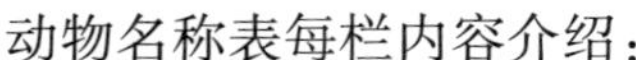

动物名称表每栏内容介绍：

1. Common Name（动物普通名称）栏

也称动物俗称，以英文形式公布的动物名称。

2. Type（动物种类）栏

用大写英文字母代表动物的种类。

（1）A——AMPHIBIAN，两栖类，如青蛙、蟾蜍、蝾螈；

（2）B——BIRD，鸟类，如鸽子、鹦鹉、鸵鸟等；

（3）C——CRUSTACEAN，甲壳类，如贝、虾、蟹等；

（4）F——FISH，鱼类，如各种鱼等；

（5）I——INVERTEBRATE，无脊椎动物类，如蜜蜂、蚕等；

（6）M——MNANNMMAL，哺乳类，如猫、马、老虎等；

（7）R——REPTILE，爬行类，如蛇、巨蜥、鳄鱼等。

3. Container Requirement（包装容器）栏

用阿拉伯数字表示动物容器编号。

4. Scientific Name（动物学名）栏

以拉丁文形式公布的动物名称。

5. CITES Appendix（CITES 附录）栏

《濒危野生动植物物种国际贸易公约》附录。

CITES 英文全称 Convention on International Trade in Endangered Species of wild fauna and flora，中文全称为《濒危野生动植物种国际贸易公约》。此公约于 1975 年 3 月在华盛顿制定，7 月 1 日生效。我国于 1980 年 12 月 25 日加入该公约，该公约于 1981 年 4 月 8 日对我国正式生效。

CITES 又称《华盛顿公约》，简称华约，是一个国际公约组织，呼吁各缔约国对某些物种的贸易形式加以限制，并以文件引证方式记载该物种的贸易情形。缔约国设立许可证及证明书的凭证制度，管理 CITES 附录物种的贸易，采取法律及行政措施以实施其他公约条款。

华约管制国际贸易的物种，可归类成三个附录，分别以Ⅰ、Ⅱ、Ⅲ表示，并按照Ⅰ/Ⅲ、Ⅱ/Ⅰ、Ⅱ/Ⅲ和Ⅲ/O 进一步分类。

在 CITES 附录栏列出的符号含义：

附录Ⅰ：表示禁止进行任何商业贸易的濒危物种。需要进出口许可证。

附录Ⅰ/Ⅲ：列在附录Ⅰ中的一组物种（属）中，有些并不是全部被列在附录Ⅲ中或者未列入附录中。

附录Ⅱ：目前尚未受到濒危的危险，如果对该物种的贸易不加以限制，就会成为濒危动物。需要进出口许可证。

附录Ⅱ/Ⅰ：列在附录Ⅱ的物种，也可能列在附录Ⅰ中。

附录Ⅱ/Ⅲ：列在附录Ⅱ的物种，也可能列在附录Ⅲ中，但没有被全部列出或未列入附录中。

附录Ⅲ：国家法律已生效要求保护的物种，物种所属国报告国际公约秘书处通知各缔约国要求给予配合。

附录Ⅲ/O：一些物种或次物种列入附录Ⅲ中，其余的可能未列入附录。

例 1，Day old chick（鸡苗）

Day old chick——动物俗称；
B——动物种类（鸟）；
19——包装容器（19 号）；
Gallinacea——动物学名。
没有列入 CITES 附录。

例 2，Dog（domestic）（家养犬）

Dog——动物俗称；
M——动物种类（哺乳动物）；
1——包装容器（1 号）；
Canis familiaris——学名。
没有列入 CITES 附录。

例 3，Dog，wild（野犬）

Dog，wild——动物俗称；
M——动物种类（哺乳动物）；
82——包装容器（包装容器 82 号）；
Canis aureus——学名；
Ⅲ——CITES 附录Ⅲ。

三、责任

1. 托运人的责任

托运人及其授权代理人应负责并必须做好如下工作：

（1）订妥航班、日期，确定航线。如果有特殊运输要求，应做好运输前的准备。

（2）运输处于发情期的雌性动物时，应通知承运人。

（3）运输哺乳动物时，应将动物的性别通知承运人。

（4）备齐所有文件，正确填写《活体动物托运证明书》

（5）遵守有关国家、承运人和 IATA 的相关规定。

（6）提供符合 IATA 有效版本《活体动物规则》的容器。

（7）提供适合活体动物需要，且与国家规定没有抵触的活体动物垫草和食物。

（8）提供活体动物的学名和俗名，容器内装运活体动物的数量，要与托运人《活体动物托运证明书》上的数据一致。

（9）如需要，在容器外粘贴喂食喂水指示，并附在货运单后一份相关文件复印件。

（10）在包装容器的指示上，注明动物交运前最后一次喂食喂水的日期和时间；

（11）申报怀孕或在最近 48 小时内分娩的动物情况。

（12）包装上写明任何对动物用药的情况，比如麻醉药名称、剂量、用药时间和途径，并在货运单后附一份该记录。

（13）如标本有毒，应通知承运人，并粘贴标签。

（14）在每个活体动物容器包装上做标记和贴标签。

（15）托运人提供的押运员，要有照料和处理被运送活体动物的能力。

托运人在准备航空运输活体动物前，必须备齐进出口、过境的动物运输许可证、健康证书、CITES 附录的动物出口许可证和一份 CITES 进口许可证副本（如果需要的话）、兽医证明、检疫证明、中转要求或禁止限制要求，还包括为动物提供的食物。由于这些规则经常变化并取决于运输动物的种类。所以，托运人必须获得当地领事馆或国家有关部门的现行要求。

托运人应了解航空运输动物时，保护动物的国家法律法规是否在目的站国家、飞越国和始发站国家之间有效。托运人必须提供一个 24 小时电话号码，万一发生紧急事件时，承运人可以从托运人或其代理人处得到指示，这个电话号码要填写在航空货运单上。

2. 承运人的责任

承运人应确认活体动物已订舱，并进行活体动物的收运、存储、装载、检查，确保活体动物福利，保存运输记录，进行有效培训。具体如下：

（1）检查运输文件是否齐备，包括货运单、托运证明、进出口许可、动物卫生证明等。如果属于 CITES 附录的动物，还需检查 CITES 出口许可证和 CITES 进口许可证副本（需要的话）。

（2）接收前，充分考虑货物包装、机型、货舱空间、货舱通风情况、天气、装载位置、影响动物的其他货物、押运员、地面存储设施等因素，并向托运人做出说明。

（3）包装容器的符合性。托运人应确保包装容器适合动物的航空运输，承运人在收运时应对其进行必要的检查。

（4）收运检查。承运人以填制活体动物收运检查单的方式对货物进行相关的检查、验收。

（5）动物福利。承运人有责任确保动物得到足够的保护，免受因自然环境、恶劣天气等造成的伤害。

（6）国家和承运人规定。充分了解运输过程中有关承运人关于动物运输的规定，并向托运人做出说明。

（7）仓储和装载。熟悉活体动物在仓储和装载时的隔离要求。实验用动物与其他动物分开放置，互为天敌的活体动物、动物与食品、动物与某些危险品装载时，应采取隔离放置。此外，动物与灵柩在仓储和装载时采取隔离放置。

（8）培训，包括对承运人相关操作人员以及销售代理人的业务培训。对于销售代理人，如果有必要还应包括相关托运人的业务培训。

3. 承运人的有限责任

由于自然原因造成的活体动物死亡或由于活体动物本身的或与其他活体动物的行为，如咬、踢、角抵、牙刺或窒息而造成活体动物的伤亡或受伤以及由此产生的一切费用，承运人不承担责任。

承运人也不承担归咎于动物本身情况、天性或爱好，或动物包装容器存在的缺陷，或动物无法抵抗空运途中固有的环境变化而引起的相关损失责任。

由于活体动物本身的原因或其行为而造成活体动物押运人员的死亡或伤害，承运人不承担任何责任。

四、包装

动物包装是动物安全运输的重要保证。近年来，托运人无视包装要求托运活体动物，承运人违反包装要求收运活体动物，导致动物逃逸或者死亡的事件时有发生。这些事件会严重影响承运人的服务质量和飞行安全。所以，活体动物运输的包装，一定要符合特定物种的包装要求，不能因任何原因或者以任何方式降低包装要求。

1. 包装容器构造要求

为便于运输，仅在封闭的包装容器中载运动物；在敞开式畜栏中运输活体动物，必须与相关承运人做出特殊安排。在设计包装容器时，要考虑如下因素。

1）包装容器应结构合理

包装容器中显示的尺寸（长度、宽度和高度）只是为了举例说明。为了运输动物而制造的包装容器必须与该动物的实际尺寸相关，而且还应考虑该类动物的通风和福利要求。

2）货舱门以及机舱区域限制

虽然对于货机的限制很少，但货舱门以及机舱区域的大小决定了活体动物货物的可接受性。因此，在安排活体动物运输路线时，按照包装容器的设计原则，决定所用包装容器大小时，必须考虑能否装载的问题。

3）考虑不同的动物物种

某些动物因其体长和体重，需要加固包装容器；某些动物因其破坏能力强，需要有内衬的或金属包装容器。包装容器要求与活体动物种类相关，并且必须遵守针对该类动物的设计原则。

4）便于工作人员操作

包装容器设计时，必须装有隔离装置。因为该装置可以作为搬运包装容器的把手，还可以防止通风口被其他货物堵塞。把手也可额外附在隔离装置上。

5）保护操作人员

包装容器一定要具有保护作用，防止操作人员被动物抓伤或咬伤。

6）使用叉车垫木

如果使用叉车垫木，则厚度不得小于 5 cm。当计算包装容器大小时，必须考虑垫木的高度。

2. 通风要求

1）通风设计

包装容器必须在三个器壁上充分通风，主要为容器上部提供通风。同时，也要注意例外情况。在特殊动物种类包装容器要求中有相关说明。

2）器壁

在包装容器中的器壁，是指包装容器四个垂直面的一面，不包括容器顶部（位于动物上方的顶板），也不包括容器底部（动物下方的底板）。

四个器壁中的一个或二个垂直器壁，最好是相对窄的二个垂直器壁可作为滑动门、铰链或螺栓的门，便于装卸。这些门必须装有五金，以便于被授权人员安全地关闭和轻松地打开。

注意：

运输一两只动物时，通风、强度等要求不同于大量动物运输。

3. 安全要求

（1）包装容器必须适合在任何时候把动物关在里面。

（2）包装容器必须保护动物，防止未经授权人员接近动物，即门的构造必须确保不会发生从内侧或外侧意外打开，并且通风口必须足够小，以防止动物的任何部分探出。

（3）包装容器必须能经受住其他货物的损坏或造成的结构变形或弯曲。木质容器的接合处必须使其无法被动物从里面撕咬或抓伤。

（4）必须足够坚固，以防止动物从接缝或接合处逃逸。

（5）不得导致动物自我伤害。也就是说，所有内部边缘必须光滑圆润。不得有动物能伤害自己的尖锐凸起物（如钉子）。

4. 动物福利和健康要求

（1）包装容器必须适合所运输的动物种类。

（2）包装容器必须允许动物能自然站立、转身和躺下。也有少数例外情况，可在相关动物种类的包装容器要求中找到。在鸟类包装容器中，必须为每只鸟提供充足的栖息空间，并且有供鸟栖息的高度，也必须有足够的高度使鸟的头部直立、尾部不碰到底板。非栖息鸟除山鸡外，必须能直立站立。当在密闭坚固的外包装容器中运输动物时，如观赏鱼和其他需要完全浸入水中以维持生命的水产类动物，其福利会受到承运人打开外包装容器的危害，在整个运输过程中，外包装容器通常应保持密封。如果遇到困难，应从当地专家获得协助，或者将包装容器尽快运往目的地。

注意，有些国家可能要求对托运人的货物内容进行检查，以满足运输承运人确定的特定国家强制标准。

（3）包装容器必须是清洁的。如果重复使用，则必须经过全面消毒或杀菌。

（4）包装容器必须是防漏的。托运人必须提供适合所运输动物的吸附垫。稻草是不可接受的，因为许多国家禁止其进口。

（5）包装容器必须使用无毒材料制成。化学浸渍的木材以及焊接马口铁水容器可能有毒。

注意，从加拿大和墨西哥边境各州以外的其他国家进入美国的木制板条箱必须使用无树皮的木制包装材料，除了胶合板。这种责任严格由货物进口商承担。

（6）对于其他易受干扰的动物种类，减少包装容器内的光线以及附近的噪音，通常足以使动物安静下来。宠物最好在收运时离开主人，以便它们能安静习惯陌生环境。最好将它们安置在黑暗且附近噪音尽量小的区域。

5. 食物和水要求

1）食具和水具

托运人必须提供食具和水具，食具和水具可固定在包装容器内或者附在包装容器上，以便旅途中非正常延误时可使用。这些容器必须具有圆滑边，由适合动物的无毒材料制成。收运时，托运人必须提供书面的喂食和喂水指南。

2）食物

如果需要食物，必须由托运人提供。当食物和活体动物一起运输时，托运人有责任确保其不违反始发站、中转站和目的站国家相关规定。如果包装容器是密封的，则不可能喂食，托运人必须意识到这个事实。同样，容器内的动物制品，如肉或包含肉的食物，也不能收运。

不得提供未经许可的食物。

6. 无特殊病原体（SPF）要求

当动物在无特殊病原体（SPF）条件下运输时，托运人必须至少在各方面遵循特定包装容器要求。

在建造或选择带过滤器的 SPF 包装容器时，必须谨慎，以确保过滤器通风口提供充足的通风，为动物保持合适的环境。

7. 硬塑料宠物容器符号

当这个符号⬢出现在包装容器要求中时，表明适合使用硬塑料宠物容器。

8. 密闭集装器（ULD）符号

当这个符号⬢出现在包装容器要求中时，表明适用时可使用密闭集装器（ULD）。

LAR 中为各类动物的运输容器提供了范例，并对容器所适宜盛装的动物、包装的设计和构造，运输前所需要完成的准备工作，给动物喂食和喂水的要求，以及装载等工作都作出了非常具体的规定。下面以两种包装容器为例加以说明。

例 1

此容器适用于家养的猫和狗的运输，容器所使用的材料包括纤维玻璃、金属、硬塑料、焊接的金属网、坚固的木板或夹板等。

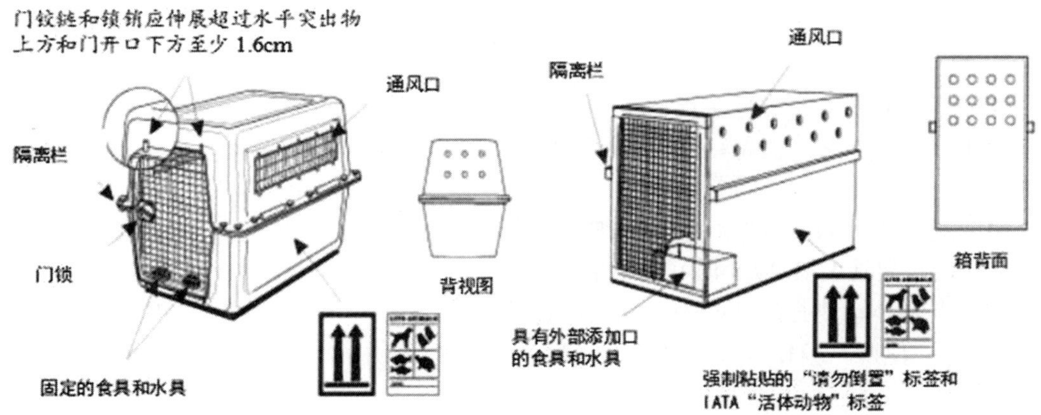

图 7.2　适合家养猫狗的包装容器

例 2

此类容器适用于章鱼、海马、鱼类（除非特殊包装）、热带鱼、金鱼、水生蜗牛的运输，容器所使用的材料包括防水纤维板、绝缘材料、塑料或木材、膨化聚苯乙烯或聚苯乙烯泡沫塑料。

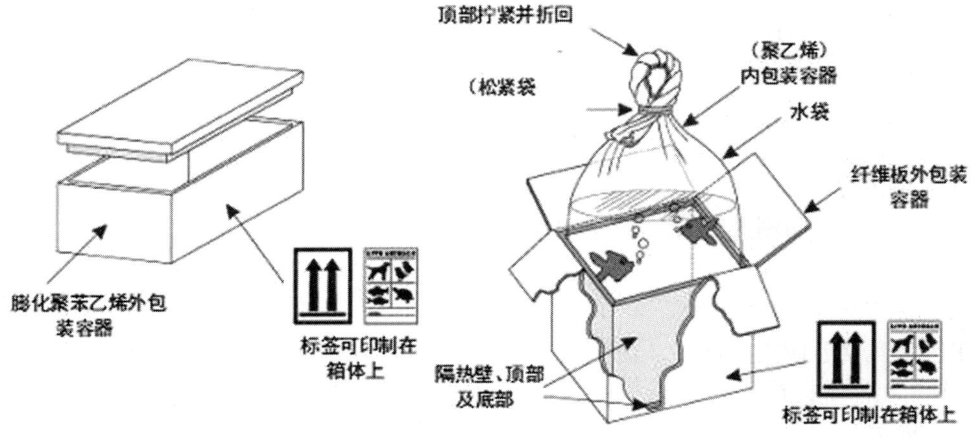

图 7.3　适合鱼类的包装容器

五、标志

托运人有责任在每一个活体动物包装容器上完成所有的标记和标签。每一个包装容器上必须有足够的空间来粘贴所需的标记和标签。

1. 标记

标记是要求托运人书写在货物包装表面的有关运输信息。国际运输时，使用英文书写。除非有特殊要求，在每一个活体动物的包装容器上，必须清楚、耐久地标记如下内容：

（1）托运人和收货人的姓名、详细地址、联系电话。如果联系人，不是托运人或收货人之一时，要注明其 24 小时联系电话。

（2）与活体动物托运证明书上一致的活体动物学名、俗名以及每一包装件内活体动物的数量。未列入 CITES 附录的家犬、猫、农场和实验用活体动物，则只标记英文名称（俗名）。

（3）在装有可能对人类通过咬或蜇后有危害的有毒活体动物的包装容器上，托运人应注明"POISONOUS"或"有毒"字样。在装有对人具有攻击性的凶猛活体动物（凶猛禽鸟、兽类）的包装容器上，托运人应注明"THIS ANIMAL BITE"或"该活体动物咬人"等警示字样。

（4）需要在运输途中喂食喂水的活体动物，托运人应在包装容器上张贴喂食喂水的详细说明。

（5）一般情况下，不提倡在活体动物运输中使用镇静剂。然而，某些物种需要使用这种镇静剂。凡使用镇静剂的，必须在严格监督下使用，在包装容器上注明镇静剂的药物名称、剂量、用药时间和药效时间，并在货运单后附一份该记录。

2. 标签

1）标签的质量与规格

（1）耐久性

标签的材料、印刷及黏合剂应足够耐久。在正常运输的条件下，能确保标签经久耐用、清晰可见。

（2）标签规格

在包装容器上使用的标签，在形状、颜色、格式、符号和文字说明上，都必须符合图 7.4 和图 7.5 样本设计。

活体动物标签，IATA 格式如图 7.4 所示，颜色为亮绿色，背景浅色。实验用活体动物标签，IATA 格式如图 7.5 所示，颜色为亮红色，背景浅色。

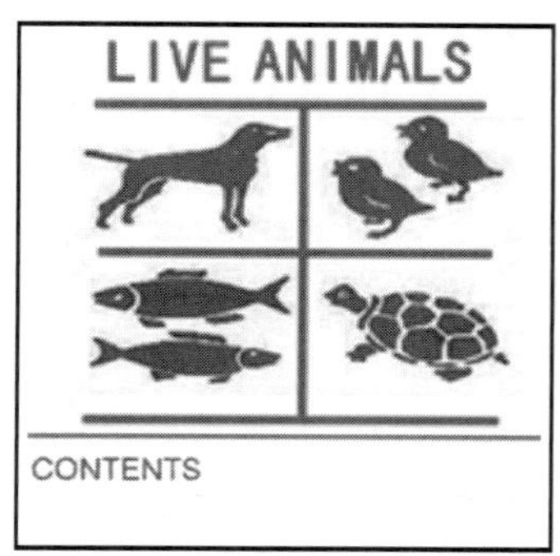

图 7.4　活体动物标签

2）标签的使用和粘贴

根据活体动物的种类，在包装上粘贴或者拴挂活体动物标签或实验用活体动物标签。

除个别容器要求另有规定外，每个容器上必须至少粘贴或拴挂一个活体动物标签或实验用活体动物标签。

粘贴在活体动物包装上的标签、标记不能堵塞通风口。贴在通风口处的标签可以打孔，以便空气自由流通。活体动物包装上应至少粘贴两个方向性标签，粘贴位置为相对的两个侧面上。

运输禽雏类活体动物时，不需要使用“活体动物”标签，但必须使用“方向性标签”标签。

收运之后，如发现标签已丢失、已与货物分离或模糊不清，必须替换这些标签。

图 7.5　实验用活体动物标签

六、运输文件

1. 动物卫生证书（检疫证书）

托运人托运活体动物时，应提供由始发站国家动物检疫部门出具的动物卫生证书（也就是我们常说的检疫证书）。动物卫生证书列明了始发、到达国家（地区），有效期，签发机构的印章等，如图 7.6 所示。

中华人民共和国出入境检验检疫
ENTRY-EXIT INSPECTION AND QUARANTINE
OF THE PEOPLE'S REPUBLIC OF CHINA

动物卫生证书　　编号 No.
ANIMAL HEALTH CERTIFICATE

发货人名称及地址
Name and Address of Consignor ____________________
收货人名称及地址
Name and Address of Consignee ____________________

动物种类 Species of Animal ____________	动物学名 Scientific Name of Animals ____________
动物品种 Breed of Animal ____________	产地 Place of Origin ____________
报检数量 Quantity Declared ____________	检验日期 Date of Inspection ____________
起运地 Place of Despatch ____________	发货日期 Date of Despatch ____________
到达国家/地区 Country / Region of Destination ________	运输工具 Means of Conveyance ____________

印章　签证地点 Place of Issue ____________　签证日期 Date of Issue ____________
Office Stamp
官方兽医 Official Veterinarian ____________　签名 Signature ____________

中华人民共和国出入境检验检疫机关及其官员或代表不承担签发本证书的任何财经责任

图 7.6　动物卫生证书

2. 活体动物托运证明书

托运人必须填写活体动物托运证明书一式两份，活体动物托运证明书正面为托运人声明。声明托运人已经做好所有预先安排，并且对所运输的动物已经做出正确描述，包括动物种类、学名、普通名称，其包装也符合航空运输的相关规定，以及承运人和政府主管当局的规定。

同时声明所运输的动物健康状况良好，适于航空运输，货物中不含有受国家保护的野生动物。如果包括受国家保护的野生动物，托运人持有政府部门签发的运输许可证，许可证附在货运单后。

活体动物托运证明书背面为托运人的责任。托运人应表明由于自然原因造成的动物死亡或由于动物本身的或与其他动物相互间的行为，如咬、踢、抵、牙刺或者窒息造成的动物死亡或者伤害以及由此产生的一切费用，承运人不承担责任；由于动物自身原因或者其行为造成的动物押运人员死亡或者伤害，承运人不承担责任；托运人如果违反了国际航协《活体动物规则》的有关规定以及政府法令而触犯法律，将承担相应的法律责任等。

托运的动物符合国家的有关法令和民航局的有关规定，动物在托运前已经办妥检疫手续，托运野生动物要提供政府部门所签发的许可证，所有有关证明随附在货运单后面。

对所托运的动物已经作出正确的分类及包装，动物名称准确，标签和标记完好。

已经根据承运人的各项要求做好空运前的准备工作。

收货人已经获悉有关航班的信息，并已做好提取货物的准备。

活体动物托运证明书正、背面内容如图 7.7 和图 7.8 所示。

SHIPPER'S CERTIFICATION FOR LIVE ANIMALS
活体动物托运证明书

This is to certify that (check appropriate box): 此证明书用以证明（在合适的空格内划√）

☐ In addition to having completed all advance arrangements, this consignment is properly described and packed, and is in proper condition for carriage by air according to the current edition of the IATA Live Animals Regulations and all applicable carrier and governmental regulations. The animal(s) of this consignment is (are) in good health and condition.（除作好所有的预先安排外，该货物已正确描述和包装，且符合现行的国际航协《活体动物运输规则》的规定，符合适用的承运人的要求及国家的有关法规。该活体动物健康状况良好，适于航空运输。）

☐ Animals taken from the wild for shipment have been appropriately acclimatised.（从野外捕获的活体动物已为运输进行了适当的驯化。）

☐ This consignment includes species as described in the Convention on International Trade in Endangered Species of Wild Fauna and Flora(CITES). Applicable permits/certificates are attached to the air waybill.（该票货物含有受濒危野生动植物种国际贸易公约(CITES)保护的物种，适用的许可/证明书附在货运单后。）

☐ This consignment includes species as described in other applicable national legislations.（该票货物含有受其他适用国家法律保护的物种。）

☐ In the case of reptiles and amphibians, the animals contained in this shipment are healthy and they have been examined prior to shipment and are free of any apparent injury and readily recognizable diseases. They are also free of external parasitic infestation, including mites, ticks and leeches, that can readily be seen under normal lighting conditions.（该票货物中含有的爬行类与两栖类活体动物均健康，已预先检查，并无明显伤害与易于识别的疾病。亦无外部寄生虫，包括在正常照明条件下容易发现的螨虫、扁虱与水蛭。）

The shipper accepts that carriers will not be liable for any loss, damage or expense arising from death due to natural cause, or death or injury of any animal caused by the conduct or acts of the live animal itself or of other animals, such as biting, kicking, goring or smothering, nor for that caused or contributed to by the conditions, nature or propensities of the animals. In no event will carrier be liable for death or injury to an animal attendant caused or contributed to by the condition, conduct or acts of animals.（托运人同意接受，由于自然原因造成的活体动物死亡或由于活体动物本身的或与其他活体动物间的相互行为，如：咬、踢、角抵、牙刺或窒息而造成的活体动物死亡或受伤以及由此产生的一切费用，承运人不承担责任。由于活体动物自身原因或其行为而造成活体动物押运人员的死亡或伤害，承运人不承担任何责任。）

Number of Package(s) 包装件数	Specific Container Requirement Number (see IATA Live Animals Regulations) 包装容器要求编号（见 IATA 活体动物运输规则）	Species(description and names – scientific and common) and Quantity of Animals 活体动物的种类（学名和俗名）及数量

Name/Title of shipper ____________

托运人姓名及公司名称 ____________

Signature of shipper ____________

托运人签名

Place and Date ____________

地点和日期 Year/Month/Day（年/月/日）

(See reverse side for special conditions)

（请参阅背面托运人责任）

Warning 警告
Shippers failure to comply in all respects with the applicable IATA Animals Regulations and any other international and/or national government regulations, may be in breach of applicable law and subject to legal penalties.
（托运人如果违反了国际航协《活体动物运输规则》的有关规定与国际和/或国内政府有关法令而触犯法律，将承担相应的法律责任。）
Shipper authorized agent must not include IATA Cargo Agents, consolidators, forwards and surface carriers.
（托运人的授权代理人不能是承运人的销售代理人或地面代理人。）

Air Waybill No. 运单号	Airport of Departure 始发站	Airport of Destination 目的站

FORM BG136/2017 （29.7cm x 21cm）

图 7.7 活体动物托运证明书正面

SHIPPER' S RESPONSIBILITES

托 运 人 责 任

Before any package containing live animals is tendered for transport by air, the shipper must ensure that:

在准备空运而将活体动物装箱前，托运人必须确保：

☆ The animals being tendered for transportation are not prohibited by governments;

待运的活体动物，不是有关政府禁止运输的；

☆ All the required export, import, and/or transit health certificates, licenses or permits, etc. are accompanying the shipment;

待运的活体动物附有所有必要的文件，如出口、进口和/或中转的健康证明书、许可证、证明等；

☆ The animal shipments are properly classified, described, packed, marked and labeled;

待运的活体动物被正确的分类、描述、包装、标记和标签；

☆ The IATA Shipper' s Certification for Live Animals has been properly completed in duplicate;

IATA 活体动物托运人证明书已正确填妥，一式两份；

☆ Pregnant animals must not be tendered for transportation without official veterinary certificate certifying that the animals are fit to travel and that there is no risk of birth occurring during the entire journey;

怀孕活体动物，如果没有具备资格的兽医开具的活体动物在整个航程中没有分娩风险的证明书，不得运输；

(***Note***: Pregnant monkeys, nursing females with sucking young and unweaned animals are not accepted for air transport.)

(**注**：不收运怀孕的猴类，带有幼仔的哺乳雌性及未断乳的活体动物)

☆ No animals are to be tendered for transportation having given birth in the last 48 hours before the start of the journey;

在飞机起飞前 48 小时之内分娩过的活体动物，不能运输；

☆The animals have been properly prepared for transportation(see specific container requirements for further information);

活体动物运输准备已经完成(详细信息见具体包装容器要求)；

☆ The animal is not tranquilised without veterinary approval and supervision;

没有兽医的许可、监督，不得对活体动物使用镇静剂；

☆ The consignee has been advised of the flight details in order to arrange immediate collection on arrival;

收货人已收到有关航班的详细资料，以便能在活体动物到达时，立即安排活体动物的接收；

☆ A 24-hour phone number that the air carrier can obtain instruction from the shipper or his agent in the event of an emergency, and such information is written on the Air Waybill.

航空货运单上必须写有 24 小时供联络用的电话号码，在发生紧急情况时，承运人可从托运人或其代理人处得到指示。

图 7.8　活体动物托运证明书背面

3. 进、出口许可证明和 CITES 文件

运输任何列入 CITES 附录中的物种，均应出具 CITES 文件。

所托运的动物物种应与在有效期之内的 CITES 文件相符，并且 CITES 文件上应有官方徽标和签发机构的名称及地址。如图 7.9 所示。

CITES 文件可以是下列文件的其中之一：

（1）出口许可证；

（2）进出口许可证（仅限附录 I 的物种）；

（3）再出口证明书；

（4）原产地证明书（仅限附录Ⅲ的物种）；

（5）人工饲养繁殖证明书；

（6）巡回表演活体动物证明书。

CITES 文件里不得有任何更改或涂擦。

不同国家或承运人运输活体动物需要的相关文件，可查看 IATA LAR 和 RULES 上的相关规定。

濒危野生动植物种国际贸易公约

CONVENTION ON INTERNATIONAL TRADE IN ENDANGERED SPECIES OF WILD FAUNA AND FLORA

CERTIFICATE FOR PERMIT TO IMPORT EXPORT AND REEXPORT

允许 进口 / 出口 / 再出口 证明书

□ – IMPORT（进口）
□ – EXPORT（出口）
□ – REEXPORT （再出口）

PERMIT NO.（证号）：

VALID UNTIL 有效期：

Consignee (name 、address 、 country) 收货人	Permittee (name 、address 、 country) 发货人
Special conditions 特殊条件	THE PEOPLE'S REPUBLIC OF CHINA ENDAGERED SPECIES OF WILD FAUNA AND FLORA IMPORT & EXPORT ADMINISTRATIVE OFFICE 中华人民共和国濒危物种进出口管理办公室 地址：北京和平里国家林业局 Address: State Forestry Administration Hepingli Beijing TELEX:

No. 序号	Species (Chinese & Scientific) Name 种名（中名、学名）	Appendix No. 附录号	Description 货物类型	Quantity or Weight (kg) 数量或净重（千克）	Origin of Country 原产国	
					Country 国家	Permit No. 证号

□ – The specimens taken from wild 野外获得
□ – The specimens ta ken from bred in captivity 人工繁殖
□ – The specimens taken from artificially propagated 人工培植
□ – The specimens taken from pre-convention 公约前获得

Place 地点	Date 日期	Signature 签名	Official stamp （公章）

图 7.9 CITES 进出口、再出口证明书样例

4. 货运单

除随活体动物一起运输的饲料、设备外，不得将活体动物与其他货物共用一份货运单运输。

在货运单货物品名“Nature and Quantity of Goods”栏内，应注明活体动物的俗称和准确数量。

在货运单操作注意事项“Handling Information”栏内，注明“CERTIFICATES OF HEALTH AND SHIPPER'S CERTIFICATION FOR LIVE ANIMALS ATTACHED”（活体动物检疫证书及托运证明书附后）以及随附相关文件的名称，包括国家、地区区号等信息的24小时应急电话，并注明“AVI”字样。也可以在货物品名栏内注明“AVI”。

需充氧的动物如活鱼及鱼苗、虾苗等，应在货运单“操作注意事项”栏内注明交运前充氧时间和氧气最低维持时间。

5. 活体动物运输收运检查单

始发站货物收运部门应根据活体动物运输收运检查单的项目对动物进行详细检查。检查单列明的每一个项目均应对照货物及文件仔细检查，任何项目的检查结果是“否”时，整票货物不得收运。

活体动物收运检查主要内容如下。

1）一般收运要求的检查

主要包括舱位预订、预先安排、是否符合相关国家和承运人规定。

2）航空货运单的检查

活体动物的名称、航线、24小时应急电话、货运单操作注意事项栏、品名和数量栏填写是否正确。

如在货运单上注明随附文件，要检查这些文件是否随附在货运单后。特别注意这些文件的有效性。

3）活体动物托运证明书的检查

活体动物托运证明书数量，活体动物的名称和数量是否和货运单上的信息一致，托运人是否签字。如是托运人书面授权的代理人签字，是否有书面授权文件。此代理人不能属于承运人的签约销售代理或地面代理。

4）活体动物包装容器的检查

包装容器是否符合相应包装容器编号对应的设计原则，包装容器的大小是否合适，通风是否充足，构造是否坚固、是否便于搬运，是否是防渗漏性且防止动物逃逸，容器是否清洁，是否有充足的吸附材料，有没有合适的喂食喂水装置等。

5）标记和标签的检查

托运人和收货人姓名地址是否与货运单一致，是否有24小时应急电话，是否粘贴了活体动物标签或实验用动物标签和方向性标签。动物标签上是否注明其动物名称，有毒动物是否标注“有毒”字样。如果动物适用了镇静剂，是否注明了详细信息。

6）喂食和喂水的要求的检查

如果动物在运输中需要喂食喂水，是否已经做好了安排，喂食指示是否随附在容器上，食物和衬垫（如提供）是否符合中转或进口国家的规定等。

检查单如图 7.10 所示。

IATA LIVE ANIMALS ACCEPTANCE CHECK LIST

Air Waybill No.: ______________ Origin: ______________ Destination: ______________

Note 1: *Prepare form in duplicate.*
Note 2: *If goods are rejected, hand the original of this form to the Duty Officer and show the shipper's and agent's name below.*
Note 3: *Never reject a shipment until all items have been checked.*
Note 4: *If goods are accepted, attach the original of this form to the Air Waybill. The duplicate must be placed on the appropriate file.*
Note 5: *Answer "not applicable" only where an "N/A" box is provided.*
Note 6: *If any question is answered "NO", do not accept the shipment and give the duplicate copy of this form back to the shipper or agent together with the consignment.*

General Acceptance	**Yes**	**N/A**	**No**
1. Have advance arrangements/bookings been made with all the carriers participating in the carriage of the live animals?	☐		☐
2. When laboratory animals, such as monkeys, which may carry diseases communicable to human are being shipped, has the carrier(s) been advised in order to make the necessary arrangements?	☐	☐	☐
3. Have advance arrangements been made at the airport of destination, i.e. for quarantine and delivery?	☐		☐
4. In the event of attendants accompanying the animal(s), have advance arrangements been made with all the carriers concerned?	☐	☐	☐
5. Does the shipment comply with current regulations in force at transit stations?	☐		☐
6. Where applicable, have carrier/governmental exceptions been complied with?	☐	☐	☐
Air Waybill			
7. Are the live animals the only entries on the Air Waybill?	☐		☐
8. Are all flight numbers for which bookings are held for the entire routing indicated?	☐		☐
9. Is the quantity of animals in the consignment, as well their common names, which must as far as possible correspond with that listed in the IATA Live Animals Regulations, shown in the "Nature and quantity of goods" box?	☐	☐	☐
10. Are all relevant permits, including CITES where necessary, licences and certificates required for export, transhipment and import, securely attached to the Air Waybill and copies of those required affixed to the container?	☐	☐	☐
Shipper's Certificate			
11. Is it completed in full and in duplicate?	☐		☐
12. Does the description and quantity of animals agree with the information on the Air Waybill?	☐		☐
13. Is it signed by the shipper or his authorised agent? (Check that this is not an IATA cargo agent, consolidator, forwarder or indirect carrier.)	☐		☐
Container			
14. Does it comply with the specific container requirements as detailed in the IATA Live Animals Regulations?			
(a) Is the size suitable for the particular type of animal?	☐		☐
(b) Does it provide for sufficient ventilation?	☐		☐
(c) Is the construction adequate?	☐		☐
(d) Does it contain adequate handholds/lifting devices to facilitate handling and to prevent the handler from coming into close proximity of the animal(s)?	☐		☐
(e) Is it leak and escape proof?	☐		☐
(f) Is the container clean?	☐		☐
(g) Does it contain sufficient absorbent material? (Check that this is not straw, as some countries prohibit the importation of straw.)	☐		☐
(h) Does the container have suitable feeding/watering facilities?	☐	☐	☐
Labelling and Marking			
15. Is the consignee's name, street and city address as per Air Waybill, and a 24 hour contact phone number shown on each container?	☐		☐
16. Is the correct number of "Live Animals" and "This Way Up" labels attached to each container?	☐		☐
17. Has each "Live Animals" label been completed, i.e. reflecting the correct contents?	☐		☐
18. For live animals which can inflict a poisonous bite or sting, is the container marked in bold letters "POISONOUS"?	☐	☐	☐
19. For Specific Pathogen Free (SPF) animals for laboratory use, are "Laboratory Animals" and "This Way Up" labels attached to each container?	☐	☐	☐
20. When the animal has been tranquillised, have details been affixed to the container, i.e. time given, type of sedation, dosage and estimated duration?	☐	☐	☐
Feeding and Watering			
21. If it is required that the animal(s) must be fed/watered en route, have arrangements been made by the shipper/carrier with the other carriers/personnel downline?	☐	☐	☐
22. Are feeding instruction affixed to the container and are supplies (if required) attached to the outer top side of the container?	☐	☐	☐
23. Food or bedding (if provided) for the animal(s) is in accordance with the regulations of the country(ies) of transit or importation?	☐	☐	☐

Comments: ______________

CHECKED BY: ______________
SIGNATURE TIME DATE

____
NAME (BLOCK LETTERS) AT (STATION)

SHIPPER/AGENT:

（a）

活体动物收运检查单

货运单号码＿＿＿＿＿＿　　始发站＿＿＿＿＿＿　　目的站＿＿＿＿＿＿

	是	不适用	否
一般收运要求			
1. 已与所有参与此活体动物运输的航空公司作好预先安排及订舱	□		□
2. 运输猴子等携带有可传染给人类疾病的实验活体动物，已通知有关航空公司做必要的安排	□	□	□
3. 已在目的站机场为检疫和提取等做了预先安排	□		□
4. 如果有押运员，已与所有有关的航空公司作了预先安排	□	□	□
5. 此票货物符合中转站的现行规定	□	□	□
6. 适用航空公司/政府的例外规定	□	□	□
航空货运单			
7. 此活体动物是运单上的唯一品名	□		□
8. 填写了航线上所有已订妥舱位的航班号	□		□
9. 24 小时应急电话显示在“操作信息”栏	□		□
10. 在“货物品名和数量”栏中填写了活体动物的数量和与 IATA《活体动物规则》中尽可能对应的普通名称	□	□	□
11. 所有相关的许可，包括所需的 CITES，出口、转运和进口所需的许可和证明牢固地随附在货运单上，其副本栓挂到了容器上	□	□	□
托运证明书			
12. 一式两份并填写完整	□		□
13. 活体动物名称和数量与在货运单上显示的一致	□		□
14. 已由托运人或其书面授权的代理人签字，此代理人不能是承运人的销售代理人或地面代理人	□		□
活体动物容器			
15. 是否遵循 IATA《活体动物规则》中详细描述的活体动物容器要求			
（a）容器大小适合于特定种类的活体动物	□		□
（b）通风充足	□	□	□
（c）构造坚固	□		□
（d）有足够把手/举起装置便于操作并可使搬运人员不必过于接近活体动物	□		□
（e）可防渗漏和逃逸	□		□
（f）容器清洁	□		□
（g）包含充分吸附材料（吸附材料不能使用稻草）	□	□	□
（h）有适合的喂食/喂水设施	□	□	□
16. 猫、犬的容器符合公司的要求	□	□	□
标签和标记			
17. 每个容器上均有 24 小时联系电话并根据货运单填写了收货人姓名、街道和城市地址	□		□
18. 在每个活体动物容器上栓挂了正确数量的“活体动物”和“向上”标签	□		□
19. 每一“活体动物”标签均已填制，即反映了正确内容	□		□
20. 对于咬、蜇有毒的活体动物，容器上用黑体字母“poisonous”“有毒”标注	□	□	□
21. 对于实验用无特定病原体（SPF）活体动物，每个容器栓挂“实验活体动物”和“向上标签”	□	□	□
22. 如果活体动物被使用了镇静剂，用药时间、药品名称、剂量和估计持续时间等详细信息附在了容器上	□	□	□
喂食和喂水			
23. 如果活体动物在途中必须喂食和喂水，托运人/承运人与续程的其他航空公司/人员做了预先安排	□	□	□
24. 喂食指示随附容器，食物（若需要）备于容器外侧的高处	□	□	□
25. 食物或衬垫（如提供）符合中转或进口国家的规定	□	□	□

结论：＿＿＿＿＿＿＿＿＿＿＿＿＿＿＿＿＿＿＿＿

＿＿＿＿＿＿＿＿＿＿＿＿＿＿＿＿＿＿＿＿＿＿＿

检查人：　　　　时间：　　　　日期：

托运人/代理人签字：

＿＿＿＿＿＿＿＿＿＿＿＿

注释：

1：检查单制作成一式两份

2：如果拒收货物，将此检查单一份留存，另一份退还托运人或代理人

3：所有项目均完成检查前不能拒运

4：如果接收货物，将检查单原件随附货运单，另一份必须存档

5：只有在提供“不适用”选项时才能回答“不适用”

6：如果任一问题的答案是“否”，即不能接收此票货物，并且将检查单的另一份连同货物一起退回托运人或代理人

版式 2017（29.7cm x 21cm）

（b）

图 7.10　活体动物收运检查单

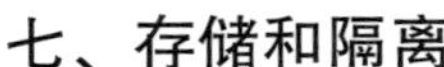

七、存储和隔离

1. 存储

舒适的环境对减少动物的压力有很好的作用，可减少动物的死亡及伤害程度。

动物有可能因地理位置和气温的变化而造成生病或者死亡，所以应根据托运人的要求进行仓储，并且特别注意存储环境的要求。例如，对于怕冷、怕风的动物，应放置在避风处或者保暖的地方；对于怕光、怕晒、怕热的动物，要放置在安静阴凉处，避免过度的光线和噪音；根据动物的习性，野生动物，包括哺乳动物和爬行动物，喜欢黑暗或者光线暗淡的环境，一般放置在安静阴凉处；家禽或者鸟类一般放置在敞亮的地方。

2. 隔离

动物容器之间、容器与其他货物之间要有适当间隙，保证空气流通。

动物不能与食品、放射性物品（Ⅱ级和Ⅲ级—黄色）、灵柩、干冰等装入同一集装器中。

互为天敌的动物、来自不同地区的动物、发情期的动物不能在一起存放。

实验用动物应与其他动物分开放置，避免交叉感染。

3. 在集装器上的组装

除了专用集装箱外，不得将动物（冷血动物除外）装在集装箱中运输。装在集装板上运输的动物也不能用塑料布苫盖，雨天需要使用防雨器材苫盖时，苫布与动物包装之间须留有足够空间，以便空气流通，防止动物窒息，装机时应将塑料布去掉。

集装板上应加垫塑料等防水材料，以防止动物的排泄物污染和腐蚀货舱、飞机设备及集装器。

装在集装板上运输的动物，应与其他货物分开码放，不得混装，货物之间应保留足够的距离，以保证空气流通。

应使用保护限动装置，例如用集装板网罩对动物容器进行固定。

八、交付

活体动物到达后应尽快通知收货人提取货物。交付活体动物时，发现动物死亡等不正常情况，承运人按规定填写货物交付状态记录，通知动物检疫部门作出检验、检疫证明，根据动物检疫部门的要求采取相应的措施。

九、卫生要求

操作人员应避免与动物直接接触，防止被动物抓伤、咬伤、传染疾病。如被动物抓伤、咬伤应立即就医。

经常用于存放动物的地方，应经常清洁、消毒。

装载过动物的集装设备、防护材料、工具等应经卫生检疫部门进行消毒处理后方可继续使用。

第二节　鲜活易腐货物运输

近几年，航空运输中水产品液体泄漏事件不断发生。由于泄漏，飞机、其他货物和行李遭到不同程度的污染，并导致飞机停场清洁、后续航班延误等严重后果。水产品的泄漏，不仅给货主带来取消运输或整改的后果，也给承运人造成重大经济损失。造成这些问题的原因，一是托运人不遵守规章和规定，降低包装标准或者使用不符合要求的包装材料。二是承运人收运货物时，有章不循，放松标准，把关不严；装载货物时，货物侧放、倒置等导致包装破损，液体泄漏。

水产品运输只是鲜活易腐货物其中的一部分。那么，什么是鲜活易腐货物？它在航空运输中又是如何规定的呢？

鲜活易腐货物是指在正常运输条件下，因气候、温度、湿度、气压变化或者运输时间等原因，容易引起变质、腐烂或者死亡的物品。例如，肉类，水果类，蔬菜类，鲜花等植物类，水产品类，需要低温保存的食品、药品、人体器官、试剂、疫苗、人体白蛋白等生物制品，都可以归类为鲜活易腐货物。

除此之外，鲜活易腐货物还包括某些活体动物，其中较为典型的是活的鱼、虾、蟹、贝类、沙蚕等，这些活体动物运输还应遵守关于活体动物运输的规定。某些价值极高的鲜活易腐货物，如鱼苗、蟹苗、人体蛋白等，托运人声明价值符合贵重物品价值标准的，还应遵守贵重物品运输的规定。使用干冰（固体二氧化碳）液氮等作为冷冻剂的鲜活易腐货物，还应遵守危险品运输的规定。

本节重点介绍鲜活易腐货物航空运输的一些规定和要求。

一、IATA《鲜活易腐货物规则》

IATA 出版发行的 *Perishable Cargo Regulations*，中文名称为《鲜活易腐货物规则》，简称 PCR，是行业公认的鲜活易腐物品运输专业操作标准。

为响应制药业对独立法规的需求和要求，IATA 将所有与药物处理有关的内容从 PCR 中摘录并纳入独立的 *Temperature Control Regulations*（《温度控制规则》，简称 TCR）TCR 已成为专业出版物和专业操作标准。

PCR 由 IATA 活体动物和鲜活易腐货物委员会（LAPB）与时间和温度工作组（TTWG）持续评审，并每年更新。

PCR 和 TCR 均每年出版一期有效期（每年的 1 月 1 日—12 月 31 日）。本节参考的是 20 期（2021 年版）PCR、第 8 期（2020 年版）TCR，封面如图 7. 11 所示。

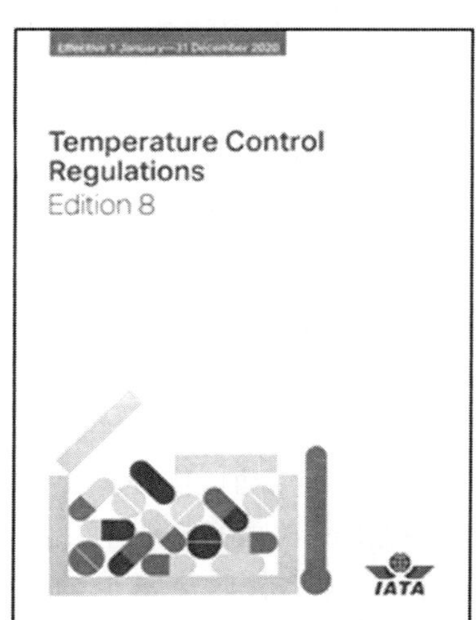

图 7.11 PCR 和 TCR 封面

PCR 共分为 10 章和 5 个附录，详见表 7-3。

表 7-3 PCR 章节及附录

章节	英文	中文
第一章	Application of these Regulations	适用性
第二章	Government Regulations	食品安全和国家规定
第三章	Carrier Regulations	承运人规定
第四章	Perishables Facts and Types	鲜活易腐货物的现状和类型
第五章	Packaging	包装
第六章	Perishable Operations	操作
第七章	Traceability and Tracking	可追溯性和追踪
第八章	Claims	投诉赔偿
第九章	CITES	濒危野生动植物种国际贸易公约
第十章	Air Transport of Cut Flowers	鲜切花的航空运输
附录 A	Ventilation, Heating and Cooling Capability of Airbus and Boeing Aircraft	空客和波音飞机的通风、加热、冷藏能力
附录 B	General Design Requirements for Thermal, Insulated and Refrigerated Containers	保温、隔热、冷藏集装器的设计要求
附录 C	Picture Series	图片
附录 D	Cargo handling code	货运操作代码
附录 E	Perishables Classification	分类

二、有关国家和国际组织的鲜活易腐货物运输规定

1. 有关国家的鲜活易腐货物运输规定

大多数国家对某些包括食品在内的鲜活易腐货物制定了限制或禁止进口规定，还有一些国家对鲜活易腐货物的转运有严格限制，许多国家还严格控制初级产品的出口。托运人应通过当地有关国家的使、领馆来获取这些国家关于鲜活易腐货物运输的详细规定。

世界各国有关限制或者禁止鲜活易腐货物运输的法律条款，可参阅 TACT RULES7. 3. 2 中的国家规定。这些法规范围广泛，覆盖面广，适用于植物和植物材料、食品、动物制品、疫苗和许多其他鲜活易腐货物的进口。

凡列入《濒危野生动植物种国际贸易公约》内的濒危动植物及其产品或者国家保护动植物，必须提供所在国家林业主管部门或者濒危动植物管理部门出具的野生动植物濒危物种进出口许可。航空运输中常见的列入《濒危野生动植物种国际贸易公约》内的濒危植物及其产品可查阅 PCR。

许多鲜活易腐货物必须附有始发国当局签发的健康证明和其他文件。

托运人有责任遵守货物运输过程中有关国家的各种法规。这些法规包括货物运输始发地、目的地和经停地国家的运输法规。承运人在接收鲜活易腐货物前，应尽可能查验其是否符合有关政府相关规定

2. 有关国际组织的鲜活易腐货物运输规定

除了有关输入单个国家的货物的管理法规外，有些法规适用于地域上或者经济上的共同体。例如：

所有航空运输进入欧盟的动物产品须在入境口岸接受兽医检查。这种检查由国家兽医部门或者其指定的机构在规定的口岸检疫站进行，内容包括文件审核、货证核查和物理检查。如果目的地口岸是指定的口岸检疫站，物理检查也可以在目的地口岸进行。

文件审查：每批货物都要审核随附证书，以确认证书是原件证书中的第三国和出口生产企业允许出口产品至欧盟，证书格式与样本相符，有主管机构或兽医官员的签名。

货证核查：每批货物都要进行，以检查货物与卫生证书中的内容是否相符，包括检查货物上所有相关卫生标记，以确认出口国、出口企业与证书中的代号是否相符。

物理检查：目的是确保产品可以按证书上所写用途使用。

物理检查必须确认：

在运输过程中冷链没有间断，产品温度必须符合相应要求，运输条件使产品保持要求的状态。

拆包后，货物将进行感观检查，包括气味、颜色、口味等。

另外，检查还必须包括简单的物理检查，包括蒸煮、解冻、切割。

三、一般规定

（1）托运人托运鲜活易腐货物应当遵守国际公约、国际惯例、货物出发地和运输过

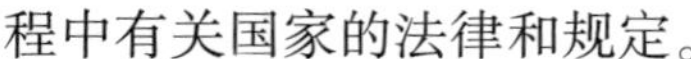

程中有关国家的法律和规定。

（2）托运人托运鲜活易腐货物应当遵守承运人的运输要求。

（3）托运人应当支付由于以下原因造成的承运人的损失或产生的费用：

①托运的鲜活易腐货物中含有法律禁止运输或者限制运输的物品；

②货物标识、数量、地址、包装或者货物品名不正确、不合法、不完整；

③进、出口许可证明缺失、延滞或者错误；

④货物重量、体积不符；

⑤托运人没有及时办理进出口检验检疫、海关等政府手续。

（4）因货物的固有缺陷、质量或瑕疵或包装不良，可能对航空器、人员或财产构成危害时，承运人可以随时在不预先通知的情况下中止运输、毁弃或销毁货物，不承担任何责任。

（5）由于运输过程中温度、湿度和飞行高度变化产生压差，会导致液体的渗漏和不良气体的散发。因此，鲜活易腐货物的包装必须符合货物特性和承运人的要求。

（6）凡需要检验检疫证明的鲜活易腐货物，托运人托运货物前必须到检验检疫部门办理有关文件。还要符合运输过程中有关国家的货物进出口及过境规定，具体可参阅TACT Rules 中的相关规定，也可直接向有关政府部门、承运人咨询。

（7）属于活体动物的鲜活易腐货物，还应符合国际航协《活体动物规则》和承运人《活体动物运输手册》的有关要求。

（8）托运人托运鲜活易腐货物前，应书面提出在运输中需要注意的事项，以及允许的最长运输时间。如果承运人认为无法满足其要求时，可以拒绝收运。

（9）除另有约定外，鲜活易腐货物不办理运费到付。

（10）只有当整票货物全部由性质相近的鲜活易腐货物组成时，才能作为混载货物（COSL）运输。当鲜活易腐货物作为混载货物运输时，不应包括活龙虾、螃蟹、甲鱼、活沙蚕以及贝类等鲜活易腐货物。

（11）为减少鲜活易腐货物在地面停留的时间，应要求托运人或者收货人直接到机场办理托运或者提取手续。

四、责任划分

1. 托运人的责任

（1）根据始发地、中转地、目的地的需要，申报货物的所有有关详细情况；

（2）在订舱前，确定并提供经双方同意的详细的书面说明，包括可能会影响货物本身和其他货物的特殊操作要求、条件或环境；

（3）事先获得相关的进口、出口、转运、检疫或健康需要的许可证或证明书，包括《濒危野生动植物种国际贸易公约》，并在提出要求时能够提供；

（4）提交运输的货物应经过检查并妥善包装，不能危害在正常运输或操作条件下的操作人员、机组人员的安全；

（5）在货物上做标记、贴标签，填制托运文件；

（6）确定并提供主要联系人，该联系人对货物的全程运输负责，并使所有相关方在指定的时间、地点能够取得联系，以获得信息；

（7）确定当所运货物停止运输时的联系方式，或在什么时候开始变更联系方式，以及对方的联系方式；

（8）在遇到紧急情况、延误、改变运输路线或任何其他事件时，提供处理程序和应对措施；

（9）货物托运后，应通知目的站收货人提前准备海关、检疫等相关文件，确保快速通关；

（10）如需要的话，通知目的站收货人准备可进行温度控制的卡车；

（11）告知和培训员工应负的责任和义务；

（12）托运人除遵守鲜活易腐货物运输的上述责任外，还要遵守货物运输的一般责任。

2. 承运人责任

（1）应考虑因规则、限制或禁运而导致的货物延误、干扰或被没收的情况；

（2）确定货物以正常的时间和状况运达；

（3）充分保证相关承运人或订妥的舱位；

（4）需要特殊仓储的商品，要有特殊仓储的设施，并已预留和准备好；

（5）需要特殊装运操作要求的，要考虑能否满足，并通知所有的相关方；

（6）对不相容的货物，要考虑货物之间的隔离；

（7）托运人及其代理人是否取得政府主管部门的许可证或其他的文件；

（8）遵守货物始发地、转运地、目的地的保安措施；

（9）延误或者延迟运输、更改航线或航班取消时，要有其他的备选程序；

（10）遵守海关和任何其他报告程序相关规定。

五、种类和说明

鲜活易腐货物共分为十类，包括水果和蔬菜、鲜切果蔬和预加工的沙拉、海产品和鱼、肉和肉制品、奶制品、烘焙食品、冷冻食品、观赏植物、医药制品和其他易腐产品。

1. 水果和蔬菜

1）水果

水果是指植物或树上生长的可食用的物品，水果通常是软的、肉质的、可食的植物产品，由于它的高含水量，所以在肉质成熟状态下相对容易腐烂。水果是植物在生长的过程中，通过开花而繁殖出来的部分。所以有时我们认为的蔬菜，实际上是水果，例如茄子、黄瓜、西红柿等。

作为活的有机体，水果在采收后继续呼吸，并开始变质。因此，保持每种水果所需的温度以便尽可能地限制变质过程是至关重要的。

水果可以分为呼吸跃变型和非呼吸跃变型两类：第一类在采收后继续成熟（因此产生二氧化碳和乙烯），而后者在从植物/树上摘下后不会成熟。

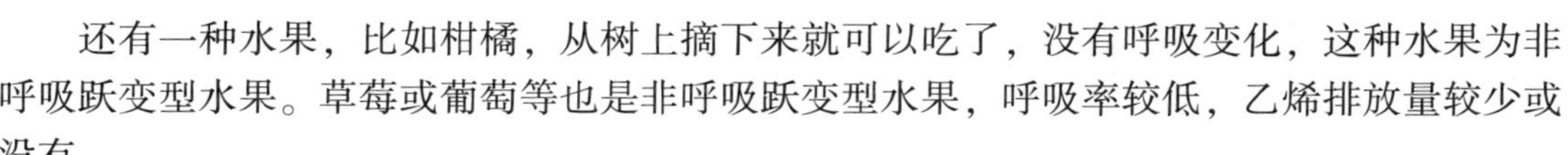

还有一种水果，比如柑橘，从树上摘下来就可以吃了，没有呼吸变化，这种水果为非呼吸跃变型水果。草莓或葡萄等也是非呼吸跃变型水果，呼吸率较低，乙烯排放量较少或没有。

乙烯可以加速其他产品的成熟从而加速变质。较低的温度会降低产品的呼吸速率，从而减少乙烯的排放。温度是水果供应链中最重要的方面，因为暴露于过高和过低的温度都会影响产品在最终目的地的质量。

2）蔬菜

蔬菜是指可以做菜、烹饪成为食品的一类植物或菌类。与水果相同，蔬菜在从植物中取出后仍是有生命的，因此继续呼吸并因此变质。蔬菜也分跃变型（如番茄）或非跃变型（如茄子），并且会受到其他产品排放的乙烯的影响。乙烯会影响蔬菜的味道或外观（颜色），使蔬菜的味道变苦或失去绿色并变黄（如西兰花和黄瓜）。

温度对水果和蔬菜的保质期有非常大的影响。适当和准确的温度管理是延迟产品变坏最重要和最简单的办法。最佳温度储存可延缓水果和蔬菜的老化、软化、质地和颜色变化，以及减缓不希望的代谢变化、水分流失和病原体入侵造成的损失。只有当产品在采收后尽快冷却并保持在其最佳温度下时，才能保持水果和蔬菜的质量。

通常，储存温度越低，保质期越长，但对于某些产品，尤其是热带水果，过低的温度会导致冷害。每种水果和蔬菜都需要所需的运输温度，以便在运输链中保持最佳状态，并在不遭受冷害或高温热害的情况下实现最佳保质期。

大多数水果和蔬菜含有80%以上的水，其中一些如黄瓜、莴苣和甜瓜含有约95%的水，这有助于它们的膨胀和松脆的质地。然而，采收后，蒸发造成的水分损失可能非常快，特别是叶菜类蔬菜如菠菜或生菜。这导致产品快速皱缩和枯萎，使蔬菜组织变成坚硬、没有吸引力且最终不可食用。另一方面，非常高的湿度会导致在包装内形成冷凝（特别是如果温度突然变化），会加速霉菌的生长。

2. 鲜（切）蔬菜、水果、香草和预加工的沙拉

1）鲜切产品

鲜切果蔬指水果和蔬菜被修整、和/或剥皮、和/或切成100%可食用的产品装进袋里或包装好，提供给消费者，保持其新鲜度、高营养和味道。

鲜切产品的目标保质期最多为7天。与完整的产品不同，鲜切产品更容易腐烂，因为它们经受了严重的物理压力，如剥皮、切割、切片等。这些产品因组织受损和经常为了即食目的而剥去表皮（切芒果或菠萝）而很容易变色。保护性包装（塑料袋或塑料杯）用于减少鲜切果蔬的水分损失和保护其免受污染的作用。通过在整个处理和运输链中维持低温以及使用气调保鲜包装，可以在一定程度上控制鲜切口的变色或脱水等变化。这两种方法有助于降低鲜切果蔬的呼吸速率并延长其保质期。

2）香料和干草

由于香料和干香草具有较长的保质期，一般通过海洋或公路运输的数量较多，航空运输数量较少。

在没有适当的包装和储存条件下，香料易失去其独特的香气、风味和味道。它们还易吸收水分，发霉，无吸引力，失去挥发油，然后被昆虫攻击。如果包装不适当，可能会在几个小时内开始变质。

3. 鲜花、热带花卉和盆栽植物

像新鲜水果和蔬菜一样，鲜花和盆栽植物（观赏植物）是“活的”结构，即使从植物上脱落，它们也会继续呼吸。

鲜切花航空运输的最大挑战是保持尽可能低的温度。送达货运代理时平均理想温度不应超过 6℃。装上集装板后的理想温度应低于 4℃。

由于花和植物呼吸过程产生一定量的热量，应避免使用收缩包装，因为它会阻止通风并且可能导致飞机集装板内的热量积聚。

如果需要，应使用由透气材料制成的防雨罩，以防止包装变湿并在停机坪处理过程中损害货物。

当货物过境不可避免时，必须特别考虑过境设施设备，维持冷链运输。

4. 肉和肉类制品

大部分空运肉类制品都是新鲜或冷藏的，由于随着温度的升高，微生物和酶活性会显著影响肉质和安全性，造成肉类制品出现颜色变化、不良气味和难闻的味道，可能还会发生食物中毒。为了消除这些影响，有必要将肉保持在恒定低温下运输。

在肉和肉类制品的整个配送过程中，应保持适当的温度。尤其是在始发地和最终目的地之间需多次装卸，地面运输过程中的高温、机场的等待时间或储存点的制冷能力差等，都有可能会影响肉类制品的优良品质。

5. 海鲜

海鲜是指人类可食用的任何一种海洋生物。海鲜主要包括鱼类和贝类。贝类包括各种软体动物（石鳖、田螺、蜗牛、乌贼、蚌类、牡蛎等）、甲壳类动物（虾、蟹等）和棘皮动物（海星、海胆、海参、海蛇尾等）。

新鲜海鲜特别柔软的肌肉结构使其易受物理损害，并且对温度波动非常敏感。

贝类不仅是最易腐烂的海鲜，而且由于其栖息地的性质，也是最易受污染的海鲜。保持充足且受到良好监控的冷链是防止产品变质非常有效的方法。

活海鲜必须作为活体动物托运处理。在发货之前，活海鲜必须预先调节到水中各类海鲜所需的温度。

在大多数情况下，可以在运输前几天降低温度和停止喂食来降低代谢率，使活海鲜处于冬眠状态，可以明显提高运输质量。活海鲜的运输时间不应超过 48 小时，以降低死亡率。

海产品，例如干鱼、腌鱼和其他罐装或腌制产品，如鳕鱼干、腌鲱鱼、鱼子酱等，不需要任何特定的温度或处理要求。

对于冷冻产品，保存产品的理想温度低于-23℃。

对于海鲜的运输，温度是影响质量的最关键因素。温度剧增或不适当的处理将迅速导

致产品不可逆转的恶化。

制冷剂，如湿冰、胶冰包、干冰等，对于保持产品温度至关重要，但不用于产品冷却。使用湿冰时，应在包装内使用吸收材料吸收融冰，防止潜在的泄漏，并保持产品质量。

6. 奶酪和奶制品

影响奶制品的主要因素是氧气和湿度。当产品接触到氧气时就会导致氧化和变质，水分的存在也将影响产品的组织并可能加速产品的氧化反应速度。在相对湿度较高的仓储条件下，可促进细菌生长，受到细菌的污染。

在航空运输中，由于干的奶制品具有吸湿性，并很容易吸入气味，可将其保存在相对湿度低的环境中，并与具有潜在气味污染的货物分开运输，例如水果和蔬菜、海产品或肉。

奶油芝士、布里干酪或卡门培尔奶酪等奶酪质地细腻、易碎、不易震动。适当的包装对于限制冲击损坏很重要。还建议使用制冷剂以在整个处理链中保持低温。

7. 鸡蛋

鸡蛋包含一个名为气室的空白部分。它位于鸡蛋的最宽端，在空运过程中可能会受到压力。热量是鸡蛋含水量蒸发的主要来源。在-0.5℃保存时，鸡蛋的保质期为5~6个月。鸡蛋必须保持在相对湿度在70%~80%之间的环境中。

鸡蛋必须放在它们最初的包装中，尖端放在底部，以便将蛋黄保持在中心和气室在上方。必须关闭包装容器以限制蛋内的水分损失。

8. 种蛋

种蛋（如受精鸡蛋）含有活胚胎，因此必须小心处理并在某些环境条件下保持活力。当运输种蛋时，重要的是尽量减少运输时间。

9. 烘焙食品和糖果

大多数空运的烘焙产品都是冷冻的。这些货物包括面包、蛋糕、饼干、羊角面包、面团、甜甜圈、糕点或馅饼。它们是精选或特殊的产品，并以小批量进行空运。

小心处理和合适的温度是保持产品质量的两个关键因素。

烘焙产品容易吸收异味。最常见的可吸收气味来自大气中的芳香物质，如烟草、油衍生物和杀虫剂。聚乙烯袋可以阻止这些气味中的大部分，由多层铝化膜制成的袋子可以阻止与油相关的气味。

10. 化妆品

化妆品属于非食用产品，适用于美容或美容护理，包括护肤品、彩妆、香水和清洁类产品等。越来越多的这些产品使用天然成分，而不是化学成分，因此依赖于稳定的环境因素，如湿度和温度控制，以确保产品的稳定性和完整的效能。

11. 医药制品

医药制品是指为用于诊断、治愈、缓解、治疗或预防疾病的物质。这些产品的主要用途是通过化学或生物作用或通过身体代谢实现的，包括药物、生物制品（如疫苗和人类制品），以及医疗器械。除了其他方面，药品对温度和相对湿度有严格的储存要求，以保持其质量和安全性。

12. 冷冻食品类

影响冷冻食品的质量与食品外观的有三个重要因素：食物的水分流失、重结晶和滴水损失。

食物的水分损失：有时是食品保质期的限制因素。包装的冷冻产品（如包装在塑料袋中的冷冻蔬菜混合物）中的水分迁移导致包裹物内形成不美观的游离冰，当解冻时会形成滴水，降低视觉吸引力，并导致营养物质损失。

重结晶：在快速冷冻期间，水在许多小冰晶中转化，这有助于形成非常精细和均匀的食物结构。随着温度的轻微升高，小冰晶比较大的冰晶融化得更快，因此当温度再次下降时，融化的冰冻结在大冰晶周围，从而形成更大的晶体。这些大晶体加速了冷冻损害，从而缩短了储存稳定性。重结晶时，在冷冻食品外形成了冰状结构，不仅影响食品外观，还降低食品质量。

滴水损失：不适当的解冻会引起滴水损失，导致不可逆的组织损伤，并引起质地和营养素（如维生素和矿物质）的损失。

六、鲜活易腐物品表

鲜活易腐物品表（PCR 附录 E. 1. A）中所包括的商品是根据经验可能要提交运输的商品。各行内容所对应的标准和数值适用于航空运输。表中显示的各个数字值应理解为不超过产品处于最佳状态的最大限值。PCR 附录 E. 1. A 是以 A 栏英文字母顺序排列。

表 7-4 没有按照英文字母顺序排列，节选代表性鲜活易腐货物清单。

表 7-4　鲜活易腐货物清单（节选）

商品（名称） A	类别 B	组别 C	最低温度 D	最高温度 E	PCR 表 E. 2. A F
金合欢属	OR	CUTF	4	4	
康乃馨红（小型的）	OR	CUTF	-0. 5	0	
非洲紫罗兰	OR	PFLP	10	15	
亮丝草属	OR	POFP	13	16	
银莲花	OR	BCRT	7	13	
芦笋根茎	OR	NUST	-1	0	
文竹	OR	FLGR	2	4	
无根杜鹃花	OR	CUSC	-0. 5	4	
香蕉	FR		13	18	C D
橄榄	FR		7	10	D

续表

商品（名称） A	类别 B	组别 C	最低温度 D	最高温度 E	PCR 表 E. 2. A F
樱桃	FR		-1	2	F
牛肉	MP		0	1	C
香肠	MP		0	0	
柿子椒	VG		7	10	
冻蛋	EG		-15	-15	
葡萄	FR		-1	2	C F
甜瓜	FR		7	10	E
鲜切水果	CF		0	5	
鲜切蔬菜	CV		0	5	
种蛋	EG		12	18	
牛奶（炼乳）	DA	MILK	4	4	
奶油	DA	CHEZ	0	1	
奶油（鲜的，灭毒的）	DA	CREM	0	2. 2	
牛奶（全脂，灭菌）	DA	MILK	0	1	
鲑鱼	SF	FISH	-1	1	
海扇（肉）	SF	SHFI	0	1	

A 栏（commodity）：商品（名称）

此栏以英文字母顺序排列，列出了商品的普通名称，其后是产品具有的形态或简述，例如，牛奶可以以不同的形态来运输，每一种形态将会反映出不同的环境参数。

B 栏（Cat.）：类别

此栏列出商品的分类。

（1）DA =奶制品

（2）EG =鸡蛋

（3）FR =水果

（4）CF =鲜切水果

（5）CV =鲜切蔬菜

（6）MP =肉和肉制品

（7）OR =观赏植物

（8）SF =海鲜和鱼

（9）VG =蔬菜

C 栏（Group）：组别

此栏列出了在一个类别下使用的分组。

（1）BCRT =球茎、谷物、根茎、根和块茎

（2）CHEZ =奶酪

（3）CREM =奶油

（4）CUSC =插条和接穗

（5）CUTF =鲜切花

（6）FISH =鱼类

（7）FLGR =观叶（赏）植物

（8）MILK =奶

（9）NUST =苗木

（10）PFLP =盆栽开花植物

（11）POFP =盆栽观叶（赏）植物

（12）SHFI =贝类

D 栏和 E 栏（Min T、Max T）最低和最高温度

此栏列出了对产品适用的摄氏温度适用范围。表中所显示的产品最低和最高温度值应理解为产品不应超出的最优值，此时产品价格最好。

F 栏：指向 PCR 表 E. 2. A 栏

此栏与其他商品不相容或根据表 E. 2. A 给出的栏（C、D、E、F）参考的要求隔离。

七、不相容的货物和隔离

表 7-5（PCR E. 2. A）提供了在运输过程中建议隔离的商品，以及它们短期和长期仓储的相容性和污染的风险。同样，也是按照 A 栏英文字母顺序排列。

表 7-5　不相容和隔离表（节选）

商品对		不相容	隔离		
A	B	C	D	E	F
苹果	苹果			R	R
苹果	香蕉	X			
苹果	牛肉	HR			
苹果	卷心菜	SR			
苹果	奶酪	X			
苹果	猪肉	X			
苹果	马铃薯	SR			
杏	苹果				R
杏	杏				R
朝鲜蓟	苹果				L
朝鲜蓟	杏				L
芦笋	苹果				S

续表

商品对		不相容	隔离		
芦笋	杏				S
鳄梨	苹果			R	
鳄梨	鳄梨		R	R	
香蕉	苹果	X			
香蕉	鳄梨		R		
香蕉	香蕉		R		
香蕉	卷心菜	X			
香蕉	橙子	X			
香蕉	桃子	X			
香蕉	李子	X			
香蕉	马铃薯	X			
牛肉	苹果	HR			
牛肉	卷心菜	X			
牛肉	奶酪	SR			
牛肉	橙子	X			
牛肉	马铃薯	SR			
花椰菜（菜花）	苹果				X
花椰菜（菜花）	杏				X
花椰菜（菜花）	蓝莓				X
花椰菜（菜花）	网纹甜瓜				X
黄瓜	鳄梨		X		
黄瓜	香蕉		X		
榴莲	鳄梨		R		
榴莲	香蕉		R		
榴莲	黄瓜		X		
榴莲	榴莲		R		

在表 7-5 中，前两栏显示了建议需要隔离或不相容的商品对，每栏内容说明如下。

A 栏和 B 栏：

此栏列出了需要隔离或不相容的商品对。

C 栏：

不相容的货物（Inco.）：识别相应商品对的不相容性。

HR ＝ 高污染风险

SR ＝ 轻度污染风险

X ＝ 不相容的货物

D 栏、E 栏和 F 栏：

隔离：提供给定时间段内的相容性或不相容性。

D 栏：提供因产生乙烯在温度 7℃～16℃时是否需要隔离的识别代码；

E 栏：提供因产生乙烯在温度 2℃～7℃时是否需要隔离的识别代码；

F 栏：提供因产生乙烯在温度 0℃～2℃时是否需要隔离的识别代码。

是否需要隔离的代码含义：

L＝相容，可以长时间一同仓储。

R＝成熟的水果能够促使未成熟水果成熟。

S＝在短的时间内可以相容（少于 24 小时）。

X＝不相容（绝不可以放在一起）。

八、托运文件

1. 货运单

如果货物附有健康证明或其他官方许可证等，则应在航空货运单的“操作注意事项”栏中列出随附文件。文件应牢固地附在航空货运单上，不得随货物一起包装。

干冰属于危险品，作为制冷剂与鲜活易腐货物一起运输时，航空货运单必须包含 IATA《危险品规则》规定的内容。

（1）对于鲜活易腐货物的航空货运单在各方面都必须完整和准确。

（2）在货运单的托运人和收货人栏目中，注明其全称和详细地址及联系电话。

（3）在货运单“货物的性质和数量”栏内应注明“鲜活易腐/PERISHABLES”字样。

（4）在“操作注意事项（Handling Information）”栏中，注明承运人所需要的操作信息。操作信息应尽可能简洁明了，并且所有参与货物运输的各方都能理解。建议使用 IATA 操作代码。

（5）在任何情况下，不得在航空货运单中填写不合理的指示或特定温度条件。除非承运人同意，否则不接受诸如“始终保持冷藏（Keep Under Refrigeration at all Times）”和“保持在 5℃以下（Maintain at below 5℃）”等内容。

（6）如果货物随附卫生合格证或者其他官方许可证，应在货运单储运注意事项栏（Handling Information）内列明。上述文件应牢固地随附在货运单后，不能装在货物包装件内。

（7）“货物的性质和数量”栏应显示准确的描述，例如冻羊肉（Chilled Meat-Lamb）或者冻鱼（Fish-Frozen）。

（8）用干冰作为鲜活易腐货物的制冷剂时，应按 IATA《危险品规则》中规定的标准格式在货运单上注明 UN 编号、运输专用名称、包装件数量及每个包装件中干冰的净重。

（9）在国际运输中需要充氧的水产品，所充氧气的消耗量不应少于 48 小时。填制货运单时，应在“操作注意事项（Handling Information）”栏内注明充氧结束时间及包装内所含氧气能够维持动物生存的最低时限（从充氧时间开始计算），如“the last time of oxygen inflation for the shipment is 8：00am（or 08：00）27feb, the minimum time limit for the

animals’ survial due the inflated oxygen is 48 hours.” 字样。

2. 需要随附在货运单运往目的站的文件

（1）始发站国家检验检疫部门出具的检验检疫证明。

（2）始发站政府规定的濒危植物及其产品和国家保护植物必须提供所在国家主管部门或者国家濒危动植物管理部门出具的允许进出口的证明。

九、包装

鲜活易腐货物种类繁多，性质各不相同。一些货物特别容易腐烂变质，一些货物会受到时间和温度的限制。对于所有货物，包装和操作标准将决定货物是否能成功空运，也体现了承运人提供良好状态的保障能力。在 IATA PCR 第 5 章介绍了鲜活易腐货物的包装的总体设计和构造、包装的一般方法以及适用于所有鲜活易腐货物的操作要求。

1. 一般包装要求

（1）鲜活易腐货物的包装必须有助于保持货物的品质，并能将运输时间和环境因素（包括温度和湿度等）变化的影响降到最低。

（2）鲜活易腐货物的包装都必须能够为内装物提供足够的保护，防止内部液体的渗漏或溢出以及对其他货物的污染。

（3）任何与食品直接接触的材料必须符合食品安全法规，并符合食品等级标准。

（4）设计包装时应当考虑到运输过程中可能出现的温度、高度、角度和方向上发生的变化以及始发站、目的站、中转站地面气候的变化。

（5）集装箱必须足够坚固，能够经得起承运人规定的货物堆垛要求。

（6）无论产品的包装和保护如何，温度和操作都永远是鲜活易腐货物运输链中的重要影响因素。

（7）由活体动物组成的鲜活易腐货物必须用符合 IATA PCR 和 LAR 要求的容器运输。

（8）承运人可以就预期高度和集装器轮廓提供建议。

（9）包装方法在很大程度上取决于产品的性质及其“易腐性”。一些冷冻和冷藏产品，例如冷冻肉，可以在专门的集装器中以几乎无包装的状态运输。

2. 包装方式

鲜活易腐货物的性质和持续时间决定了包装的不同要求。鲜活易腐货物的包装方式分为两种，一种是单一包装，一种是组合包装。

将比较耐物理损坏的产品，直接包装到运输包装（如纤维板箱）中，这种包装方式为单一包装。

许多鲜活易腐货物要求有内、外包装，由不同材料提供额外保护货物，这种包装方式为组合包装。比如，将产品放入塑料袋（内包装）中以保持湿度并防止干燥，然后将其放置在纤维板箱（外包装）内以提供物理保护。还有，冷冻的物品通常采用组合包装方式进行包装。

3. 附加保护系统

根据产品的敏感性、当地情况、贸易上的可用设施和可能适用的植物检疫法规，可能需要使用额外的保护系统。这种额外的保护系统有多种形式，最常见的有以下几种。

1）防虫网

在一些国家的管理当局要求下，以一种精细的塑料网的形式紧紧地罩在集装板的外面，以防止昆虫和其他害虫通过。防虫网主要用于水果、蔬菜和花卉，但不提供任何防雨或温度变化的保护。

2）单层纤维板

包裹在集装板货物上，以减少从周围环境进入的热空气或冷空气。

3）聚合物薄膜

包裹在集装板上，以防止下雨，并有助于保护任何货物泄漏。

4）隔热护板

包裹在集装板上，用胶带或绑带固定，为货物提供隔热和物理保护。

5）货物覆盖物

由金属化的层压板、气泡膜或白色反光材料（如无纺布）制成，并预先成型，可覆盖整个集装板，提供热保护，并可额外提供防雨和虫害的安全。

6）防热毯

更厚、更重的货舱盖，通常由两层防水塑料布之间的隔热泡沫或纤维层压制而成。

7）无纺土工布

由聚丙烯制成，在集装板上（如 PMC、PAG 或 PLA 等）使用时，可以有效防止鸟类啄穿装有海鲜的 EPS 箱顶部。

8）聚苯乙烯隔热材料

多为板或面板形式，可用于集装板货物重量轻且经济的额外热保护。

4. 常见包装类型和材料

1）纤维板材料包装

纤维板箱是用多层纤维薄板胶合制成，这种密实纤维板箱的强度和结构在潮湿环境下可保持完整。这类新型的纤维板箱还适合于冷冻产品（超冷凝）或观赏植物产品，因为它们不吸收水分（鲜花的水分损失）。纤维板包装不具有防渗漏功能，如果产品或内容物泄漏性较高时，就必须装入一个完全密封的聚乙烯袋中并防止刺穿。纤维板包装不能对产品在防御温暖或寒冷时提供足够的隔绝作用。

2）聚苯乙烯泡沫材料包装

聚苯乙烯泡沫制成的包装箱（EPS）为冷藏或冷冻货物提供很好的隔绝作用。它们重量轻、减震、防水，适用于尖或锋利的物体。EPS 包装具有高破损率特性，为了增加包装

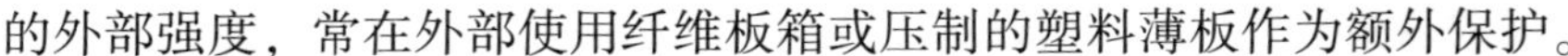

的外部强度，常在外部使用纤维板箱或压制的塑料薄板作为额外保护。

箱盖应与底座形成机械密封，以防止包装侧壁膨胀。

3）硬塑料材料包装

硬塑料零售包装通常采用单件或两件式透明塑料盒的形式，其容量为消费者通常一次购买的产品量。这种类型的包装通常被称为小篮或吸塑包装。

塑料零售箱必须足够坚固以承受冲击、轻微撞击、颠簸以及堆叠货物的重量。包装的内表面应光滑，没有任何锋利边缘，以防止损坏产品内容物。

所有类型的硬质塑料包装必须包装在第二个箱子（外包装）中，通常是纤维板箱，用于运输的操作和集装货物组装。

4）软塑材料包装

塑料薄膜作为主要包装或附加保护系统，使用 PE（聚乙烯）、PP（聚丙烯）、PET（涤纶树脂）等多种方式，用于保护鲜活易腐货物。它们具有许多优点，包括重量轻、适应各种成型产品的柔韧性、防水性和强度，但不提供太多的物理保护并且容易撕开。

5）真空和气调包装

通过去除或减少包装内氧气含量，可以延长多种新鲜产品的保质期。对于肉类和鱼类，真空包装通过将物品放入柔软不透气的袋子中，并且在密封袋子之前将空气排除。

气调包装（MAP）技术不是完全去除包装中的所有气体，而是降低氧气含量和增加密封包装内的二氧化碳含量。该原理已应用于肉类和鱼类产品。

6）木制包装

木制箱子通常由底座和四边木板钉在一起形成一个刚性的矩形结构。板条箱的板条之间有空隙，为内部提供了更多的通风，在箱子内部将板条连接在一起，形成一个封闭的结构。盖子可以用同样的方法构造，可以是松动的、铰接的或用钉子固定的。

用于制作木箱和板条箱的木材必须经过处理，以杀死任何蛀木昆虫，而且在用于将产品运往某些国家之前，必须根据 ISPM15 的规定对此进行标记。

7）金属罐和桶

金属罐是许多加工食品的主要包装材料。它们大多由钢或铝制成，通常不需要控制外部温度，除非内容物必须防止冻结。较大的金属罐，大多为 5 L，最大不超过 25 L，也用作盛装液体的主要包装。为便于有效包装，金属罐通常是方形罐或桶。

5. 制冷剂、吸附剂和包装固定材料

可采用许多方法将鲜活易腐货物保持在低温状态。一般托运人使用被动式包装（湿冰、干冰等），承运人提供主动式温控箱，保持在温度范围内。

不同的制冷剂有不同的制冷效果。

湿冰可以使用的时间有限，湿冰对于需要很低温度时是无效的。同时，由于湿冰融化会产生水，多数包装内带有湿冰的鲜活易腐货物又属于湿货，因此，必须采用更为严格的包装标准。

干冰使用过量或者直接接触货物，会使某些鲜活易腐货物冻伤。干冰属于危险品，不适合作为新鲜水果和蔬菜以及一些种类的药品和人类制品的制冷剂。

胶冰（也称冻胶、蓝冰）是一种预先包装好的化合物。胶冰使用前应冷冻成胶状体，胶冰的致冷强度比湿冰高，但比干冰低。胶冰耐用并且可以重复使用。胶冰在使用过程中不渗漏，对食品没有危害，因此，建议在运输鲜活易腐货物时，以胶冰作为首选的制冷剂。

直接接触到胶冰包可能会造成冷冻鲜活易腐货物的局部损坏，而且胶冰包的冷表面仍然会凝结，可能会破坏脆弱的水果，促进霉菌的生长。未冻胶冰包可以用作隔热材料，防止商品与制冷剂直接接触。

此外，还可以使用深冷液化气体（如液氮）作为制冷剂，仅限于高度专业化的领域，通常只在运输人体组织、人体器官和动物精液时使用。深冷液化气体也属于危险品。

6. 吸附材料

由于泄漏可能对飞机造成严重损害，必须避免发生这种情况。吸附材料可用于产品包装和集装器内，有足够的吸附能力吸收来自产品和/或制冷剂的液体。

为了避免与飞机结构的任何接触，应使用吸附材料来吸收可能从产品或制冷剂中逸出的液体。吸湿材料应该放置在包装或集装板上的货物周围，避免将吸附材料放置在货物下方。因为货物的重量会压缩吸附材料，使其无法吸收任何液体。

7. 包装固定材料

保护和密封货物内包装和外部包装是保持包装完整性的基本要素。可使用宽度超过4 cm的防水胶带将外包装密封。胶带应与包装颜色形成鲜明对比。

绑扎带用于固定货物，不能切割或损坏容器及其他接触部分。箱子一般达成“#”腰形式。

此面向上（THIS WAY UP）的指示箭头和产品标识必须在外包装上清楚可见。

8. 包装分类

不同种类的鲜活易腐货物，包装种类也不同。

常见水果蔬菜包装，如图 7. 12 所示。

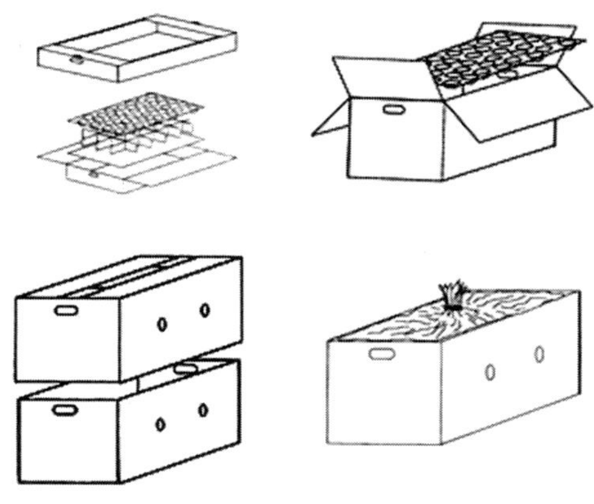

图 7. 12　常见水果蔬菜包装箱

常见鲜花、热带花卉和盆栽植物包装如图 7. 13 所示。

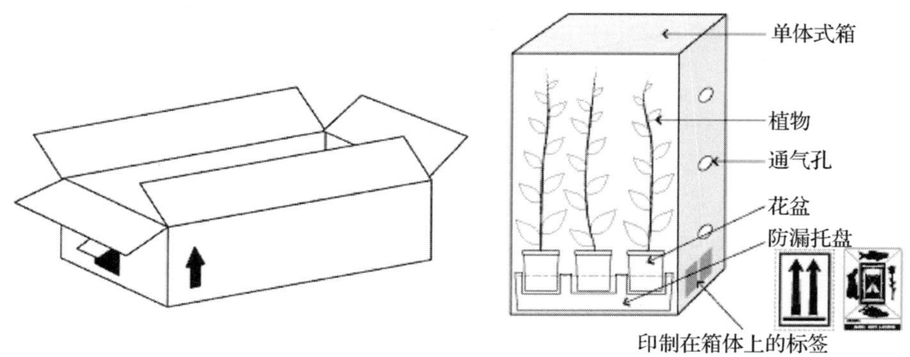

图 7. 13　常见鲜花、热带花卉和盆栽植物包装箱

常见鸡蛋包装如图 7. 14 所示。

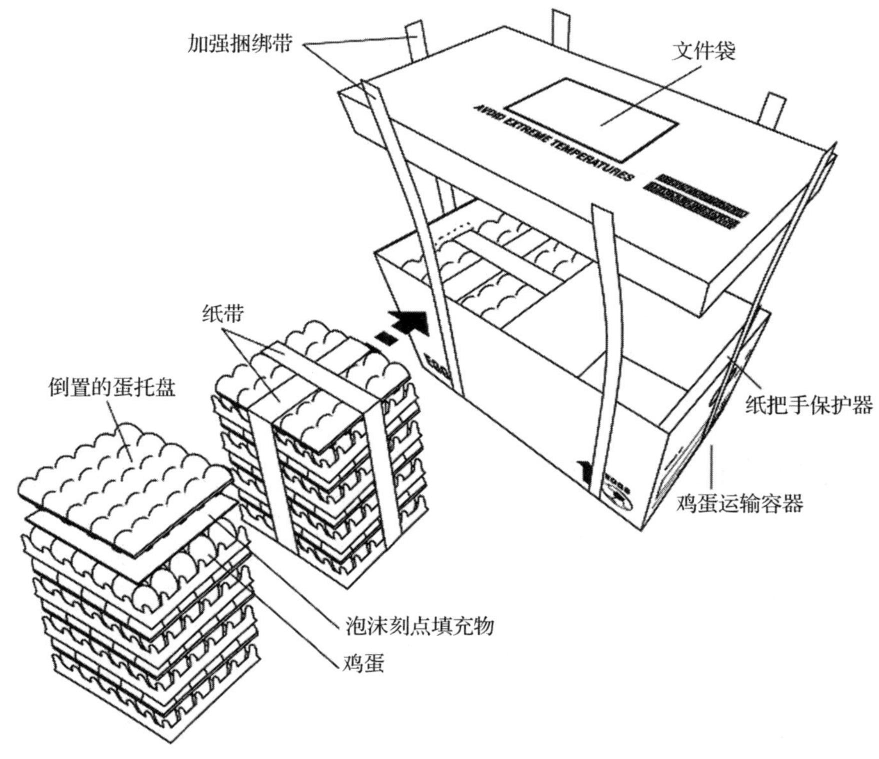

图 7. 14　鸡蛋运输包装

常见冷冻品包装如图 7. 15 所示。

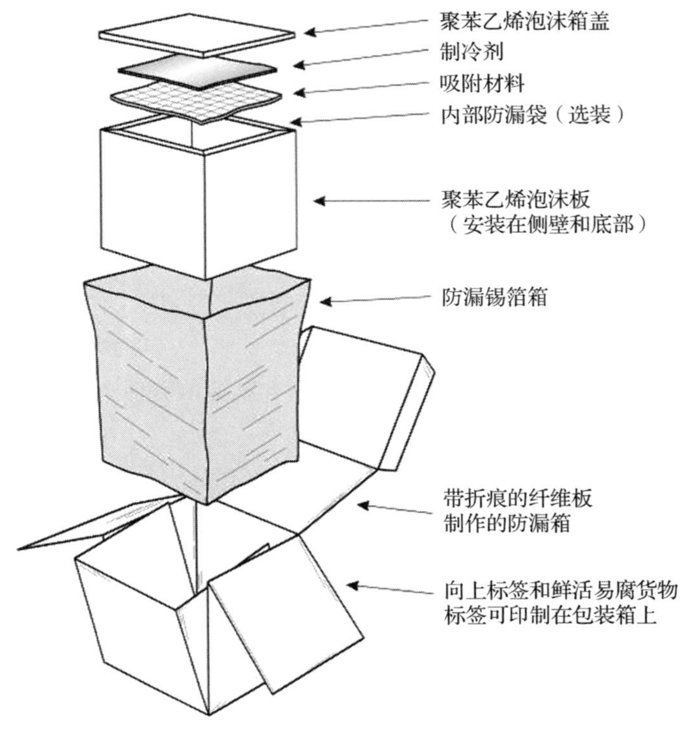

图 7.15　冷冻产品包装

十、标记、标签

1. 标记

鲜活易腐货物每个包装件上应标注以下内容：

（1）托运人、收货人的姓名、地址及联系电话。

（2）根据货物的性质注明特殊注意事项，确认货物的具体名称。如冷冻海产品和活的海产品，操作注意事项完全不同。运输过程中需要冷藏的，注明温度范围。

（3）当干冰作为制冷剂时，要按照危险品规定填写。

（3）包装的方向箭头（如有必要）。

2. 标签

鲜活易腐货物的包装上必须粘贴或者拴挂鲜活易腐货物标签，如图 7.16 所示。如果有必要，鲜活易腐货物的包装上面还应粘贴向上标签。对于湿货，必须粘贴向上标签。

经承运人同意，托运人关于鲜活易腐货物在运输过程中的温度要求，应当注明在货运单上，并在货物包装上粘贴温度限制标签。如图 7.17 所示。

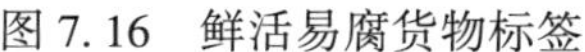

图 7.16　鲜活易腐货物标签

图 7.17　温度限制标签

如果用干冰作为鲜活易腐货物的制冷剂，应在货物的包装上进行标记，粘贴危险性标签。

使用集装器运输鲜活易腐货物时，集装器挂牌上应当注明“PER”操作代码。

十一、收运检查

接收鲜活易腐货物时，应考虑运输时间、温度要求、储运条件等，并检查托运人提交的文件、包装件及标记标签等是否真实、准确、齐全，否则拒绝接收。

1. 接收鲜活易腐货物时，应考虑的因素

1）航班选择

鲜活易腐货物的运输必须考虑货物从始发到交付所需时间的长短，应尽量选择直达航班运输。

如果货物需要中转运输，应预先订妥全程舱位。对于有温度要求的货物，应考虑中转站是否有存放鲜活易腐货物的设备或者设施。

2）储运条件

接收有特殊储运要求的鲜活易腐货物时，应考虑始发站、中转站、目的站的储运条件，如冷藏设施。

3）冷藏设备

接收有特殊操作要求的货物应考虑在飞行途中是否需要提供相应设施，如宽体飞机上可以使用专用的冷藏集装箱。

4）气候条件

鲜活易腐货物运输所经历的温度变化范围主要是由始发站、中转站和目的站地面装卸时的气候状况，以及飞行过程中货舱温度决定的。

货舱温度是指飞机巡航时货舱内的温度，一般约为 5℃ ~ 7℃。

2. 收运检查

1）货物收运

货物收运检查时应考虑有关国家、地区或航线的禁运情况。

2）文件检查

托运人提供的航空货运单、政府准运证明、海关、出入境检验检疫等所有运输文件应齐备、有效。

检查货运单时，应根据其性质和价值，考虑如下列情况：

（1）自我国始发的属于鲜活易腐货物的活体动物，没有指定商品运价的，一律按照活体动物运价计收货物运费。

价值极高的鲜活易腐货物，如鳗鱼、蟹苗、人体蛋白等，应检查托运人的声明价值，如达到贵重物品的条件，按照贵重物品收取相应费用。

（2）除另有约定外，鲜活易腐货物不办理运费到付。

（3）当整票货物全部由性质相近的鲜活易腐货物组成时，可作为混载货物运输。活的龙虾、螃蟹、甲鱼、活沙蚕以及贝类等活体动物不能作为混载货物运输。

（4）对于既属于鲜活易腐货物又属于活体动物范畴的货物，国内货物运输时按《国内水产品运输管理办法》操作，国际运输时按 IATA LAR 操作。

（5）使用干冰、深冷液化气体等危险品作为冷冻剂的鲜活易腐货物，还应按照 IATA DGR 中的规定办理。

3）货物检查

（1）检查外包装上的标记，如托运人和收货人的姓名、地址、联系电话以及货物品名等，并与货运单上一致。

（2）国际运输时应使用英文书写。

（3）检查外包装上的标签粘贴是否正确。

4）拒接收运的鲜活易腐货物

具有下列情况之一的鲜活易腐货物，应拒绝收运：

（1）货物已变质；

（2）包装不适合航空运输；

（3）托运人提出的运输条件超出承运人的能力；

（4）承运人认为无法按照托运人提供的收货人的地址和名称交付货物。

十二、存储和组装

鲜活易腐货物在地面存储和组装集装器时，应严格遵守各类鲜活易腐货物间的隔离要求，不得将鲜活易腐货物放在烈日下暴晒或者放在露天风吹雨淋，一旦发现有液体渗漏现象，应立即停止操作，并采取补救措施。

以下介绍几种常见鲜活易腐货物的存储和组装。

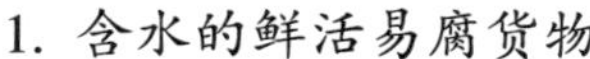

1. 含水的鲜活易腐货物

含水的鲜活易腐货物主要是指装在塑料袋中的活鱼、虾、鱼苗、泥鳅、鳗鱼等，塑料袋中充有氧气和水。

含水的鲜活易腐货物不能直接与集装器地板接触。装货时应先在集装器地板上铺设足够面积的塑料布，大小以能够将货物包裹住为宜。塑料布与货物之间应加垫足够的吸水材料，防止在货物发生破损时液体渗漏，污损飞机和设备。

严格按照货物包装上的操作标签进行作业，保持货物向上，严禁倒置。

使用泡沫塑料箱和纸箱作为外包装的，组装集装器时，不能与其他货物混装。单独装载时，货物的码放层数一般不超过 4 层，以防底层的货物被压坏，造成损失。

货物装完后，将塑料布的四周向上折起，使之包住货物，并使用封口胶带或者绳索将口扎住，以防货物发生破损时液体溢出或者渗漏。

2. 螃蟹、甲鱼类货物

只需在货物底部铺设适量的塑料布或者吸水材料即可。

当鲜活易腐货物中混有活体动物时，例如活龙虾、螃蟹、甲鱼等，不能装入密封的硬门集装箱中运输。

货物之间应保持适当空隙，以保证通风。

装在集装器上时，不能与其他货物混合码放，不能使用塑料布苫盖。

地面存放时应注意放在阴凉的地方，严禁放在露天或者阳光下暴晒。

3. 植物和鲜花

可以直接装在集装箱中运输。

装在集装板上的植物或者鲜花尽量不要使用塑料布苫盖。

装在集装器上的植物或者鲜花，码放的层数不宜过多，避免底层的货物被压坏，需与普货混装时，此类货物应放在其他货物上面。

装在集装器上的植物或者鲜花，货物之间应留有适当的空间以保证良好的通风，防止货物在运输过程中发热导致腐烂。

装有植物或者鲜花的集装器组装完毕后应放到温度和湿度都比较适宜的环境中存放，禁止在阳光下暴晒，冬季应注意保温，避免因气温过低冻坏货物。

4. 水果和蔬菜

应特别注意水果和蔬菜与其他货物的隔离要求。

组装在集装板上的此类货物可以使用塑料布苫盖，其他装载要求同上。

5. 肉类和肉类制品

所有的肉类和肉类制品（包括鲜肉和冻肉）在运输过程中必须处于干净卫生的环境中，装载肉类和肉类制品的集装器应保持清洁。

如果条件允许，肉和肉制品在地面存储和运输过程中应放在冷藏或冷冻设备内。

使用集装箱装载肉类和肉类制品时，应先在集装箱底部放置足够尺寸的塑料布，货物装完后，用塑料布将其完全包裹住，再用胶带将塑料布粘住封好。最好不要将肉或肉制品与其他货物混装在一个集装箱内。

使用集装板装载肉类和肉类制品时，应先在集装板底部按一般货物装载规定铺设塑料布。装载肉类和肉类制品的集装板上尽量不要装载其他货物，确实需要装载其他货物时，应注意隔离限制，同时应将肉类和肉类制品集中装在集装板的一个区域，上面不能装载其他货物。

6. 保鲜、冷藏和冷冻的鱼及其他海产品

存储此类货物时，应注意其温度要求。一般情况下，冰鲜鱼类应维持在5℃以下，冻海鲜应保持在-12℃以下。

由于此类货物中的海水、盐水一旦泄漏，会对飞机和设备造成腐蚀和损害，因此，组装集装器时，此类货物不能与其他货物混装。

7. 奶制品和种蛋

运输过程中各环节必须严格按照货物操作标签的指示进行操作。种蛋不能紧邻干冰和低温液体存放，还应远离放射性物质。

8. 疫苗和医药用品

疫苗和医药用品通常包装在专用包装内，如冰瓶、冷藏箱等。运输中，必须轻拿轻放，并采取相应的固定措施，防止货物损坏。

此类货物当中的一部分可能属于危险品，应按照危险品运输规定处理。用干冰作制冷剂的，必须遵守关于干冰运输的有关规定。

9. 人体器官和血液

如果货物内装有干冰，必须遵守干冰运输的有关规定。如果人体器官或者血液是作为医学诊断用的标本，必须遵守危险品运输的相关规定。

人体器官或者血液在运输时应远离灵柩和感染性物质。

10. 冷冻胚胎

冷冻胚胎一般使用低温液氮包装，因此，在存储及运输过程中必须严格按照IATA DGR规定操作。

此类货物性质特殊，应特别注意轻拿轻放。装卸过程中应始终注意保持货物向上，不能倾斜或者倒放。

十三、货物到达和交付

1. 货物到达

鲜活易腐货物进港后应存放在专用库房内或者专用货位上，不得放在烈日下暴晒或置于露天风吹雨淋。为了避免不同种类的鲜活易腐货物之间以及鲜活易腐货物与其他货物之间相互污染，存储时还必须遵守隔离原则。

2. 货物交付

收货人提取货物前应支付所有应付费用，并自行办理动植物检验检疫和海关等手续。承运人交付货物时，如果收货人对货物状态提出异议，应会同收货人对货物进行详细检查，按规定出具货物交付状态记录或者在货运单上注明货物状况。必要时，可以请商品检验检疫部门对货物进行鉴定。

3. 货物不正常运输处理

货物在运输过程中发生腐烂变质或者收货人未能及时提取，致使货物腐烂变质，承运人可视具体情况将货物毁弃或者移交检验检疫部门处理。除承运人原因造成的货物损失以外，处理腐烂变质货物所发生的费用由托运人或者收货人承担。

十四、医药冷链货物

随着经济的发展，医疗保障水平的提高，特别是生物制药技术的发展，低温贮藏的医药产品发展迅速，人们对疫苗制品、注射针剂、酊剂、口服药品、外用药品、血液制品等医药冷藏品需求越来越大，也对药品安全和质量提出了更高要求，这就促使了医药冷链运输的快速发展。

在航空运输中，对时间和温度敏感的冷链医药货物的运输需求也越来越多。在全球新冠肺炎期间，冷链运输对疫苗的运输起到重要作用。

1. 主动式温控箱

主动式温控箱是指具有隔温外壳，使用机械驱动的温控集装箱。通过循环风扇或空调系统保持箱内的温度。主动式温控箱分为“单冷”（t 型）和“加温和制冷”（e 型）两种类型。

1）t 型主动式温控箱

t 型集装箱分为 RKN t2 和 RAP t2 两种型号，如图 7. 18 所示，具有单冷却集装箱制冷功能，从箱体干冰袋投放干冰作为制冷剂，通过箱体内安装的风扇将冷气循环，以达到为箱内货物制冷的目的。箱体外安装多节碱性电池，为循环风扇提供电力供应。

RKN 和 RAPt2 集装箱专为贮藏运输温度在 -20℃ ~ +20℃ 且环境温度比设定温度高 +5℃ ~ +25℃ 的货物而设计。

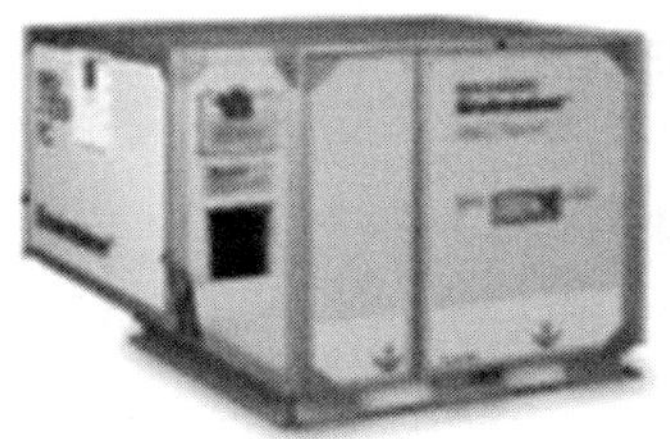

图 7. 18　t 型主动式温控箱示例（左图为 RKN t2，右图为 RAP t2）

2）e 型主动式温控箱

e 型集装箱具备加温和制冷两项功能，多用于对全程运输温度有精准要求的货物。

该集装箱内置镍氢电池组，通过地面电源充电方式获取电力来源。考虑到受外界气温影响会造成电力的加速损耗，地面存储时应尽量将集装箱处于充电状态，同时避免将集装箱暴露在极端温度环境下。

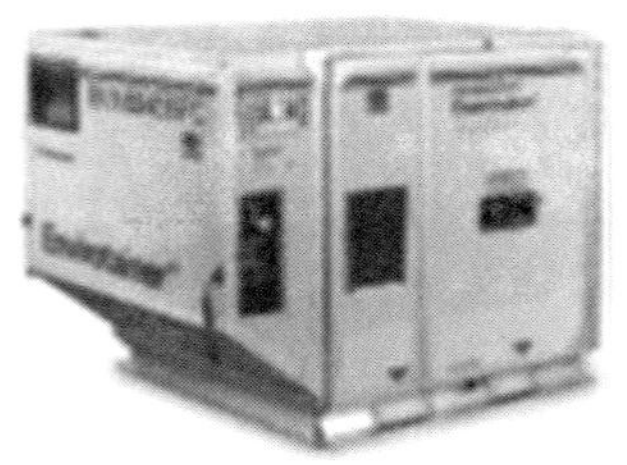

图 7.19　e 型主动式温控箱示例（左图为 RKN e2，右图为 RAP e2）

上述两种主动式温控箱均有技术参数及温度设置范围。

2. 被动式包装

被动式包装是指在设定的运输时间长度内保持包装内特定的温度范围，无机械装置的包装。通常它们包含一个隔温容器。使用温度稳定剂（水基凝胶冷冻剂）、干冰或其他相变材料来保持包装内部的温度。

包装密封后即被确定了运输周期，因此，必须在指定的时间内完成运输交付。

3. 托运人托运前准备工作

托运人托运医药冷链货物前，应与承运人沟通并确认如下事项。

（1）查阅或向承运人询问航班信息，确保冷链医药货物的运输时间限定在货物包装温控期限内。

（2）选择航班时，应充分考虑目的站国家的节假日，避免通关、检疫检查时间过长，延误提取。

（3）如果货物中使用干冰或深冷液化气体作为制冷剂，应向承运人咨询，确保始发站和目的地航站为危险品运输资质航站。

（4）对于地面存储和飞行途中需要特定温度存储的货物，应向承运人咨询始发站、中转站、目的站的冷库信息，以及机舱内温度调控范围是否满足运输要求，得到承运人确认后方能托运。

（5）应与承运人或其地面代理人确认最晚交货时限。

4. 医药冷链货物的托运

（1）确保所托运的医药冷链货物符合始发国、中转国、目的国的海关及检疫要求，准备齐全相关文件。

（2）应充分考虑始发站、中转站、目的站所在地区的气温、光照等条件可能对冷链货物造成的不利影响。

（3）在正常操作过程中，医药冷链货物的包装，不危害飞机、人员及其他物品的安全。

（4）在选择包装方法和包装材料时，应充分考虑始发站、中转站、目的站所在地区的气温、光照等条件可能对冷链货物造成的不利影响。

（5）正确加标记、贴标签。

①冷链医药货物必须粘贴“时间和温度敏感货物”标签，在标签上标注包装件在运输期间允许的存储温度范围。存储温度范围应与货运单上的信息保持一致，且温度差值应为5℃以上。如不一致，以货运单上的信息为准。

②如使用主动式温控箱运输冷链医药货物，应在集装箱上粘贴“时间和温度敏感货物”标签，或在集装器标签上注明相关内容。

③如果使用干冰或深冷液化气体作为制冷剂，应按照危险品运输相关规定进行标记和标签。

④在货物外包装上，应注明货物品名、存储温度范围，以及托运人和收货人的姓名、地址、24小时联系电话等。国际运输应使用英文书写。

⑤对于在包装件内含有用于对货物温度进行记录的温度记录器时，应遵守温度记录器及锂电池的相关规定。

（6）需由承运人提供主动式集装器时，至少提前向承运人提出预订申请，并订妥全程舱位。

5. 航空货运单的填制

（1）一票货运单仅限于对温度要求相同的货物，否则应分开制单。

（2）托运人不得在货运单上填写超过承运人储运温控能力的描述和要求，如“始终在冷藏状态下存放”、“始终保持-10℃”等。

（3）发货人、收货人栏中的地址、姓名栏必须填写全称。

（4）在“货物品名（Nature and Quantity of Goods）”栏注明“药品（Pharmaceuticals）”字样。如干冰作为制冷剂，在货运应注明危险品类别、UN编号、件数（一个包装件可以不写）和每个包装件内干冰的净重。

（5）在“操作注意事项（Handling Information）”栏应根据需要填写如下内容：

①填写存储温度范围、操作代码（如PIL、ACT/PIP、FRO/COL/CRT/ERT、ICE、BUP等）。

②主动式温控箱需注明冷藏箱设置温度，如“RKN SET TEMP：+5℃”。

③注明发货人24小时应急电话（包括国家代码，使用“+”符号）。

④如需中转站、目的站提供添加干冰服务（t型箱），事先已与承运人确认可提供此项服务，应在“操作注意事项”栏内，填写添加干冰的航站及数量信息。如Need to fill dry ice at PEK，Weight：20 kg。

使用深冷液化气体作为制冷剂时，要填写“危险品见相关托运人申报单”。

第三节　其他特种货物运输

一、武器、弹药

武器包括枪支、警械、军用器材等。武器是特种管制物品，弹药是特种管制的危险品。

1. 收运

收运各类武器弹药必须要求托运人提供始发站国家政府主管部门出具的许可证明，遵守运输过程中有关国家的进出口或中转规定。

有关国家的规定可以查阅 IATA *TACT RULES* 第 7 章，或直接向政府主管部门、有关承运人进行咨询。如需要的话，可以要求托运人提供中转证明或者进口许可证明。

收运前应要求托运人订妥全程舱位。

2. 包装、标记和标签

武器的包装应当使用金属箱、木箱或质地坚固的纸制包装，并使用包装带按“#”字形进行捆扎。

小型武器的外包装上，不能有任何粘贴物。不能使用贴签，只能使用挂签。不便于拴挂的，可以将货运单号码、件数/重量、目的站、托运人和收货人等内容直接书写在货物的外包装上。

弹药的包装必须符合 IATA DGR 和有关承运人的规定。

枪械与弹药必须分开包装。

二、贵重物品

1. 订舱

托运人应订妥全程舱位后方可办理托运手续。

贵重物品应尽量安排在直达航班或全程由同一家承运人承运。需要联程运输的贵重物品，始发站必须订妥全程舱位并得到中转站关于续程航班的信息确认后方可启运。

2. 包装

凡属贵重物品的货物，其包装的外形尺寸最小不能小于 30 cm×20 cm×10 cm，包装的任何一面尺寸小于 10 cm 时，请托运人加大包装尺寸。

贵重物品（除按声明价值判定为贵重物品外）的外包装必须是质地坚硬、完好的木箱、铁箱、硬质塑料箱。包装外必须使用铁质包装带呈“井”字形捆扎。包装的接缝处、包装带的结合部位要有托运人的铅封或火漆封志，封志上应有托运人的特别印记。

成批托运且有人押运的货币、金融债券等货物可以使用结实的布袋作为包装。包装的

封口必须严密，包装袋的袋体必须整洁、干净，无任何破损，袋体上不得有任何粘贴物。

名人字画、珍贵文物必须使用木箱或铁箱作为货物的外包装。是否使用铅封由托运人根据货物性质或价值决定。包装尺寸不应超过航线机型的货舱门尺寸或集装器最大装载尺寸。

运输声明价值符合贵重物品限制的其他货物，可以根据托运人的要求确定包装材料。包装尺寸不应超过航线机型的货舱门尺寸或集装器最大装载尺寸。

贵重物品包装箱内必须放置足够的衬垫物，保证箱内物品不致移动和相互碰撞。

3. 标记、标签

托运人应在外包装上清楚地写明货运单号码、件数、重量、收货人、托运人的姓名、地址、电话。

除识别标签和操作标签外，贵重物品外包装上不得有任何显示货物性质的标志。

贵重物品的外包装上不得有任何粘贴物，只允许使用挂签，不得使用贴签。

4. 运输文件

在货运单“货物的性质和数量”栏内详细填写贵重物品的具体名称、净重或内装数量以及包装件的尺寸。

在操作注意事项栏填写 VAL 字样，也可标注在品名栏内。

贵重物品与其他货物使用同一份货运单托运时，整票货物按贵重物品处理。

收运贵重物品时，请托运人出具货物装箱单。货物装箱单随附在货运单后，并在货运单上注明。

5. 安全要求

每票货物价值超过 100 万元人民币的贵重物品，应要求托运人委派押运员随货物同行。没有押运员的，应要求托运人通知收货人提前与目的站机场联系提取货物事宜。如果需要采取特别安全措施，由始发站通知卸机站，经卸机站同意后，方可运输。因采取特别安全措施产生的费用由托运人承担。如果托运人拒绝支付上述费用，则不予收运。

三、紧急航材

紧急航材是指抢修因故障停场飞机所需的航材，为特别紧急的货物。

货物外包装上贴（挂）“AOG”标签。

“AOG”航材属于优先运输的货物。一般使用最早的直达航班运输，尽量避免中转运输。

四、外交信袋

外交信袋应有完好的包装和明显的封志。英文缩写为“DIP”。外交信袋外包装和封志应完好无损，应拴挂两个标签，如有旧标签必须清除掉。

外交信袋一般安排在直达航班上运输。

五、骨灰、灵柩

托运人托运骨灰和灵柩时，必须遵守有关国家的规定和要求。具体参阅 TACT RULES，或直接向有关政府部门及承运人咨询。

1. 骨灰

骨灰应装在密封的塑料袋或其他密封的容器内外加木盒，最外层用布包裹。

托运人应凭医院出具的死亡证明和殡仪馆出具的火化证明办理骨灰托运手续。

承运人应当按照与托运人约定的航班或以最早的航班将骨灰运达目的站。

2. 灵柩

灵柩经过防腐处理，并在防腐期内，然后装入厚塑料袋内密封，放在金属箱内。金属箱的焊缝必须严密，能够保证箱内液体或气味不会泄露。灵柩下面应有足够防止液体渗漏的木炭或木屑等吸附材料。金属箱外应套装木棺，木棺两侧应装有便于装卸的把手。

在货物外包装上粘贴向上标签。

托运人凭医院出具的死亡证明，殡仪馆出具的入殓证明及公安、卫生防疫等有关部门出具的准运证明及中国殡葬协会国际运尸网络服务中心发放的遗体入/出境防腐证明和灵柩/棺柩/骸骨/骨灰入/出境入殓证明办理托运手续。

死亡证明应包括死者姓名、年龄、性别、国际及死亡日期、死亡原因，还要特别注明死者为非传染性疾病死亡。如果为传染病死亡，必须经过火化才可收运。

入殓证明和死亡证明所列内容应相符。

除死者遗物外，灵柩不能与其他货物使用同一份货运单托运。

中国殡葬协会国际运尸网络服务中心
尸体/棺柩/骸骨/骨灰入/出境
入殓证明

编　号：
经办人：________

兹有____________________国公民__________先生/女士，于______年______月______日在____________________逝世，现由我中心指定的____________________单位负责装棺入殓，运回死者故国。尸体已作防腐处理，着装一套，别无他物，棺柩密封无细密渗漏。

特此证明。

（盖章处）
中国殡葬协会国际运尸网络服务中心
年　　月　　日

（此件无中国殡葬协会国际运尸网络服务中心盖章无效）

图 7.20　灵柩/棺柩/骨骸/骨灰入/出境入殓证明

中国殡葬协会国际运尸网络服务中心
遗体入/出境防腐证明

编　号：
经办人：________

兹有__________国公民________先生/女士，于_____年_____月_____日在__________逝世，尸体已经我中心指定的__________单位作防腐处理。特此证明。

（此件无中国殡葬协会国际运尸网络服务中心盖章无效）

（盖章处）
中国殡葬协会国际运尸网络服务中心
年　　月　　日

图 7.21　遗体入/出境防腐证明

托运人应在航班离港前，按约定的时间将灵柩送到机场办理托运手续，并负责通知收货人到目的站机场等候提取。

六、押运货物

1. 收运

托运人托运押运货物之前应向承运人订妥全程舱位。

托运人应在航班起飞当天按双方约定的时间在机场办理托运手续。

在货运单储运注意事项栏内注明航班号、客票号码和“Cargo With Attendant”字样。

承运人应按货运单上所注明的航班、日期安排押运货物发运。特殊情况下如需变更，必须经押运员同意。

各生产环节应随时保持与押运员的联系。

押运员应按承运人对普通旅客的要求购买客票和办理乘机及出入境手续。

2. 押运员的职责

负责货物在地面停留期间的照料和地面运输时的护送工作。

指导押运货物的装卸工作。

负责在飞行途中或飞机停站时对押运货物的照料。

如遇飞行不正常，货物发生损坏或其他事故时决定处理办法。

3. 装卸

承运人应在押运员在场的情况下将押运货物出库、装机。押运员在飞机货舱门关闭后方能离开。

飞机到达目的站后，应由押运员指导卸机并监护货物直至提取完毕。

七、超限货物

根据航线机型的最大载运能力以及航站装卸能力决定可收运的超限货物。需要装在集装器上运输的超限货物由托运人或其代理人组装时，承运人或其地面代理人的有关技术人员应在现场指导。

超限货物的包装应有便于搬运装卸的设施，如便于叉车操作的底托、吊车用的把环等。

需要占用两个或两个以上标准集装板的位置或需要额外的装卸设备操作的货物，在货运单操作注意事项栏内注明“BIG”字样。

单件重量超过 150 kg 的货物，在货运单操作注意事项栏内注明“HEA”字样。

需要装载成探板的货物，在货运单操作注意事项栏内注明“OHG”字样。

八、车辆运输

如果托运人证明车辆从未在其内燃机中加入油料，且未安装蓄电池的则可以按普货运输。

车辆运输参阅 IATA DGR，运输限制如下：

汽车运输仅适用于使用宽体飞机和货机的航线。

使用液化石油汽驱动的车辆，仅限于全货机运输。装机前盛装液化石油气的高压容器、管路、管路控制器必须完全放空。

使用汽油驱动的车辆，油箱应尽量放空，剩余燃料不得超过油箱容积的 1/4。

使用柴油驱动的车辆，油箱不需要放空，但剩余燃料不得超过油箱容积的 1/3。

仔细检查车辆，确保没有燃料和机油漏出，油箱盖和水箱盖要拧紧。

机油和水不需要放干，轮胎不需要放气。

电瓶可以不卸掉，也无需切断电源，但必须将电瓶牢牢固定住，始终保持直立方向，并使其不与其他部件相接触，以防短路。

车辆内配置的危险品，如灭火器、轮胎充气罐，安全装置等，必须牢固的固定在车辆内。装载有禁止以客机运输的危险品的机动车辆只能用货机运输。

车辆装板后，应将手制动器拉紧，锁好车门，车钥匙随货运单运往目的站。

车轮下必须加垫板，垫板的长度和宽度大于车轮尺寸。

车轮应固定在集装板上，一般采取四轮八方向的捆绑方法。

前后车轮均应有轮挡，轮档应固定在垫板上。

习题

1. 运输活体动物时，托运人需要提供哪些文件？
2. 对活体动物的包装有哪些要求？
3. 简述活体动物装机时的隔离要求。
4. 简述雏禽类的包装要求。
5. 收运鲜活易腐货物时，在货运单的操作注意事项栏内需要注明哪些内容？
6. 简述冷冻和冰冻品的包装要求。
7. 航空运输武器、弹药时的包装、标记和标签有哪些要求？
8. 哪些货物属于贵重物品？包装、标记和标签有何要求？
9. 运输骨灰、灵柩时，托运人需要提供哪些文件？
10. 运输押运货物时押运员有哪些责任？
11. 运输车辆时有哪些限制？

第八章　包机、包舱、包集装器运输

包机、包舱、包集装器运输是指承运人与货主按照事先约定的条件及费用，将整架飞机或一架飞机的部分舱位或集装器租给货主，从一个或几个航空港运装货物至目的地。

第一节　包机运输

包机运输是指包机人包用承运人整架飞机运输货物或邮件的一种运输形式。包机人和承运人协商同意后，签订包机运输合同。

一、受理包机的程序

申请包机，须凭单位介绍信或个人有效身份证件与承运人联系，说明包机的任务性质、包用机型、架次、使用日期和航程等事项，并协商包机运输条件。

经双方协商包机的运输条件后，签订包机运输合同。

执行包机合同时，每架次货物包机应当填制一份或几份货运单，货运单和包机运输合同作为包机的运输凭证。

包机人与承运人应当履行包机合同规定的各自承担的责任和义务。

包机人应当按约定的时间将货物送到指定机场，自行办妥检验检疫、海关等手续后办理货物托运手续。

包机运输危险品、活体动物、鲜活易腐货物等特种货物时，要遵守相应的规则和要求。

包机人和承运人可视货物的性质确定押运员。押运员凭包机运输合同办理机票并按规定办理乘机手续。

一般情况下，如遇有特殊情况的装卸，应当由托运人自行解决，承运人或其代理人要负责在现场指导。

二、包机吨位的利用

包机的载运量，由承运人根据包机人包用的机型和飞机的航程确定，包机人可以充分利用包用的吨位。承运人如需利用包机剩余吨位应与包机人协商。

对于包机的剩余吨位，包机人不得擅自决定用于载运其他单位的货物和人员。承运人

需要利用时，应征得包机人的同意，承运人可组织货源。吨位以及费用由双方协商解决。

三、包机变更

包机合同签订后，除天气或其他不可抗力的原因外，包机人和承运人均应当承担包机合同规定的经济责任。

包机人提出变更包机前，承运人因执行包机任务已发生调机的有关费用，应当由包机人承担。

要求改变飞行日期时，在承运人运力调整许可的情况下可以同意；如因运力安排困难不能更改时，应向包机人说明情况，若包机人要求取消包机，则应收取退包费。

由于承运人不能按包机合同如期飞行，包机人要求退包时，免收取一切费用。

因特殊情况，包机人需要留机时，应在申请包机时提出，留机费用按相关规定收取。

由于承运人原因（天气、禁航、民航保障部门等原因外），超过规定起飞时间不能执行，在第三小时内执行，按合同规定的全部费用90%收取，在第4~6小时之内执行，按合同规定的全部费用80%收取；在第7~24小时之内执行，按合同规定的全部费用70%收取，超过24小时执行，按合同规定的全部费用50%收取。由于承运人原因取消包机合同，按合同规定的全部费用50%赔偿包机人。

四、费用

（1）包机费用包括以下各项内容：

①用于载运货物的包机飞行费用；

②执行包机任务而产生的事前事后调机费；

③执行包机任务期间的留机费；

④货物的声明价值附加费。

（2）包机收费标准按飞机最大起飞全重计费，每天飞行不足2小时按2小时计收最低飞行费。

（3）包机运费的计算按各机型每公里费率乘以计费里程；特殊情况按各机型每小时费率乘以实际飞行小时。

（4）调机运费每飞行小时按包机飞行小时标准费率的50%计算。

（5）留机费的计算：包机人要求包机停留，在1小时之内不收留机费；凡超过1小时的，从第2小时起每停留1小时（不足0.5小时计算，超过0.5小时不足1小时按1小时计算）按包机飞行小时费率的20%计收留机费；不是包机人原因需停留的，不收留机费。

五、退包费

包机人签订包机合同后，在执行包机的3天前提出退包者，收取包机合同规定的全部费用的10%作为退包费；在执行包机的3天内，24小时以前提出退包者，收取包机合同规定的全部费用的20%作为退包费；在执行包机的24小时以内提出退包者，收取包机合

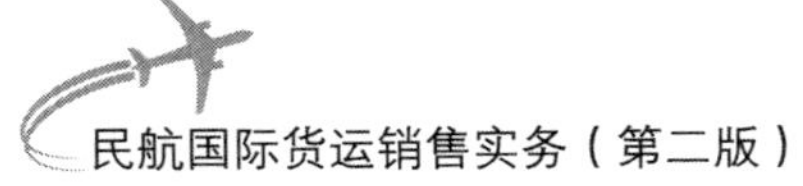

同规定的全部费用的50%作为退包费。

第二节　包舱运输

包舱运输是指托运人在一定航线上包用承运人全部或部分货舱运输货物。包舱人可以在一定时期内或一次性包用国货航在某条航线或某个航班上的全部或部分货舱，并与承运人签订包舱运输合同。

一、运输凭证

每次运输应当填制一份或几份货运单，货运单与包舱运输合同作为包舱的运输凭证。

货运单填制时，应在收货人栏内只能填写一个收货人名称，操作注意事项栏内注明"包舱运输"以及合同号码，并且包舱运输的货物件数应如实填写在货运单上。

二、包舱运输货物的托运

包舱人应按约定的时间将货物送到指定机场，自行办妥检验检疫等手续后办理托运手续。

三、舱位限制

包舱货物的实际重量和体积不得超过包舱运输合同中规定的最大可用业载和体积，否则，承运人有权拒绝运输，由此造成的损失由包舱人承担。

四、特种货物包舱运输

特种货物的包舱运输，如危险品、活体动物、鲜活易腐货物等，必须按照IATA、有关国家和承运人的有关规定操作。

第三节　包集装器运输

包集装器运输是指有固定货源且批量相对较大、数量相对稳定的托运人在一定时期内、一定航线或航班上包用承运人一定数量的集装板或者集装箱运输货物，也称包板（箱）运输。

集装器包用人可以一次性包用承运人在某条航线上或某个航班上的全部或部分集装器，并签订包集装器运输合同

一、运输凭证

包集装器运输货物必须填写货运单。货运单与包集装器运输合同作为运输的凭证。

货运单填制时，应在收货人栏内填写一个收货人名称，操作注意事项栏内注明“包集装器运输”以及合同号码，包集装器运输的货物件数也应如实填写在货运单上。

如果集装器包用人在目的站有固定代理人为其办理货物分拨手续，可将包用的集装器数量作为货物件数填写在货运单上，在货运单品名栏内注明各集装器编号，在操作注意事项栏内注明“包集装器运输”以及合同号码。

二、托运

托运人应按约定的时间将货物送到机场，自行办妥检验检疫、海关等手续后办理货物托运手续。

集装器包用人对自己组装的集装器货物的件数、包装状况负责。除公司责任原因外，公司对货物在运输过程中发生的货物短少、损坏等不承担责任。

包集装器货物只能装在托运人所包用的集装板（箱）上。如发生所包集装器不够用的情况，余下货物应按正常手续办理散货运输。

每件货物必须粘贴或拴挂货物识别标签，识别标签上的货运单号码必须与货运单一致。以一个集装器作为一个运输单元的货物，集装器包用人自己组装的集装器，可以只在集装器上拴挂或粘贴一个识别标签。

包集装器运输的货物的件数、重量必须准确。

三、特种货物包集装器运输

特种货物的包集装器运输，如危险品、活体动物、鲜活易腐货物等，必须按照 IATA 和承运人的有关规定操作。

习题

1. 哪些文件可以作为包机的运输凭证？
2. 承运人是否可以利用包机的剩余吨位？
3. 承运人如何收取包机费？
4. 承运人如何收取退包费？
5. 特种货物包机、包舱、包集装器运输是否可以不遵守有关国家、IATA 和承运人规定和要求？

第九章　货物查询、不正常运输与赔偿

第一节　货物运输信息查询

货物运输信息查询包括托运人、收货人或其代理人对货物运输信息的查询，以及承运人与承运人、承运人与其代理人之间对货物运输信息的查询。

一、托运人、收货人或其代理人对货物信息查询

托运人、收货人或其代理人查询货物的运输情况时，应提供货运单号码、始发站、目的站、货物件数、重量、托运日期等相关内容。

收到查询信函、传真，应在尽快将查询结果书面答复查询人。如果暂时没有查询结果，应将查询情况告知查询人，来往信函、传真等应存档备查。

二、承运人之间对货物信息的查询

承运人之间一般采取拍发电报的方式进行货物信息的查询。特殊情况下，以传真或电话方式进行查询，以便快速处理。

三、客户服务系统

目前有些承运人采用客户服务系统向托运人、收货人、代理人等提供货物信息的查询。例如国货航的客户服务系统主要内容包括：

1. 自动语音服务

通过拨打 10100999 客服热线，将得到相应的自动语音服务。

输入货运单号可以查询货物当前状态。

还可以进行业务查询，例如查询普通货物托运须知、货物提取须知、危险品托运须知、活体动物托运须知、酒精类饮料的运输限制、作为货物运输的随身行李和索赔须知等内容。

2. 人工服务

通过拨打 10100999 客服热线，将得到相应的人工服务。

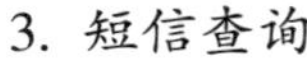

全国统一手机查询号码为 1066806695、1066806696，可以查询货物状态（查询货物于 SITA 系统中最新状态信息）、追踪货物状态（货物状态追踪提醒，每四小时更新货物的状态信息，随时掌握货物的状态）和业务知识的查询。

第二节　货物不正常运输

货物不正常运输包括在货物运输过程中发生的多收货物、少收货物、多收货运单、少收货运单、货物漏装、货物漏卸、货物错运、货物丢失、货物破损、错贴（挂）标签、延误运输等情况。

发生或发现货物不正常运输情况，承运人或其地面代理应填写货物不正常运输记录，并在规定时限内拍发电报，将货物不正常运输情况通知有关航站，同时采取措施，妥善处理，避免造成或扩大损失。

下面简单介绍几种常见货物不正常运输情况。

一、多收货物

多收货物是指卸机站收到未在货邮舱单上登录的货物，或者实际收到的货物件数多于货邮舱单或货运单上登录的件数。

多收货物的航站应拍发查询电报，通知有关航站，征求处理意见：继续运输或退回装机站。

例如，如果 B 航站在从 A—B 的航班上卸机时，发现多收一件从 A—C 的货物，未收到货运单，也未在货邮舱单上登录，这种情况属于多收货物。B 航站应拍发查询电报通知 A 和 C 航站，征求处理意见。

二、多收货运单

多收货运单是指卸机站收到未在货邮舱单上登录的货运单，也未收到货物。

多收货运单的航站应拍发查询电报，通知有关航站，征求处理意见。

例如，如果 B 航站在从 A—B 的航班上卸机时，业务袋中发现多收一票 A—C 的货运单，未收到货物，也未在货邮舱单上登录，这种情况属于多收货运单。B 航站应拍发查询电报通知 A 和 C 航站，征求处理意见。

三、少收货物

少收货物是指卸机站未收到在货邮舱单上登录的货物，或者收到货物的件数少于货邮舱单登录的件数。

少收货物的航站应拍发查询电报，通知有关航站，征求处理意见。

例如，一票货物两件 5000 kg 的货物，航程为 A—B—C。A—B 航段货物、单据正常，并且两件货物装在两块集装板上。在 B 航站中转时，出港人员由于操作失误，将货物从航班上卸下，但货运单随业务袋运到 C 航站。C 航站在进港核对货物时，发现有货运单，货邮舱单有记录，但没有货物，这种情况属于少收货物。C 航站应拍发电报征求处理意见。

四、少收货运单

少收货运单是指卸机站收到已在货邮舱单上登录的货物，但是没有货运单。

同样，拍发查询电报，将货物情况通知有关航站，索要货运单。

例如，一票货物，两件 5000 kg 的货物，航程为 A—B—C。在 B 航站中转时，出港人员由于操作失误，错将此货运单放在到 D 航站的业务袋内。C 航站在进港核对货物时，发现有货物、货邮舱单有记录，但没有货运单，这种情况属于少收货运单。

五、货物漏装

货物漏装是指在航班起飞后，装机站发现应当装机的全部或部分货物未装上飞机，货运单和货邮舱单已随飞机带走。

装机站应立即通知有关航站。

六、货物漏卸

货物漏卸是指卸机站未按照货邮舱单卸下该航站应卸下的货物。

漏卸货物的航站发现货物漏卸后，应立即向有关航站拍发查询电报。

假如，一票航程为 A—B—C 的货物，10 件 200 kg，在 B 航站只卸机下 9 件，1 件漏卸。B 航站发现后应立即拍发电报通知 C 航站。

七、货物错运

货物错运是指装机站在货物装机时，将不是该航班的货物装上该航班，致使货物错运。

装机站如果确认货物被错运到某航站时，应立即电话或拍发电报将错运货物的货运单号码、件数等相关内容以及处理办法通知有关航站。

装机站如果不能确认货物被错运到何处时，应拍发泛查电报向有关航站查询。

例如，一票航程为 A—B—C 的货物，货运单号码为×××—12345675，10 件 500 kg。由于 A 航站地面代理操作失误，造成其中一件（1 kg）货物错装到 D 航站。D 航站收到该货后（多收货物），经与始发站 A 联系，同意直接运往 C 航站。

八、货物丢失

货物在承运人掌管期间部分或全部下落不明满 30 日，可以认定为货物丢失。

如果托运人或收货人提出索赔，可以按规定办理赔偿。赔偿前应与索赔人商定丢失货物找到后的处理办法并签订书面协议。

例如，一票航程为 A—B—C 的货物，货运单号码为×××—12345675，10 件 500 kg。由于 A 航站地面代理操作失误，造成其中一件（1 kg）货物错装到 D 航站。D 航站收到该货后（多收货物），经与始发站 A 联系，同意运往 C 航站。但在 C 卸机后，由于重量轻，体积小，货物放在机下无人看管发生丢失。

九、货物破损

货物破损是指货物的外包装受潮、变形或损坏，致使包装内的货物可能或已经遭受损失。

货物收运后发现包装轻微破损，应修复货物包装后发运；破损严重的，应与托运人联系处理。

假如一票航程为 A—B—C 10 件 200 kg 的货物。发现两件 40 kg 的货物发生破损。

假如是在始发站 A 发现包装破损的，包装轻微破损，请托运人修复包装后发运；包装破损严重，与托运人联系，商定处理方法。

如果在中转站 B 发现货物破损的，修复包装或重新包装货物后，继续运输。

十、货物错贴（挂）标签

货物错贴（挂）标签是指货物标签上的货运单号码、件数等内容与货运单不符。

在始发站，根据货运单更换货物标签。

在中转站或目的站，核对货运单和货物外包装上的收货人，复查货物重量，如果内容相符，更换货物标签。如果内容不相符，立即拍发电报通知始发站，详细描述货物的包装、外形尺寸、特征等，征求处理意见。

十一、无标签货物

无标签货物是指货物的外包装上面没有识别标签。

将货物的包装、外形特征等基本情况通知装机站和其他有关航站。根据装机站或其他航站提供的线索，核对货物外包装上的货物标记与货运单的内容是否相符。如果相符，补贴（挂）货物识别标签后，按正常货物继续运输。

如果货物标记与货运单不相符，检查随附的有关文件、资料，必要时会同海关开箱检查。可以确定的，补贴（挂）货物标签，按正常运输程序处理；仍然不能确定的，在货物外包装上贴（挂）不正常货物标签，将货物存放在指定位置，按无法交付货物进行处理。

十二、货物品名不符

1. 托运人在其所托运的货物中夹带禁止运输的货物的处理方法

（1）停止运输货物，通知政府有关部门，同时按程序逐级上报。

（2）按下列规定向托运人收取违约金。

①在始发站，停止发运，另向托运人收取不低于整票货物应付运费总额的违约金。

②在经停站，停止运输，通知始发站按实际运输的航段另向托运人收取不低于整票货物应付运费总额的违约金。

③在目的站，停止交付，通知始发站向托运人，或目的站直接向收货人另收取不低于应付全程运费总额的违约金。

④收取货物保管费、退运手续费等项费用。

（3）按政府指令对货物进行处理或移交。

（4）对于销售代理人，还应按照承运人与之签定的销售代理协议进行处理。

2. 托运人在其所托运的货物中夹带限制运输的货物的处理方法

（1）在始发站，暂停发运，另向托运人收取不低于整票货物应付运费总额的违约金，并由托运人自行办理政府有关部门规定的手续后，将货物提取。

（2）如果托运人要求继续运输货物，托运人自行办理政府有关部门规定的手续后，重新核收货物运费，安排货物运输。

（3）在经停站，暂停运输，通知始发站向托运人另收取不低于货物应付运费总额的违约金。托运人自行办理政府有关部门规定的手续后，可以安排货物继续运输，或由托运人或收货人在经停站将货物提取，剩余运费不退。

（4）在目的站，停止交付，通知始发站向托运人，或目的站直接向收货人另收取不低于全程运费总额的违约金。由托运人或收货人自行办理政府有关部门规定的手续后将货物提取。如果要求退回始发站，须重新核收全程货物运费。

（5）收取货物保管费、退运手续费等项费用。

（6）对于销售代理人，还应按照承运人与之签订的销售代理协议进行处理。

3. 其他货物品名不符情况的处理

（1）停止运输货物，并通知托运人。

（2）在始发站，如托运人要求提取货物（退运），向其收取不高于货物运费总额的违约金及退运手续费；如要求继续运输，按新的货物品名重新核收运费。

（3）在经停站，暂停运输，通知始发站向托运人另收取不高于货物运费总额的违约金后，根据托运人的要求，由托运人或收货人提取货物或安排货物继续运输。

（4）在目的站，通知始发站向托运人或目的站直接向收货人另收取不高于货物运费总额的违约金后，由收货人提取货物。

第三节 无法交付货物

一、无法交付货物的定义

具有下列情况之一的货物称为无法交付货物（NON-DELIVERY CARGO）：

（1）自第一次发出到货通知的次日起 14 日内仍无人提取，始发站或托运人又没有处理意见的货物；

（2）收货人明确表示拒绝提取货物或者拒绝支付应付费用的货物；

（3）货运单上所列收货人地址或名称有误，导致承运人无法找到收货人。

二、无法交付货物的处理

1. 承运人对无法交付货物的处理方法

（1）通知始发站，由始发站通知托运人征求处理意见，并根据托运人的意见对货物进行处理。目的站得到始发站的答复后，按始发站意见处理。如果托运人要求将货物退回始发站、变更目的站、变更收货人或放弃货物，因此发生的费用，由托运人承担。

（2）将货物运回始发站，并在始发站等待托运人指示。

（3）在储存货物满 30 天后，根据货物所在地国家法律和规定处置货物。

（4）公开拍卖全部或部分货物。无法交付货物拍卖后，承运人有权补偿自身或第三方承运人或其他合法索赔方付出的运输成本、费用、预付款及拍卖产生的费用。这些费用应当由托运人或收货人承担，且货物的拍卖不解除托运人和收货人偿付差额的责任。

2. 无法交付货物处理后的注意事项

如果承运人根据法律和规定对无法交付货物做出了处理，承运人将处理结果通知托运人。

3. 无法交付货物产生的费用

托运人应承担与无人提取货物有关的所有费用及支出，包括将货物运回始发站产生的费用。

4. 含有鲜活易腐货物的无法交付货物的处理方法

如果含有易腐物质的托运货物由于航班延误、无人提取、收货人拒绝接收货物或由于其他原因遭受变质的威胁，承运人有权在不预先通知的情况下，采取一切合理措施，包括但不限于：

（1）向托运人征求处置意见，按托运人意见对货物进行处置并由托运人承担相关费用。

（2）销毁或放弃整票货物或一票货物中的一部分。

（3）由托运人承担风险的情况下，不经提前通知，对货物做出适当处置。如果变卖或拍卖，其收入将被用于结清所有承运人的成本及费用。

第四节　变更运输

在航空运输中，由于种种原因会导致货物改变订妥航班或运输路线，这种情况称之为变更运输。

变更运输可以分为自愿变更和非自愿变更。

自愿变更是指由于托运人的原因，或者由于托运人的原因致使承运人改变运输的部分或全部内容。

非自愿变更是指由于不可预见、不可抗力或承运人原因产生的货物运输变更。

变更运输方式不同，承运人采取的相应措施不同。

一、自愿变更运输

1. 托运人变更运输的权利

自货物托运后至收货人要求提取前，托运人在履行航空货物运输合同所规定的义务的条件下，享有对货物的处置权，可以对货物行使变更运输的权利。

在始发站托运人将货物交于承运人，承运人和托运人同时在货运单上签字后，即为托运货物已收运。在目的站收货人没有提取货运单和货物，即为收货人提取前。在托运货物自收运后，至收货人提取前，托运人在变更运输前应交清所有的费用。

收货人收到货运单或货物后，托运人对货物的处置权即告终止。托运人不能再变更各种运输方式。如果收货人拒绝接受货运单或货物，或者承运人无法同收货人取得联系，托运人可以继续行使对货物的处置权。

2. 托运人行使处置权的权限

只有托运人或其指定代理人可以行使对货物的处置权，货物的处置权仅限于一份航空货运单项下的全部托运货物。托运人对自己托运的货物行使处置权是无可非议的，但是托运人指定的代理人也可以行使对货物的处置权，承运人如何界定是托运人同意委托代理人呢？这就要求代理人具有托运人的授权证明和托运人、代理人双方身份证原件。在行使处置权时，只能对一份货运单项下的全部托运的货物，不能是其中的部分托运货物。

3. 托运人行使处置权时不应损害承运人的利益

托运人应承担因其行使货物处置权而产生的费用，赔偿因其行使货物处置权而对承运人造成的损失。

因托运人行使处置权给承运人或者承运人对之负责的其他人造成损失的，托运人应承担相应责任。也就是说，承运人变更托运货物时所产生的所有费用应由托运人承担，例如承运人拍发电报、SITA 收费、装卸货物、延误运输等费用。

4. 托运人行使处置权不能违反国家有关规定

托运人行使处置权应当符合运输过程中有关国家的法律和规定，否则承运人将拒绝办理。

5. 托运人行使处置权的地点和方法

托运人只能通过缔约承运人行使对托运货物的处置权。当托运人行使处置权时，应当提交书面申请，同时出示货运单托运人联、个人有效身份证件以及其他相关证明文件。

托运人行使处置权时，只能在原办理货物托运的地点办理。也就是说，货运单在那里填开的，就在那里提出变更；货运单属于哪个承运人的，就向哪个承运人提出变更。例如：从北京运输一票货物到东京，在北京填开的货运单，属于国货航的货运单，承运人为日航。如果托运人行使处置权时，只能在北京向国货航提出申请，而不能在北京向日航提出申请。

应强调的是，销售代理人不能实施变更，但可以作为被委托人向承运人提出申请。

假如为一票混运货物，假如其中一分运单货物的实际货主提出变更。对于承运人来说，只变更主运单上的全部内容，而不接受分运单上的实际托运人的变更要求。

6. 托运人行使处置权不可行或不能执行的情况

如果承运人认为托运人行使处置权的要求不可行或不能执行，承运人将立即通知托运人。

例如一票托运货物，托运人提出变更声明价值附加费，根据承运人的规定是不可以变更的。

7. 托运人对托运货物的处置权的内容

托运人有权对货运单上所列全部货物的运输做如下变更：

（1）发运前退运；

（2）在经停站变更；

（3）变更目的站；

（4）退回始发站；

（5）变更收货人（变更后的收货人即为货运单所指定的收货人）。

8. 托运人行使处置权后，承运人的处理方法

假如原航程为：A—B—C

1）发运前退运

托运人已经办理货物托运手续，但尚未安排货物运输，可以为其办理货物退运手续。

办理货物退运时，由托运人自行办理海关等政府部门的手续，承运人向托运人收回货运单托运人联，将原货运单各联作废，扣除已经发生的各项费用，如声明价值附加费、地面运输费、退运手续费、货运单费、保管费、危险品处理费、活体动物处理费等，将余款退还托运人。经检查无误后，请托运人在货运单上签字后交付货物。

一票国际货物的退运手续费为 40 元人民币。

承运人将收回的货运单各联及有关文件一并交财务部门，托运人提供的书面变更运输要求等文件留存备查。

2）在经停站变更

（1）始发站的处理

始发站受理变更运输后应将变更运输的信息通知货物所在航站。始发站根据持有货物的航站的回复，收取实际使用航段的运费和已经发生的其他费用，差额多退少补。托运人付清因变更运输产生的所有费用后，承运人执行其变更运输要求。

（2）经停站的处理

经停站停运：经停站收到始发站可以进行运输变更的确认后，在货运单上注明“STOP AT INTERME—DIATE STATION”字样和日期，按照始发站的要求对货物进行处理。如因变更可能发生费用，应将费用额通知始发站。对航空货运单及货物标签做相应的更改。收到始发站补收有关费用的函件及相关收据的复印件或传真件后，执行变更。也可以填写货物运费更改通知单交收入结算部门，然后执行变更。例如，由于托运人的原因，货物在经停站 B 停运，将扣除已使用航段 A—B 航站的航空运费和产生的其他费用，多退少补。

经停站变更目的站：始发站要求将货物的目的站变更 D 航站。承运人应收取 A—B 航段的航空运费和已发生的其他运费，重新计算 B—D 航段的运费，多退少补。

经停站将货物退回始发站：始发站要求将货物由经停站 B 退回始发站 A，原运费中扣除 A—B 航段的航空运费、声明价值附加费和已经产生的其他运费以及 B—A 航段的航空运费，多退少补。

经停站提取货物：始发站要求收货人在经停站 B 提取货物，收取实际使用航段 A—B 的航空运费、声明价值附加费和已经发生的其他费用，差额多退少补。托运人付清因变更运输产生的所有费用后，承运人执行其变更运输要求。

3）变更目的站

（1）货物发运前变更

始发站向托运人收回货运单托运人联，将原货运单各联作废，重新办理托运手续。按照变更后的目的站填制新的货运单。托运人需要重新办理海关等政府部门的手续。

（2）货物发运后变更

始发站的处理：始发站受理变更运输后应将变更运输的信息通知货物所在航站。根据持有货物的航站的回复，收取实际使用航段的运费和已经发生的其他费用，并重新计算货物所在航站至新的目的站的运费，费用差额多退少补。托运人付清因变更运输产生的所有费用后，承运人执行其变更运输要求。

持有货物的航站的处理：持有货物的航站收到始发站变更目的站的电报通知后，办理海关通关手续。

例如，原航程为 A—B—C，目的站变更为 D 航站。如果托运人提出变更目的站时，货物还没有运出始发站 A，则按货物退运处理，重新填制货运单；如果货物已在经停站 B，则收取 A—B 航段的航空运费和已发生的其他运费，重新计算 B—D 航段的运费，多退少补；如果货物已运到目的站C航站，则航空运费不退，收取已发生的其他运费，重新计算和收取C—D航段的航空运费。

4）退回始发站

始发站的处理：始发站受理变更运输后应将变更运输的信息通知货物所在航站。

持有货物的航站的处理：持有货物的航站收到始发站关于变更运输的通知后，应立即核对货物并将货物情况及变更可能发生的费用通知始发站。持有货物的航站收到始发站可以进行运输变更的确认后，向海关申报货物退回事宜，重新填开货运单。回程运费及保管费等费用可以采用运费到付。在目的站发生的费用，如果可以在目的站收取的，在目的站收取，而不必运费到付。退回始发站的货物如果是危险品，则不必填开新的货运单。

5）变更收货人

货物发运前变更收货人时，可以在货运单上将原收货人划去，在旁边空白处书写变更后的收货人名称，并在修改处加盖修改人的戳印。

货物发运后变更收货人时，始发站拍发电报将新的收货人姓名及地址等情况通知目的站。货物尚未办理交付的，目的站应根据始发站要求在货运单上进行更改。按照新的收货人办理货物交付手续。货物已经交付给收货人的，通知始发站无法办理变更手续。

总之，如果由于托运人的原因发生自愿变更时，应扣除已经发生的或产生的费用，多退少补。

二、非自愿变更

为保证托运货物及时运输，承运人可能在无法或来不及通知的情况下改变货运单上注明的航班、航线、机型或者承运人。承运人变更运输通常被称为非自愿变更运输。发生非自愿变更时，承运人应当及时通知托运人或收货人，商定处理办法。

为了达到合理运输的目的，在适当考虑托运人利益的情况下，承运人可能在不预先通知的情况下使用其他运输方式运输全部或者部分托运货物至目的站。

为了保证飞行安全或遵守法律和规定，承运人可以从一票货物中卸下部分或全部托运货物后继续航班飞行。

除法律另有规定外，由于所述原因被取消或重新安排或最终停留在目的站以外的其他地点，或某票货物的运输被取消、重新安排、继续运输或被终止，承运人不承担任何责任。

1. 非变更运输的原因

由于下列原因，承运人可在不预先通知的情况下取消、终止、变更、重新安排或推迟航班或在不载运货物或仅载运部分货物的情况下继续航班飞行。

（1）政府规定、命令或要求；

（2）不可抗力，包括但不限于天气情况、骚乱、政治动乱、禁运、战争、戒严、罢工、怠工、不稳定国际局势、恐怖主义行为或政府对恐怖主义行为的战争或警告等；

（3）航班取消、机型调整；

（4）因货物积压或超出机型载运能力，短期内无法按指定路线、指定承运人或指定运输方式运至目的站等。

2. 变更内容

（1）变更航线、航班、日期；
（2）变更承运人；
（3）变更运输方式；
（4）发运前退运；
（5）经停站停运；
（6）在经停站将货物退回始发站；
（7）变更目的站。

3. 变更运输的权力

制单承运人、第一承运人和货运单上指定航段的承运人有权变更运输。如果货运单上续程航段无指定承运人时，持有货物和货运单的承运人有权变更运输。

4. 变更运输的处理方法

发运前退运、经停站停运、退回始发站的处理方法参照自愿变更的处理方法。

如果因机场关闭、航班中断无法将货物运达目的站时，承运人应尽快通知始发站或托运人。订舱货物需要变更运输时，应征求始发站或托运人的意见。

执行变更运输后，承运人应利用最早航班将货物运输至目的站。

5. 费用处理

由于承运人责任原因造成的货物运输变更，有关费用按下列规定处理。

假如原航程为：A—B—C

（1）因变更运输路线将货物运至目的站产生的费用，由承运人承担。

假如原航程改为 A—D—C，经 D 航站运到目的站 C，产生的费用差额由承运人承担。

（2）改用其他运输方式将货物运至目的站，产生的费用差额由承运人承担。

假如货物运到经停站 B 后，目的站由于天气原因机场关闭，承运人用汽车将货物运到目的站 C，产生的费用差额由承运人承担。

（3）发运前退运货物，退还全部运费，免收退运手续费。

假如承运人收运货物后，航班取消，征得托运人意见后，在始发站 A 退运，将退还全部运费，并且免收退运手续费。

（4）经停站停运，退还未使用航段的运费。

由于承运人的原因，货物在经停站 B 停运，将退还未使用航段 B—C 的航空运费。

（5）在经停站将货物退回始发站，经停站在货邮舱单和原货运单“Handling Information”栏内注明情况，使用原货运单免费将货物退回，并退还已付的全部运费。

由于承运人的原因，货物从经停站 B 退回始发站 A，将退还已付的全部运费。

（6）变更目的站，退还未使用航段的运费，另核收由变更站至新目的站的运费。

假如由于承运人或不可抗力的原因，货物运到经停站 B，由于续程航班机型小，无法

中转，不得不变更目的站为E航站，即航程变更为A—B—E，则退还未使用航段B—C的运费，另外收取B—E航段的航空运费。

总之，发生非自愿变更时，退还未使用航段的费用，多退少不补。

三、中止运输

在运输过程中，如果有充足理由确认某一票托运货物属于适用的公约、法律和规定禁止运输，或者限制运输但不符合限制条件的，承运人将中止该货物的运输。必要时，可以将此货物交由行政当局处理。

在运输过程中发现托运货物的自然属性或者包装不良等情况可能危及飞机、人员和财产的安全时，承运人可以在任何时候、任何地点，在不预先通知的情况下转移或销毁这些货物而不承担责任。

如果托运人要求将中止运输的货物运回始发站，在符合法律和规定以及航空安全的前提下，承运人执行托运人的指示，托运人应当承担由此产生的所有费用。

四、货物运费更改通知单

1. 一般规定

在运输过程中，货物的始发站、中转站或目的站发现运费多收或少收，应及时通知始发站。始发站确认情况属实后，应立即更改运费。做运费更改时，如果是在原始运单上更改，需要更改方在运单的所有12联上做相应修改，并加盖更改章（且在运单上更改，总共不得超过三处）如果不是在原始运单上更改，需要使用运费更改通知单（英文全称CARGO CHARGES CORRECTION ADVICE，简称CCA），通知相关承运人或地面代理人，对运费进行更正。

还可以使用CCA进行运费付款方式的更改。例如PP改为CC，或CC改为PP。

2. CCA的填写

（1）货运单号码：填写货运单号码。

（2）始发站：填写货运单的始发站名称。

（3）目的站：填写货运单的目的站名称。

（4）托运人：填写货运单托运人名称。

（5）收货人：填写货运单收货人名称。

（6）货运单填开日期：填写货运单的填开日期。

（7）货运单填开地点：填写货运单的填开地点。

（8）货运单填开人名称：填写制单承运人或其代理人的名称。

（9）中转站、航班号、日期：填写第一承运人运达的目的站或中转站，航班号和日期以及参与续运的承运人的中转站、航班号和日期。中转站将货物的续运情况填写清楚后，将其转送给下一承运人，目的站交付货物后将填写完毕的回执联返回填开人。

（10）重量单位：填写货物重量单位。

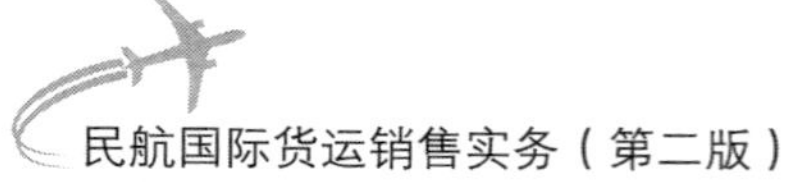

（11）更改后货物毛重：填写更改后货物的实际毛重。

（12）更改前货物毛重：填写货运单上原来的货物毛重。

（13）货币代号：填写货运单上显示的货币代号。

（14）更改后货物运费：按照对应各项填写更改后的货物运费。

（15）更改前货物运费：按照对应各项填写货运单上原来所列的货物运费。

货物运费更改通知单

CARGO CHARGES CORRECTION ADVICE（CCA）

编号 No. (20)

货运单号码 AWB No. (1)			始发站 Origin (2)		目的站 Destination (3)
托运人 Shipper (4)					货运单填开日期 DAte of AWB Issue (6)
收货人 Consignee (5)					货运单填开地点 PlAce of AWB Issue (7)
货运单填开人名称 AWB Issued by (8)			中转站 1 To 1		航班号 Flight No. | 日期 Date
中转站填写货物续运情况后将此通知单转下一承运人。 Transfer stations to complete 2 or 3 as appropriate And forward form to next carrier.			中转站 2 To 2 (9)		航班号 Flight No. (9) | 日期 Date (9)
			中转站 3 To 3		航班号 Flight No. | 日期 Date
实际重量 Gross Weight	更改后货物实际重量 Revised/Correct Gross Weight		更改前货物实际重量 Original/Incorrect Gross Weight		备注和更改原因 Remarks And reason for issuing CCA
重量单位 (10) Weight unit	(11)		(12)		(16)
费 用 CHARGES	更改后货物运费 Revised/Correct Charge (14)		更改前货物运费 Original/Incorrect Charge (15)		
货币代号 Currency (13)	预付 Prepaid	到付 Collect	预付 Prepaid	到付 Collect	
航空运费 Weight charges					(17) 如果货物无人提取，填写应向托运人收取的所有在目的站产生的费用。 In case of non-delivery And specify All charges due At estimation for collection from shipper.
声明价值附加费 Valuation Charges					
代理人的其它费用 Other Charges Due Agent					
承运人的其它费用 Other Charges Due Carrier					
总额 Total					
正本 填开 CCA 的承运人 Original - for Carrier issuing CCA 副本 1 制单承运人的结算部门 Copy 1 - for accounting Department of issuing Carrier 副本 2 第一承运人 Copy 2 - for First Carrier 副本 3 第二承运人 Copy 3 - for Second Carrier 副本 4 制单承运人的货运部门 Copy 4 - for Cargo Department of issuing Carrier		填开日期和地点 Date And place of Issue (18) 签字 Signature (19)			
请将此回执填写完毕后退回填开 CCA 的承运人。 This slip must be completed And returned to carrier issuing CCA. 至： To： 地址： Add： 货物运费更改通知单编号： Re（6）： CCA No. (21) 货运单号码： Re（6）： AWB No. (22)		我们已经根据要求将有关文件进行了调整，并采取了相应措施。 We herewith confirm having corrected our documents And taken the necessary Action As per your instructions. 自： From： (23) 在： at： (24) 日期： Date： (25)		签字： Signature： (26)	

图 9.1 货物运费更改通知单

（16）备注和更改原因：运费更改的主要原因及无法交付货物在目的站产生的所有费用。

（17）如果货物无人提取，填写应向托运人收取的所有在目的站产生的费用。

（18）填开日期和地点：填写货物运费更改通知单的填开日期和地点。

（19）签字：货物运费更改通知单填开人签字。

（20）编号：填写此 CCA 的编号。

（21）货物运费更改通知单编号：填写所回复的货物运费更改通知单的编号。

（22）货运单号码：填写货运单号码。

（23）自：填写回执公司的名称。

（24）在：填写回执公司所在地名称。

（25）日期：填写发送回执的日期。

（26）签字：发送回执部门领导的签字。

第五节　货物赔偿

一、承运人的责任

承运人从货物收运时起，到交付时止，承担安全运输的责任。托运货物在航空运输期间发生的货物损失，承运人应承担责任，但是依据公约、法律和规定以及承运人免除责任的除外。航空运输期间是指在机场内、民用航空器上或者机场外降落的任何地点，托运货物处于承运人掌管之下的全部期间。航空运输期间不包括机场外的任何陆路运输、海上运输、内河运输过程，但是，此种陆路运输、海上运输、内河运输是为了履行航空运输合同而实施，在没有相反证据的情况下，所发生的损失视为在航空运输期间发生的损失。

在运输过程中，货物延误的责任应当由承运人承担，但承运人已采取一切必要措施或不可能采取此种措施的，以及有关国际公约、国家法律和规定、承运人另有规定的除外。

由于遵守公约、法律和规定而产生的、或由于不可抗力原因造成直接或间接损失的，承运人不承担责任。当托运的货物属于禁运的某类货物，或者适用的法律和规定不允许运输该货物时，承运人将拒绝运输而不承担责任。

二、索赔

前面我们也介绍过，如果收货人在提取货物时发现货物毁灭、遗失、损坏或者延误等，应立即向承运人提出异议，经双方共同查验、确认后，据实填写货物交付状态记录或者详细记录在货运单上，由双方签字或盖章，该记录作为收货人日后向我们提出索赔的依据。只有在符合此条件的前提下，托运人才可以向承运人提出索赔。

1. 索赔人

索赔人是指在航空运输合同执行过程中有权向承运人或其代理人提出索赔要求的人。

索赔人可以是货运单上的托运人或收货人、持有托运人或收货人签署的权益转让书或授权委托书法人或个人、律师事务所。

分运单上的实际托运人或收货人不能作为索赔人向承运人提出索赔。如果是混载货物，部分货物丢失或损坏，代理人可以签署权益转让书，由实际的托运人或收货人向承运人提出索赔。

2. 索赔地点

索赔人可在货物的始发站、目的站或发生损失的中转站向承运人提出索赔。

3. 提出索赔要求的时限

（1）索赔人应在下列期限内以书面形式向承运人索赔：

托运货物在运输过程中发生损失的，索赔至迟应当自收到货物之日起 14 日内以书面形式提出；

托运货物发生延误运输的，至迟应当自货物处置权交给收货人之日起 21 日内书面提出索赔；

货物托运后始终没有交付的，托运人应当自货运单填开之日起 120 日内书面提出索赔。

（2）除承运人有欺诈行为外，如果托运人或收货人没有未能在要求的期限内提出索赔的，即丧失向承运人索赔的权力。

（3）对于不符合公约、法律和规定的索赔，承运人在规定时限内给托运人明确答复。

4. 书面异议的形式

书面异议一般有以下几种：

1）索赔意向书

索赔意向书是收货人提取货物时发现货物包装异常，在没有确定正式索赔前，为保留其索赔权，延长索赔时限而向承运人提出索赔意向的书面文件。

承运人收到索赔意向书后，应在索赔意向书上注明收到日期，将索赔意向书的内容及收到时间进行登记，回复索赔人。索赔意向书正本留存。

2）货物交付状态记录

货物交付时，承运人填写的货物损失情况的书面证明。

3）注有货物异常状况的货运单副本

收货人提取货物时发现货物不正常情况，经承运人认可并将此情况注明在货运单收货人联或交付联上，经双方签字或盖章后，索赔人可以凭此向承运人提出索赔。

5. 索赔函

索赔函是索赔人向承运人提出正式索赔的书面文件。

收到索赔函后，应进行编号和登记备案，并在索赔函上注明收到的日期，通知索赔人已经收到其索赔函。

如果索赔函超过索赔时限，应检查是否附有索赔意向书、货物交付状态记录或注明交

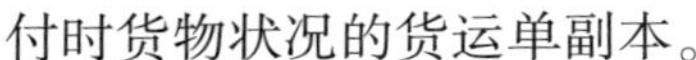

付时货物状况的货运单副本。

6. 索赔人应提供的文件

索赔人提出索赔时应同时提供下列资料：

（1）货运单正本或副本；

（2）货物交付状态记录或注有货物异常状况的货运单交付联；

（3）货物商业发票正本、修复货物所产生费用的发票正本、装箱清单正本和其他必要资料；

（4）货物损失的详细情况和索赔金额；

（5）商检报告或其他关于损失的有效证明；

（6）承运人认为需要提供的其他文件和资料。

三、赔偿

1. 接受索赔

接受索赔要求的承运人为索赔受理人。

索赔受理人应核实索赔人的索赔资格，检查索赔资料是否齐全有效。并对索赔要求进行登记。

索赔受理人负责通知各相关承运人，检查是否出现多重索赔或重复索赔，并确定赔偿责任人。

一票货物只能有一个索赔人。出现两个或两个以上的索赔人时，只能接受一个索赔人的索赔要求。

2. 确定责任

1）确定承运人是否应对此项索赔承担的责任

承运人对下列原因造成的托运货物的毁灭、遗失或损坏等，不承担责任：

（1）不可抗力；

（2）货物本身的自然属性、质量或者缺陷；

（3）承运人或者承运人的受雇人、代理人以外的人包装的货物，货物包装不良；

（4）包装完好，封志无异状，而内件短少或者损坏；

（5）国家行政当局实施的与货物出、入境或中转有关的行为。

由于自然原因造成的动物死亡，或者由于动物自身的或者其他动物的咬、踢、抵或窒息等动作造成的，或者动物容器缺陷造成的，或者由于动物在运输过程中经不起不可避免的自然环境的变化而造成的或者促成的死亡和受伤引起的任何损失、损害，承运人不承担责任。

除能证明是由于承运人的过失造成的外，承运人对押运货物的损坏不承担责任。押运活体动物的押运员在押运途中因动物的原因造成的伤害或死亡，承运人不承担责任。

对于鲜活易腐货物，如果由于天气、温度、高度的改变，或由于其他常见情况或在约定的运输时间内货物发生腐烂或变质，承运人不承担责任。

除非另有约定，对货物破损造成的非直接损失，或在承运人运输条件下的运输造成的非直接损失，包括周转量、利润、利息或收入损失、交易机会的错失、货币风险、减产或行政处罚等，承运人不承担责任。不论承运人是否知道上述损失可能发生。

其他押运货物，除非证明是由于承运人的过错造成的损失，否则承运人不承担责任。

经证明货物的毁灭、遗失、损坏或者延误是由于托运人或收货人的过错造成或者促成的，应当根据造成或者促成此种损失的过错的程度，相应免除或减轻我承运人的责任。

根据承运人运输条件免除或者限制承运人的责任时，该责任免除或限制同样适用于承运人的代理人、雇员、代表或者相关承运人，也适用于运输所使用的民用航空器或者其他运输工具所属的任何其他承运人。

在连续运输中，每一承运人就其根据航空货物运输合同办理的运输区段作为运输合同的订约一方而承担责任。

2）确认此项索赔受理人是否承担责任

下列情况下不承担责任：

（1）上述所列各种情况；

（2）非本承运人承运的货物；

（3）非本承运人责任原因造成的货物损失；

（4）对于不符合索赔条件和不应承担责任的索赔应以书面形式回复索赔人。复函中应说明不受理或不承担责任的理由、原因以及所依据的法律或运输合同的条款。属于联程运输的，应同时通知相关承运人。

3. 赔偿主要依据和相关法律规定

1）赔偿主要依据

1929 年 10 月 12 日在华沙签订的《统一国际航空运输某些规则的公约》（以下简称《华沙公约》— *Warsaw Convention*）

1955 年 9 月 28 日在海牙签订的《修改 1929 年 10 月 12 日在华沙签订的统一国际航空运输某些规则的公约的议定书》（以下简称《海牙议定书》— *Hague Protocol*）

1999 年 5 月 28 日在蒙特利尔签订的《统一国际航空运输某些规则的公约》（以下简称《蒙特利尔公约》— *Montreal Convention*）

2）相关法律法规

赔偿应遵守《中华人民共和国民用航空法》《中华人民共和国合同法》《中华人民共和国消费者权益保护法》《中国民用航空货物国际运输规则》以及承运人国际货物运输总条件等相关法律法规。

4. 赔偿限额

1）办理运输声明价值的货物的赔偿

托运人在办理货物托运时，向承运人办理了货物运输声明价值并支付了声明价值附加费，其赔偿限额为该托运货物的运输声明价值。如果承运人有证据证明实际损失低于运输声明价值的，将按实际损失赔偿。

例如一票货物 1 件 9.3 kg，托运人在北京托运货物时，为运输声明了 15 万元人民币的价值，并按照每千克 22 特别提款权折合人民币 206 元支付了 1110.63 元声明价值附加费。货物在运输途中丢失。承运人没有证据证明货物实际损失低于运输声明价值，则货物赔偿金额应为 15 万元人民币。

2）未办理运输声明价值的货物的赔偿

对未办理运输声明价值的货物，无论货物始发地国家或目的地国家是否加入公约，我国承运人的赔偿责任限额为《蒙特利尔公约》规定的责任限额（22 特别提款权/ kg 或等值货币）。如果承运人能够证明托运货物的实际损失低于公约规定的责任限额的，将按实际损失赔偿。

例如一票货物 1 件 9.3 kg，托运人在北京托运货物时，没有声明运输价值。货物实际价值为 15 万元人民币。如果货物在运输途中丢失，承运人的最高责任限额为 22 特别提款权/ kg（按 206 元人民币计算），即 1915.80 元人民币。

3）部分货物发生毁灭、遗失或损坏等的赔偿

托运货物的一部分或其中的任何包装件发生毁灭、遗失或损坏等，承运人的赔偿责任应以有关包装件的重量为限。当托运货物中的任何包装件的毁灭、遗失或损坏等影响到同一份货运单上其他包装件的价值时，确定赔偿责任时，应考虑其他包装件的重量。在没有相反的证据时，毁灭、遗失或损坏等的货物的价值在全部货物总价值中的比例，按毁灭、遗失或损坏等的货物的重量在全部货物总重量中的比例确定。

例如，一票从北京到东京的货物，150 件 4500 kg，在运输途中丢失其中的 80 件。如果托运人托运货物时，没有声明价值，则承运人最高赔偿限额为：

80÷150×4500 ×SDR22/kg = 2400×206 = 494400.00 元

如果上述货物声明价值为 100 万元人民币，并支付了声明价值附加费 547.50。货物丢失重量：80÷150×4500 = 2400 kg，则承运人的最高赔偿限额为：

2400÷4500×1000000.00 = 533333.33 元人民币

4）航空保险赔偿

如果托运人为货物单独购买了保险，索赔人应向保险公司提出索赔，承运人对其索赔不予受理。保险公司对索赔人进行赔偿后，如果由于承运人的原因造成的损失，保险公司有权向此承运人追偿，承运人对此应予受理。

如果货物损失是由承运人责任原因造成的，承运人应当承担的全部赔偿金额超过货物免赔额时，应在发现货物损失或初步确定责任后规定的时间内通知承运人，并做好如下工作：

（1）保持货物状态，等待保险公司委托商品检验部门进行检验。

（2）向承运人提供货运单、有关的记录、函电、受损货物的照片、证明材料等。索赔人提供的索赔函、商业发票、装箱单、商品检验报告、索赔人对货物进行修理、复原、洗涤的费用单据等。

（3）按照有关运输规定对索赔人进行赔偿，将索赔人签署的收据及赔偿责任解除书、赔偿发票、商品检验费用单据等提供给财务部门。

（4）如果是保险公司向承运人提出索赔，应要求保险公司提供托运人购买的保险单、托运人向保险公司提出索赔的索赔函复印件、保险公司向索赔人进行赔付的收据及权益转让书。

5）赔偿款的支付

赔偿款应在索赔人签署《赔偿责任解除书》后再支付。

四、几种类型的赔偿

1. 破损货物的赔偿

1）外包装明显破损的货物

部分破损的货物。可以修复的，应到承运人指定的维修部门估价并修复，维修费用由承运人承担，不能修复的，按规定给予赔偿。

全额赔偿的货物。承运人收回货物处置权，在办理有关手续后拍卖，拍卖所得货款冲抵赔偿款。

2）内损货物

对外包装完好而内物损坏的货物，承运人不承担赔偿责任，除非索赔人有足够证据证明是由于承运人原因造成的损坏。

2. 集装货物

非承运人组装和拆卸的集装货物的短少或破损，承运人不承担责任，除非证明此种短少或破损是承运人故意或过失行为造成的。

3. 免、折扣运价货物

除另有约定外，按免、折扣运价运输的货物发生损失，按付全费的货物进行赔偿。

4. 中转运输的货物

在中转运输中，每一承运人就其根据货物运输合同承担的运输区段作为货物运输合同的订约一方。

中转运输的货物在运输过程中发生损失后，索赔人可凭最后承运人交付货物时向收货人出具的货物交付状态记录、经双方签字的货运单副本以及索赔人的正式索赔函向第一承运人或最后承运人提出索赔。第一承运人或最后承运人收到索赔函后，作为索赔受理人，应及时向各相关承运人通报情况。

索赔受理人应对货物运输的全过程运输进行调查，如果索赔受理人承担索赔案的处理责任，则索赔受理人作为赔偿处理责任人处理该索赔案并书面通知相关承运人；如果索赔受理人不承担索赔案的处理责任，索赔受理人应当将索赔案以及调查材料转交下一承运人，依次类推，直至有承运人承担索赔案的处理责任，该承运人作为赔偿处理责任人处理

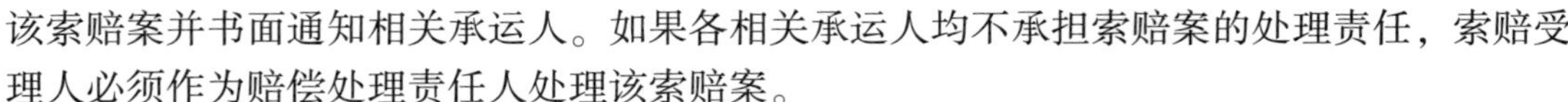

该索赔案并书面通知相关承运人。如果各相关承运人均不承担索赔案的处理责任，索赔受理人必须作为赔偿处理责任人处理该索赔案。

赔偿处理责任人应及时将索赔案的处理情况通知相关承运人，避免出现重复赔偿。

对于造成货物损失的责任可以确定的，则处理该索赔案发生的所有费用（如赔偿费、律师费等）由责任承运人承担。如果责任承运人委托其他相关承运人代为处理该索赔案，委托方与被委托方应有书面协议。

对于造成货物损失的责任不能确定的，处理该索赔案发生的所有费用按与运输收入分摊的相同比例由相关承运人共同承担。

五、诉讼

如果托运人与承运人不能就运输纠纷达成一致解决意见，可以通过诉讼或双方协议仲裁解决。

航空运输纠纷的诉讼时效是两年，自民用航空器到达目的地点，应当到达目的地点或者运输终止之日起计算。受理法院所在国家的法律另有规定的除外。

由几个连续承运人办理的运输中发生托运货物毁灭、遗失或损坏等，托运人有权向第一承运人和最后承运人提起诉讼或者通过仲裁解决争议；托运人也可以对发生托运货物毁灭、遗失或损坏等的运输区段的承运人直接提起诉讼或者通过仲裁解决争议。

习题

1. 托运人对托运货物的处置权包括哪几个方面？分别说明其处理方法。
2. 一票货物两件 120 kg，旧金山运往宁波。货物发运后，托运人提出变更目的站为上海，应如何处理？
3. 哪些人员可以作为索赔人向承运人提出索赔？
4. 索赔人向承运人提出索赔时，应提供哪些文件或资料？
5. 由于承运人的责任，货物发生丢失或损坏时，承运人的赔偿限额是多少？
6. 航空运输纠纷的诉讼时效是如何规定的？

第十章　国际货物进、出境联检手续

国际货物运输与海关和检验检疫部门密不可分，对于国际货物运输销售人员来说，非常有必要了解进、出境联检手续相关知识，有效地完成工作。

第一节　海关关于进出境货物的规定

（1）进口货物自进境起到办结海关手续止，出口货物自向海关申报起到出境止，过境、转运和通运货物自进境起到出境止，应当接受海关监管。

（2）进口货物的收货人、出口货物的发货人应当向海关如实申报，交验进出口许可证件和有关单证。国家限制进出口的货物，没有进出口许可证件的，不予放行，具体处理办法由国务院规定。

进口货物的收货人应当自运输工具申报进境之日起十四日内，出口货物的发货人除海关特准的外应当在货物运抵海关监管区后、装货的二十四小时以前，向海关申报。

进口货物的收货人超过前款规定期限向海关申报的，由海关征收滞报金。

（3）办理进出口货物的海关申报手续，应当采用纸质报关单和电子数据报关单的形式。

（4）海关接受申报后，报关单证及其内容不得修改或者撤销；确有正当理由的，经海关同意，方可修改或者撤销。

（5）进口货物的收货人经海关同意，可以在申报前查看货物或者提取货样。需要依法检疫的货物，应当在检疫合格后提取货样。

（6）进出口货物应当接受海关查验。海关查验货物时，进口货物的收货人、出口货物的发货人应当到场，并负责搬移货物，开拆和重封货物的包装。海关认为必要时，可以进行开验、复验或者提取货样。

经收发货人申请，海关总署批准，其进出口货物可以免验。

（7）除海关特准的外，进出口货物在收发货人缴清税款或者提供担保后，由海关签印放行。

（8）进口货物的收货人自运输工具申报进境之日起超过三个月未向海关申报的，其进口货物由海关提取依法变卖处理，所得价款在扣除运输、装卸、储存等费用和税款后，尚有余款的，自货物依法变卖之日起一年内，经收货人申请，予以发还；其中属于国家对进口有限制性规定，应当提交许可证件而不能提供的，不予发还。逾期无人申请或者不予

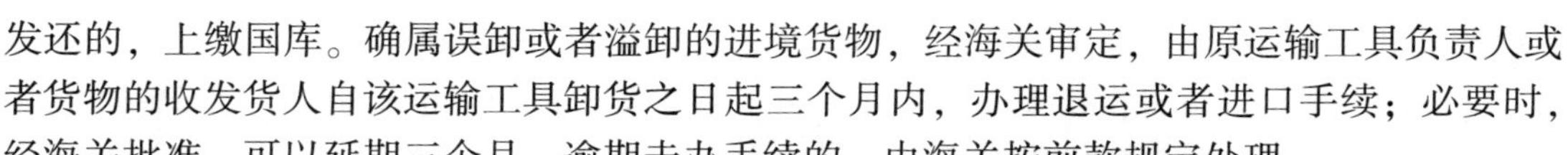

发还的，上缴国库。确属误卸或者溢卸的进境货物，经海关审定，由原运输工具负责人或者货物的收发货人自该运输工具卸货之日起三个月内，办理退运或者进口手续；必要时，经海关批准，可以延期三个月。逾期未办手续的，由海关按前款规定处理。

前两款所列货物不宜长期保存的，海关可以根据实际情况提前处理。

收货人或者货物所有人声明放弃的进口货物，由海关提取依法变卖处理；所得价款在扣除运输、装卸、储存等费用后，上缴国库。

(9) 经海关批准暂时进口或者暂时出口的货物，应当在六个月内复运出境或者复运进境；在特殊情况下，经海关同意，可以延期。

(10) 经营保税货物的储存、加工、装配、展示、运输、寄售业务和经营免税商店，应当符合海关监管要求，经海关批准，并办理注册手续。

保税货物的转让、转移以及进出保税场所，应当向海关办理有关手续，接受海关监管和查验。

(11) 企业从事加工贸易，应当持有关批准文件和加工贸易合同向海关备案，加工贸易制成品单位耗料量由海关按照有关规定核定。

加工贸易制成品应当在规定的期限内复出口。其中使用的进口料件，属于国家规定准予保税的，应当向海关办理核销手续；属于先征收税款的，依法向海关办理退税手续。

加工贸易保税进口料件或者制成品因故转为内销的，海关凭准予内销的批准文件，对保税的进口料件依法征税；属于国家对进口有限制性规定的，还应当向海关提交进口许可证件。

(12) 经国务院批准在中华人民共和国境内设立的保税区等海关特殊监管区域，由海关按照国家有关规定实施监管。

(13) 进口货物应当由收货人在货物的进境地海关办理海关手续，出口货物应当由发货人在货物的出境地海关办理海关手续。

经收发货人申请，海关同意，进口货物的收货人可以在设有海关的指运地、出口货物的发货人可以在设有海关的启运地办理海关手续。上述货物的转关运输，应当符合海关监管要求；必要时，海关可以派员押运。

经电缆、管道或者其他特殊方式输送进出境的货物，经营单位应当定期向指定的海关申报和办理海关手续。

(14) 过境、转运和通运货物，运输工具负责人应当向进境地海关如实申报，并应当在规定期限内运输出境。

海关认为必要时，可以查验过境、转运和通运货物。

(15) 海关监管货物，未经海关许可，不得开拆、提取、交付、发运、调换、改装、抵押、质押、留置、转让、更换标记、移作他用或者进行其他处置。

海关加施的封志，任何人不得擅自开启或者损毁。

人民法院判决、裁定或者有关行政执法部门决定处理海关监管货物的，应当责令当事人办结海关手续。

(16) 经营海关监管货物仓储业务的企业，应当经海关注册，并按照海关规定，办理收存、交付手续。

在海关监管区外存放海关监管货物，应当经海关同意，并接受海关监管。

违反前两款规定或者在保管海关监管货物期间造成海关监管货物损毁或者灭失的，除不可抗力外，对海关监管货物负有保管义务的人应当承担相应的纳税义务和法律责任。

（17）进出境集装箱的监管办法、打捞进出境货物和沉船的监管办法、边境小额贸易进出口货物的监管办法，以及本法未具体列明的其他进出境货物的监管办法，由海关总署或者由海关总署会同国务院有关部门另行制定。

（18）国家对进出境货物、物品有禁止性或者限制性规定的，海关依据法律、行政法规、国务院的规定或者国务院有关部门依据法律、行政法规的授权作出的规定实施监管。具体监管办法由海关总署制定。

（19）进出口货物的原产地按照国家有关原产地规则的规定确定。

（20）进出口货物的商品归类按照国家有关商品归类的规定确定。

海关可以要求进出口货物的收发货人提供确定商品归类所需的有关资料；必要时，海关可以组织化验、检验，并将海关认定的化验、检验结果作为商品归类的依据。

（21）海关可以根据对外贸易经营者提出的书面申请，对拟作进口或者出口的货物预先作出商品归类等行政裁定。

进口或者出口相同货物，应当适用相同的商品归类行政裁定。

海关对所作出的商品归类等行政裁定，应当予以公布。

（22）海关依照法律、行政法规的规定，对与进出境货物有关的知识产权实施保护。

需要向海关申报知识产权状况的，进出口货物收发货人及其代理人应当按照国家规定向海关如实申报有关知识产权状况，并提交合法使用有关知识产权的证明文件。

（23）自进出口货物放行之日起三年内或者在保税货物、减免税进口货物的海关监管期限内及其后的三年内，海关可以对与进出口货物直接有关的企业、单位的会计账簿、会计凭证、报关单证以及其他有关资料和有关进出口货物实施稽查。具体办法由国务院规定。

第二节　检验检疫部门对于进出口货物的规定

为防止动物传染病、寄生虫病和植物危险性病、虫、杂草以及其他有害生物（以下简称病虫害）传入、传出国境，保护农、林、牧、渔业生产和人体健康，促进对外经济贸易的发展，对于进出境、过境的货物需要进行检验检疫。

一、名词解释

动物是指饲养、野生的活体动物，如畜、禽、兽、蛇、龟、鱼、虾、蟹、贝、蚕、蜂等。

动物产品是指来源于动物未经加工或者虽经加工但仍有可能传播疫病的产品，如生皮张、毛类、肉类、脏器、油脂、动物水产品、奶制品、蛋类、血液、精液、胚胎、骨、蹄、角等。

植物是指栽培植物、野生植物及其种子、种苗及其他繁殖材料等。

植物产品是指来源于植物未经加工或者虽经加工但仍有可能传播病虫害的产品，如粮食、豆、棉花、油、麻、烟草、籽仁、干果、鲜果、蔬菜、生药材、木材、饲料等。

其他检疫物是指动物疫苗、血清、诊断液、动植物性废弃物等。

二、实施检疫的范围

进出境的动植物、动植物产品和其他检疫物，装载动植物、动植物产品和其他检疫物的装载容器、包装物，以及来自动植物疫区的运输工具均需要实施检疫。

三、国家禁止进境的货物

（1）动植物病原体（包括菌种、毒种等）、害虫及其他有害生物。

（2）动植物疫情流行的国家和地区的有关动植物、动植物产品和其他检疫物。

（3）动物灵柩。

（4）土壤。

口岸动植物检疫机关发现有前款规定的禁止进境物的，作退回或者销毁处理。因科学研究等特殊需要引进（1）规定的禁止进境物的，必须事先提出申请，经国家动植物检疫机关批准。

四、进境检疫

（1）输入动物、动物产品、植物种子、种苗及其他繁殖材料的，必须事先提出申请，办理检疫审批手续。

（2）通过贸易、科技合作、交换、赠送、援助等方式输入动植物、动植物产品和其他检疫物的，应当在合同或者协议中订明中国法定的检疫要求，并订明必须附有输出国家或者地区政府动植物检疫机关出具的检疫证书。

（3）货主或者其代理人应当在动植物、动植物产品和其他检疫物进境前或者进境时持输出国家或者地区的检疫证书、贸易合同等单证，向进境口岸动植物检疫机关报检。

（4）装载动物的运输工具抵达口岸时，口岸动植物检疫机关应当采取现场预防措施，对上下运输工具或者接近动物的人员、装载动物的运输工具和被污染的场地作防疫消毒处理。

（5）输入动植物、动植物产品和其他检疫物，应当在进境口岸实施检疫。未经口岸动植物检疫机关同意，不得卸离运输工具。

输入动植物，需隔离检疫的，在口岸动植物检疫机关指定的隔离场所检疫。

因口岸条件限制等原因，可以由国家动植物检疫机关决定将动植物、动植物产品和其他检疫物运往指定地点检疫。在运输、装卸过程中，货主或者其代理人应当采取防疫措施。指定的存放、加工和隔离饲养或者隔离种植的场所，应当符合动植物检疫和防疫的规定。

（6）输入动植物、动植物产品和其他检疫物，经检疫合格的，准予进境；海关凭口岸动植物检疫机关签发的检疫单证或者在报关单上加盖的印章验放。

输入动植物、动植物产品和其他检疫物，需调离海关监管区检疫的，海关凭口岸动植物检疫机关签发的检疫调离通知单验放。

（7）输入动物，经检疫不合格的，由口岸动植物检疫机关签发检疫处理通知单，通知货主或者其代理人做如下处理：

①检出一类传染病、寄生虫病的动物，连同其同群动物全群退回或者全群扑杀并销毁尸体；

②检出二类传染病、寄生虫病的动物，退回或者扑杀，同群其他动物在隔离场或者其他指定地点隔离观察。

输入动物产品和其他检疫物经检疫不合格的，由口岸动植物检疫机关签发检疫处理通知单，通知货主或者其代理人作除害、退回或者销毁处理。经除害处理合格的，准予进境。

（8）输入植物、植物产品和其他检疫物，经检疫发现有植物危险性病、虫、杂草的，由口岸动植物检疫机关签发检疫处理通知单，通知货主或者其代理人作除害、退回或者销毁处理。经除害处理合格的，准予进境。

（9）动物传染病、寄生虫病的名录和植物危险性病、虫、杂草的名录，由国务院农业行政主管部门制定并公布。

（10）输入动植物、动植物产品和其他检疫物，经检疫发现有本法第十八条规定的名录之外，对农、林、牧、渔业有严重危害的其他病虫害的，由口岸动植物检疫机关依照国务院农业行政主管部门的规定，通知货主或者其代理人作除害、退回或者销毁处理。经除害处理合格的，准予进境。

五、出境检疫

（1）货主或者其代理人在动植物、动植物产品和其他检疫物出境前，向口岸动植物检疫机关报检。

出境前需经隔离检疫的动物，在口岸动植物检疫机关指定的隔离场所检疫。

（2）输出动植物、动植物产品和其他检疫物，由口岸动植物检疫机关实施检疫，经检疫合格或者经除害处理合格的，准予出境；海关凭口岸动植物检疫机关签发的检疫证书或者在报关单上加盖的印章验放。检疫不合格又无有效方法作除害处理的，不准出境。

（3）经检疫合格的动植物、动植物产品和其他检疫物，有下列情形之一的，货主或者其代理人应当重新报检：

①更改输入国家或者地区，更改后的输入国家或者地区又有不同检疫要求的；

②改换包装或者原未拼装后来拼装的；

③超过检疫规定有效期限的。

六、过境检疫

（1）要求运输动物过境的，必须事先商得中国国家动植物检疫机关同意，并按照指

定的口岸和路线过境。

装载过境动物的运输工具、装载容器、饲料和铺垫材料，必须符合中国动植物检疫的规定。

（2）运输动植物、动植物产品和其他检疫物过境的，由承运人或者押运人持货运单和输出国家或者地区政府动植物检疫机关出具的检疫证书，在进境时向口岸动植物检疫机关报检，出境口岸不再检疫。

（3）过境的动物经检疫合格的，准予过境；发现有国务院农业行政主管部门规定的名录所列的动物传染病、寄生虫病的，全群动物不准过境。

过境动物的饲料受病虫害污染的，作除害、不准过境或者销毁处理。

过境的动物的灵柩、排泄物、铺垫材料及其他废弃物，必须按照动植物检疫机关的规定处理，不得擅自抛弃。

（4）对过境植物、动植物产品和其他检疫物，口岸动植物检疫机关检查运输工具或者包装，经检疫合格的，准予过境；发现有本法第十八条规定的名录所列的病虫害的，作除害处理或者不准过境。

（5）动植物、动植物产品和其他检疫物过境期间，未经动植物检疫机关批准，不得开拆包装或者卸离运输工具。

习题

1. 进口货物的收货人自运输工具申报进境之日起超过三个月未向海关申报的，海关如何处理？

2. 为什么要对进出境、过境的货物进行检验检疫？

3. 动植物产品包括哪些？

4. 国家禁止哪些货物进境？

5. 如何处理经检疫不合格的输入动物？

6. 哪些情形下，经检疫合格的动植物、动植物产品和其他检疫物，货主或者其代理人应当重新报检？

附录 A　OAG 相关资料

附录 A-01　承运人代码及代码共享信息

Airline codes and code share

two character code is used to identify an airline. The airline designator codes shown here have been assigned by IATA (International Airline Transport Association). The word "Cargo" in parenthesis following an airline name indicates that the airline code displayed has been assigned to two airlines.......usually one passenger and one cargo only carrier.

A	Flight numbers	Operated by
AA	**American Airlines**	
AC	**Air Canada**	
AD	**Azul Airlines**	
AE	**Mandarin Airlines**	
	953 – 992	CI China Airlines
AF	**Air France**	
AH	**Air Algerie**	
AI	**Air India**	
AJ	**Aztec Airways**	
AM	**Aeromexico**	
AR	**Aerolineas Argentinas**	
AS	**Alaska Airlines**	
AT	**Royal Air Maroc**	
	5204	BA British Airways
AV	**Avianca**	
	6 – 9354	Avianca
AY	**Finnair**	
	5921	BA British Airways
AZ	**Alitalia - Societa Aerea Italiana S.p.A**	
	7158	ET Ethiopian Airlines
	7881	LG Luxair

B	Flight numbers	Operated by
BA	**British Airways**	
BF	**French Bee**	
BG	**Biman Bangladesh Airlines**	
BI	**Royal Brunei Airlines**	
BO	**Bluebird Cargo**	
BR	**EVA Airways**	
BV	**Blue Panorama Airlines**	
BZ	**Blue Dart Aviation Limited (Cargo)**	
B6	**Jetblue Airways Corporation**	
B7	**UNI Airways**	
	29 – 268	Eva Airways for Uni Airways

C	Flight numbers	Operated by
CA	**Air China**	
CF	**China Postal Airlines**	
CI	**China Airlines**	
CK	**China Cargo Airlines**	
CU	**Cubana de Aviacion S.A**	
CV	**Cargolux Airlines International**	
CX	**Cathay Pacific Airways**	
	17 – 23	CX Cathay Pacific Airways
	25 – 26	LD AHK Air Hong Kong
	31 – 3280	CX Cathay Pacific Airways
CZ	**China Southern Airlines**	
	7372 – 7391	AZ Alitalia - Societa Aerea Italiana S.p.A
C2	**CEIBA Intercontinental S.A.**	
C8	**Cargolux Italia S.p.A. (Cargo)**	

D	Flight numbers	Operated by
DE	**Condor Flugdienst**	
DI	**Norwegian Air UK ltd**	
DL	**Delta Air Lines**	
	4652 – 4897	Endeavor Air dba Delta Connection
	5633	REPUBLIC AIRWAYS DELTA CONNECTION
	9400 – 9699	KL KLM-Royal Dutch Airlines
DT	**TAAG Angola Airlines**	
D5	**Dhl Aero Expreso S.A.**	
D7	**AirAsia X**	
D8	**Norwegian**	
	3730	LE Norwegian Air Sweden AB

E	Flight numbers	Operated by
EB	**Wamos Air S.A.**	
EI	**Aer Lingus**	
EK	**Emirates**	
	9140 – 9143	EY Etihad Airways
	9284 – 9962	CV Cargolux Airlines International
EO	**Pegas Fly**	
ET	**Ethiopian Airlines**	
	1450	MS Egyptair
	1577 – 1580	LH Lufthansa German Airlines
EW	**Eurowings**	
	1206 – 1483	SN Brussels Airlines
EY	**Etihad Airways**	
E7	**Estafeta Carga Aerea (Cargo)**	
E9	**Evelop Airlines S.L.**	

F	Flight numbers	Operated by
FI	**Icelandair**	
FJ	**Fiji Airways**	
	5343	AI Air India
FK	**KF Cargo**	
FM	**Shanghai Airlines**	

G	Flight numbers	Operated by
GA	**Garuda Indonesia**	
GF	**Gulf Air**	
GI	**Guangdong Longhao Airlines Co., Ltd**	
GJ	**Zhejiang Loong Airlines Co. Ltd**	
GL	**Air Greenland**	
GV	**Grant Aviation, Inc.**	

H	Flight numbers	Operated by
HA	**Hawaiian Airlines**	
HC	**Air Senegal**	
HD	**AirDo**	
HJ	**Tasman Cargo Airlines Pty Ltd**	
HO	**Juneyao Airlines**	
HU	**Hainan Airlines**	
HX	**Hong Kong Airlines**	
HY	**Uzbekistan Airways**	

I	Flight numbers	Operated by
IA	**Iraqi Airways**	
IB	**Iberia**	
	2601 – 2606	IBERIA FOR LEVEL
	2621 – 2628	IBERIA FOR LEVEL SPAIN
ID	**Batik Air**	
IR	**Iran Air**	

J	Flight numbers	Operated by
JD	**Beijing Capital Airlines**	
JL	**Japan Airlines**	
JQ	**Jetstar Airways**	
JT	**Lion Air**	
JU	**Air Serbia**	

K	Flight numbers	Operated by
KA	**Cathay Dragon**	
KE	**Korean Air**	
KF	**Air Belgium**	
KH	**Aloha Air Cargo**	
KJ	**Air Incheon**	
KL	**KLM-Royal Dutch Airlines**	
KM	**Air Malta**	
KO	**Alaska Central Express Inc (Cargo)**	
KQ	**Kenya Airways**	
KU	**Kuwait Airways**	
	6302 – 6306	ET Ethiopian Airlines
KZ	**Nippon Cargo Airlines**	
K4	**Kalitta Air**	

L	Flight numbers	Operated by
LA	**LATAM Airlines Group**	
	2364 – 2485	LATAM Airlines Peru
	3513 – 8211	LATAM Airlines Brasil
LD	**AHK Air Hong Kong**	
LG	**Luxair**	
LH	**Lufthansa German Airlines**	
LN	**Libyan Airlines**	
LO	**LOT - Polish Airlines**	
LS	**Jet2.com**	
LV	**LEVEL operated by OpenSkies (LV)**	
	8001 – 8010	OPENSKIES FOR LEVEL FRANCE
LX	**SWISS**	
LY	**El Al Israel Airlines**	
	801 – 882	5Y Atlas Air
L2	**Lynden Air Cargo**	

M	Flight numbers	Operated by
MD	**Air Madagascar**	
ME	**Middle East Airlines**	
MF	**Xiamen Airlines Company**	
MH	**Malaysia Airlines**	
MK	**Air Mauritius**	
MP	**Martinair Holland**	
MS	**Egyptair**	
MU	**China Eastern Airlines**	
M3	**LATAM Cargo Brasil**	

N	Flight numbers	Operated by
NC	**Northern Air Cargo, Inc.**	
NH	**All Nippon Airways**	
	801 – 976	NQ Air Japan
	4711 – 4788	HD AirDo
NO	**Neos Air**	
NZ	**Air New Zealand**	
N7	**My Jet Xpress (Cargo)**	

O	Flight numbers	Operated by
OB	**Boliviana de Aviacion - BoA**	
OK	**Czech Airlines**	
OM	**MIAT - Mongolian Airlines**	
OR	**TUI fly Netherlands**	
	385 – 386	TB JAF
OS	**Austrian Airlines AG dba Austrian**	
OZ	**Asiana Airlines**	
O3	**SF Airlines**	

P	Flight numbers	Operated by
PE	**Pacific Air Express (Cargo)**	
PG	**Bangkok Airways**	
	4848	TG Thai Airways International
PK	**Pakistan International Airlines**	
PO	**Polar Air Cargo**	
PR	**Philippine Airlines**	
PS	**Ukraine International Airlines**	
PU	**Plus Ultra Lineas Aereas S. A.**	
PX	**Air Niugini**	
PY	**Surinam Airways**	
P9	**Asia Pacific Airlines**	

Q	Flight numbers	Operated by
QF	**Qantas Airways**	
QH	**Bamboo Airways**	
QJ	**Jet Airways Inc.**	
QR	**Qatar Airways**	
QT	**Tampa Cargo S.A.S**	
QU	**Azur Air Ukraine**	
Q6	**Volaris Costa Rica**	

R	Flight numbers	Operated by
RJ	**Royal Jordanian**	
RQ	**Kam Air**	
RU	**AirBridgeCargo**	

S	Flight numbers	Operated by
SA	**South African Airways**	
SB	**Air Caledonie International**	
SK	**SAS Scandinavian Airlines**	
	526 – 681	SAS IRELAND
SN	**Brussels Airlines**	
	7015	LH Lufthansa German Airlines
SQ	**Singapore Airlines**	
	2642	SK SAS Scandinavian Airlines
	2642	SAS IRELAND
SS	**Corsair**	

续表

Airline codes and code share

Code	Airline			
SU	**Aeroflot Russian Airlines**			
	6281 – 6290	FV	Rossiya Airlines	
SV	**Saudi Arabian Airlines**			
SW	**Air Namibia**			

T Flight numbers operated by

Code	Airline		
TB	**TUI fly Belgium**		
TC	**Air Tanzania**		
TG	**Thai Airways International**		
TH	**Raya Airways**		
TK	**Turkish Airlines**		
TM	**LAM-Linhas Aereas de Mocambique**		
TN	**Air Tahiti Nui**		
TP	**TAP Air Portugal**		
	431 – 437	NI	Portugalia
	6700 – 6704	LH	Lufthansa German Airlines
	6758 – 6763	LX	SWISS
	6771 – 6775	SN	Brussels Airlines
	8981	ET	Ethiopian Airlines
TR	**Scoot**		
TS	**Air Transat A.T.Inc.**		
TU	**Tunisair**		
TX	**Air Caraibes**		
T7	**Twin Jet**		

U Flight numbers operated by

Code	Airline
UA	**United Airlines**
UC	**LATAM Cargo Chile**
UL	**SriLankan Airlines**
UM	**Air Zimbabwe**
UT	**UTair Aviation**
UU	**Air Austral**
UX	**Air Europa**
U3	**Sky Gates Airlines**

V Flight numbers operated by

Code	Airline		
VA	**Virgin Australia International**		
	9560 – 9563		AIRWORK FLIGHT OPERATIONS
	9570 – 9587		PIONAIR AUSTRALIA
VN	**Vietnam Airlines**		
VS	**Virgin Atlantic Airways**		
	131 – 174		OPERATED BY VIRGIN ATLANTIC INTERNATIONAL
	6828 – 6876	KL	KLM-Royal Dutch Airlines
V4	**Vensecar Internacional, C.A. (Cargo)**		

W Flight numbers operated by

Code	Airline
WB	**RwandAir**
WD	**Modern Transtport Aereo de Caarga SA**
WS	**WestJet**
WT	**Swiftair**
WY	**Oman Air**
W5	**Mahan Air**
W8	**Cargojet Airways Ltd.**

X Flight numbers operated by

Code	Airline		
XB	**Forward Air**		
XJ	**Thai Air Asia X**		
XL	**LATAM Airlines Ecuador**		
	1438 – 1439	LA	LATAM Airlines Group
XO	**SEAIR International**		
X8	**AirMax Cargo S.A**		

Y Flight numbers operated by

Code	Airline
YG	**YTO Cargo Airlines Co. Ltd**
YH	**Sunsplash Aviation LLC (Cargo)**
YU	**Euroatlantic Airways**
Y4	**Volaris**
Y8	**Suparna Airlines Co**

Z Flight numbers operated by

Code	Airline		
ZH	**Shenzhen Airlines**		
ZP	**Silk Way Airlines (Cargo)**		
	57 – 4717	7L	Silk Way West Airlines

2 Flight numbers operated by

Code	Airline
2D	**Eastern Airlines, LLC**

3 Flight numbers operated by

Code	Airline
3U	**Sichuan Airlines**
3V	**ASL Airlines Belgium**
3X	**Premier Trans Aire**

4 Flight numbers operated by

Code	Airline
4E	**Stabo Air**
4W	**Allied Air Cargo (Cargo)**
4X	**Mercury World Cargo**
4Z	**South African Airlink**

5 Flight numbers operated by

Code	Airline
5C	**C.A.L. Cargo Airlines (Cargo)**
5H	**Five Forty Aviation**
5J	**Cebu Pacific Air**
5O	**ASL Airlines France**
5S	**Global Aviation and Service Group**
5V	**Everts Air**
5Y	**Atlas Air**

6 Flight numbers operated by

Code	Airline
6O	**Orbest**
6R	**Aerounion (Cargo)**

7 Flight numbers operated by

Code	Airline
7A	**Express Air Cargo**
7L	**Silk Way West Airlines**
7S	**Ryan Air**
7U	**Commercial Aviation Services, LLC**

8 Flight numbers operated by

Code	Airline
8F	**STP Airways**
8Q	**Onur Air Tasimacilik A.S.**
8V	**Astral Aviation (Cargo)**

附录 A-02　机型及代码

代码	类别	机型
J31	T	British Aerospace Jetstream 31
J32	T	British Aerospace Jetstream 32
J41	T	British Aerospace Jetstream 41

L

代码	类别	机型
LJ2	J	Learjet 23/24/25
LJ3	J	Learjet 28/29/31/35/36
LJ4	J	Learjet 40/45
LJ6	J	Learjet 55/60
LJ7	J	Learjet 70/75
LJ8	J	Learjet 85
LOE	T	Lockheed L188 Electra (Passenger)
LOF	T	Lockheed L188 Electra (Freighter)
LOH	T	Lockheed L182/L282/L382 (L100) Hercules
LRJ	J	Learjet
L1F	J	Lockheed L1011 Tristar Freighter
L10	J	Lockheed L1011 Tristar Passenger
L11	J	Lockheed L1011 Tristar 1/50/100/150/200
L15	J	Lockheed L1011 Tristar 500 Passenger
L4F	T	Aircraft Industries (LET)410 freight
L4T	T	Let 410

M

代码	类别	机型
MA6	T	Xian Yunshuji MA-60
MBH	H	Eurocopter (MBB) BO 105
MD9	H	MD Helicopters MD 900 Explorer
MIH	H	Mil Mi-8/Mi-17/Mi-171/Mi-172
MU2	T	Mitsubishi MU-2
M1F	J	Boeing (Douglas) MD-11 (Freighter)
M1M	J	Boeing (Douglas) MD-11 Mixed Config
M11	J	Boeing (Douglas) MD-11 Passenger
M2F	J	Boeing (Douglas) MD82 Freighter
M3F	J	Boeing (Douglas) MD83 Freighter
M6F	T	Xian Yunshuji MA600 Freighter
M8F	J	Boeing (Douglas) MD88 Freighter
M80	J	Boeing (Douglas) MD-80
M81	J	Boeing (Douglas) MD-81
M82	J	Boeing (Douglas) MD-82
M83	J	Boeing (Douglas) MD-83
M87	J	Boeing (Douglas) MD-87
M88	J	Boeing (Douglas) MD-88
M90	J	Boeing (Douglas) MD-90

N

代码	类别	机型
NDC	J	Aerospatiale SN601 Corvette
NDE	H	Eurocopter Ecureuil AS350/AS355 2
NDH	H	Eurocopter SA365C Dauphin 2

P

代码	类别	机型
PAG	P	Piper (Light Aircraft)
PAT	T	Piper (Light Aircraft - Twin Turboprop)
PA1	P	Piper (Light Aircraft - Single Piston)
PA2	P	Piper (Light Aircraft - Twin Piston)
PL2	T	Pilatus PC-12
PL4	J	Pilatus PC-24
PL6	T	Pilatus PC6 Turbo-Porter
PN6	P	Partenavia P68
PR1	J	Hawker 390 Premier 1/1A
P18	T	Piaggio P180 Avanti II

S

代码	类别	机型
SFA	T	Saab 340 Passenger
SFB	T	Saab 340B
SFF	T	Saab 340 Freighter
SF3	T	Saab 340
SHS	T	Shorts Skyvan (SC-7)
SH3	T	Shorts 330 (SD3-30)
SH6	T	Shorts 360 (SD3-60)
SU1	J	Sukhoi Superjet
SU7	J	Sukhoi Superjet 100-75
SU9	J	Sukhoi Superjet 100-95
SWF	T	Fairchild (Swearingen)SA226 freight
SWM	T	Fairchild SA26/SA226/SA227 Merlin/Metro
SY8	T	Shaanxi Y-8
S20	T	Saab 2000
S58	H	Sikorsky S-58T
S61	H	Sikorsky S61
S76	H	Sikorsky S-76

T

代码	类别	机型
TBM	T	SOCATA TBM-700
TPT	T	Tecnam P2012
TU3	J	Tupolev Tu134
TU5	J	Tupolev Tu154
T12	T	Tecnam P2012 Traveler
T2F	J	Tupolev Tu-204 Freighter
T20	J	Tupolev Tu-204/Tu-214
T34	J	Tupolev Tu-334

W

代码	类别	机型
WWP	J	Israel Aircraft Ind 1124 Westwind

Y

代码	类别	机型
YK2	J	Yakovlev Yak-42/142
YK4	J	Yakovlev Yak-40
YN2	T	Harbin Yunshuji Y12
YN7	T	Xian Yunshuji Y7/MA60
YS1	T	NAMC YS-11

1

代码	类别	机型
100	J	Fokker 100
14F	J	British Aerospace 146 (Freighter)
14Y	J	BAE Systems 146-200 (Freighter)
14Z	J	BAE Systems 146-300 (Freighter)
141	J	British Aerospace 146-100 Passenger
142	J	British Aerospace 146-200 Passenger
143	J	British Aerospace 146-300 Passenger
146	J	British Aerospace 146 Passenger

2

代码	类别	机型
219	T	Indonesian Aerospace (IAe) N219
220	J	Airbus A220 Passenger
221	J	Airbus A220-100 Passenger
223	J	Airbus A220-300 Passenger
275	J	Embraer175 E2
290	J	Embraer 190 E2
295	J	Embraer 195 E2

3

代码	类别	机型
31A	J	Airbus A318 (sharklets)
31B	J	Airbus A319 (sharklets)
31F	J	Airbus A310 Freighter
31N	J	Airbus A319neo
31X	J	Airbus A310-200 Freighter
31Y	J	Airbus A310-300 Freighter
310	J	Airbus A310 Passenger
312	J	Airbus A310-200 Passenger
313	J	Airbus A310-300 Passenger
318	J	Airbus A318
319	J	Airbus A319
32A	J	Airbus A320 (Sharklets)
32B	J	Airbus A321 (Sharklets)
32F	J	Airbus A320 (Freighter)
32N	J	Airbus A320neo
32Q	J	Airbus A321neo
32S	J	Airbus A318/319/320/321
32X	J	Airbus A321 (Freighter)
320	J	Airbus A320
321	J	Airbus A321
33F	J	Airbus A330 Freighter
33X	J	Airbus A330-200 Freighter
33Y	J	Airbus A330-300 Freighter
330	J	Airbus A330
332	J	Airbus A330-200
333	J	Airbus A330-300
338	J	Airbus A330-800neo Passenger
339	J	Airbus A330-900neo
340	J	Airbus A340
342	J	Airbus A340-200
343	J	Airbus A340-300
345	J	Airbus A340-500
346	J	Airbus A340-600
350	J	Airbus A350
351	J	Airbus A350-1000
358	J	Airbus A350-800
359	J	Airbus A350-900
38F	J	Airbus A380-800F(Freighter)
380	J	Airbus A380 Passenger
388	J	Airbus A380-800 Passenger

7

代码	类别	机型
7M7	J	Boeing 737MAX 7 Passenger
7M8	J	Boeing 737MAX 8 Passenger
7M9	J	Boeing 737MAX 9 Passenger
7S8	J	Boeing 737-800 (Scimitar Winglets) Pax
70F	J	Boeing 707-320B/320C (Freighter)
70M	J	Boeing 707-320B/320C (Mixed Config)
703	J	Boeing 707-320B/320C (Passenger)
707	J	Boeing 707/720 Passenger
717	J	Boeing 717-200
72B	J	Boeing 727-100 (Mixed Configuration)
72C	J	Boeing 727-200 (Mixed Config)
72F	J	Boeing 727 (Freighter)
72M	J	Boeing 727 (Mixed Configuration)
72W	J	Boeing 727-200 (Passenger) winglets
72X	J	Boeing 727-100 (Freighter)
72Y	J	Boeing 727-200 (Freighter)
721	J	Boeing 727-100 (Passenger)
722	J	Boeing 727-200 Passenger
727	J	Boeing 727 (Passenger)
73C	J	Boeing 737-300 (Winglets) Passenger
73E	J	Boeing 737-500 (Winglets) Passenger
73F	J	Boeing 737 (Freighter)
73G	J	Boeing 737-700 Passenger
73H	J	Boeing 737-800 (Winglets) Passenger
73J	J	Boeing 737-900 (Winglets) Passenger
73K	J	Boeing 737-800 Freighter (winglets)
73L	J	Boeing 737-200 (Mixed Configuration)
73M	J	Boeing 737 (Mixed Configuration)
73N	J	Boeing 737-300 (Mixed Configuration)
73P	J	Boeing 737-400 (Freighter)
73Q	J	Boeing 737-400 (Mixed Configuration)
73R	J	Boeing 737-700 (Mixed Configuration)
73S	J	Boeing 737-700 Freighter
73W	J	Boeing 737-700 (Winglets) Passenger
73X	J	Boeing 737-200 (Freighter)
73Y	J	Boeing 737-300 (Freighter)
731	J	Boeing 737-100 Passenger
732	J	Boeing 737-200 Passenger
733	J	Boeing 737-300 Passenger
734	J	Boeing 737-400 Passenger
735	J	Boeing 737-500 Passenger
736	J	Boeing 737-600 Passenger
737	J	Boeing 737 Passenger
738	J	Boeing 737-800 Passenger
739	J	Boeing 737-900 Passenger
74B	J	Boeing 747-400 Swingtail Freighter
74C	J	Boeing 747-200 (Mixed Configuration)
74D	J	Boeing 747-300/747-200 SUD (Mxd Config)
74E	J	Boeing 747-400 (Mixed Configuration)
74F	J	Boeing 747 (Freighter)
74H	J	Boeing 747-8 Passenger
74J	J	Boeing 747-400 (Domestic) Passenger
74L	J	Boeing 747SP Passenger
74M	J	Boeing 747 (Mixed Configuration)
74N	J	Boeing 747-8F (Freighter)
74R	J	Boeing 747SR Passenger
74T	J	Boeing 747-100 Freighter
74U	J	Boeing 747-300/747-200 SUD (Freighter)
74V	J	Boeing 747SR (Freighter)
74X	J	Boeing 747-200 (Freighter)
74Y	J	Boeing 747-400F (Freighter)
741	J	Boeing 747-100 (Passenger)
742	J	Boeing 747-200 (Passenger)
743	J	Boeing 747-300/747-100/200 SUD (Pax)
744	J	Boeing 747-400 (Passenger)
747	J	Boeing 747 (Passenger)
75C	J	Boeing 757-200 Freighter
75F	J	Boeing 757-200PF (Freighter)
75M	J	Boeing 757-200 Mixed Configuration
75T	J	Boeing 757-300 (winglets) Passenger
75V	J	Boeing 757-200 Freighter (winglets)
75W	J	Boeing 757-200 (Winglets) Passenger
752	J	Boeing 757-200 Passenger
753	J	Boeing 757-300 Passenger
757	J	Boeing 757 (Passenger)
76F	J	Boeing 767 Freighter
76V	J	Boeing 767-300 (winglets) Freighter
76W	J	Boeing 767-300 (winglets) Passenger
76X	J	Boeing 767-200 Freighter
76Y	J	Boeing 767-300 Freighter
762	J	Boeing 767-200 Passenger
763	J	Boeing 767-300 Passenger
764	J	Boeing 767-400 Passenger
767	J	Boeing 767 Passenger
77F	J	Boeing 777 Freighter
77L	J	Boeing 777-200LR
77W	J	Boeing 777-300ER Passenger
77X	J	Boeing 777-200F Freighter
772	J	Boeing 777-200/200ER Passenger
773	J	Boeing 777-300 Passenger
777	J	Boeing 777 Passenger
779	J	Boeing 777-9 Passenger
781	J	Boeing 787-10
787	J	Boeing 787
788	J	Boeing 787-8
789	J	Boeing 787-9

Surface Transport

代码	类别	机型
BUS	S	Bus
LCH	S	Launch/Boat
LMO	S	Limousine
MTL	S	Metroliner Train
RFS	S	Road Feeder Service (Truck)
TGV	S	Train A Grand Vitesse
THS	S	High Speed Train
THT	S	Hotel Train
TRN	S	Train
TRS	S	High Speed Train
TSL	S	Sleeper Train

续表

Code	Type	Aircraft
J31	T	British Aerospace Jetstream 31
J32	T	British Aerospace Jetstream 32
J41	T	British Aerospace Jetstream 41
L		
LJ2	J	Learjet 23/24/25
LJ3	J	Learjet 28/29/31/35/36
LJ4	J	Learjet 40/45
LJ6	J	Learjet 55/60
LJ7	J	Learjet 70/75
LJ8	J	Learjet 85
LOE	T	Lockheed L188 Electra (Passenger)
LOF	T	Lockheed L188 Electra (Freighter)
LOH	T	Lockheed L182/L282/L382 (L100) Hercules
LRJ	J	Learjet
L1F	J	Lockheed L1011 Tristar Freighter
L10	J	Lockheed L1011 Tristar Passenger
L11	J	Lockheed L1011 Tristar 1/50/100/150/200
L15	J	Lockheed L1011 Tristar 500 Passenger
L4F	T	Aircraft Industries (LET)410 freight
L4T	T	Let 410
M		
MA6	T	Xian Yunshuji MA-60
MBH	H	Eurocopter (MBB) BO 105
MD9	H	MD Helicopters MD 900 Explorer
MIH	H	Mil Mi-8/Mi-17/Mi-171/Mi-172
MU2	T	Mitsubishi MU-2
M1F	J	Boeing (Douglas) MD-11 (Freighter)
M1M	J	Boeing (Douglas) MD-11 Mixed Config
M11	J	Boeing (Douglas) MD-11 Passenger
M2F	J	Boeing (Douglas) MD82 Freighter
M3F	J	Boeing (Douglas) MD83 Freighter
M6F	T	Xian Yunshuji MA600 Freighter
M8F	J	Boeing (Douglas) MD88 Freighter
M80	J	Boeing (Douglas) MD-80
M81	J	Boeing (Douglas) MD-81
M82	J	Boeing (Douglas) MD-82
M83	J	Boeing (Douglas) MD-83
M87	J	Boeing (Douglas) MD-87
M88	J	Boeing (Douglas) MD-88
M90	J	Boeing (Douglas) MD-90
N		
NDC	J	Aerospatiale SN601 Corvette
NDE	H	Eurocopter Ecureuil AS350/AS355 2
NDH	H	Eurocopter SA365C Dauphin 2
P		
PAG	P	Piper (Light Aircraft)
PAT	T	Piper (Light Aircraft - Twin Turboprop)
PA1	P	Piper (Light Aircraft - Single Piston)
PA2	P	Piper (Light Aircraft - Twin Piston)
PL2	T	Pilatus PC-12
PL4	J	Pilatus PC-24
PL6	T	Pilatus PC6 Turbo-Porter
PN6	P	Partenavia P68
PR1	J	Hawker 390 Premier 1/1A
P18	T	Piaggio P180 Avanti II
S		
SFA	T	Saab 340 Passenger
SFB	T	Saab 340B
SFF	T	Saab 340 Freighter
SF3	T	Saab 340
SHS	T	Shorts Skyvan (SC-7)
SH3	T	Shorts 330 (SD3-30)
SH6	T	Shorts 360 (SD3-60)
SU1	J	Sukhoi Superjet
SU7	J	Sukhoi Superjet 100-75
SU9	J	Sukhoi Superjet 100-95
SWF	T	Fairchild (Swearingen)SA226 freight
SWM	T	Fairchild SA26/SA226/SA227 Merlin/Metro
SY8	T	Shaanxi Y-8
S20	T	Saab 2000
S58	H	Sikorsky S-58T
S61	H	Sikorsky S61
S76	H	Sikorsky S-76
T		
TBM	T	SOCATA TBM-700
TPT	T	Tecnam P2012
TU3	J	Tupolev Tu134
TU5	J	Tupolev Tu154
T12	T	Tecnam P2012 Traveler
T2F	J	Tupolev Tu-204 Freighter
T20	J	Tupolev Tu-204/Tu-214
T34	J	Tupolev Tu-334
W		
WWP	J	Israel Aircraft Ind.1124 Westwind
Y		
YK2	J	Yakovlev Yak-42/142
YK4	J	Yakovlev Yak-40
YN2	T	Harbin Yunshuji Y12
YN7	T	Xian Yunshuji Y7/MA60
YS1	T	NAMC YS-11
1		
100	J	Fokker 100
14F	J	British Aerospace 146 (Freighter)
14Y	J	BAE Systems 146-200 (Freighter)
14Z	J	BAE Systems 146-300 (Freighter)
141	J	British Aerospace 146-100 Passenger
142	J	British Aerospace 146-200 Passenger
143	J	British Aerospace 146-300 Passenger
146	J	British Aerospace 146 Passenger
2		
219	T	Indonesian Aerospace (IAe) N219
220	J	Airbus A220 Passenger
221	J	Airbus A220-100 Passenger
223	J	Airbus A220-300 Passenger
275	J	Embraer175 E2
290	J	Embraer 190 E2
295	J	Embraer 195 E2
3		
31A	J	Airbus A318 (sharklets)
31B	J	Airbus A319 (sharklets)
31F	J	Airbus A310 Freighter
31N	J	Airbus A319neo
31X	J	Airbus A310-200 Freighter
31Y	J	Airbus A310-300 Freighter
310	J	Airbus A310 Passenger
312	J	Airbus A310-200 Passenger
313	J	Airbus A310-300 Passenger
318	J	Airbus A318
319	J	Airbus A319
32A	J	Airbus A320 (Sharklets)
32B	J	Airbus A321 (Sharklets)
32F	J	Airbus A320 (Freighter)
32N	J	Airbus A320neo
32Q	J	Airbus A321neo
32S	J	Airbus A318/319/320/321
32X	J	Airbus A321 (Freighter)
320	J	Airbus A320
321	J	Airbus A321
33F	J	Airbus A330 Freighter
33X	J	Airbus A330-200 Freighter
33Y	J	Airbus A330-300 Freighter
330	J	Airbus A330
332	J	Airbus A330-200
333	J	Airbus A330-300
338	J	Airbus A330-800neo Passenger
339	J	Airbus A330-900neo
340	J	Airbus A340
342	J	Airbus A340-200
343	J	Airbus A340-300
345	J	Airbus A340-500
346	J	Airbus A340-600
350	J	Airbus A350
351	J	Airbus A350-1000
358	J	Airbus A350-800
359	J	Airbus A350-900
38F	J	Airbus A380-800F(Freighter)
380	J	Airbus A380 Passenger
388	J	Airbus A380-800 Passenger
7		
7M7	J	Boeing 737MAX 7 Passenger
7M8	J	Boeing 737MAX 8 Passenger
7M9	J	Boeing 737MAX 9 Passenger
7S8	J	Boeing 737-800 (Scimitar Winglets) Pax
70F	J	Boeing 707-320B/320C (Freighter)
70M	J	Boeing 707-320B/320C (Mixed Config)
703	J	Boeing 707-320B/320C (Passenger)
707	J	Boeing 707/720 Passenger
717	J	Boeing 717-200
72B	J	Boeing 727-100 (Mixed Configuration)
72C	J	Boeing 727-200 (Mixed Config)
72F	J	Boeing 727 (Freighter)
72M	J	Boeing 727 (Mixed Configuration)
72W	J	Boeing 727-200 (Passenger) winglets
72X	J	Boeing 727-100 (Freighter)
72Y	J	Boeing 727-200 (Freighter)
721	J	Boeing 727-100 (Passenger)
722	J	Boeing 727-200 Passenger
727	J	Boeing 727 (Passenger)
73C	J	Boeing 737-300 (Winglets) Passenger
73E	J	Boeing 737-500 (Winglets) Passenger
73F	J	Boeing 737 (Freighter)
73G	J	Boeing 737-700 Passenger
73H	J	Boeing 737-800 (Winglets) Passenger
73J	J	Boeing 737-900 (Winglets) Passenger
73K	J	Boeing 737-800 Freighter (winglets)
73L	J	Boeing 737-200 (Mixed Configuration)
73M	J	Boeing 737 (Mixed Configuration)
73N	J	Boeing 737-300 (Mixed Configuration)
73P	J	Boeing 737-400 (Freighter)
73Q	J	Boeing 737-400 (Mixed Configuration)
73R	J	Boeing 737-700 (Mixed Configuration)
73S	J	Boeing 737-700 Freighter
73W	J	Boeing 737-700 (Winglets) Passenger
73X	J	Boeing 737-200 (Freighter)
73Y	J	Boeing 737-300 (Freighter)
731	J	Boeing 737-100 Passenger
732	J	Boeing 737-200 Passenger
733	J	Boeing 737-300 Passenger
734	J	Boeing 737-400 Passenger
735	J	Boeing 737-500 Passenger
736	J	Boeing 737-600 Passenger
737	J	Boeing 737 Passenger
738	J	Boeing 737-800 Passenger
739	J	Boeing 737-900 Passenger
74B	J	Boeing 747-400 Swingtail Freighter
74C	J	Boeing 747-200 (Mixed Configuration)
74D	J	Boeing 747-300/747-200 SUD (Mxd Config)
74E	J	Boeing 747-400 (Mixed Configuration)
74F	J	Boeing 747 (Freighter)
74H	J	Boeing 747-8 Passenger
74J	J	Boeing 747-400 (Domestic) Passenger
74L	J	Boeing 747SP Passenger
74M	J	Boeing 747 (Mixed Configuration)
74N	J	Boeing 747-8F (Freighter)
74R	J	Boeing 747SR Passenger
74T	J	Boeing 747-100 Freighter
74U	J	Boeing 747-300/747-200 SUD (Freighter)
74V	J	Boeing 747SR (Freighter)
74X	J	Boeing 747-200 (Freighter)
74Y	J	Boeing 747-400F (Freighter)
741	J	Boeing 747-100 (Passenger)
742	J	Boeing 747-200 (Passenger)
743	J	Boeing 747-300/747-100/200 SUD (Pax)
744	J	Boeing 747-400 (Passenger)
747	J	Boeing 747 (Passenger)
75C	J	Boeing 757-200 Freighter
75F	J	Boeing 757-200PF (Freighter)
75M	J	Boeing 757-200 Mixed Configuration
75T	J	Boeing 757-300 (winglets) Passenger
75V	J	Boeing 757-200 Freighter (winglets)
75W	J	Boeing 757-200 (Winglets) Passenger
752	J	Boeing 757-200 Passenger
753	J	Boeing 757-300 Passenger
757	J	Boeing 757 (Passenger)
76F	J	Boeing 767 Freighter
76V	J	Boeing 767-300 (winglets) Freighter
76W	J	Boeing 767-300 (winglets) Passenger
76X	J	Boeing 767-200 Freighter
76Y	J	Boeing 767-300 Freighter
762	J	Boeing 767-200 Passenger
763	J	Boeing 767-300 Passenger
764	J	Boeing 767-400 Passenger
767	J	Boeing 767 Passenger
77F	J	Boeing 777 Freighter
77L	J	Boeing 777-200LR
77W	J	Boeing 777-300ER Passenger
77X	J	Boeing 777-200F Freighter
772	J	Boeing 777-200/200ER Passenger
773	J	Boeing 777-300 Passenger
777	J	Boeing 777 Passenger
779	J	Boeing 777-9 Passenger
781	J	Boeing 787-10
787	J	Boeing 787
788	J	Boeing 787-8
789	J	Boeing 787-9
Surface Transport		
BUS	S	Bus
LCH	S	Launch/Boat
LMO	S	Limousine
MTL	S	Metroliner Train
RFS	S	Road Feeder Service (Truck)
TGV	S	Train A Grand Vitesse
THS	S	High Speed Train
THT	S	Hotel Train
TRN	S	Train
TRS	S	High Speed Train
TSL	S	Sleeper Train

附录 A-03 航线

This section lists complete routings for all multi-sector flights shown in this issue. Flights are shown in numerical order for each airline. Airlines with alpha/alpha codes are arranged alphabetically. These are followed by airlines with numeric/alpha codes in numeric/alpha sequence.

* Indicates that the flight or a portion of the flight is operated by another airline. Airport codes shown in small letters indicate technical landings. Airport codes can be decoded using the *City/airport codes* section.

AC Air Canada
- 092 YYZ-SCL-EZE
- 093 EZE-SCL-YYZ

AF Air France
- 076 CDG-LAX-PPT
- 077 PPT-LAX-CDG
- 253 SGN-BKK-CDG
- 306 CDG-NIM-LFW
- 339 LFW-NIM-CDG
- 520 CDG-BKO-ABJ
- 521 ABJ-BKO-CDG
- 584 CDG-ACC-OUA
- 596 CDG-FNA-CKY
- 722 CDG-FIH-BZV
- 724 CKY-NKC-CDG
- 727 NKC-CKY-CDG
- 736 CDG-BZV-FIH
- 751 CDG-NKC-CKY
- 760 PUJ-SDQ-CDG
- 760 CDG-PUJ-SDQ
- 775 BGF-NSI-CDG
- 818 CDG-ABV-NDJ
- 878 CDG-NDJ-ABV
- 914 CDG-OUA-ACC
- 953 SSG-DLA-CDG
- 958 CDG-DLA-SSG
- 982 CDG-NSI-DLA

AI Air India
- 113 ATQ-DEL-BHX
- 114 BHX-DEL-ATQ
- 117 DEL-ATQ-BHX
- 118 BHX-ATQ-DEL
- 310 BOM-DEL-HKG
- 314 BOM-DEL-HKG
- 315 HKG-DEL-BOM
- 317 HKG-DEL-BOM
- 348 BOM-DEL-PVG
- 349 PVG-DEL-BOM
- 933 DEL-COK-DXB
- 965 BOM-HYD-JED
- 966 JED-HYD-BOM

AT Royal Air Maroc
- 34 ZRH-GVA-BRU
- 35 BRU-GVA-ZRH
- 248 CMN-MED-JED
- 254 CMN-JED-RUH
- 325 CMN-BKO-DSS
- 327 CMN-NIM-OUA
- 352 CMN-MXP-BRU
- 352 CMN-ALG-BRU

AV Avianca
- 043 *JFK-MDE-CLO
- 086 *GRU-BOG-LAX

BA British Airways
- 015 LHR-SIN-SYD
- 016 SYD-SIN-LHR
- 252 GCM-NAS-LHR
- 253 LHR-NAS-GCM
- 2156 PLS-ANU-LGW
- 2156 TAB-ANU-LGW
- 2157 LGW-ANU-PLS
- 2157 LGW-ANU-SKB
- 2157 LGW-ANU-TAB
- 2158 GND-UVF-LGW
- 2158 POS-UVF-LGW
- 2159 LGW-UVF-GND
- 2159 LGW-UVF-POS
- 2256 SKB-ANU-LGW
- 2256 TAB-ANU-LGW
- 3313F HKG-DOH-STN
- 3314F HKG-DOH-STN
- 3315F HKG-DOH-STN
- 3316F HKG-DOH-STN
- 3317F HKG-DOH-STN
- 3383F MAD-OPO-LHR
- 3416F MAD-OPO-EMA
- 9001F MAD-TFN-LPA
- 9011F MAD-LPA-TFN

BF French Bee
- 710 ORY-SFO-PPT
- 711 PPT-SFO-ORY

BG Biman Bangladesh Airlines
- 202 LHR-ZYL-DAC
- 208 MAN-ZYL-DAC
- 226 DOH-ZYL-DAC
- 228 AUH-ZYL-DAC
- 236 JED-ZYL-DAC
- 248 DXB-ZYL-DAC

BR EVA Airways
- 61 TPE-BKK-VIE
- 62 VIE-BKK-TPE
- 67 TPE-BKK-LHR
- 68 LHR-BKK-TPE
- 75 TPE-BKK-AMS
- 76 AMS-BKK-TPE
- 620 TPE-ANC-LAX
- 659 ORD-ANC-TPE
- 660 TPE-ANC-ORD
- 661 ORD-ANC-TPE
- 662 TPE-ANC-ORD
- 667 ATL-ANC-KIX-TPE
- 668 TPE-ANC-ATL
- 669 ATL-ANC-TPE
- 697 DFW-ANC-TPE
- 698 TPE-ANC-DFW
- 6031 TPE-PEN-BKK
- 6055 TPE-SIN-BKK
- 6057 TPE-SIN-BKK
- 6085 TPE-SIN-PEN

BV Blue Panorama Airlines
- 1104 FCO-SCU-HAV
- 1540 MXP-SDQ-ANU
- 1618 MXP-HOG-HAV
- 5248 ZNZ-MBA-MXP
- 5276 FCO-ZNZ-MBA

BZ Blue Dart Aviation Limited
- 102 MAA-BLR-BOM-DEL-CCU
- 154 MAA-HYD-BOM-AMD-DEL
- 201 CCU-DEL-BOM-BLR-MAA
- 451 DEL-AMD-BOM-HYD-MAA
- 481 DEL-AMD-BOM-HYD
- 654 HYD-BOM-AMD-DEL

CA Air China
- 721 PEK-MSQ-BUD
- 867 PEK-SZX-JNB
- 868 JNB-SZX-PEK
- 879 PEK-YUL-HAV
- 880 HAV-YUL-PEK
- 885 PEK-IAH-PTY
- 886 PTY-IAH-PEK
- 907 PEK-MAD-GRU
- 908 GRU-MAD-PEK
- 945 PEK-ISB-KHI
- 1011 PVG-ANC-ORD
- 1019 PVG-ANC-DFW
- 1020 DFW-JFK-PEK-PVG
- 1026 AMS-ZAZ-TSN-PVG
- 1029 PVG-ANC-JFK
- 1030 JFK-PEK-PVG
- 1031 PVG-CKG-FRA
- 1032 FRA-PEK-PVG
- 1036 AMS-TSN-PVG
- 1037 PVG-CKG-AMS
- 1040 AMS-LGG-PVG
- 1042 FRA-PEK-PVG
- 1045 PVG-CTU-ANC-ORD
- 1049 PVG-ANC-DFW
- 1050 DFW-JFK-PVG
- 1053 PVG-ANC-ORD
- 1054 ORD-PEK-PVG
- 1055 PVG-ANC-ORD
- 1058 LAX-PEK-PVG
- 1065 PVG-ANC-JFK
- 1077 PVG-ANC-JFK
- 1087 CGQ-SHE-NKG
- 1088 NKG-SHE-CGQ
- 8411F PVG-ANC-ORD
- 8413F PVG-ANC-JFK
- 8417F PVG-ANC-ORD
- 8441F PVG-CTU-KIX
- 8443F PVG-CTU-ANC-ORD

CF China Postal Airlines
- 9006 NKG-CGO-SJW
- 9007 CKG-CSX-NKG
- 9008 NKG-CSX-CKG
- 9011 XMN-FOC-NKG
- 9012 NKG-FOC-XMN
- 9023 NNG-KHN-NKG
- 9024 NKG-KHN-NNG
- 9061 DLC-TAO-NKG
- 9069 HET-TYN-NKG
- 9070 NKG-TYN-HET
- 9071 FOC-WNZ-NKG
- 9073 TNA-TAO-NKG
- 9076 NKG-TAO-TNA
- 9080 NKG-WNZ-XMN
- 9082 CAN-PEK-HGH
- 9085 HGH-PEK-CAN
- 9087 SZX-NKG-PEK
- 9089 PEK-NKG-SZX

CK China Cargo Airlines
- 203 PVG-NGB-SIN
- 204 SIN-NGB-PVG
- 217 PVG-AMS-ZAZ
- 225 PVG-ANC-ORD
- 227 PVG-ANC-ORD
- 233 PVG-ANC-ATL-ORD
- 288 SIN-BKK-PVG

CU Cubana de Aviacion S.A
- 361 EZE-CCC-HAV
- 471 MAD-SCU-HAV

CV Cargolux Airlines International
- 4314 HKG-ORD-JFK
- 4324 ORD-JFK-LUX
- 4481 LUX-ALA-CGO
- 4482 LUX-TBS-CGO
- 4513 HKG-LCK-JFK
- 4524 LCK-JFK-LUX
- 6115 TPE-BKK-LUX
- 6353 NRT-ICN-LUX
- 6356 KMQ-ICN-LUX
- 6483 LUX-PEK-XMN
- 6485 LUX-PEK-XMN
- 6584 HKG-DFW-MIA
- 6587 HKG-LCK-MIA
- 6591 LCK-MIA-LUX
- 6595 DFW-MIA-LUX
- 6604 LUX-LAX-MEX
- 6606 LUX-DFW-MEX
- 6614 MEX-LAX-PIK-LUX
- 6616 MEX-DFW-LUX
- 6681 LUX-LAX-MEX
- 6691 MEX-LAX-LUX
- 6916 ICN-TPE-LUX
- 7142 LUX-JNB-NBO
- 7145 LUX-JNB-NBO
- 7153 JNB-NBO-AMS-LUX
- 7156 JNB-NBO-AMS-LUX
- 7211 CGK-HKG-LUX
- 7302 LUX-SIN-KUL
- 7303 SIN-KUL-CGO-ORD
- 7306 LUX-SIN-HKG
- 7321 LUX-BEY-BAH-HKG
- 7322 LUX-DOH-BKK-HKG
- 7324 LUX-BAH-SGN-HKG
- 7326 LUX-MCT-HKG
- 7332 HKG-BUD-LUX
- 7333 BKK-HKG-BUD-LUX
- 7335 CGK-HKG-LUX
- 7336 SGN-HKG-BUD-LUX
- 7345 LUX-ICN-TPE
- 7404 LUX-DMM-HKG
- 7405 LUX-BKK-HKG-SGN
- 7415 HKG-MEX-GDL
- 7416 MEX-GDL-LUX
- 7417 HAN-HKG-LUX
- 7494 PEK-XMN-LUX
- 7496 PEK-XMN-LUX
- 7525 LUX-DWC-HAN-HKG
- 7536 HAN-HKG-VIE-LUX
- 7585 LUX-AMM-DWC-HKG
- 7587 LUX-DMM-HKG
- 7602 LUX-CWB-VCP
- 7604 LUX-VCP-GIG
- 7606 LUX-GIG-VCP
- 7613 CWB-VCP-LUX
- 7615 VCP-GIG-LUX
- 7617 GIG-VCP-LUX
- 7654 LUX-DWC-HKG-CGK
- 7703 LUX-IND-ORD
- 7711 ORD-MXP-LUX
- 7714 IND-ORD-LUX
- 7721 LUX-SEA-YYC
- 7723 LUX-PIK-LAX-SEA
- 7732 SEA-YYC-LUX
- 7734 LAX-SEA-LUX
- 7743 LUX-DFW-IAH
- 7745 LUX-IND-LAX-YYC
- 7746 LUX-LAX-SEA
- 7754 DFW-IAH-PIK-LUX
- 7756 LAX-YYC-LUX
- 7757 LAX-SEA-PIK-LUX
- 7783 LUX-JFK-MEX-GDL
- 7787 LUX-MEX-GDL
- 7791 MEX-GDL-IAH-LUX
- 7794 MEX-GDL-IAH-LUX
- 7844 LUX-SIN-KUL
- 7855 SIN-KUL-LUX
- 7923 LUX-RUH-HAN-HKG
- 7946 LUX-KUL-SIN
- 7947 LUX-DWC-CGK-HKG
- 7957 HKG-SIN-DWC-LUX
- 7962 LUX-GYD-TPE-BKK
- 7966 LUX-GYD-TPE-BKK
- 7973 TPE-BKK-LUX
- 7977 TPE-BKK-LUX
- 7993 HAN-HKG-VIE-LUX
- 8001 LEJ-FRA-LUX
- 8165 DRS-FRA-LUX
- 8387 LUX-SJU-ATL
- 8391 SJU-ATL-LUX
- 8562 LUX-DWC-HKG
- 8564 LUX-DWC-HKG
- 8566 LUX-KWI-HKG
- 8575 SGN-HKG-LUX
- 8587 LUX-BKK-HKG
- 8591 BKK-HKG-GDL-MEX
- 8592 GDL-MEX-LUX
- 8604 LUX-MIA-IAH
- 8607 LUX-MIA-IAH
- 8615 MIA-IAH-LUX
- 8617 MIA-IAH-PIK-LUX
- 8623 LUX-ORD-ATL
- 8626 LUX-ATL-ORD
- 8634 ORD-ATL-LUX
- 8637 ATL-ORD-LUX
- 8703 LUX-KWI-HKG
- 8705 LUX-DMM-HKG
- 8886 LUX-ORD-IND
- 8897 ORD-IND-LUX
- 8923 LUX-AMM-HKG
- 8926 LUX-RUH-HAN-HKG
- 9011 ZAZ-BCN-LUX
- 9422 LUX-NRT-ICN
- 9425 LUX-KMQ-ICN
- 9700 LUX-CPH-MMX-ARN-HEL
- 9701 OSL-CPH-LUX
- 9703 OSL-CPH-LUX
- 9732 CGO-STN-LUX
- 9737 CGO-STN-LUX
- 9762 CGO-ORD-ATL
- 9794 ORD-ATL-LUX

CX Cathay Pacific Airways
- 005 NRT-TPE-HKG
- 007 HKG-BOM-LHR
- 017 *HKG-MAA-CMB
- 018 MAA-CMB-HKG
- 022 SYD-MEL-HKG
- 023 *HKG-SYD-MEL
- 028 SYD-MEL-HKG
- 031 *HKG-BOM-BLR
- 032 BOM-BLR-HKG
- 035 KIX-ICN-HKG
- 035 KIX-TPE-HKG
- 036 *HKG-KIX-ICN
- 036 *HKG-KIX-TPE
- 037 *HKG-DEL-FRA-CDG
- 037 *HKG-DEL-LHR-MXP
- 038 FRA-MXP-BOM-HKG
- 038 FRA-CDG-DEL-HKG
- 038 LHR-MXP-HKG
- 041 *HKG-DEL-CCU
- 042 DEL-CCU-HKG
- 043 *HKG-MAA-CMB
- 043 *HKG-MAA-BLR
- 043 *HKG-DEL-HYD
- 044 MAA-BLR-HKG
- 044 DEL-HYD-HKG
- 048 DAC-HAN-HKG
- 049 HKG-HAN-DAC
- 050 *HKG-PVG-CGO
- 051 PVG-CGO-HKG
- 054 HKG-CGO-PVG
- 061 HKG-BOM-FRA
- 062 FRA-DWC-HKG
- 066 FRA-AMS-BOM-HKG
- 067 HKG-DWC-FRA
- 071 MIA-IAH-ANC-HKG
- 074 HKG-ANC-MIA
- 074 *HKG-ANC-MIA-IAH
- 078 SIN-PEN-PNH-HKG
- 079 *HKG-SIN-PEN
- 080 HKG-ANC-ORD
- 080 *HKG-ANC-LCK-ORD
- 081 ORD-ANC-HKG
- 081 LCK-ORD-ANC-HKG
- 084 HKG-ANC-JFK
- 084 *HKG-ANC-JFK-YYZ
- 085 JFK-YYZ-ANC-HKG
- 086 *HKG-ANC-LAX-MEX
- 087 LAX-ANC-HKG
- 087 LAX-MEX-GDL-ANC-HKG
- 090 HKG-ANC-DFW
- 090 *HKG-ANC-DFW-ATL
- 091 DFW-ATL-ANC-HKG
- 094 *HKG-ANC-JFK-YYC
- 095 JFK-YYC-ANC-HKG
- 096 HKG-ANC-LAX
- 098 *HKG-ANC-JFK-ORD
- 099 JFK-ORD-ANC-HKG
- 420 HKG-TPE-ICN
- 421 ICN-TPE-HKG
- 450 HKG-TPE-NRT
- 451 NRT-TPE-HKG
- 530 HKG-TPE-NGO
- 531 NGO-TPE-HKG
- 564 HKG-TPE-KIX
- 565 KIX-TPE-HKG
- 619 HKG-BKK-SIN
- 712 SIN-BKK-HKG
- 745 HKG-DXB-BAH
- 746 BAH-DXB-HKG
- 2067 *HKG-DWC-FRA-AMS
- 2081 LAX-ORD-ANC-HKG
- 2082 *HKG-ANC-LAX-ORD
- 2090 *HKG-ANC-DFW-ATL
- 2090 *HKG-ANC-DFW-LAX
- 2091 DFW-ATL-ANC-HKG
- 2091 DFW-LAX-ANC-HKG
- 2095 ORD-ANC-HKG
- 3238 HKG-XMN-PVG
- 3241 *HKG-CGK-PEN
- 3242 CGK-PEN-SGN-HKG
- 3258 HKG-XMN-PVG
- 3260 *HKG-CKG-CTU
- 3261 CKG-CTU-HKG
- 3272 *HKG-ANC-MIA-DFW
- 3272 *HKG-ANC-MIA-IAH
- 3273 MIA-ANC-HKG
- 3273 MIA-DFW-ANC-HKG
- 3273 MIA-IAH-ANC-HKG
- 3280 *HKG-ANC-LAX-PDX
- 3281 LAX-PDX-ANC-HKG
- 3290 HKG-ANC-ORD
- 3291 ORD-ANC-HKG
- 3291 ORD-ATL-ANC-HKG

CZ China Southern Airlines
- 331 CAN-CSX-FRA
- 332 FRA-CSX-CAN
- 355 CAN-WUH-SVO
- 356 SVO-WUH-CAN
- 377 CAN-YVR-MEX
- 378 MEX-YVR-CAN
- 431 PVG-ANC-ORD
- 433 PVG-ANC-ORD
- 437 PVG-ANC-ORD
- 455 CAN-CKG-AMS
- 457 CAN-CKG-AMS
- 465 CAN-STN-FRA
- 471 CAN-ANC-LAX
- 473 CAN-ANC-LAX
- 477 CAN-ANC-LAX
- 479 AMS-CKG-PVG
- 490 SGN-HAN-CAN
- 645 CAN-WUH-FCO
- 646 FCO-WUH-CAN
- 651 CAN-SYX-LHR
- 652 LHR-SYX-CAN
- 659 CAN-WUH-SFO
- 660 SFO-WUH-CAN
- 3059 CAN-CMB-MLE
- 3060 MLE-CMB-CAN
- 6021 CAN-URC-VIE
- 6022 VIE-URC-CAN
- 6043 CAN-CSX-NBO
- 6044 NBO-CSX-CAN

C8 Cargolux Italia S.p.A.
- 5526 HKG-DFW-ORD
- 5536 DFW-ORD-LUX
- 5717 MXP-NRT-HKG
- 5733 MXP-NRT-HKG
- 5735 MXP-NRT-HKG
- 6731 MXP-DWC-HKG
- 6755 LUX-KWI-HKG
- 8726 NRT-HKG-MXP
- 8727 NRT-HKG-MXP
- 8744 NRT-HKG-MXP

DE Condor Flugdienst
- 2144 FRA-POP-SDQ
- 2162 FRA-HAV-MBJ
- 2224 FRA-GND-BGI
- 2254 FRA-TAB-BGI
- 2282 MBA-ZNZ-FRA
- 2290 FRA-WDH-CPT
- 2291 CPT-WDH-FRA

DL Delta Air Lines
- 44 ATL-JFK-DUB
- 45 DUB-JFK-ATL
- 204 ATL-JNB-CPT
- 234 LAX-JFK-TLV
- 235 TLV-JFK-LAX
- 283 DTW-ICN-PVG
- 284 PVG-ICN-DTW
- 288 PVG-ICN-SEA
- 289 SEA-ICN-PVG
- 1353 JFK-LAX-SAT

D7 AirAsia X
- 1 KUL-KIX-HNL
- 2 HNL-KIX-KUL
- 382 KUL-TPE-KIX
- 383 KIX-TPE-KUL

EK Emirates
- 205 DXB-MXP-JFK
- 206 JFK-MXP-DXB
- 209 DXB-ATH-EWR
- 210 EWR-ATH-DXB
- 255 DXB-BCN-MEX
- 256 MEX-BCN-DXB
- 338 CEB-CRK-DXB
- 384 DXB-BKK-HKG
- 385 HKG-BKK-DXB
- 404 DXB-SIN-MEL
- 405 MEL-SIN-DXB
- 412 DXB-SYD-CHC

续表

SQ Singapore Airlines

7346	SIN-DAC-SHJ-AMS
7558	SIN-BKK-PVG
7564	SIN-BKK-PVG
7830	SIN-BKK-PVG
7836	SIN-BKK-PVG
7957	LAX-BRU-SHJ-SIN
7958	SIN-HKG-ANC-LAX
7969	DFW-BRU-BOM-SIN
7987	LAX-BRU-BLR-SIN

SU Aeroflot Russian Airlines

261	HND-SVO-CDG
263	HND-SVO-LHR
265	HND-SVO-FCO

SV Saudi Arabian Airlines

0902	JFK-LGG-RUH
0903	JED-LGG-JFK
0947	JED-ADD-NBO
0983	HKG-RUH-JED
0987	HKG-RUH-JED
3967	HKG-RUH-JED
6807	FRA-RUH-JED
6809	DAC-RUH-ZAZ

TB TUI fly Belgium

112	VRA-CUN-BRU
166	PUJ-MBJ-BRU
182	SDQ-PUJ-BRU
194	MBJ-CUN-BRU

TG Thai Airways International

507	BKK-KHI-MCT
508	MCT-KHI-BKK
634	BKK-TPE-ICN
635	ICN-TPE-BKK
953	CPH-HKT-BKK

TH Raya Airways

315	SZB-BKI-KCH

TK Turkish Airlines

15	IST-GRU-EZE
16	EZE-GRU-IST
38	IST-JNB-MPM
39	MPM-JNB-IST
42	IST-JNB-DUR
43	DUR-JNB-IST
160	IST-MRU-TNR
161	TNR-MRU-IST
181	IST-MEX-CUN
183	IST-HAV-CCS
543	IST-BKO-NIM
561	IST-COO-ABJ
590	IST-NDJ-FIH
597	IST-DSS-BJL
599	IST-DSS-BJL
601	IST-DAR-LUN
609	IST-LUN-DAR
730	IST-MLE-CMB
731	CMB-MLE-IST
732	IST-MLE-CMB
800	IST-BOG-PTY
801	IST-BOG-PTY
6201	IST-STN-MST-ISL
6218	ISL-DOH-BOM
6224	ISL-TAS-SZX
6225	SZX-FRU-ISL
6268	ISL-ALA-SZX
6269	SZX-FRU-ISL
6305	IST-STN-MST-ISL
6315T	HEL-ARN-IST
6319	ISL-SNN-ORD-ATL
6329	TUN-ZRH-ISL
6333	ISL-ALG-ZRH
6351	ISL-BCN-BSL
6366	ISL-AMM-NBO-IST
6376	ISL-KWI-DWC
6376T	IST-KWI-DWC
6378	ISL-TBS-ADB
6379	ADB-TLV-ISL
6381	ISL-LGG-ZRH
6381T	IST-ALG-ZRH
6387T	IST-KBP-BUD
6389T	IST-KBP-BUD
6391	ISL-KBP-BUD
6391T	IST-KBP-BUD
6424	ISL-ALA-SZX
6425	SZX-FRU-ISL
6426	ISL-KWI-NBO
6433	ISL-ORD-MEX-BOG
6434	BOG-CUR-MST-ISL
6437	ISL-MAD-MIA
6440	GRU-DSS-ISL
6442	ISL-ALA-TPE
6455	ISL-KRT-NBO-IST
6462	ISL-JNB-NBO-IST
6464	ISL-KWI-DWC
6466T	IST-DWC-BOM
6476	ISL-MCT-PNH
6494T	IST-ALA-ICN
6501T	IST-LOS-ACC
6502	ACC-MST-ISL
6503	ISL-LOS-ACC
6503T	IST-LOS-ACC
6507	ISL-DSS-KAN
6512	ISL-NBO-IST
6514T	IST-KHI-SIN-HYD
6516T	IST-ALA-CAN
6517T	CAN-FRU-IST
6518T	IST-FRU-PVG
6519T	PVG-FRU-IST
6524T	IST-FRU-CAN
6525T	CAN-FRU-ISL
6526T	ISL-ALA-PVG
6555T	IST-SNN-ORD
6558	CUR-MST-ISL
6562	ISL-DWC-HAN
6562T	IST-ALA-HAN
6563T	HAN-DEL-IST
6564T	IST-BOM-HAN
6565T	HAN-DEL-IST
6576	IST-LGG-OSL-ISL
6578	ISL-BAH-PNH
6585	ISL-MST-BSL-ISL
6591	ISL-VNO-PRG
6676T	IST-DOH-BKK
6780	ISL-ALA-HKG
6780T	IST-ALA-HKG
6781	HKG-ALA-ISL
6781T	HKG-ALA-IST
6782T	IST-ALA-HKG
6783T	HKG-ALA-IST
6784	ISL-ALA-HKG
6785	HKG-ALA-ISL
6786	ISL-ALA-HKG
6787	HKG-ALA-ISL
6788	ISL-ALA-HKG
6789	HKG-ALA-ISL
6791	HKG-ALA-ISL

TN Air Tahiti Nui

0007	CDG-LAX-PPT
0008	PPT-LAX-CDG
0067	CDG-YVR-PPT
0068	PPT-YVR-CDG

TR Scoot

868	SIN-DMK-NRT
869	NRT-DMK-SIN
892	SIN-TPE-CTS
893	CTS-TPE-SIN
896	SIN-TPE-ICN
897	ICN-TPE-SIN
898	SIN-TPE-NRT
899	NRT-TPE-SIN

TU Tunisair

713	TUN-MED-JED

TX Air Caraibes

556	ORY-PAP-SDQ
559	ORY-PAP-PUJ
560	ORY-ZSA-PUJ
638	ORY-SCU-HAV

UA United Airlines

724	HNL-SFO-ORD
858	PVG-ICN-SFO
1178	SFO-IAD-BOS
1715	MCO-ORD-LGA

UC LATAM Cargo Chile

1501	AMS-FRA-VCP-SCL
1503	AMS-BSL-GRU-EZE-SCL
1507	AMS-FRA-VCP-EZE-SCL
1509	AMS-FRA-VCP-SCL

UU Air Austral

977	DZA-NBO-CDG

UX Air Europa

023	MAD-ASU-COR
024	COR-ASU-MAD
039	MAD-UIO-GYE

U3 Sky Gates Airlines

9882	CGO-OVB-HHN

VS Virgin Atlantic Airways

171	★LHR-ANU-TAB
172	★TAB-ANU-LHR
173	★LHR-ANU-GND
174	★GND-ANU-LHR

WB RwandAir

500	KGL-BOM-CAN
501	CAN-BOM-KGL
700	KGL-BRU-LHR
701	LHR-BRU-KGL

WD Modern Transport Aereo de Caarga SA

5801	MAO-REC-BSB-VCP
5803	MAO-BSB-VCP

W8 Cargojet Airways Ltd.

550	YVR-YYC-YWG
551	YHM-YWG-YYC-YVR
554	YVR-YEG-YWG
555	YHM-YWG-YEG-YVR
567	YMX-YWG-YVR
570	YVR-YWG-YMX
571	YHM-YWG-YYC
572	YVR-YYC-YHM
573	YOW-YHM-YWG-YEG
574	YEG-YWG-YHM-YOW
590	YXE-YQR-YWG
591	YWG-YQR-YXE
620	YHM-YQM-YYT
621	YYT-YQM-YMX-YHM
621	YQM-YMX-YHM
626	YHM-YMX-YQM-YHZ

Y8 Suparna Airlines Co

7401	PVG-CGO-LAX
7402	LAX-TSN-PVG
7457	NKG-ANC-ORD
7458	ORD-ANC-TSN-PVG
7465	PVG-ANC-ORD
7466	ORD-ANC-PVG
7479	PVG-CGO-AMS
7480	AMS-TSN-PVG
7489	CGO-ANC-ORD
7490	ORD-ANC-TSN-PVG
7491	CGO-ANC-ORD
7492	ORD-ANC-TSN-PVG
7494	HHN-TSN-PVG
7969	XMN-HGH-CGO
7970	CGO-HGH-XMN

3U Sichuan Airlines

8099	TYN-CTU-LED
8100	LED-CTU-TYN
8271	CTU-HEL-CPH
8272	CPH-HEL-CTU
8417	CTU-KWE-MEL
8418	MEL-KWE-CTU
8579	CTU-SHE-YVR
8580	YVR-SHE-CTU
8631	CTU-HGH-LAX
8632	LAX-HGH-CTU
8645	CTU-CAN-SPN
8646	SPN-CAN-CTU
8647	CTU-PVG-SPN
8648	SPN-PVG-CTU
8699	CTU-TNA-LAX
8700	LAX-TNA-CTU

4E Stabo Air

830	LGG-LUN-JNB-EBB

4W Allied Air Cargo

2613	LGG-LOS-PHC
2617	LGG-LBV-NBO

4X Mercury World Cargo

131	BUR-VCV-ONT

5C C.A.L. Cargo Airlines

502	LGG-OSL-TLV
509	TLV-LCA-LGG
914	LGG-LCA-TLV

5H Five Forty Aviation

1411	MYD-LAU-NBO

5S Global Aviation and Service Group

4471	HKG-SHJ-OST

5V Everts Air

42	ANC-FAI-GAL
44	ANC-FAI-GAL-RBY-HSL-NUL-KAL
57	FAI-GAL-RBY-HSL-NUL-KAL
93	ANC-TOG-ILI
870	FAI-BRW-SCC
871	SCC-BRW-FAI
980	ANC-FAI-OTZ
981	OTZ-FAI-ANC
990	DLG-AKN-ANC
997	ANC-FAI-GAL
998	GAL-FAI-ANC

6R Aerounion

270	MEX-MID-MIA
300	MEX-GDL-LAX
301	LAX-GDL-MEX
5701	LAX-GUA-SJO-MEX

7S Ryan Air

1210	OTZ-ABL-SHG-OBU
1220	OTZ-BKC-DRG
1230	OTZ-PHO-KVL-WTK
1240	OTZ-WLK-IAN-ORV
1410	OME-SHH-WAA-KTS-TLA
1420	OME-SVA-GAM
1430	OME-WMO-GLV-ELI
1630	KPN-CYF-BET
1640	BET-GNU-PTU-KWN-EEK
1660	BET-WWT-NME
1670	BET-KWK-KKH-WTL
1680	BET-KWT-KKI-AKI-TLT
1690	BET-PKA-WNA-KUK-NUP
1810	AUK-SXP-EMK

附录 A-04 国际时区表

International time calculator

Standard Clock Time is shown in hours and minutes fast (+) or slow (-) of Greenwich Mean Time (GMT). Many countries also have a period of Daylight Saving Time (DST). This is shown together with the period it is effective.

Countries with more than one time zone are marked **.
To establish the local time for any particular city, please refer to the entry in the Flight schedules section.

A	Hours ±GMT	DST ±GMT	Daylight saving time DST period
Afghanistan	+4.30		
Albania	+1	+2	28 Mar 21 - 31 Oct 21
Algeria	+1		
American Samoa	-11		
Andorra	+1	+2	28 Mar 21 - 31 Oct 21
Angola	+1		
Anguilla, Leeward Islands	-4		
Antarctica	-4		
Antigua and Barbuda, Leeward Islands	-4		
Argentina	-3		
Armenia	+4		
Aruba	-4		
Australia**			
Lord Howe Island	+10.30	+11	04 Oct 20 - 04 Apr 21
Capital Territory, NSW (excluding Lord Howe Island and Broken Hill), Victoria	+10	+11	04 Oct 20 - 04 Apr 21
Northern Territory	+9.30		
Queensland	+10		
South Australia, Broken Hill	+9.30	+10.30	04 Oct 20 - 04 Apr 21
Western Australia	+8		
Tasmania	+10	+11	04 Oct 20 - 04 Apr 21
Austria	+1	+2	28 Mar 21 - 31 Oct 21
Azerbaijan	+4		
B			
Bahamas	-5		
Bahrain	+3		
Bangladesh	+6		
Barbados	-4		
Belarus	+3		
Belgium	+1	+2	28 Mar 21 - 31 Oct 21
Belize	-6		
Benin	+1		
Bermuda	-4		
Bhutan	+6		
Bolivia	-4		
Bonaire, Saint Eustatius and Saba	-4		
Bosnia and Herzegovina	+1	+2	28 Mar 21 - 31 Oct 21
Botswana	+2		
Brazil**			
Alagoas, Amapa, Bahia, Ceara, Maranhao, Para, Paraiba, Pernambuco, Piaui, Rio Grande do Norte, Sergipe	-3		
Amazonas (excluding the cities of Eirunupe, Benjamin Constant & Tabatinga), Rondonia, Roraima	-4		
Acre, Amazonas cities: Eirunepe, Benjamin Constant & Tabatinga	-5		
Fernando de Noronha	-2		
Brunei Darussalam	+8		
Bulgaria	+2	+3	28 Mar 21 - 31 Oct 21
Burkina Faso	GMT		
Burundi	+2		
C			
Cambodia	+7		
Cameroon	+1		
Canada**			
Newfoundland Island (excluding Labrador)	-3.30		
Atlantic Area including Labrador	-4		
Eastern Time	-5		
Central Time except Saskatchewan	-6		
Mountain Time Zone	-7		
Pacific Time	-8		
Atlantic Areas not observing DST	-4		
Eastern Areas not observing DST	-5		
Saskatchewan	-6		
Mountain Areas not observing DST	-7		
Cape Verde	-1		
Cayman Islands	-5		
Central African Republic	+1		
Chad	+1		
Chile**			
Mainland (excluding Magallanes Region & Chilean Antarctic)	-4	-3	06 Sep 20 - 03 Apr 21
Easter Island	-6	-5	05 Sep 20 - 03 Apr 21
Magallanes Region & Chilean Antarctic	-3		
China	+8		
Chinese Taipei	+8		
Christmas Island, Indian Ocean	+7		
Cocos (Keeling) Islands	+6.30		
Colombia	-5		
Comoros	+3		
Congo	+1		
Congo Democratic Republic of**			
Kinshasa, Bandundu, Bas-Congo, Equateur	+1		
Kasai, Kivu, Maniema, Katanga, Oriental	+2		
Cook Islands	-10		
Costa Rica	-6		
Cote d'Ivoire	GMT		
Croatia	+1	+2	28 Mar 21 - 31 Oct 21
Cuba	-5		
Curacao	-4		
Cyprus	+2	+3	28 Mar 21 - 31 Oct 21
Czech Republic	+1	+2	28 Mar 21 - 31 Oct 21
D			
Denmark	+1	+2	28 Mar 21 - 31 Oct 21
Djibouti	+3		
Dominica	-4		
Dominican Republic	-4		
E			
Ecuador**			
Mainland	-5		
Galapagos Islands	-6		
Egypt	+2		
El Salvador	-6		
Equatorial Guinea	+1		
Eritrea	+3		
Estonia	+2	+3	28 Mar 21 - 31 Oct 21
Eswatini	+2		
Ethiopia	+3		
F			
Falkland Islands	-3		
Faroe Islands	GMT	+1	28 Mar 21 - 31 Oct 21
Fiji	+12	+13	08 Nov 20 - 17 Jan 21
Finland	+2	+3	28 Mar 21 - 31 Oct 21
France	+1	+2	28 Mar 21 - 31 Oct 21
French Guiana	-3		
French Polynesia**			
Marquesas Islands	-9.30		
French Polynesia except Marquesas Island and Gambier Island	-10		
Gambier Island	-9		
G			
Gabon	+1		
Gambia	GMT		
Georgia	+4		
Germany	+1	+2	28 Mar 21 - 31 Oct 21
Ghana	GMT		
Gibraltar	+1	+2	28 Mar 21 - 31 Oct 21
Greece	+2	+3	28 Mar 21 - 31 Oct 21
Greenland**			
Greenland except Pituffik, Ittoqqortoormiit, Nerlerit Inaat	-3	-2	27 Mar 21 - 30 Oct 21
Pituffik	-4		
Ittoqqortoormiit, Nerlerit Inaat	-1	GMT	28 Mar 21 - 31 Oct 21
Grenada, Windward Islands	-4		
Guadeloupe	-4		
Guam	+10		
Guatemala	-6		
Guinea	GMT		
Guinea-Bissau	GMT		
Guyana	-4		
H			
Haiti	-5		
Honduras	-6		
Hong Kong (SAR) China	+8		
Hungary	+1	+2	28 Mar 21 - 31 Oct 21
I			
Iceland	GMT		
India	+5.30		
Indonesia**			
Western including Sumatera, Jawa, Kalimantan Barat and Kalimantan Tengah	+7		
Central including Sulawesi, Kalimantan Selatan, Kalimantan Timur and Nusa Tenggara	+8		
Eastern including Maluku and Papua	+9		
Iran Islamic Republic of	+3.30	+4.30	22 Mar 21 - 22 Sep 21
Iraq	+3		
Ireland Republic of	GMT	+1	28 Mar 21 - 31 Oct 21
Israel	+2	+3	26 Mar 21 - 31 Oct 21
Italy	+1	+2	28 Mar 21 - 31 Oct 21
J			
Jamaica	-5		
Japan	+9		
Jordan	+2	+3	26 Mar 21 - 29 Oct 21
K			
Kazakhstan**			
Aktau, Atyrau, Aktyubinsk, Uralsk	+5		
Almaty, Astana, Karaganda, Kokshetau, Kostanay, Kyzl-Orda, Petropavlovsk, Semipalatinsk, Shimkent, Ust-Kamenogorsk	+6		
Kenya	+3		
Kiribati**			
Gilbert Islands	+12		
Line Islands	+14		
Phoenix Islands	+13		
Korea Democratic People's Republic of	+9		
Korea Republic of	+9		
Kuwait	+3		
Kyrgyzstan	+6		
L			
Lao People's Democratic Republic	+7		
Latvia	+2	+3	28 Mar 21 - 31 Oct 21
Lebanon	+2	+3	28 Mar 21 - 30 Oct 21
Lesotho	+2		
Liberia	GMT		
Libya	+2		
Liechtenstein	+1	+2	28 Mar 21 - 31 Oct 21
Lithuania	+2	+3	28 Mar 21 - 31 Oct 21
Luxembourg	+1	+2	28 Mar 21 - 31 Oct 21
M			
Macao (SAR) China	+8		
Macedonia Former Yugoslav Republic of	+1	+2	28 Mar 21 - 31 Oct 21
Madagascar	+3		
Malawi	+2		
Malaysia	+8		
Maldives	+5		
Mali	GMT		
Malta	+1	+2	28 Mar 21 - 31 Oct 21
Marshall Islands	+12		
Martinique	-4		
Mauritania	GMT		
Mauritius	+4		
Mayotte	+3		
Mexico**			
Mexico, Rest	-6	-5	04 Apr 21 - 31 Oct 21
Baja California Sur, Chihuahua, Nayarit, Sinaloa	-7	-6	04 Apr 21 - 31 Oct 21
Baja California Norte	-8	-7	04 Apr 21 - 31 Oct 21
Sonora	-7		
Piedras Negras, Nuevo Laredo, Reynosa, Matamoros, Ciudad Acuna	-6		
Ciudad Juarez	-7		
Tijuana, Mexicali	-8		
Quintana Roo	-5		
Micronesia Federated States of**			
Except Kosrae, Pohnpei	+10		
Kosrae, Pohnpei	+11		
Moldova Republic of	+2	+3	28 Mar 21 - 31 Oct 21

续表

International time calculator

Country	Standard	Summer	Period
Monaco	+1	+2	28 Mar 21 - 31 Oct 21
Mongolia	+8		
Montenegro	+1	+2	28 Mar 21 - 31 Oct 21
Montserrat, Leeward Islands	-4		
Morocco	+1		
Mozambique	+2		
Myanmar	+6.30		
Namibia	+2		
Nauru	+12		
Nepal	+5.45		
Netherlands	+1	+2	28 Mar 21 - 31 Oct 21
New Caledonia	+11		
New Zealand**			
Mainland except Chatham Island	+12	+13	27 Sep 20 - 04 Apr 21
Chatham Islands	+12.45	+13.45	27 Sep 20 - 04 Apr 21
Nicaragua	-6		
Niger	+1		
Nigeria	+1		
Niue	-11		
Norfolk Island	+11		
Northern Mariana Islands	+10		
Norway	+1	+2	28 Mar 21 - 31 Oct 21
Oman	+4		
Pakistan	+5		
Palau	+9		
Panama	-5		
Papua New Guinea**			
Mainland except Bougainville	+10		
Bougainville	+11		
Paraguay	-4	-3	04 Oct 20 - 27 Mar 21
Peru	-5		
Philippines	+8		
Pitcairn Islands	-8		
Poland	+1	+2	28 Mar 21 - 31 Oct 21
Portugal**			
Mainland and Madeira	GMT	+1	28 Mar 21 - 31 Oct 21
Azores	-1	GMT	28 Mar 21 - 31 Oct 21
Puerto Rico	-4		
Qatar	+3		
Reunion	+4		
Romania	+2	+3	28 Mar 21 - 31 Oct 21
Russian Federation**			
Kaliningrad	+2		
Moscow, Naryan Mar, St Petersburg	+3		
Astrakhan, Izhevsk, Samara, Ulyanovsk	+4		
Ekaterinburg, Perm, Nizhnevartovsk	+5		
Omsk	+6		
Barnaul, Gorno-Altaysk, Kemerovo, Kyzyl, Norilsk, Novosibirsk, Tomsk	+7		
Bratsk, Ulan-Ude	+8		
Chita, Yakutsk	+9		
Khabarovsk, Vladivostok	+10		
Evensk, Iturup Island, Magadan, Nogliki, Okha, Shakhtersk, Srednekolymsk, Yuzhno-Kurilsk, Yuzhno-Sakhalinsk	+11		
Chukotka, Kamchatka	+12		
Rwanda	+2		
Saint Barthelemy	-4		
Saint Helena	GMT		
Saint Kitts and Nevis, Leeward Islands	-4		
Saint Lucia	-4		
St Maarten (Dutch Part)	-4		
Saint Martin	-4		
Saint Pierre and Miquelon	-3		
St Vincent and the Grenadines	-4		
Samoa	+13	+14	27 Sep 20 - 04 Apr 21
San Marino	+1	+2	28 Mar 21 - 31 Oct 21
Sao Tome and Principe Standard Time +0100	GMT		
Saudi Arabia	+3		
Senegal	GMT		
Serbia	+1	+2	28 Mar 21 - 31 Oct 21
Seychelles	+4		
Sierra Leone	GMT		
Singapore	+8		
Slovakia	+1	+2	28 Mar 21 - 31 Oct 21
Slovenia	+1	+2	28 Mar 21 - 31 Oct 21
Solomon Islands	+11		
Somalia	+3		
South Africa	+2		
South Sudan	+3		
Spain**			
Mainland, Balearics, Melilla, Ceuta	+1	+2	28 Mar 21 - 31 Oct 21
Canary Islands	GMT	+1	28 Mar 21 - 31 Oct 21
Sri Lanka	+5.30		
Sudan	+2		
Suriname	-3		
Sweden	+1	+2	28 Mar 21 - 31 Oct 21
Switzerland	+1	+2	28 Mar 21 - 31 Oct 21
Syrian Arab Republic	+2	+3	26 Mar 21 - 29 Oct 21
Tajikistan	+5		
Tanzania United Republic of	+3		
Thailand	+7		
Timor-Leste	+9		
Togo	GMT		
Tonga	+13		
Trinidad and Tobago	-4		
Tunisia	+1		
Turkey	+3		
Turkmenistan	+5		
Turks and Caicos Islands	-5		
Tuvalu	+12		
Uganda	+3		
Ukraine	+2	+3	28 Mar 21 - 31 Oct 21
United Arab Emirates	+4		
United Kingdom	GMT	+1	28 Mar 21 - 31 Oct 21
United States Minor Outlying Islands**			
Johnston Atoll	-10		
Midway Island	-11		
Wake Island	+12		
USA**			
Eastern Time except Indiana	-5		
Central Time	-6		
Mountain Time except Arizona	-7		
Mountain Time Zone - Arizona	-7		
Pacific Time	-8		
Alaska	-9		
Aleutian Islands	-10		
Hawaiian Islands	-10		
Uruguay	-3		
Uzbekistan	+5		
Vanuatu	+11		
Venezuela	-4		
Viet Nam	+7		
Virgin Islands, British	-4		
Virgin Islands, US	-4		
Wallis and Futuna Islands	+12		
Yemen	+3		
Zambia	+2		
Zimbabwe	+2		

附录B　集装器种类及运行参数

1. 集装箱种类及运行参数

1）LD-1 集装箱①

底板尺寸代码："K"，标准轮廓代码："C"。

IATA 最新注册代码：AKC　DKC　MKC　QKC RKC

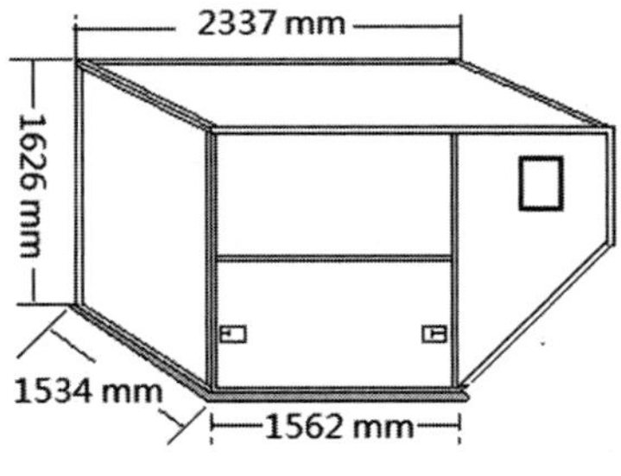

装载参数及适用机型：

最大操作毛重②：1588 kg/3500 lb

轮廓容积：5.2 m^3

可用容积：4.7 m^3

标准皮重：80 kg

适用机型：波音 747 飞机下货舱。

2）LD-2 型集装箱

底板尺寸代码："P"，标准轮廓代码："E"。

IATA 最新注册代码：APE DPE MPE RPE QPE

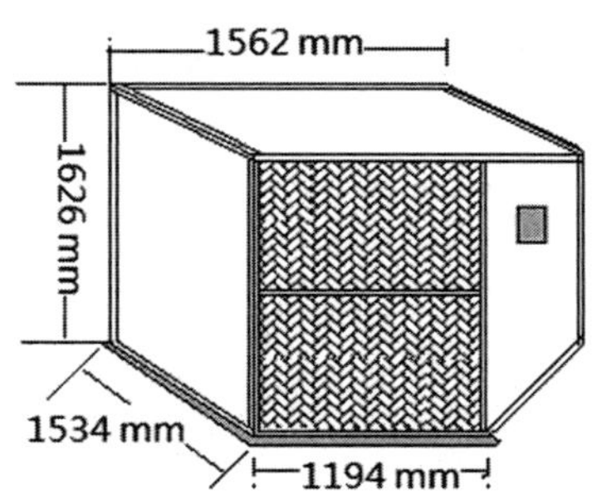

装载参数及适用机型：

最大操作毛重：1225 kg/2700 lb

轮廓容积：3.7 m^3

可用容积：3.4 m^3

标准皮重：80 kg

适用机型：波音 767 飞机下货舱

（波音 777、波音 747、波音 787 限制装载，需查阅机型 WBM）。

---

① "LD-X"、"M-X" 为 IATA 集装箱代码，其中 LD 表示下货舱集装箱。M 表示主货舱集装箱。

② 最大操作毛重是指集装箱装载货物后的最大重量，包括集装箱皮重及辅助设施的重量，以下同。

3）LD-3 型集装箱

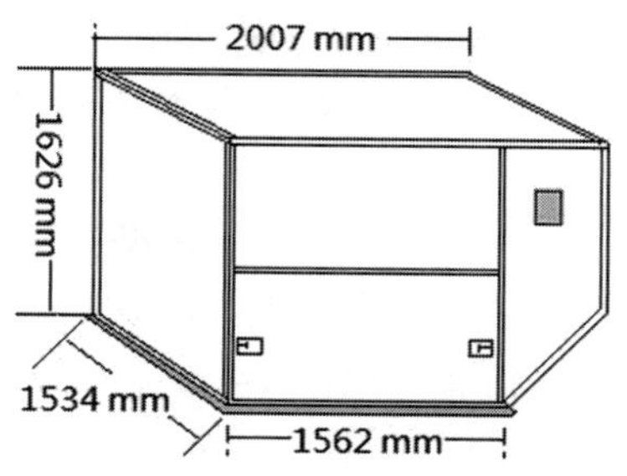

底板尺寸代码：“K”，标准轮廓代码：“E”。
IATA 最新注册代码：AKE DKE MKE RKE QKE
装载参数及适用机型：
最大操作毛重：1588 kg/3500 lb
轮廓容积：4.8 m^3
可用容积：4.3 m^3
标准皮重：70 kg
适用机型：所有宽体飞机下货舱。

4）带叉车孔的 LD-3 型集装箱

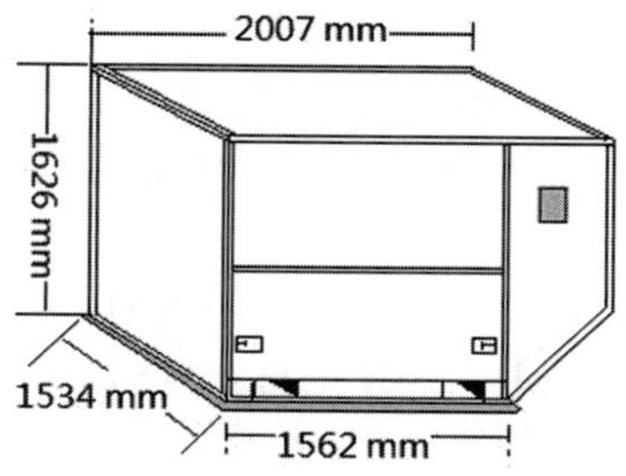

底板尺寸代码：“K”，标准轮廓代码：“N”。
IATA 最新注册代码：AKN DKN MKN QKN①
装载参数及适用机型：
最大操作毛重：1588 kg/3500 lb
轮廓容积：4.8 m^3
可用容积：4.1 m^3
标准皮重：74 kg
适用机型：所有宽体飞机下货舱。

5）LD-3 型冷藏集装箱

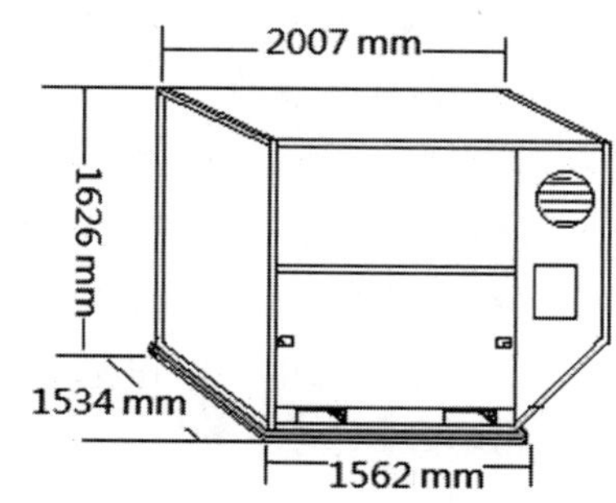

底板尺寸代码：“K”，标准轮廓代码：“N”。
IATA 最新注册代码：RKN
装载参数及适用机型：
最大操作毛重：1588 kg/3500 lb
干冰载量：35 kg
轮廓容积：4.8 m^3
可用容积：4.1 m^3
温度范围：−20℃℃～20℃（参考温度）
标准皮重：90 kg
适用机型：所有宽体飞机下货舱。

① 带叉车孔的集装器通过代码中第三位字母“N”标示，“N”不代表集装器的轮廓尺寸。

6）LD3-45 集装箱

底板尺寸代码：“K”，标准轮廓代码：“G”。

IATA 最新注册代码：AKG DKG QKG KAG MKG

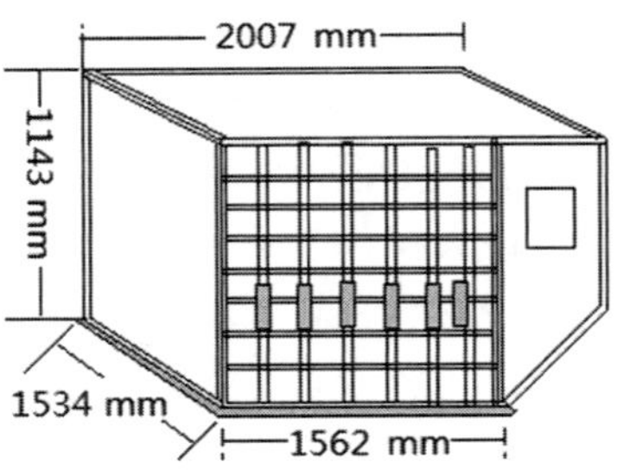

装载参数及适用机型：

最大操作毛重：1134 kg/2500 lb

轮廓容积：3. 4 m^3

可用容积：3. 1 m^3

标准皮重：74 kg

适用机型：A319、A320、A321 下货舱①。

7）LD3-45-W 集装箱

底板尺寸代码：“K”，标准轮廓代码：“H”。

IATA 最新注册代码：AKH DKH QKH KAH MKH

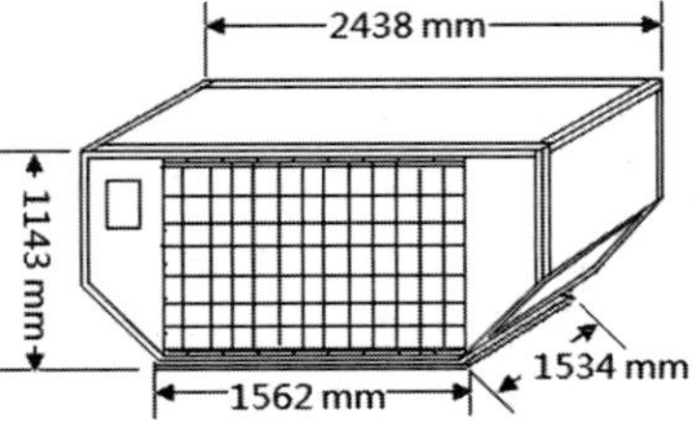

装载参数及适用机型：

最大操作毛重：1134 kg/2500 lb

轮廓容积：3. 9 m^3

可用容积：3. 6 m^3

标准皮重：90 kg

适用机型：A319、A320、A321 下货舱②。

8）LD-4 集装箱

底板尺寸代码：“Q”，标准轮廓代码：“P”。

IATA 最新注册代码：AQP DQP MQP RQP

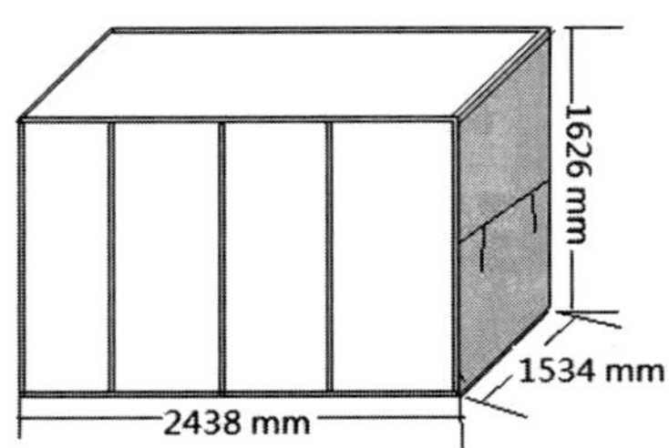

装载参数及适用机型：

最大操作毛重：2449 kg/5400 lb

轮廓容积：6. 1 m^3

可用容积：5. 7 m^3

标准皮重：110 kg

适用机型：波音 767 飞机下货舱。

---

① A320 系列飞机为散货舱设计，改装后可以装载该型集装箱。承运人应根据机型的 WBM 决定是否可以装载。

② A320 系列飞机为散货舱设计，改装后可以装载该型集装箱。承运人应根据机型的 WBM 决定是否可以装载。

9）LD-6 集装箱

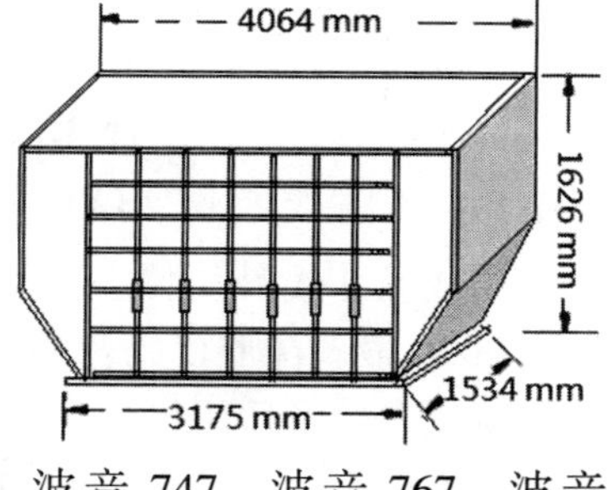

底板尺寸代码：“L”，标准轮廓代码：“F”。

IATA 最新注册代码：ALF　DLF　MLF　RLF

装载参数及适用机型：

最大操作毛重：3175 kg/7000 lb

轮廓容积：9.6 m^3

可用容积：8.9 m^3

标准皮重：160 kg

适用机型：A300、A310、A330、A340、A350、A380、波音 747、波音 767、波音 777、波音 787、DC10、IL86/96，L1011，MD11 下货舱。

10）LD-7 集装箱

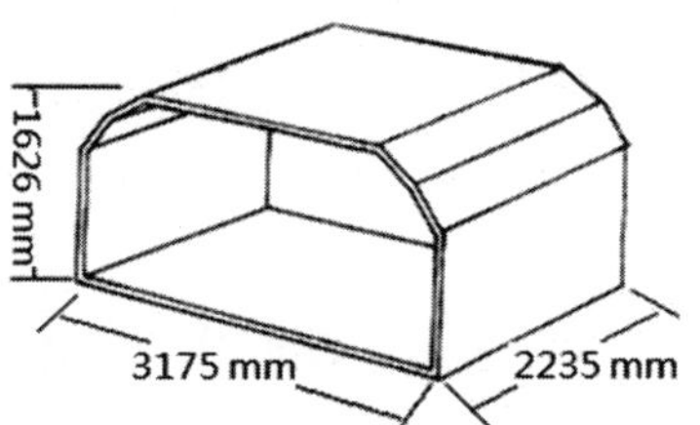

底板尺寸代码：“A”，标准轮廓代码：“K”。

IATA 最新注册代码：AAK　DAK　MAK　RAK

装载参数及适用机型：

最大操作毛重：6033 kg/13300 lb

轮廓容积：10.1 m^3

可用容积：9.8 m^3

标准皮重：190 kg

适用机型：所有机型下货舱（除 A319、A320、A321 下货舱，BAE146、DC9、IL86/96）。

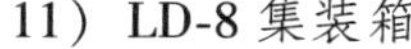

11）LD-8 集装箱

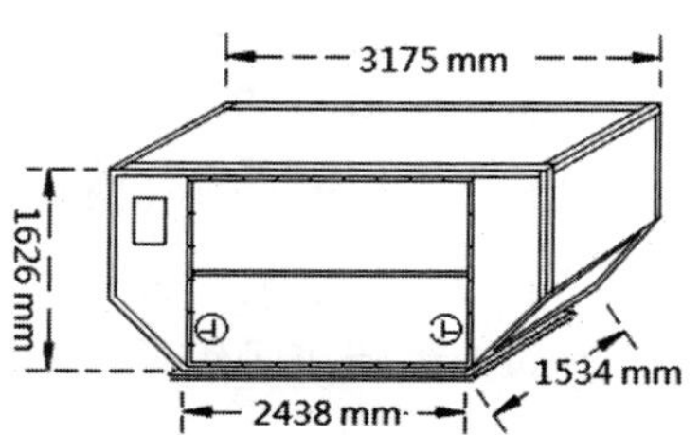

底板尺寸代码：“Q”，标准轮廓代码：“F”。

IATA 最新注册代码：AQF DQF MQF RQF

装载参数及适用机型：

最大操作毛重：2449 kg/5400 lb

轮廓容积：7.9 m^3，

可用容积：7.2 m^3，

标准皮重：120 kg，

适用机型：波音 767 下货舱①。

12）LD-9 集装箱

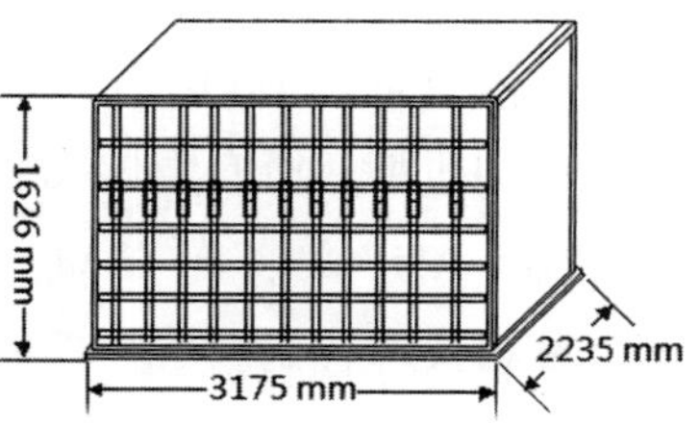

底板尺寸代码：“A”，标准轮廓代码：“P”。

IATA 最新注册代码：AAP　DAP　MAP　RAP

装载参数及适用机型：

最大操作毛重：4625 kg/10200 lb

① 该集装箱如果在波音 747、波音 777、波音 787 等飞机下货舱装载时，需要查阅所装机型的 WBM 是否允许。

轮廓容积：11.5 m^3

可用容积：9.8 m^3

标准皮重：200 kg

适用机型：所有宽体飞机下货舱，除 IL86/96。

13）AAF 集装箱（IATA 序列代码，暂无）

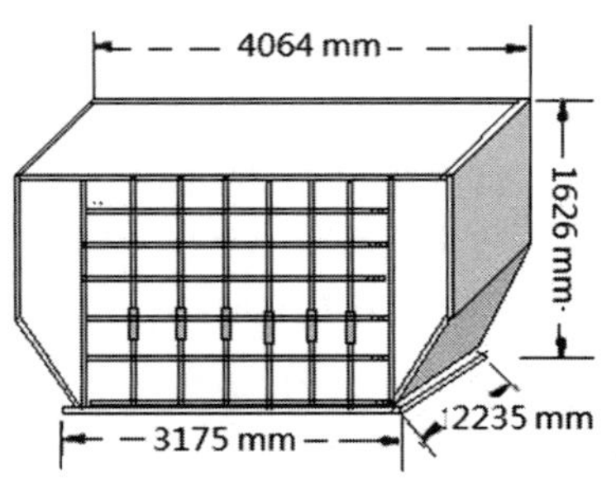

底板尺寸代码："A"，标准轮廓代码："F"。

IATA 最新注册代码：AAF DAF MAF RAF

装载参数及适用机型：

最大操作毛重：4625 kg/10200 lb

轮廓容积：14.2 m^3

可用容积：11.7 m^3

标准皮重：180 kg

适用机型：所有宽体飞机下货舱，除 767、IL86、IL96。

14）LD-10 集装箱

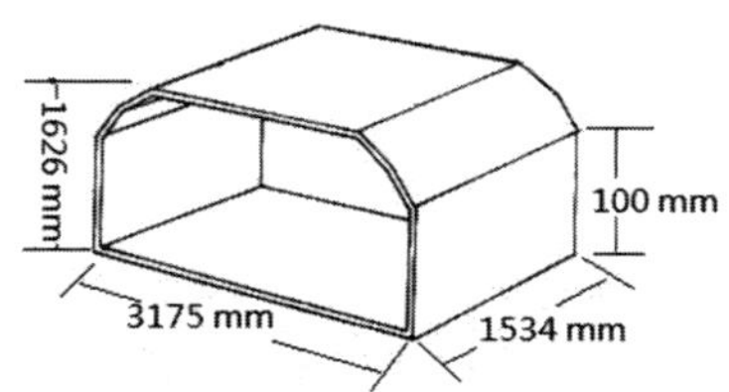

底板尺寸代码："L"，标准轮廓代码："K"。

IATA 最新注册代码：ALK MLK RLK

装载参数及适用机型：

最大操作毛重：3175 kg/7000 lb

轮廓容积：7.3 m^3

可用容积：7.0 m^3

标准皮重：160 kg

适用机型：A300、A310、A330、A340、A380、波音 747、波音 767、波音 777、波音 787、DC10、IL86/96、L1011、MD11 下货舱。

15）AMP 集装箱（IATA 序列代码，暂无）

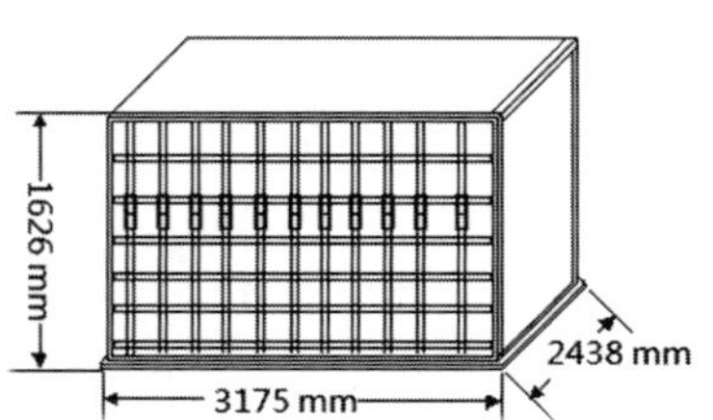

底板尺寸代码："M"，标准轮廓代码："P"。

IATA 最新注册代码：AMP DMP MMP RMP

装载参数及适用机型：

最大操作毛重：5102 kg /11250 lb

轮廓容积：11.5 m^3

可用容积：10.8 m^3

标准皮重：200 kg

适用机型：所有宽体飞机下货舱，除 IL86/96。

16）AMF 集装箱（IATA 序列代码暂无）

底板尺寸代码："M"，标准轮廓代码："F"。

IATA 最新注册代码：AMF DMF MMF RMF

装载参数及适用机型：

最大操作毛重：5100 kg /11250 lb

轮廓容积：15.5 m^3

可用容积：14.0 m^3

标准皮重：190 kg

适用机型：所有宽体飞机下货舱（除波音 767、IL86、IL96、L1011）。

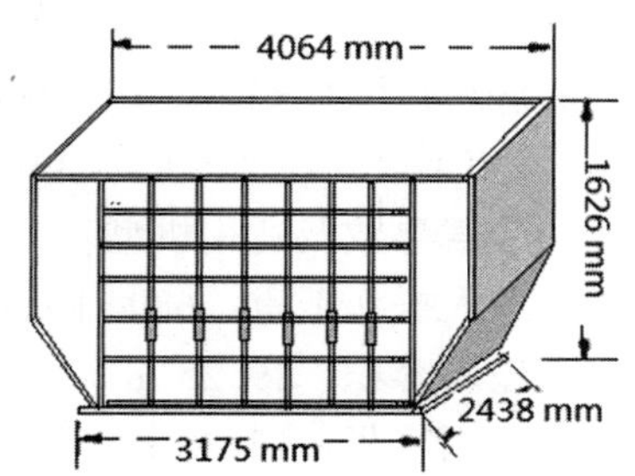

17）M-1 型集装箱

底板尺寸代码："M"，标准轮廓代码："A"。

IATA 最新注册代码：AMA HMA RMA

装载参数及适用机型：

最大操作毛重：6804 kg/15000 lb

轮廓容积：18.5 m^3

可用容积：17.5 m^3

标准皮重：260 kg

适用机型：A300F、波音 747F、波音 767F、波音 777F、L100、MD11F，IL76 主货舱。

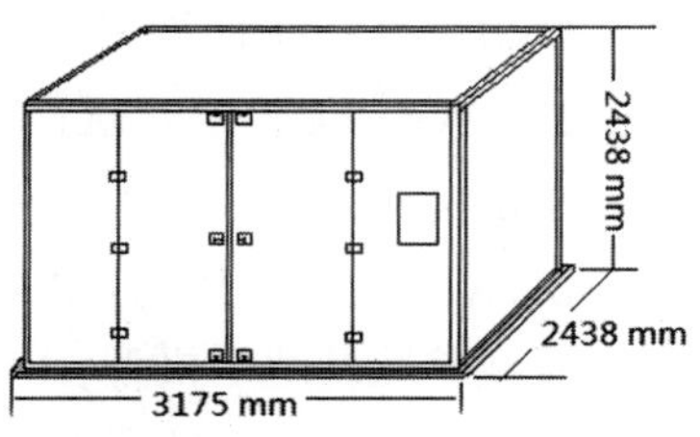

18）M-1H 集装箱

底板尺寸代码："M"，标准轮廓代码："D"。

IATA 最新注册代码：AMD

装载参数及适用机型：

最大操作毛重：6804 kg/15000 lb

轮廓容积：23.0 m^3

可用容积：21.0 m^3

标准皮重：260 kg

适用机型：波音 747F，波音 777F，L100，IL76 主货舱。

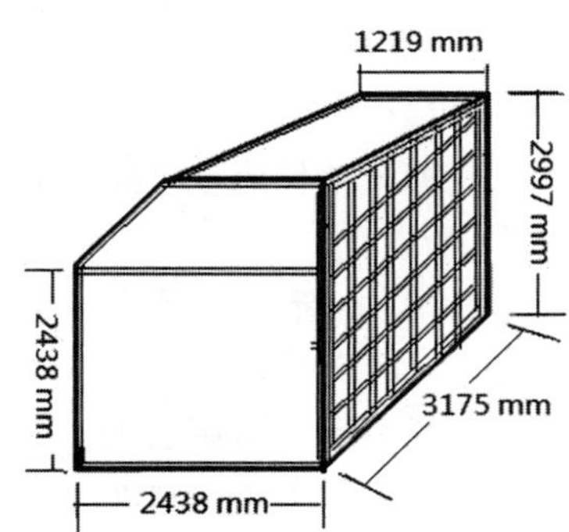

19）AMX 集装箱

底板尺寸代码："M"，（IATA 序列代码，暂无），标准轮廓代码："X"。

IATA 最新注册代码：AMX

装载参数及适用机型：

最大操作毛重：6804 kg/15000 lb

轮廓容积：21.08 m^3

可用容积：19.62 m^3

标准皮重：260 kg

适用机型：波音 747F，波音 777F 主货舱。

20）AML 集装箱（IATA 序列代码暂无）

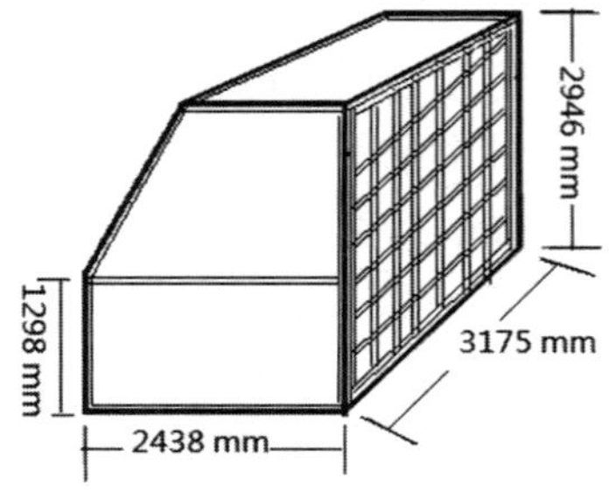

底板尺寸代码："M"，标准轮廓代码："L"。

IATA 最新注册代码：AML

装载参数及适用机型：

最大操作毛重：6804 kg/15000 lb

轮廓容积：19.25 m^3

可用容积：17.88 m^3

标准皮重：260 kg

适用机型：波音 777F、波音 747F 主货舱。

21）AAY 集装箱（IATA 序列代码暂无）

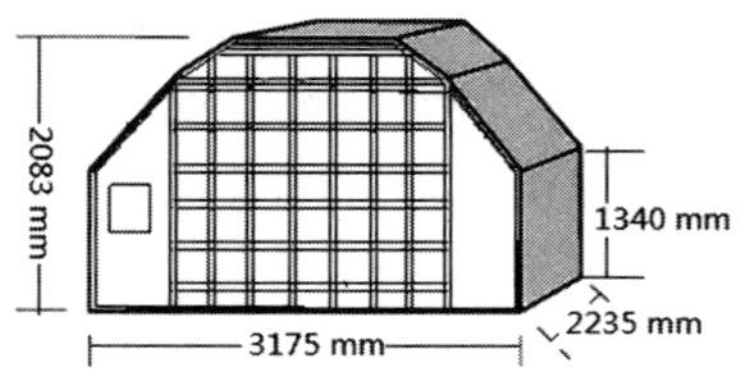

底板尺寸代码："A"，标准轮廓代码："Y"。

IATA 最新注册代码：AAY XAY LAY AAZ LAZ

装载参数及适用机型：

最大操作毛重：6033 kg/13300 lb

轮廓容积：15.6 m^3

可用容积：13.9 m^3

标准皮重：230 kg

适用机型：所有宽体飞机主货舱①。

22）LD-29 集装箱

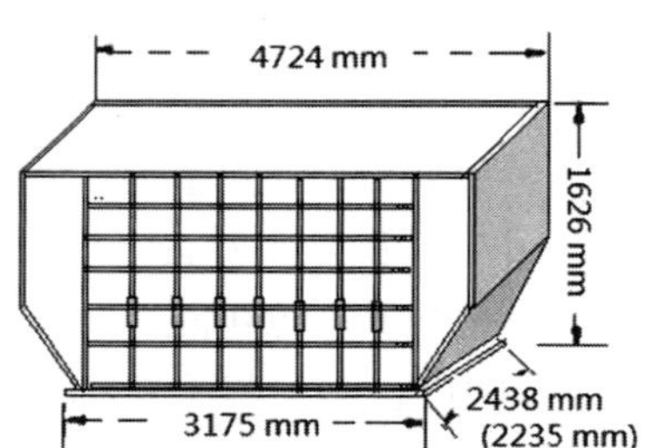

底板尺寸代码："M"（或"A"），标准轮廓代码："U"。

IATA 最新注册代码：AMU DMU MMU RMU/（AAU DAU MAU RAU）②

装载参数及适用机型：

最大操作毛重：5100 kg/11250 lb③

（4625 kg）/（10200 lb）④

轮廓容积：16.9 m^3/（15.6 m^3）

可用容积：15.8 m^3/（13.9 m^3）

标准皮重：230 kg

适用机型：波音 747 下货舱。

① 该集装箱亦适用于窄体飞机货机中的波音 727F、波音 737F/SF、波音 757SF 主货舱—编者注）。
② 括弧内的数据为底板尺寸为"A"的 LD-29 集装箱数据。
③ 2015 年前的 ULD 技术手册中注册代码为 AMU、RMU 的集装箱最大毛重为 6804 kg/15000 lb。
④ 2015 年前的 ULD 技术手册中注册代码为 AAU、RAU 的集装箱最大毛重为 6033 kg/13300 lb。

23）M-2 集装箱

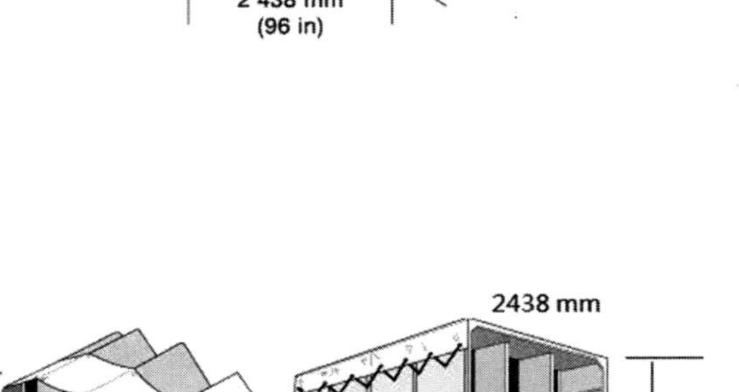

底板尺寸代码：“G”，标准轮廓代码：“A”或“B”①。

IATA 最新注册代码：AGA RGA AGB RGB

装载参数及适用机型：最大操作毛重：11340 kg/25000 lb

轮廓容积：36. 1 m^3

可用容积：33 m^3

标准皮重：1000 kg

适用机型：波音 747F 主货舱②。

24）马厩

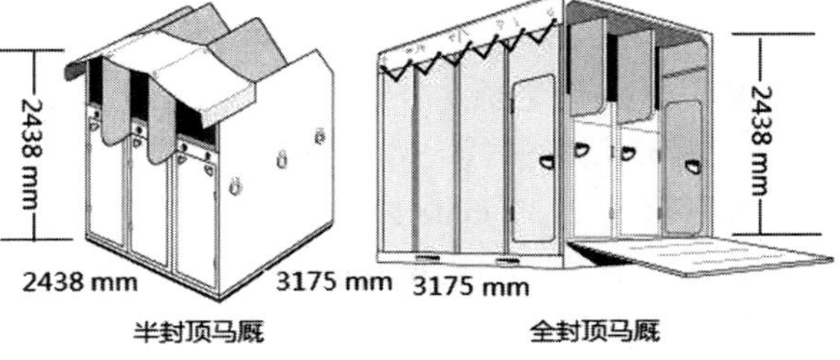

半封顶马厩　　全封顶马厩

底板尺寸代码：“M”，标准轮廓代码：“J”、“A”。

IATA 最新注册代码：HMA HMJ

装载参数及适用机型：

标准自重：260 kg

装载量：3 匹马③

最大操作重量 6804 kg

适用机型：波音 747F、波音 777F、MD-11F 主货舱。

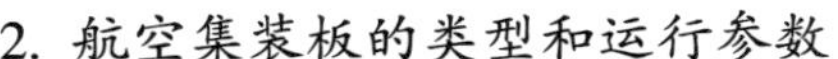

2. 航空集装板的类型和运行参数

1）底板尺寸代码为“A”的集装板

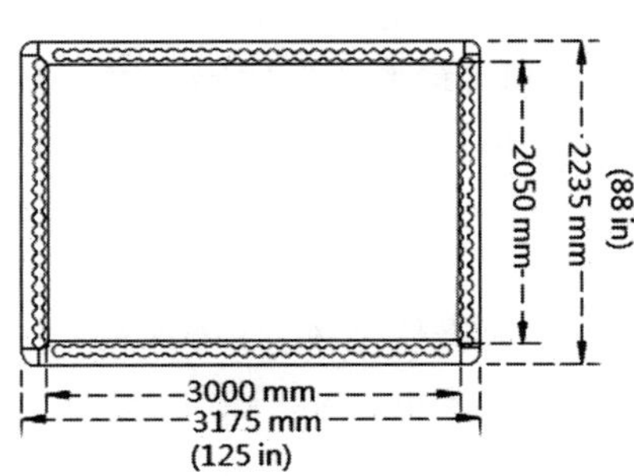

又称 A 型集装板。

IATA 最新注册代码：PAA PAB PAC PAD PAE PAF PAG PAH PAJ PAK PALPAX

外形尺寸 3175 mm×2235 mm（125in×88 in）④。

装载参数及适用机型：

最大操作毛重⑤：6033 kg/13350 lb⑥

标准皮重：120 kg⑦

---

① 轮廓尺寸代码为 B 的该型集装箱底部带有叉车孔，A 型没有。

② 该集装箱只能在波音 747 系列货机的主货舱装载。

③ 马厩一般设计为 3 马位，实际运行中可根据需要调整为 2 马位。

④ 图中较小数据为集装板卡锁轨以内尺寸，可参照该尺寸设计集装货物装载方案。

⑤ 最大操作毛重是指集装板装载货物后的最大重量，包括集装板皮重及辅助设施如网套、垫板、锁扣等的重量，以下同。

⑥ 2016 年之后的 IATA ULD 技术规则规定 A 型集装板的最大毛重为 6800 kg（15000 lb）。

⑦ 标准皮重是指根据国际航协 ULDR 标注的该型集装器的标准皮重。受制造工艺、材料限制等因素影响，实际应用中该重量略有差异，以下同。

适用机型：所有宽体飞机主货舱、下货舱（除 IL-86）、波音 737C、波音 757SF 主货舱。

2）底板尺寸代码为“B”的集装板

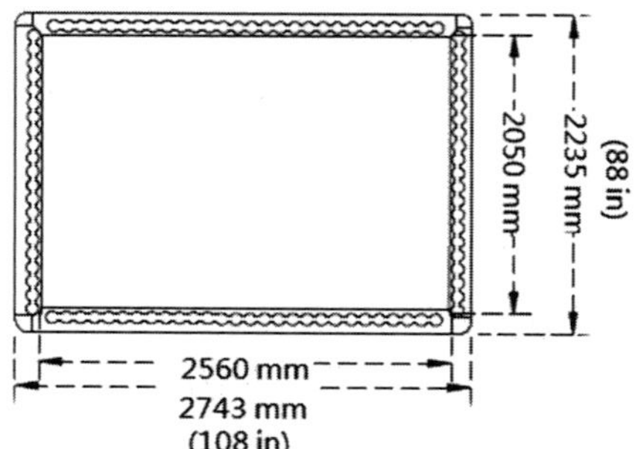

又称 B 型集装板。

IATA 最新注册代码：PBA PBB PBC PBD PBE PBF PBG PBH PBJ PBL PBM PBN PBP

外形尺寸 2743 mm×2235 mm，（108 in×88 in）。

装载参数及适用机型：

最大操作毛重：4536 kg/10000 lb

标准皮重：100 kg

适用机型：AN12、波音 707C、波音 737C、DC8F、DC9F、IL76、B146。

3）底板尺寸代码为“E”的集装板

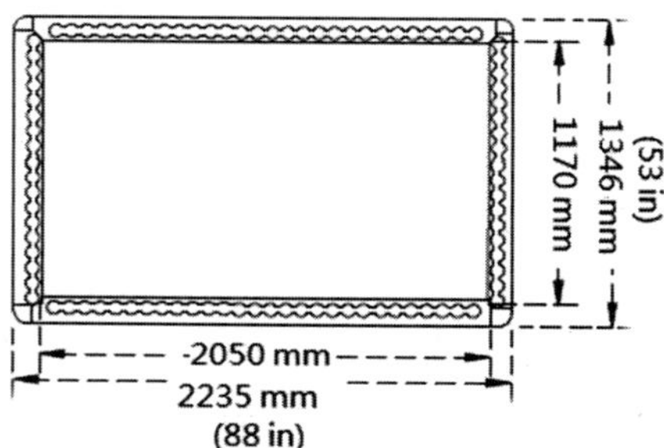

又称 E 型集装板。

IATA 最新注册代码：PEA PEB

外形尺寸 2235 mm×1346 mm，（88 in×53 in）。

装载参数及适用机型：

最大操作毛重：1587 kg/3500 lb①

标准皮重：60 kg

适用机型：TU-204F、Bea146、DC9F。

4）底板尺寸代码为“G”的集装板

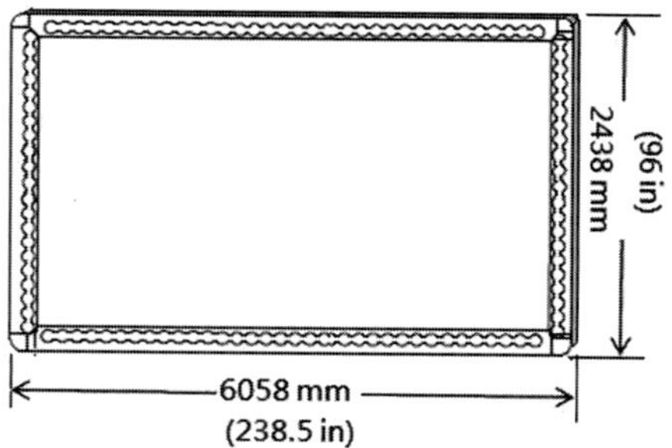

又称 G 型集装板。IATA 专用代码：M-6。

IATA 最新注册代码：PGA PGE PGF PGG②

外形尺寸 6058 mm×2438 mm，（238.5 in×96 in）。

装载参数及适用机型：

最大操作毛重：13608 kg/30000 lb

标准皮重：400 kg

适用机型：A300F、波音 747F、波音 777F、MD11F 主货舱，L100、IL76。

5）底板尺寸代码为“K”的集装板

又称 K 型集装板。

IATA 最新注册代码：PKC PKD

① 2015 年之前的 IATA ULD 技术手册规定 E 型集装板的最大毛重为 1136 kg（3500 lb），属于标注错误。—编者注

② 所有底板尺寸代码为 G 的集装板必须与配套的集装网套共同使用。

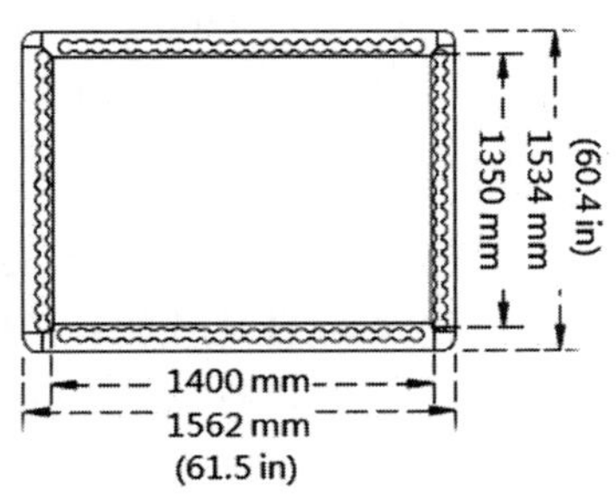

外形尺寸 1562 mm×1534 mm（61. 5 in×60. 4 in）。

装载参数及适用机型：

最大操作毛重：1587 kg/3500 lb

标准皮重：74 kg

适用机型：A300、A310、A319、A320、A321、A330、A340、A350、A380、波音 747、波音 777、波音 787、DC10、IL86、IL96、L1011、MD11 下货舱。

6）底板尺寸代码为“L”的集装板

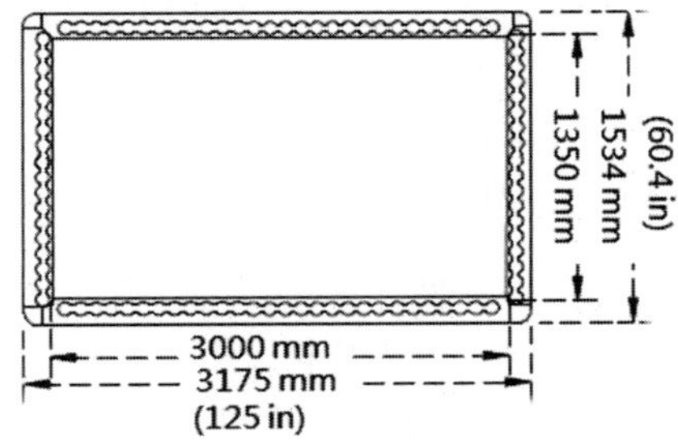

又称 L 型集装板。

IATA 最新注册代码：PLA PLD PLE PLF①

外形尺寸 3175 mm×1534 mm（125 in×60. 4 in）。

装载参数及适用机型：

最大操作毛重：3175 kg/7000 lb

标准皮重：90 kg

适用机型：所有宽体飞机下货舱②。

7）底板尺寸代码为“M”的集装板

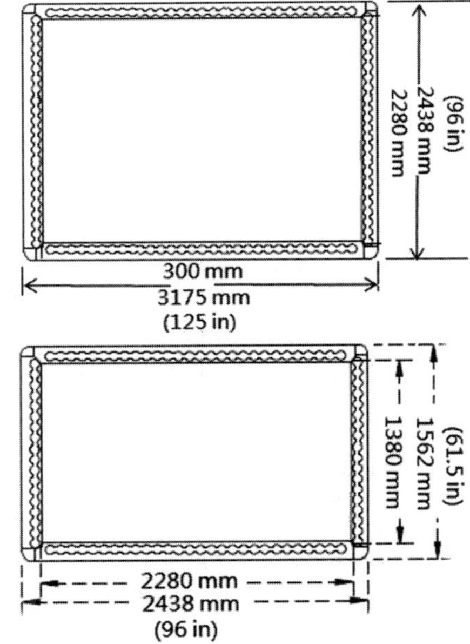

又称 M 型集装板。

IATA 最新注册代码：PMA PMB PMC PMD PME

外形尺寸 3175 mm×2438 mm（125 in×96 in）。

装载参数及适用机型：

最大操作毛重：6804 kg/15000 lb③ 标准皮重：130 kg

适用机型：所有宽体飞机主货舱、下货舱。
（DC10、IL86、L1011 禁止装载）

8）底板尺寸代码为“N”的集装板

又称 N 型集装板。

IATA 最新注册代码：PNA④

外形尺寸 2438 mm×1562 mm（96 in×61. 5 in）。

装载参数及适用机型：

最大操作毛重：3400 kg/7500 lb⑤

标准皮重：80 kg

---

① 2015 年前的 ULD 技术手册中注册代码含 FLA，目前国货航和其他一些承运人仍然在用。

② 该型集装板多数时间用来替代 AKE 等半尺寸集装箱装载货物，1PLA＝2AKE。

③ 2015 年后的 ULD 技术手册中标注的最大毛重为 6800 kg/15000 lb。

④ 该型集装板在宽体飞机下货舱的最大载重为 2550 kg。所有尺寸代码为 N 的集装板和网套必须配套使用。

⑤ 2015 年之前的 IATA ULD 技术手册规定 PN 型集装板的最大毛重为 2449 kg（5400 lb），2015 年后的 IATA ULDR 修改为当前数据。

适用机型：A300、A310、A330、A340、A350、A380、波音 747、波音 777、波音 767、波音 787、IL96、MD11 下货舱。

9）底板尺寸代码为“R”的集装板

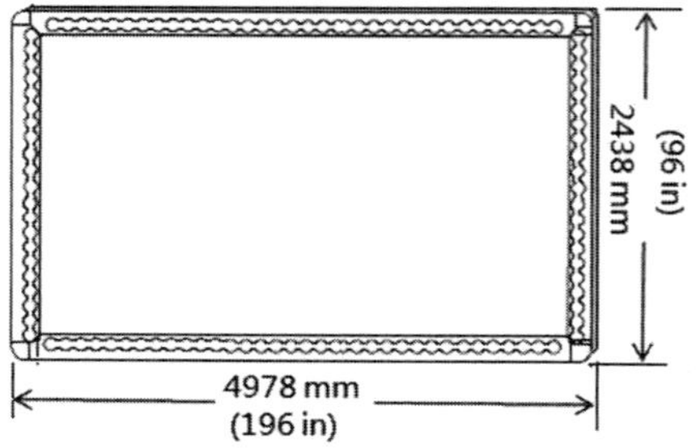

又称 R 型集装板或 16 英尺板。

IATA 最新注册代码：PRA PRF①

外形尺寸 4978 mm×2438 mm（196 in×96 in）。

装载参数及适用机型：

最大操作毛重：11340 kg/25000 lb

标准皮重：330 kg

适用机型：A330F、波音 747F、波音 777F、LI011F，MD11F 主货舱，L100，IL76。

10）底板尺寸代码为“S”的集装板

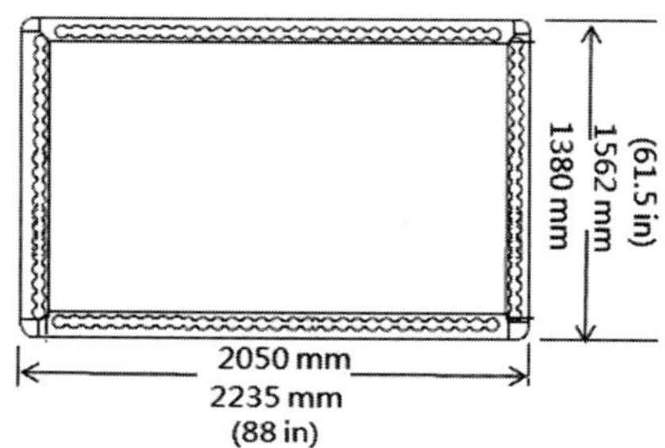

又称 S 型集装板。

IATA 最新注册代码：PSA

外形尺寸 2235 mm×1562 mm（88 in×61. 5 in）。

装载参数及适用机型：

最大操作毛重：3400 kg/7500 lb②

标准皮重：75 kg

适用机型：A300、A310、A330、A340、A380、波音 747、波音 767、波音 777、波音 787、DC10、MD11 下货舱。

11）底板尺寸代码为“Q”的集装板③

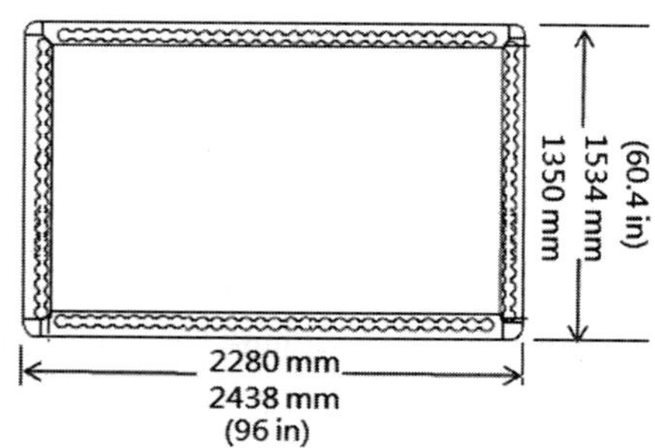

又称 Q 型集装板。

IATA 最新注册代码：FQA

外形尺寸 2435 mm×1562 mm（96 in×60. 4 in）。

装载参数及适用机型：

最大操作毛重：2449 kg/5400 lb

标准皮重：75 kg

适用机型：波音 767 飞机下货舱④。

（波音 747、777、787 下货舱可以有条件装载）

---

① 所有底板尺寸代码为 R 的集装板必须与配套的集装网套共同使用。

② 该型集装板在宽体飞机下货舱的最大载重为 2310 kg。所有尺寸代码为 S 的集装板和网套必须配套使用。

③ 2015 年前的 ULD 技术手册中注册代码含 FQA 型集装板，新版 IATA ULDR 已取消此板型，但目前国内一些承运人仍然在用，故保留—编者注。

④ 该集装板是 LD2（DPE）型集装箱的替代板型，1FQA＝2DPE。早先只限于波音 767 飞机的下货舱。现在也可以在波音其他宽体飞机下货舱内装载，如果在波音 747、波音 777、波音 787 等飞机下货舱装载时，需要查阅所装机型的 WBM 是否允许。

附录 C　货币进位及换算

5.3. ADDITIONAL INFORMATION

5.3.1. ADD-ON EXCHANGE RATES

Valid for the period February 1, 2021 - May 31, 2021

Country (3)	Currency Name	Code	Construction exchange rate	Rounding off units (1)	(2)
Algeria	Algerian Dinar	DZD	128.94007	0.05	1
Aruba	Aruban Florin	AWG	1.80000	0.01	0.05
Australia	Australian $	AUD	1.36868	0.05	1
Austria	Euro	EUR	0.84322	0.01	0.01
Bahamas	Bahamian $	BSD	1.00000	0.01	1
Bahrain	Bahraini Dinar	BHD	0.37610	0.005	1
Bangladesh	Taka	BDT	84.20000	0.05	1
Belgium	Euro	EUR	0.84322	0.01	0.01
Benin	CFA Franc	XOF	553.11912	5	100
Bermuda	Bermudian $	BMD	1.00000	0.01	1
Bhutan	Ngultrum	BTN	74.18375	0.05	1
Bonaire, St. Eustatius, Saba	US $	USD	1.00000	0.01	1
Botswana	Pula	BWP	11.23404	0.01	1
Brunei Darussalam	Brunei $	BND	1.34330	0.01	1
Bulgaria	Euro	EUR	0.84322	0.01	0.01
Burkina Faso	CFA Franc	XOF	553.11912	5	100
Cameroon	CFA Franc	XAF	553.11912	5	100
Canada	Canadian $	CAD	1.30755	0.01	5
Central African Republic	CFA Franc	XAF	553.11912	5	100
Chad	CFA Franc	XAF	553.11912	5	100
China, People's Rep. of	Yuan Renminbi	CNY	6.57384	0.01	1
Chinese Taipei	New Taiwan $	TWD	28.53174	1	1
Comoros	Comoro Franc	KMF	414.83934	5	100
Congo (Brazzaville)	CFA Franc	XAF	553.11912	5	100
Cook Islands	New Zealand $	NZD	1.44266	0.01	1
Cote d'Ivoire	CFA Franc	XOF	553.11912	5	100
Croatia	Euro	EUR	0.84322	0.01	0.01
Cuba	US $	USD	1.00000	0.01	1
Curacao	Antilles Guilder	ANG	1.79000	0.01	0.05
Cyprus	Euro	EUR	0.84322	0.01	0.01
Czech Republic	Czech Koruna	CZK	22.22476	0.50	1
Denmark	Danish Krone	DKK	6.28092	0.10	10
Djibouti	Djibouti Franc	DJF	177.72100	5	500
Egypt	Egyptian Pound	EGP	15.69000	0.10	0.10
Equatorial Guinea	CFA Franc	XAF	553.11912	5	100
Eswatini	Lilangeni	SZL	15.40901	0.01	1
Ethiopia	Ethiopian Birr	ETB	38.65706	0.05	1
Faroe Islands	Danish Krone	DKK	6.28092	0.10	10
Fiji	Fiji $	FJD	2.10944	0.01	1
Finland	Euro	EUR	0.84322	0.01	0.01
France	Euro	EUR	0.84322	0.01	0.01
French Guiana	Euro	EUR	0.84322	0.01	0.01
French Polynesia	CFP Franc	XPF	100.62343	0.10	100
Gabon	CFA Franc	XAF	553.11912	5	100
Germany	Euro	EUR	0.84322	0.01	0.01
Gibraltar	Gibraltar Pound	GIP	0.75230	0.01	1
Greece	Euro	EUR	0.84322	0.01	0.01
Greenland	Danish Krone	DKK	6.28092	0.10	10
Guadeloupe	Euro	EUR	0.84322	0.01	0.01
Guam	US $	USD	1.00000	0.01	1
Guinea Bissau	CFA Franc	XOF	553.11912	5	100
Hong Kong (SAR)	Hong Kong $	HKD	7.75245	0.01	1
Hungary	Forint	HUF	304.24479	5	10
India	Indian Rupee	INR	74.18375	0.05	1
Indonesia	Rupiah	IDR	14184.80000	5	1
Iran	Iranian Rial	IRR	261436.60000	10	100
Iraq	US $	USD	1.00000	0.01	1
Ireland	Euro	EUR	0.84322	0.01	0.01
Italy	Euro	EUR	0.84322	0.01	0.01
Jamaica	Jamaican Dollar	JMD	148.14354	0.01	1
Japan	Yen	JPY	104.04940	1	100
Jordan	Jordanian Dinar	JOD	0.70900	0.005	0.10
Kiribati	Australian $	AUD	1.36868	0.05	1
Korea (Dem. People's Rep.)	North Korean Won	KPW	107.25000	0.01	0.01
Korea (Rep. of)	Korean Won	KRW	1112.57132	10	100
Kuwait	Kuwaiti Dinar	KWD	0.30647	0.005	0.10
Latvia	Euro	EUR	0.84322	0.01	0.01
Lesotho	Loti	LSL	15.40901	0.01	1
Liberia	Liberian $	LRD	178.19228	0.01	1
Libya	Libyan Dinar	LYD	1.38128	0.005	1
Lithuania	Euro	EUR	0.84322	0.01	0.01
Luxembourg	Euro	EUR	0.84322	0.01	0.01

Country (3)	Currency Name	Code	Construction exchange rate	Rounding off units (1)	(2)
Macau (SAR)	Pataca	MOP	7.98502	0.01	1
Malawi	Kwacha	MWK	767.00000	0.01	1
Malaysia	Malaysian Ringgit	MYR	4.09527	0.01	1
Mali	CFA Franc	XOF	553.11912	5	100
Malta	Euro	EUR	0.84322	0.01	0.01
Martinique	Euro	EUR	0.84322	0.01	0.01
Mauritania	Ouguiya	MRU	37.69728	1	1
Mauritius	Mauritius Rupee	MUR	40.92052	0.05	10
Mayotte	Euro	EUR	0.84322	0.01	0.01
Micronesia	US $	USD	1.00000	0.01	1
Morocco	Moroccan Dirham	MAD	9.16630	0.05	1
Mozambique	New Metical	MZN	74.55000	1	10
Myanmar	Kyat	MMK	1324.41750	0.05	1
Namibia	Namibian $	NAD	15.40901	0.01	1
Nauru	Australian $	AUD	1.36868	0.05	1
Nepal	Nepalese Rupee	NPR	118.69401	0.05	1
Netherlands	Euro	EUR	0.84322	0.01	0.01
New Caledonia	CFP Franc	XPF	100.62343	0.10	100
New Zealand	New Zealand $	NZD	1.44266	0.01	1
Niger	CFA Franc	XOF	553.11912	5	100
Nigeria	Naira	NGN	385.75800	0.01	1
Niue	New Zealand $	NZD	1.44266	0.01	1
Norway	Norwegian Krone	NOK	9.01921	0.10	10
Oman	Rial Omani	OMR	0.38450	0.005	1
Pakistan	Pakistan Rupee	PKR	160.54140	1	1
Papua New Guinea	Kina	PGK	3.59951	0.05	1
Poland	Zloty	PLN	3.77162	0.01	0.10
Portugal	Euro	EUR	0.84322	0.01	0.01
Puerto Rico	US $	USD	1.00000	0.01	1
Qatar	Qatari Rial	QAR	3.64000	0.05	1
Reunion	Euro	EUR	0.84322	0.01	0.01
St. Pierre & Miquelon	Euro	EUR	0.84322	0.01	0.01
Samoa, American	US $	USD	1.00000	0.01	1
Samoa	Tala	WST	2.64481	0.01	5
Saudi Arabia	Saudi Riyal	SAR	3.75000	0.05	1
Senegal	CFA Franc	XOF	553.11912	5	100
Seychelles	Seychelles Rupee	SCR	21.58178	0.05	10
Singapore	Singapore $	SGD	1.34330	0.01	1
Slovak Republic	Euro	EUR	0.84322	0.01	0.01
Slovenia	Euro	EUR	0.84322	0.01	0.01
Solomon Islands	Solomon Islands $	SBD	8.21036	0.01	1
South Africa	Rand	ZAR	15.40901	0.01	1
South Sudan	S. Sudanese Pound	SSP	167.76000	0.05	1
Spain	Euro	EUR	0.84322	0.01	0.01
Sri Lanka	Sri Lanka Rupee	LKR	184.83800	1	50
St. Maarten	Antilles Guilder	ANG	1.79000	0.01	0.05
Sudan	Sudanese Pound	SDG	55.27500	0.05	1
Sweden	Swedish Krona	SEK	8.61341	0.10	10
Switzerland	Swiss Franc	CHF	0.91139	0.05	5
Syrian Arab Republic	Syrian Pound	SYP	436.00000	1	1
Thailand	Baht	THB	30.45158	1	1
Togo	CFA Franc	XOF	553.11912	5	100
Tonga	Pa'anga	TOP	2.35712	0.01	1
Tunisia	Tunisian Dinar	TND	2.76119	0.010	0.05
Turks and Caicos Islands	US $	USD	1.00000	0.01	1
Tuvalu	Australian $	AUD	1.36868	0.05	1
United Arab Emirates (comprised of Abu Dhabi, Ajman, Dubai, Fujairah, Ras-al-Khaimah,Sharja, Umm Al Qaiwan)	UAE Dirham	AED	3.67275	0.05	1
United Kingdom	Pound Sterling	GBP	0.75230	0.01	1
United States of America	US $	USD	1.00000	0.01	1
Vanuatu	Vatu	VUV	114.14000	5	100
Virgin Islands	US $	USD	1.00000	0.01	1
Wallis & Futuna Islands	CFP Franc	XPF	100.62343	0.10	100
Yemen, Rep. of	Yemeni Rial	YER	250.00000	0.05	1
Zimbabwe	US $	USD	1.00000	0.01	1

Notes

(1) Rounding off unit except for minimum charges

(2) Rounding off unit for minimum charges

(3) From a number of countries, cargo rates are expressed in US Dollars (see section 4, page 1). For construction purposes the US Dollar rate of exchange shall apply.

General

(Not applicable to transportation from Australia and Fiji)

The rounding off unit for bulk unitization charges and containerized specific commodity rates shall be as follows:

a. Where the amount to be charged is expressed as an amount for the carriage of the unit load device at the minimum chargeable weight and the rounding unit shown above is less than 1, rounding shall be carried out to 1.00, provided that where the rounding unit is greater than 1, such rounding unit shall be applied as required;

b. Where the amount to be charged is expressed as an amount per kg., rounding shall be as shown in the table above.

Only applicable to transportation from Australia and Fiji.

Specific or constructed bulk unitization charges and containerized specific commodity rates in AUD/FJD shall be rounded off to the nearest AUD/FJD 10.00, except that where the amount to be charged is expressed as an amount per kg., this shall be rounded off to the nearest AUD 0.05/FJD 0.01.

参考文献

[1] IATA. 2021. TACT RULES. 110th.
[2] IATA. 2021. TACT RATES. 203th.
[3] IATA. 2021. LIVE ANIMALS REGULATIONS. 47th.
[4] IATA. 2021. PERISHABLE CARGO RUGULATIONS. 20th.
[5] IATA. 2020. TEMPERATURE CONTROL REGULATIONS. 8th.
[6] OAG. CARGO GUIDE. NOVEMBER 2020.